INNOVATION
AND GROWTH

创新与成长

辽宁大学国民经济管理国家级一流本科专业建设点学生论文集(2023)

林木西　赵德起　吴云勇　◎编著

中国财经出版传媒集团

经济科学出版社
Economic Science Press
·北京·

图书在版编目（CIP）数据

创新与成长：辽宁大学国民经济管理国家级一流本
科专业建设点学生论文集：2023 / 林木西，赵德起，
吴云勇编著．--北京：经济科学出版社，2023.12
　ISBN 978-7-5218-5207-3

　Ⅰ.①创… 　Ⅱ.①林… ②赵… ③吴… 　Ⅲ.①国民经
济-经济管理-中国-文集 　Ⅳ.①F123-53

中国国家版本馆 CIP 数据核字（2023）第 188496 号

责任编辑：杨　洋　卢玥丞
责任校对：徐　昕
责任印制：范　艳

创新与成长
——辽宁大学国民经济管理国家级一流本科专业建设点学生论文集（2023）
林木西　赵德起　吴云勇　编著
经济科学出版社出版、发行　新华书店经销
社址：北京市海淀区阜成路甲 28 号　邮编：100142
总编部电话：010-88191217　发行部电话：010-88191522
网址：www.esp.com.cn
电子邮箱：esp@ esp.com.cn
天猫网店：经济科学出版社旗舰店
网址：http：//jjkxcbs.tmall.com
北京季蜂印刷有限公司印装
787×1092　16 开　22.25 印张　430000 字
2023 年 12 月第 1 版　2023 年 12 月第 1 次印刷
ISBN 978-7-5218-5207-3　定价：78.00 元
（图书出现印装问题，本社负责调换。电话：010-88191545）
（版权所有　侵权必究　打击盗版　举报热线：010-88191661
QQ：2242791300　营销中心电话：010-88191537
电子邮箱：dbts@esp.com.cn）

目 录 Contents

中国数字经济发展水平测度、时空演化与区域比较研究

▶ 赵炫焯

【摘要】 在我国数字经济高速发展的背后，地区间数字经济发展不平衡、不协调的问题仍然突出，充分认识各地区数字经济发展水平，分析比较各地区发展情况与发展趋势，研究区域间数字经济发展的平衡、协调问题成为当下研究的热门领域。本文构建了我国省域数字经济发展的评价指标体系，运用熵权 Topsis 法对我国 31 个省份 2014～2020 年的数字经济发展水平进行测度，并使用空间探索性分析进行时空测度。在此基础上，本文运用 dagum 基尼系数及其分解探究区域间差异，运用空间收敛分析探究我国省域数字经济发展的收敛趋势。根据研究结果，本文提出促进数字经济全面、平衡发展，借鉴发达经济圈数字经济合作范式等若干意见。

【关键词】 数字经济；指标评价体系；区域比较；时空演化；空间收敛

一、引言

随着数字时代的到来，加快数字经济、数字社会建设与数字化转型驱动社会生产生活方式变革成为现代经济建设中的重要内容。我国近年来十分重视数字经济建设与发展，2016 年，中国率先在 G20 杭州峰会上倡导发起并设立 G20 数字经济任务组，积极推动数字经济建设任务与国际合作。2017 年党的十九大提出，推动互联网、大数据等技术与实体经济深度融合，建设数字中国、智慧社会。2021 年我国"十四五"规划纲要中也提出"加快数字化发展，建设数字中国"等重要发展战略，旨在加快推动发展数字技术创新应用、数字产业化、产业数字化、数字治理与数字应用等各个方面进程的进行。同年，习近平总书记在十九届中央政治局第三十四次

集体学习时讲到"要不断做强做优我国数字经济",会议强调采取具体措施加强核心技术攻关,加快新基础设施建设等策略抓住机遇,在国际数字经济发展中取得主动权①。在我国数字经济建设过程中,各地方也积极响应国家政策,因地制宜,出台促进工业互联网创新发展、促进在线新经济发展行动、建设国家数字经济创新发展试验区等政策内容与具体措施,精确赋能数字产业优化升级,提升区域数字经济水平。

在相关政策与实际行动下,我国的数字经济发展取得了不错的成果。中国信通院发布的 2021 年《数字经济发展白皮书》(以下简称《白皮书》)中显示,在以新冠疫情为首造成的全球不确定性经济冲击的影响下,我国数字经济在逆势中加速发展。《白皮书》数据显示,截至 2021 年,我国数字经济规模与占比呈现双高态势,并依然保持 9.7% 的高位增长,达到同期 GDP 增速的 3 倍,在有效拉动经济增长的同时为新冠疫情防控与社会经济发展提供稳定支撑②。在数字经济高速发展的同时,我国区域数字经济发展仍存在不均衡、不协调的现象,如《白皮书》中提到,各地方数字经济发展存在差异,国内数字经济呈现出高中低的梯度分布式发展特征,并列举出高梯度省市如北京、广东等,中梯度省市如重庆、辽宁等,以及低梯度省市如甘肃等,这一结论也被大量文献所验证。可以说,数字经济发展已成为现阶段我国经济发展的重要支柱,而在数字经济高速发展的同时,区域数字经济发展不平衡的问题也不容忽视,因此,建立指标体系科学全面地评价及比较不同时期区域数字经济发展水平对我国实现数字经济的全面协调发展具有重要的学术价值。

本文研究意义体现在理论与现实两个方面:从理论意义上看,数字经济发展受区域经济环境的影响与制约,由于我国各区域资源禀赋、区位优势和产业结构等方面一直存在差异,省域间经济发展差距大,导致数字经济发展也存在区域间的差异化问题。同时我国学术界数字经济研究起步较晚,对数字经济评价指标体系的构建众说纷纭,尚未形成较为统一的标准,鲜有研究使用量化的数字经济评价数据进行区域间比较分析,考虑区域比较的相关研究往往也忽视区域间空间上的关联性,本文先定量测度区域间数字经济发展指数,再运用指数数据对区域数字经济发展进行空间探索与计量分析,为后续我国的区域间数字经济协调发展研究提供理论方向。从现实意义视角来看,解决区域间数字经济发展不平衡、不协调的问题是我国区域经济建设的一个重大任务,目前已有相关文件与研究提出使用区域经济理论为指导思想解决数字经济区域发展问题。本文通过建立并量化区域数字经济指标评价体系,

---

① 习近平在中共中央政治局第三十四次集体学习时强调　把握数字经济发展趋势和规律　推动我国数字经济健康发展 [EB/OL]. 新华网,2021 – 10 – 19.

② 资料来源:《数字经济发展白皮书》。

进行空间分析，最后结合区域经济理论与实际情况，总结出有关区域数字经济发展的相关结论并提出建议，为区域间数字经济联合、协同发展提供具有现实意义的做法。

本文主要采用文献分析法、熵权 Topsis 综合评价法、Dagum 基尼系数及其分解、空间探索分析法及空间计量分析法等方法进行研究。

（1）文献分析法。本文对现有数字经济定义、数字经济指标体系构建与数字经济区域比较的相关研究与文献进行分析与综述以对现有研究情况作出大体呈现，并通过总结前述研究经验，分析已有研究不足来明确本文的研究范式与创新点。

（2）熵权 Topsis 综合评价法。本文通过熵权 Topsis 法对各省数字经济指标体系进行量化测度，熵权 Topsis 法是熵权法与 Topsis 法相结合的一种较为前沿的综合评价法，这种评价方法使得权重信息更加准确的同时又能精确反映各评价方案之间的差距。这使得我国省域数字经济发展评价指数可以更为科学、严谨地呈现出来。

（3）Dagum 基尼系数及其分解。Dagum 基尼系数相较于传统基尼系数而言具有可将差异进行内部分解的优势，可分为子区域间差异、子区域内部差异等，可以更好地反映我国数字经济发展的区域间差异情况。

（4）空间探索分析法（ESDA）。ESDA 的优势在于对数据来源及分布不作先验性假设，在已知条件较少的情况下"让数据说话"，并采用统计图表等方式直观科学地显现出来，这种方法对于探索区域间数字经济发展的时空演化情况是不可或缺的，本文采用了空间趋势性分析与空间相关性分析等具体空间探索分析方法。

（5）空间计量分析法。空间计量分析相较于传统计量分析方法的优势在于，其考虑了其他个体要素的空间滞后项，即在本研究中考虑了其他地区对一个地区的影响。本文在探究区域收敛情况时，由于引入了经济地理学的相关概念与空间分析手段，故进行收敛回归分析时运用空间计量模型是必不可少的。

在研究的创新点上，本文可能存在以下几点创新。

第一，在数字经济评价指标体系构建上，本文参考了大量国内外相关文献与研究，总结其共通点，并在实际数据情况允许的条件下尽可能地将可评价指标纳入，形成较为全面的数字经济评价指标体系，这相较于现有大量研究对数字经济指标体系的片面、单一化评价是一个创新之处。

第二，在实证分析上，本文均采用了较为前沿的实证方法。例如，使用熵权 Topsis 法进行综合指标体系量化，运用空间探索性分析（ESDA），Dagum 基尼系数及其分解，空间网络分析与空间计量分析等方法研究与对比区域间数字经济发展问题，运用这些分析方法的创新点在于在保证科学严谨的前提下，以探索性分析与数据可视化为亮点，使得分析结果简洁明了。

第三，在研究层面上，现有大部分文献大多研究我国整体数字经济水平与发展趋势，研究省域层面数字经济水平的文献大多只进行静态分析，本文则采用时空结合的分析方法进行演化分析，不仅从时间维度，也从空间维度上对比区域间数字经济发展的相关情况。

二、文献综述

（一）数字经济内涵相关研究综述

数字经济作为名词概念首先被美国学者泰普斯科特（Tapscott，1996）提出，其在发表著作提到了富有意义的信息技术革命并详细论述了互联网对经济社会的影响，认为数字信息和"人类智能的数字网络"已经成为国家经济的重要组成部分。此后，数字经济概念开始在全球范围内广泛流行，大量文献研究对数字经济作出内涵与外延上的补充与拓展。如美国商务部（1998）认为数字经济应包括 IT 及相关行业的产值与就业情况。经济合作与发展组织（OECD，2014）自 2011 年开始对数字经济内涵作出数字经济定义框架并不断拓展，其认为 ICT 相关产业指标与产值情况、智能基础设施投资、数字经济建设与社会推进等方面应囊括入数字经济内涵框架中，世界经济论坛（WEF，2016）在第四次工业革命的背景下进一步拓宽了数字经济概念的外延，着重强调了外界环境因素的作用，如监管环境、商业和创新环境，经济社会影响与政府和个人的数字使用等，

美国经济分析局（BEA，2018）引用与借鉴经济合作与发展组织的数字经济相关文献，并在对数字经济定义中包括了三大部分：（1）包括计算机网络存在和运行所需的数字启用基础设施；（2）包括使用该系统发生的数字交易；（3）包括数字经济用户创建和访问的内容。

国内也有大量研究尝试对数字经济内涵作出界定，中国信通院（CIACT）在 2017年发表的《白皮书》中，结合数字经济发展特点，从生产力角度提出了数字经济"两化"概念，即数字产业化与产业数字化，并认为数字经济范畴不仅包括信通产业领域，其以数字技术为核心的通用技术还会对整个社会经济产生辐射与外溢，促进经济增长。其还在 2019 年与 2020 年的《白皮书》中分别提出"三化"与"四化"框架，即加入了数字化治理与数据价值化，将数据作为治理手段与全新的生产要素纳入分析框架中，进一步扩充了数字经济概念范畴。我国学者李长江（2017）梳理了数字经济起源与发展的历史进程，研究结果认为数字经济技术的本质特点在于其数字技术，数

字技术的发展变迁是数字经济涵义变迁的重要原因。学者许春宪等（2020）基于大量文献研究与国际数字经济演变历程，并结合中国数字经济发展实际情况，分析认为数字经济涵义框架应包含数字化赋权基础设施、数字化媒体、数字化交易与数字经济交易产品四方面内容。金星晔等（2020）研究认为数字技术和数字化信息是从生产和应用角度出发定义数字经济的关键要素，并认为数字经济应包含数字经济基础设施及服务业、电子商务产业、数字化信息产业与数字化生产活动四类产业活动。

（二）数字经济指标体系构建与测度的相关研究

美国较早对数字经济概念及指数评价展开研究，美国商务部（1998）提出使用IT 及相关行业的产值与就业情况等来衡量数字经济的发展情况。美国人口普查局（USCB，2001）以美国商务部的相关研究为基础，根据数字经济的实际发展情况，从数字经济基础设施、电子商务、公司和行业结构、人口就业情况和价格变化特征方面综合考量数字经济发展进程。国际经合组织（OECD，2014）采用常规、抽样、跟踪调查三种调查方式测算数字经济活动，并根据 ICT 产品、ICT 基础设施情况、ICT 供应链、企业与个人 ICT 需求等信息通信技术行业相关数据情况建立数字经济核算体系。OECD 还详细总结了不同时期对数字经济概念定义的动态完善过程，即1998～2011 年，将数字经济的界定范围由单一的 ICT 制造业向 ICT 制造、服务与贸易相关行业扩充，同时根据技术更新不断丰富了定义的具体内容，如无线通信，网络节点等。世界经济论坛（WEF，2016）在第四次工业革命的背景下进一步拓宽数字经济概念的外延，着重强调了外界环境因素的作用，如监管环境、商业和创新环境对经济社会的影响，以及政府和个人的数字使用等，并基于此建立网络就绪指数（NRI），其包含 10 个一级指标，53 个定量指标。WEF 进一步对全球 139 个经济体进行 NRI 指数测度，并着重研究其对推动创新的具体作用。美国经济分析局（BEA，2018）则在借鉴 OECD 相关研究的基础上，将数字经济定义为包含数字经济基础设施、电子商务、数字媒体的总体，并细分 12 个细化指标。在数字经济指标的具体量化上，BEA 纳入了基于供应使用表与北美工业产品体系（NAICS）识别出的 200 多个数字经济产品，基于这些产品的相关数量指标估算出与产品活动相关的产出与增加值，并进一步计算这些增加值在 GDP 中所占份额，以此量化数字经济发展程度。

近年来，国内也陆续对数字经济的界定与指标评价作出相关研究，中国信通院考虑实际情况，将其"四化"框架中的"两化"内容，即数字产业化与产业数字化两个方面纳入指标体系构建。腾讯研究院（2018）则通过其特有的数据渠道，构建了较为不同的"互联网＋"指数，该指数由数字经济、数字政务、数字生活与数字文化四个分指数构成，其核心数据来源于微信、QQ 平台与腾讯新闻等。赛迪研究院（2021）基于以往研究积累，制定了衡量数字经济发展的"4 + 3 + N"指标体系，"4"构成主要指数字基础、数字产业、数字融合与数字治理，"3"要素指主体活力、资本热力与创新动力，"N"种民众参与则指办公商务、教育学习等。许春宪等（2020）选取并细化了数字化赋权基础设施、数字化媒体、数字化交易与数字经济交易产品四个方面的指标，进一步通过《统计用产品分类目录》对数字经济相关产品予以确定，进而计算其增加值。巫景飞等（2022）基于国家统计局发布的数字经济产业分类标准，将数字经济发展水平分为数字产品制造业、数字产品服务业、数字技术应用业、数字要素驱动业四个方面。还有大量文献基于已有研究参考进而构建了相类似的指标体系，并着重强调了外部发展环境的作用。

（三）区域数字经济发展的相关研究

由于新兴的数字经济本身具有高度流动性、虚拟性等特殊点，大量学者将其与经济地理理论结合进行研究。奎阿等（Quah et al.，2003）认为数字经济加强了各经济组织空间上的联系，减少了地理位置对经济发展的局限。但这并非代表空间地理位置不再重要。相反，计算机软件、数字媒体生产、金融服务及其他数字产品相关产业的地理集群可能比普通商品和服务更紧密，进而造成数字经济本身在空间发展上的不均衡性，因此，有必要引入经济地理理论来探究数字经济发展的区域间问题。马莱茨基等（Malecki E. J. et al.，2007）在发表的著作《数字经济：商业组织、生产过程和区域发展》中认同奎阿等学者的观点，并认为随着数字经济对当代经济的全面入侵，数字经济造成了经济空间的分裂，但同时也促进了不同地区的经济联系。特别是随着电信业将城市以新的方式将偏远地区和农村地区与全球经济联系起来，并强调"城市已经变得越来越重要"。书中以经济地理理论为起点，探究了数字经济技术应用下区域经济网络、区域产业合作分工、国际经济合作等相关问题，并分析指出不同区域间数字经济相关基础建设情况、数字产业集群发展模式均有较大差别，这带来了区域数字经济发展的不平衡、不协调问题。特朗诺斯等（Tranos E. et al.，2013）以欧洲国家为研究对象，将 ICT 行业的空间分布情况与信息可达性分析结合起来进行数字可达性（DA）研究，并采用空间交互模型法和复杂网络分析法两种方法对 DA 结果进行了校准和验证，研究结果揭示了欧洲基于 DA 而造成典型的核心—外围模式。威尔肯等（Vilken V. et al.，2019）认为，区域的数字化发展取决于四点通信基础要素的条件：5G 信息网络建设、信息反馈设施建设、数据处理中心建设与云服务平台建设。威尔肯等（Vilken V. et al.，2019）认为加强基础网络合作与优化物流网络可以促使区域数字经济平衡发展。

我国也对区域数字经济比较作出大量研究。刘军等（2020）测度了中国 30 个省份（不包括港澳台地区及西藏地区）2015~2018 年数字经济发展水平，并通过不同年份的横向对比，认为我国东部地区数字经济发展远高于中西部地区。王军等（2021）则采用泰尔指数、自然断点分级法与莫兰指数等方法对 2013~2018 年的数字经济指数进行分析比较，研究发现我国四大区域与五大经济带数字经济发展情况存在显著异质性，并在总体上呈现"沿海—内陆"依次递减的数字经济发展梯度等级。杨文溥等（2022）通过收敛性分析检验认为区域间数字经济发展在 2017 年之前呈现发散趋势，在 2017 年之后则呈现收敛趋势，但短期内区域数字经济发展不平衡问题仍无法避免。

综上所述，现有研究仍存在以下不足和亟待解决的问题：第一，在数字经济指标综合评价方面，国内外均有大量研究对数字经济进行定义并构建综合评价指标，但大部分研究对数字经济定义涵盖面较为单一，不同研究之间差异较大，没有形成一个统一的框架。第二，现有区域数字经济比较的相关研究中，大量文献只是基于特定年份进行了静态比较，少数进行动态对比的文献研究，其研究的时间区间也较短，并且只是将不同区域的数字经济发展程度进行简单的描述性比较。第三，现有研究方法大多采用较为传统的分析方法，通常不考虑数字经济发展的空间关联性，现有经济地理理论认为区域间要素分布不均匀与运输成本的存在使经济呈现集聚性与外部性，进而不同区域发展会呈现收敛与发散的不同特征。本文在参考大量权威研究的基础上，结合数据可得性，对不同的数字经济评价框架进行一定程度的综合，形成较为全面的数字经济评价指标体系。针对数字经济发展区域比较问题，本文将以省域数字经济发展程度为研究对象，运用空间探索性分析与 Dagum 基尼系数等方法科学、直观地解释与比较我国省域数字经济发展的动态时空演化过程与发展差异，并使用空间收敛性分析检验其收敛趋势。

三、研究方法与数据指标体系构建

（一）研究方法设计

1. 熵权 Topsis 评价法

熵权 Topsis 评价法实质是运用熵权法后得到新数据，然后用新数据进行 Topsis 法研究，是一种较为新颖的综合评价方法。

熵权法首先对各指标的数据进行标准化处理（由于本文选取指标均为正向指标，故省去逆向指标的构建公式），公式如下：

$$x'_{ij} = \frac{x_{ij} - \min(\sum x_j)}{\max(\sum x_j) - \min(\sum x_j)} \tag{1}$$

其中，x'_{ij} 代表第 i 个样本第 j 个维度的值。进一步计算每个维度的熵：

$$E_j = -k \sum_{i=1}^{n} p_{ij} \ln(p_{ij}) \tag{2}$$

其中，$p_{ij} = \dfrac{x'_{ij}}{\sum_{i=1}^{n} x'_{ij}}$，$k = \dfrac{1}{\ln(n)} > 0$，$E_j \geqslant 0$。

进一步计算冗余度与权重：

$$d_j = 1 - E_j \qquad w_j = \frac{d_j}{\sum_j d_j} \tag{3}$$

最后计算得分：

$$s_{ij} = w_j x'_{ij} \tag{4}$$

Topsis 方法则基于式（4）之后的 s_{ij} 进一步标准化，并定义最大值与最小值：

$$S^+ = (s_1^+, s_1^+ \cdots s_m^+)$$
$$= (\max\{s_{11}, s_{21} \cdots s_{n1}\}, \max\{s_{12}, s_{22} \cdots s_{n2}\} \cdots \max\{s_{1m}, s_{2m} \cdots s_{nm}\})$$
$$S^- = (s_1^-, s_1^- \cdots s_m^-)$$
$$= (\min\{s_{11}, s_{21} \cdots s_{n1}\}, \min\{s_{12}, s_{22} \cdots s_{n2}\} \cdots \min\{s_{1m}, s_{2m} \cdots s_{nm}\}) \tag{5}$$

最后分别计算各评价对象与最大值和最小值之间的距离：

$$D_i^+ = \sqrt{\sum_{j=1}^{m} (s_j^+ - s_{ij})^2} \qquad D_i^- = \sqrt{\sum_{j=1}^{m} (s_j^- - s_{ij})^2} \tag{6}$$

最终计算综合得分：

$$K_i = \frac{D_i^-}{D_i^+ + D_i^-} \tag{7}$$

2. Dagum 基尼系数及其分解

Dagum 基尼系数及其分解是一种能够测度地区差异的方法，将基尼系数按照子群分解的方法分解为三部分：地区内差异 G_w、地区间差异 G_b 和超变密度 G_t，即 $G = G_w + G_b + G_t$，Dagum 基尼系数的具体公式如下：

$$G = \frac{\sum_{j=1}^{k} \sum_{h=1}^{k} \sum_{i=1}^{n_j} \sum_{r=1}^{n_h} |Y_{ji} - Y_{hr}|}{2n^2 \bar{Y}} \tag{8}$$

$$G_{jj} = \frac{\frac{1}{2\bar{Y}_j} \sum_{i=1}^{n_j} \sum_{r=1}^{n_j} |Y_{ji} - Y_{jr}|}{n_j^2} \tag{9}$$

$$G_{jh} = \frac{\sum_{i=1}^{n_j} \sum_{r=1}^{n_h} |Y_{ji} - Y_{hr}|}{n_j n_h (\bar{Y}_j + \bar{Y}_h)} \tag{10}$$

其中，G，G_{jj}，G_{jh} 分别为总体基尼系数、子群内部基尼系数与子群间基尼系数。k 表示地区划分个数，n 表示所有省份个数，$Y_{ji}(Y_{hr})$ 则表示 $j(h)$ 地区内 $i(r)$ 省份的指标水平，$n_j(n_h)$ 代表 $j(h)$ 地区省份个数，$\bar{Y}$ 表示所有省份指标的平均值。

3. 基于引力模型的数字经济联系强度

运用基于引力模型计算的不同省域间数字经济联系强度是一种直观地判断省域间数字经济联系强弱的方式，公式如下：

$$R_{ij} = T \cdot \frac{dig_i \times dig_j}{D_{ij}^2} \tag{11}$$

其中 R_{ij} 为 i 地区与 j 地区之间的引力强度值，dig_i，dig_j 分别为 i 地区与 j 地区的数字经济发展指数，D_{ij}^2 为两地区之间的公路长度的平方值，T 为引力常量，一般取 1。

4. 空间自相关系数与空间权重矩阵

空间自相关系数是考察数据是否具有空间依赖性的指标，对于空间自相关的度量有较多的方法，考虑到应用的广泛性，这里使用莫兰指数 I 作为空间自相关的衡量指标。莫兰指数 I 可写为：

$$I = \frac{\sum_{i=1}^{n} \sum_{j=1}^{n} w_{ij}(x_i - \bar{x})(x_j - \bar{x})}{S^2 \sum_{i=1}^{n} \sum_{j=1}^{n} w_{ij}} \tag{12}$$

其中 $S^2 = \dfrac{\sum_{i=1}^{n}(x_i - \bar{x})^2}{n}$ 为样本方差，w_{ij} 为空间权重矩阵的 (i,j) 元素，$\sum_{i=1}^{n} \sum_{j=1}^{n} w_{ij}$ 为所有空间权重之和，对空间权重矩阵进行行标准化，则 $\sum_{i=1}^{n} \sum_{j=1}^{n} w_{ij} = n$，此时莫兰指数 I 的行标准化形式如下：

$$I = \frac{\sum_{i=1}^{n} \sum_{j=1}^{n} w_{ij}(x_i - \bar{x})(x_j - \bar{x})}{\sum_{i=1}^{n}(x_i - \bar{x})^2} \tag{13}$$

莫兰指数 I 可视为观测值与空间滞后项的相关系数，其取值一般介于 −1 到 1 之间，大于 0 表示正自相关，即高值与高值相邻、低值与低值相邻，小于 0 表示负自相关，即高值与低值相邻。若莫兰指数 I 接近于 0，则表明空间分布是随机的，即不存在空间自相关。

在使用空间自相关分析时时需要用到空间权重矩阵，常用的空间权重矩阵有邻接矩阵、地理距离空间权重矩阵、反距离空间权重矩阵等。本文按照"地理学第一定律"中的阐述，即相近事物的关联更加紧密这一理论，选取反距离空间权重矩阵：

$$w_{ij} = \frac{1}{d_{ij}^2} \tag{14}$$

其中 $d_{ij} = \arccos\left[(\sin\alpha_i \times \sin\alpha_j) + (\cos\alpha_i \times \cos\alpha_j \times \cos(\Delta\tau))\right] \times R$。$\alpha_i$ 与 α_j 分别代表某省份的经度与纬度，$\Delta\tau$ 为两省份之间的经度之差，R 为地球半径。

5. 空间收敛分析

为研究不同地区的数字经济发展随时间推移是否会趋于一致，即落后地区追赶上发达地区，达到相同的稳态水平，本文使用 β 收敛分析进行验证。β 收敛分析分为绝对 β 收敛与条件 β 收敛，绝对 β 收敛指的是在不控制外部影响因素时存在收敛趋势，而条件 β 收敛则为控制相关影响因素之后仍存在收敛趋势。由于本文考虑到经济要素之间的空间相关性，故采用空间计量模型来进行收敛分析，具体公式如下：

$$\ln\_\left(\frac{dig_{i,t+1}}{dig_{i,t}}\right) = \rho W\ln\_\left(\frac{dig_{i,t+1}}{dig_{i,t}}\right) + \beta_1 \ln\_(dig_{i,t}) + \beta_i contr$$
$$+ \delta_1 W \ln\_(dig_{i,t}) + \delta_2 Wcontr + u_i + \gamma_t + \varepsilon_{it} \tag{15}$$

其中，$\varepsilon_{it} = \lambda\alpha_1 W\varepsilon_t + v_{it}$，$dig_{i,t+1}$ 与 $dig_{i,t+1}$ 分别表示第 $t+1$ 期和第 t 期的数字经济发展指数，β_1 为收敛系数，$contr$ 为控制变量。若 $\beta_1 < 0$ 则表明存在收敛趋势。W 为经济距离空间权重矩阵，ρ、β、α 为待估计系数，u_i 为非观测效应，v_{it} 为扰动项，当 $\lambda = 0$，$\delta = 0$ 时，该式为空间自回归模型（SAR），当 $\rho = 0$、$\delta = 0$ 时，该式为空间误差模型（SDM），当 $\lambda = 0$ 时，该式为空间杜宾模型（SDM）。另外，当 $\beta_i = 0$ 时，为绝对 β 收敛，否则为相对 β 收敛。

（二）数字经济发展水平的指标体系构建

1. 指标选取与指标体系构建

本文在参考大量权威研究的基础上，选取了 3 个一级指标、7 个二级指标与 21 个三级指标构建数字经济发展指标体系，指标详细信息如表 1 所示。

表1　　　　　　　　　　数字经济发展测度指标评价体系

一级指标	二级指标	三级测度指标	单位
数字基础设施	硬件设施	长途光缆线路长度	万公里
		互联网宽带接入端口	万个
		移动电话基站	万个
	软件设施	互联网域名数	万个
		IPv4 地址数	万个
		互联网网站数	万个
数字产业	数字产业化	软件业务收入	亿元
		电信业务总量	亿元
		电子信息制造业数量	个
	产业数字化	每百家企业拥有网站数	个
		每百人使用计算机数	台
		有电子商务交易活动企业比重	%
		电子商务销售额	亿元
	应用环境	移动互联网用户	万户
		移动电话用户	万户
		数字电话用户	万户
数字经济发展环境	人才环境	信息类就业人员数占就业总人数比重	%
		本科毕业生数	人
	创新环境	R&D 人员折合全时当量	人年
		研发机构数	个
		专利授权	个
	产业数字化	每百家企业拥有网站数	个
		每百人使用计算机数	台
		有电子商务交易活动企业比重	%
		电子商务销售额	亿元

（1）数字基础设施。数字基础设施建设作为数字经济运行的基础设施保障，是数字经济发展的必要条件，也是最早被各大研究纳入数字经济定义框架的要素之一，

USCB、OECD 及 BEA 等机构就在数字经济概念框架的研究中将数字基础设施建设纳入了研究范畴。本文以数字基础设施为一级指标,选取硬件设施与软件设施 2 个二级指标与 6 个三级指标。

(2)数字产业。数字产业是数字经济交易与发展的载体,美国商务部着重强调了数字产业的产值在衡量数字经济发展程度方面的重要作用,而 USCB、OECD 与 BEA 等机构则加入了电子商务、数字媒体等具体内容作为扩充。我国信通院 2017 年发表的《白皮书》中关于数字产业方面提出数字经济"两化"框架,即数字产业化与产业数字化两个层面。本文借鉴"两化"框架与产业产值、电子商务等具体内容,构建数字产业一级指标,2 个二级指标与 6 个三级指标。

(3)数字经济发展环境。外部环境是影响数字经济发展的重要因素之一,正如 WEF 所强调的那样,外部环境如商业环境、人才环境、创新环境与政府与个人行为等社会环境对数字经济发展有着不可忽视的作用。基于此,本文结合数据可得性,构造数字经济发展环境为一级指标,并选取应用环境、人才环境与创新环境 3 个二级指标和 8 个三级指标。

2. 数据来源与处理

本文选取我国 2012~2019 年 31 个省域地区(除中国香港特别行政区、中国澳门特别行政区、中国台湾地区之外的省、自治区、直辖市)相关数据进行分析。所选取的数字经济评价指标体系中的相关指标数据均来源于《中国统计年鉴》与国家统计局官网,数字经济发展指标得分的计算由 SPSSAU 软件进行,并由 Arcgis 软件进行自然断点可视化分析。数字经济 Dagum 基尼系数及其分解相关数据由 MATLAB 软件计算得出并使用 Stata 软件进行可视化操作。本文计算地区间引力联系强度所需的地区间公路里程数据来源于高德地图,计算出的联系强度由 Arcgis 软件进行网络可视化。空间分析所需的 shp 数据文件同样通过 Arcgis 软件处理得到,并导入 Stata 软件进行空间自相关分析与空间计量分析。

四、实证分析

(一)我国数字经济发展水平测度与时空演化

1. 省域数字经济发展情况概述

表 2 显示了我国 2013~2020 年 31 个省(市、自治区)的数字经济发展评价得

分与排名结果，其中广东以 0.578 的均分排名第一，而西藏则以 0.0004 的评分排名最后，二者差距达 1444 倍，可以看出我国区域数字经济发展不平衡的现象十分严重。另外，江苏、浙江、上海等沿海省市排名靠前，位列"第一梯队"，重庆、辽宁等内陆地区排名靠中，位列"第二梯队"，甘肃、青海等西北内陆地区排名靠后，位列"第三梯队"，这与《白皮书》中的分析结果完全吻合，也进一步说明了我国数字经济呈现由沿海到内陆梯度递减的发展格局。

表 2　　　　　　　2013～2020 年我国 31 个省（市、自治区）数字经济
发展评价得分与排名结果

地区	统计年度								平均得分（按排名）
	2013 年	2014 年	2015 年	2016 年	2017 年	2018 年	2019 年	2020 年	
广东	0.299	0.335	0.394	0.456	0.575	0.720	0.859	0.989	0.578
江苏	0.296	0.287	0.324	0.355	0.386	0.454	0.523	0.591	0.402
浙江	0.261	0.283	0.316	0.346	0.370	0.425	0.471	0.517	0.374
北京	0.104	0.130	0.163	0.196	0.232	0.267	0.306	0.344	0.218
山东	0.104	0.113	0.133	0.152	0.170	0.196	0.230	0.264	0.170
上海	0.093	0.104	0.119	0.135	0.155	0.181	0.208	0.236	0.154
福建	0.054	0.063	0.079	0.095	0.108	0.133	0.152	0.172	0.107
四川	0.060	0.067	0.083	0.094	0.104	0.125	0.140	0.155	0.104
安徽	0.058	0.066	0.078	0.090	0.102	0.122	0.144	0.165	0.103
河南	0.046	0.054	0.066	0.076	0.088	0.107	0.125	0.144	0.088
湖北	0.046	0.053	0.063	0.073	0.084	0.099	0.118	0.138	0.084
湖南	0.039	0.046	0.055	0.062	0.071	0.081	0.094	0.108	0.070
天津	0.034	0.041	0.051	0.060	0.069	0.080	0.094	0.108	0.067
河北	0.031	0.037	0.045	0.054	0.064	0.078	0.094	0.110	0.064
辽宁	0.039	0.042	0.047	0.052	0.057	0.065	0.074	0.084	0.058
重庆	0.032	0.036	0.046	0.056	0.059	0.067	0.076	0.084	0.057
陕西	0.033	0.039	0.046	0.060	0.061	0.064	0.072	0.081	0.057
江西	0.018	0.021	0.028	0.038	0.047	0.059	0.073	0.087	0.046
黑龙江	0.029	0.030	0.031	0.032	0.034	0.035	0.038	0.041	0.034
广西	0.013	0.015	0.019	0.023	0.027	0.033	0.039	0.045	0.027
云南	0.013	0.015	0.019	0.021	0.026	0.031	0.037	0.043	0.026
山西	0.015	0.017	0.019	0.022	0.025	0.028	0.032	0.036	0.024
贵州	0.012	0.015	0.018	0.019	0.022	0.027	0.034	0.041	0.024

续表

地区	统计年度								平均得分（按排名）
	2013 年	2014 年	2015 年	2016 年	2017 年	2018 年	2019 年	2020 年	
吉林	0.016	0.017	0.019	0.021	0.023	0.025	0.029	0.032	0.023
甘肃	0.009	0.010	0.012	0.013	0.015	0.018	0.021	0.023	0.015
内蒙古	0.008	0.009	0.010	0.011	0.013	0.015	0.018	0.021	0.013
新疆	0.007	0.008	0.010	0.012	0.013	0.015	0.016	0.017	0.012
宁夏	0.002	0.002	0.003	0.004	0.005	0.007	0.008	0.009	0.005
海南	0.003	0.003	0.004	0.004	0.005	0.005	0.007	0.008	0.005
青海	0.001	0.001	0.001	0.002	0.002	0.003	0.004	0.005	0.002
西藏	0.000	0.000	0.000	0.000	0.000	0.001	0.001	0.001	0.000

2. 趋势面分析

本文运用 Arcgis 软件对我国省域数字经济发展程度的空间分布进行趋势面分析。趋势面分析是空间探索分析（ESDA）中的一项分析手段。其根据空间抽样数据，拟合一个数学曲面，使用该数学曲面来反映空间分布的变化情况，如图 1 所示，图中 X 轴方向代表经度方向，Y 轴方向则代表纬度方向，X – Y 平面则代表不同省市的地理位置，而以 Z 轴为标尺的黑色轴线则用来刻画数字经济发展程度，数字经济发展程度较高的地区拥有更高的 Z 坐标值，将所有区域数字经济发展的空间坐标分别投影到 X – Z 与 Y – Z 平面，便可得到关于纬度方向与经度方向的散点与趋势图。

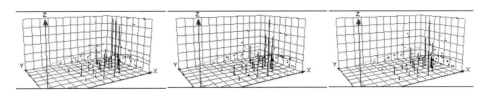

图 1　2013 年、2017 年与 2020 年我国数字经济发展空间趋势

图 2、图 3 分别显示了 2013 年、2017 年与 2020 年我国数字经济发展纬度方向与经度方向的趋势图。可以看出，2013 年我国数字经济发展程度由北向南呈现出先增长后下降的趋势，而 2017 年与 2020 年则呈现逐步增长的趋势。这说明随着时间的推进，我国数字经济的发展重心逐步由中部向南部演进，同时，由趋势线具体形状与落点判断，2013～2020 年数字经济南北差异程度基本保持不变。由经度方向趋势图可以看出，2013～2020 年数字经济的发展重心一直在东部地区，但曲线斜率下

降，说明东西部差异呈现下降趋势。总的来说，2013～2020 年我国数字经济发展重心在空间上整体南移，并且数字经济发展的东西差异得到一定缓解。

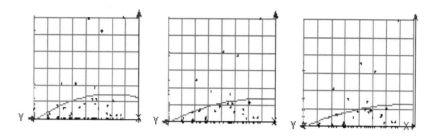

图2　2013 年、2017 年与 2020 年我国数字经济发展纬度方向趋势

图3　2013 年、2017 年与 2020 年我国数字经济发展经度方向趋势

3. 省域数字经济时空演化分析

为更好地观察不同时期我国省域数字经济发展的空间分布变化，本文使用 Arcgis 软件分别绘制了 2013 年、2017 年与 2020 年数字经济发展情况的空间分布图。为使得数据间差异最大化，本文使用自然断点法对数字经济发展评价得分进行分组，并按照颜色由浅入深依次分为数字经济评分"很低""较低""一般""较高""很高"五组，可以看出，我国区域数字经济发展越发规律地呈现出沿海—内陆、东南—西北的阶梯式递减分布，相同等级的数字经济发展省市由分散分布变为集中分布，集群发展现象明显。表3列出了我国不同省份数字经济演化的具体类型，可以看出，在数字经济发展演化中，没有省份形成演化进步。演化不变进程中，广东数字经济发展程度持续居于高位，且截至 2020 年，广东成为唯一一个数字经济评分为"很高"的省份，这说明广东的数字经济发展进度远领先于其他省份。另外，宁夏、甘肃、新疆等西北区域省份与海南一直保持低位演化，表明这些地区数字经济发展一直较为落后。在演化退步进程中，2013 年数字经济发展程度很高、较高的沿海地区与数字经济发展程度一般的中部内陆地区及东北地区部都出现了降级演化现象，这可能是因为广东数字经济发展与其他省份拉开了较大差距，导致这些地区的相对等级下降，这也说明区域演化呈现出了地理上的集中性。

表3   2013～2020年我国数字经济演化类型

演化类型	演化趋势	研究单位	数量	占比（%）
演化进步	无	无	0	0
演化不变	数字经济评分很高→很高	广东	1	3.2
	数字经济评分较低→较低	江西	1	3.2
	数字经济评分很低→很低	宁夏、甘肃、内蒙古、青海、西藏、新疆、海南	7	22.6
演化退步	数字经济评分很高→较高	江苏、浙江	2	6.4
	数字经济评分较高→一般	北京、山东、上海	3	9.7
	数字经济评分一般→较低	四川、重庆、湖北、湖南、陕西、河南、安徽、河北、天津、辽宁、福建	11	35.5
	数字经济评分较低→很低	山西、吉林、云南、贵州、广西	5	16.1
	数字经济评分一般→很低	黑龙江	1	3.2

4. 空间相关性分析

现有对于经济发展的研究普遍忽视其空间关联性，本文依据地理学第一定律与经济地理学相关理论，认为随着各经济要素跨区域自由流动的现象普遍存在，区域之间很难独立，各地经济现象存在空间上的关联性。本文测算了2013～2020年全局莫兰指数I如表4所示，可以看出，除2013年外，所有年份莫兰指数I所对应P值均小于0.1，其中2017～2020年P值小于0.5，表明2013年我国数字经济发展还未呈现出显著的空间自相关性，2014～2020年所对应显著性逐渐增强，这说明我国数字经济发展的空间自相关性逐渐增高。另外，莫兰指数I为正值代表了我国数字经济发展指数存在空间上的正向相关性，即呈现高—高相邻、低—低相邻的现象。

表4   数字经济发展指数2013～2020年全局莫兰指数I

年份	莫兰指数I	P值
2013	0.0114	0.1367
2014	0.0176	0.0919
2015	0.0211	0.0723
2016	0.0245	0.0561
2017	0.0277	0.0385
2018	0.0250	0.0434
2019	0.0259	0.0373
2020	0.0266	0.0333

图4显示了我国2014年、2017年与2020年我国数字经济发展的莫兰指数I散

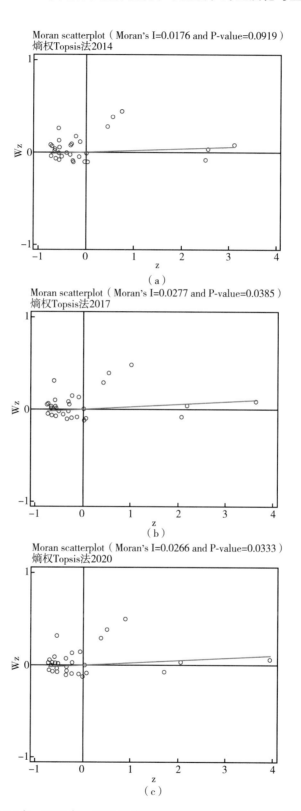

图4　2014年、2017年、2020年我国数字经济发展的莫兰指数 I 散点图

点图①，图中的第一象限对应高—高型集聚地区，第二、第三、第四象限分别对应低—高、低—低、高—低型集聚地区，位于第一、第三象限的省域具有较强的空间正相关性，而位于第二、第四象限的省域则具有较强的空间负相关性。通过散点图可以看出，位于第一、第三象限的省域数量多于位于第二、第四象限的省域数，说明我国省域数字经济发展的空间正相关性占据主导地位，同时，位于第三象限的省域多于第一象限，这表明我国多数省域数字经济发展呈现低低集聚的状态，还有较大的提升空间。

本文进一步细化并测算了区域间数字经济水平的集聚形式。结果显示，数字经济发展的高—高集聚地区逐步由东部沿海扩展至整个东南部沿海地区，这说明我国东南部地区的数字经济发展增长极作用日益明显，地方数字经济的增长带动了周围地区的数字经济发展，同时由于马太效应的存在，数字经济发达地区将进一步带动经济发展，而经济发展将会反哺数字经济建设，形成良性循环，进而导致数字经济发达地区集聚趋于强化和扩张。进一步关注数字经济低—低集聚地区可以发现，数字经济低—低集聚地区逐步向西部与北部地区转移，四川作为西部地区唯一一个数字经济发展程度较好的地区却与周围地区呈现高—低集聚的形式，并没有表现出作为增长极对周围地区的有效拉动作用，这可能的原因是西部及北部地区经济发展落后，数字经济建设程度低，导致自身数字经济发展缓慢，而四川及东部沿海地区发展态势较好，这造成了西部与北部地区的资金与人才流失，从而使得当地数字经济发展呈现恶性循环。另外，中部地区的省市随时间推移越来越趋于低—高型集聚，这可能的原因是中部地区位于东部几大经济圈与川渝经济圈中间，而经济圈对中部地区省市的拉动作用远不如其对生产要素与资本的吸引，回流效应超过扩散效应成为主导趋势，故中部地区省份与周围地区数字经济发展呈现空间上的负相关。

5. 数字经济发展的空间网络分析

本文基于引力模型测算出各省域间数字经济联系强度。结果显示，随时间推移，我国数字经济网络逐步向内陆扩散，特别是中部地区与东北部地区的区域间联系密度与强度得到显著提升。进一步分析区域经济圈可以看出，长三角地区经济圈的数字经济联系强度一直处于领先地位，其联系强度在 2017 年就已经达到"很强"等级。京津冀地区经济圈与川渝地区经济圈内数字经济联系则呈现出迅速的增长趋势，分别从"较弱"与"很弱"的经济联系强度成长为"较强"与"很强"的经济联系强度，这可能与经济圈实施的数字经济相关协调发展策略有着密切关系。例如，

---

① 由于 2013 年全局莫兰指数 I 不显著，故在此改用 2014 年的相关数据。

京津冀大数据综合试验区建设与完善，使得京津冀地区经济圈内物联网、信息技术与人工智能等新兴数字领域快速发展；川渝地区经济区实施产业数字化与数字产业化的双向互补，协调发展等。广东与其周围地区的数字经济联系强度等级由 2014 年的"很弱"等级成长到 2020 年的"较强"等级，这说明数字经济协调合作发展成果不仅体现在珠三角地区经济圈，区域数字经济发展的"泛珠三角"化亦初见成效。另外，我国西北部地区仍未具有明显的区域间数字经济联系，数字经济基础建设工作与区域数字经济合作仍待进一步落实与加强。

（二）数字经济发展的区域比较研究

1. 数字经济发展的地区差异及其分解

上述分析简单描述了我国数字经济发展情况，为进一步分析我国东部、中部、西部区域差异及其原因，本文测算了数字经济发展 Dagum 基尼系数并进行子群分解，分析结果如图 5、图 6 与表 5 所示。

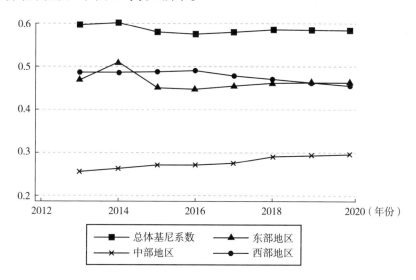

图 5　数字经济发展的总体差异及区域内差异

图 5 显示了我国不同时期的总体数字经济发展基尼系数及东部、中部、西部地区的区域内基尼系数[1]，由图可以看出我国的数字经济发展总体基尼系数基本保持在 0.6 左右的较高水平，这再一次印证了我国区域数字经济发展不平衡的事实，中

---

① 本文按已有分类标准，将北京、天津、河北、辽宁、上海、江苏、浙江、福建、山东、广东、海南划分为东部地区，将山西、吉林、黑龙江、安徽、江西、河南、湖北、湖南划分为中部地区，将四川、重庆、贵州、云南、陕西、甘肃、青海、宁夏、新疆、广西、内蒙古、西藏划分为西部地区。

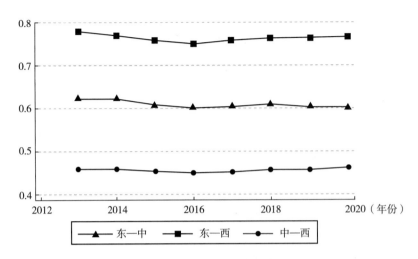

图6　数字经济发展的区域间差异

部地区数字经济发展的基尼系数最小，这说明中部地区的数字经济发展最为均衡，东部、西部地区则保持了一个相同水平的区域内差异情况。从趋势来看，我国总体与东部、西部地区的基尼系数呈现出了缓慢下降的趋势，而中部地区呈现缓慢上升趋势，这可能说明我国整体及东部、西部地区的区域内发展差异程度减小，而中部地区则在经历一个区域内差异的小幅提升，但由于总体趋势表现得并不明显，且没有考虑空间上的关联性，故各区域差异如何变化还需要进一步分析。

图6显示了我国数字经济发展的区域间差异，可以看出不同区域间差异的基尼系数排名由高到低依次为东—西部地区、东—中部地区与中—西部地区，这表明我国的"数字鸿沟"问题依然严重，东西部地区数字经济发展差异远大于中西部地区，区域平衡发展仍然有很长的路要走。从趋势上看，三个区域间基尼系数在时间上并未表现出明显趋势，需要进行进一步的收敛分析。

表5　　　　　　　　　　　　数字经济发展的区域差异及其分解

年份	区域内差异		区域间差异		超变密度	
	差异	贡献率（％）	差异	贡献率（％）	差异	贡献率（％）
2013	0.15705	26.3692	0.40248	67.5769	0.036056	6.0539
2014	0.16627	27.6861	0.38277	63.7362	0.051514	8.5777
2015	0.15224	26.2863	0.38754	66.9151	0.039374	6.7986
2016	0.15125	26.3376	0.38231	66.5712	0.040724	7.0912
2017	0.15281	26.4076	0.38774	67.0058	0.038114	6.5866
2018	0.15519	26.5615	0.39066	66.8614	0.038429	6.5772
2019	0.15526	26.6187	0.39093	67.0227	0.037089	6.3586
2020	0.15498	26.6060	0.39081	67.0918	0.036711	6.3022

表 5 显示了 Dagum 基尼系数的分解贡献系数及相应的贡献率，其中超变密度是指不同区域的交叉重叠对总体的贡献程度，由表可以看出，区域间差异的贡献率最高，区域内差异次之，超变密度最低。这说明我国数字经济发展不平衡的主导因素是区域间差异，其次才是区域内差异。从趋势上看，各差异及其贡献率随时间变化均在原位振荡，未呈现出明显趋势。

2. 数字经济发展的空间收敛检验

考虑数字经济发展的空间依赖性，本文将选取空间计量模型进行收敛分析，由于前文中 2013 年的莫兰指数 I 未通过显著性检验，且西藏数字经济发展指数过低，故选取 2014～2020 年的 30 个省域（除中国香港特别行政区、中国澳门特别行政区、中国台湾地区和西藏自治区之外的省、自治区、直辖市）相关数据进行空间收敛分析。

表 6 与表 7 分别报告了全国及分地区数字经济发展绝对 β 收敛与相对 β 收敛回归分析的结果，其中，全国与东部、中部地区通过 LM 检验与 LR 检验，故选取空间 SDM 模型，而西部地区未通过 LM 检验，故模型退化为普通 OLS。Hausman 检验结果显著，故均选取固定效应模型。从绝对 β 收敛回归结果来看，全国与三大地区 β 系数都显著为负，这说明各大地区均存在显著的 β 收敛，即随时间推移，落后地区数字经济发展将追赶发达地区，达到同一稳态水平。从收敛速度来看，收敛速度按快慢排名分别为东部地区、全国地区、中部地区与西部地区，东部地区收敛速度远高于全国水平，这说明东部地区的落后省域发展潜力大、动力强，这可能是东部地区的沿海经济地理优势及三大经济圈带动经济协同发展给东部数字经济发展落后地区带来了较大的发展动能，而中部、西部地区收敛速度则远低于全国水平，这说明中部、西部地区数字经济发展落后地区发展动能低，发展速度较慢，这可能的原因是中部地区尚未有较为明显的数字经济增长极存在，无法有效拉动数字经济发展落后地区快速追赶，而西部地区由于各大省市与川渝地区经济圈经济发展差异过大，造成极化效应明显，落后区域数字经济发展追赶速度慢。本文进一步控制了各省市金融发展、经济体量、产业结构与政府支出规模等影响因素，进行相对 β 收敛如表 7 所示，由表中结果可以看出，全国与东部、中部地区收敛系数依然显著，且收敛速度依然呈现东部、全国与西部地区的收敛速度排名。同时，西部地区收敛系数并不显著，这表明在控制其他影响因素之后，西部地区没有形成一个有效的数字经济发展的条件 β 收敛，西部落后地区的数字经济发展潜力亟须被拉动。

表6　　　　　　　全国及分地区数字经济发展绝对 β 收敛检验

变量	全国	东部	中部	西部
β	-0.196^{***} (-4.72)	-0.310^{***} (-5.51)	-0.0750^{***} (-3.21)	-0.0238^{**} (-2.46)
δ	0.198^{***} (4.41)	0.318^{***} (5.54)	0.0743^{***} (3.12)	—
ρ	0.423^{***} (3.02)	0.396^{**} (2.53)	0.294^{*} (1.89)	—
σ^2	0.00381^{***} (10.20)	0.00177^{***} (6.12)	0.000527^{***} (5.26)	—
收敛速度	0.218	0.371	0.078	0.024
控制变量	—	—	—	—
Hausman	19.81^{***}	29.69^{***}	24.43^{***}	4.61^{**}
LM-error	9.39^{***}	10.42^{***}	14.818^{***}	0.060
LM-lag	8.344^{***}	7.35^{***}	20.365^{***}	0.071
LR（SEM）	18.62^{***}	25.47^{***}	7.96^{***}	—
LR（SAR）	13.72^{***}	24.27^{***}	8.90^{***}	—

注：$*p<0.1$，$**p<0.05$，$***p<0.01$；括号内为 t 统计量。

表7　　　　　　　全国及分地区数字经济发展相对 β 收敛检验

变量	全国	东部	中部	西部
β	-0.213^{***} (-5.16)	-0.430^{***} (-7.57)	-0.0806^{**} (-2.25)	-0.032 (-1.61)
δ	-0.404^{**} (-2.13)	0.188^{*} (1.78)	-0.240^{*} (-1.80)	—
ρ	-0.161 (-0.68)	0.160 (0.81)	-0.189 (-0.87)	—
σ^2	0.00339^{***} (10.25)	0.00132^{***} (6.19)	0.000374^{***} (5.28)	—
收敛速度	0.240	0.562	0.085	—
控制变量	控制	控制	控制	控制
Hausman	28.16^{***}	56.83^{***}	40.77^{***}	9.76^{*}
LM-error	7.897^{***}	8.47^{***}	6.732^{***}	0.043
LM-lag	4.191^{**}	6.24^{***}	13.428^{***}	0.033
LR（SEM）	14.00^{**}	22.25^{***}	13.26^{**}	—
LR（SAR）	15.13^{***}	23.20^{***}	13.56^{**}	—

注：$*p<0.1$，$**p<0.05$，$***p<0.01$；括号内为 t 统计量。

五、结论与建议

(一) 研究结论

本文利用 2012 ~ 2019 年中国 31 个省域地区 (除中国香港特别行政区、中国澳门特别行政区、中国台湾地区之外的省、自治区、直辖市) 相关数据,运用熵权Topsis 评价法、Dagum 基尼系数及其分解、空间探索性分析与空间计量分析等方法测度了中国省域数字经济发展指数,探究了数字经济发展区域差异,并进一步分析了数字经济发展的时空演化与空间收敛情况。研究结果发现:我国省域间数字经济发展差异较大。从时空演化角度看,我国数字经济发展重心在空间上整体南移,并且数字经济发展的东西差异程度得到一定缓解;我国数字经济发展指数的整体区域分布呈现东南—西北的阶梯式递减分布,且此分布特征随时间推移越发明显;由 LISA集聚图可以看出,我国数字经济发展高—高集聚区域向东部沿海区域聚集,川渝地区及附近区域呈现高—低集聚,西北部地区与中部地区则分别向低—低集聚与低—高集聚演化;我国数字经济网络逐步向内陆扩散,各经济圈数字经济联系强度随时间推移提升显著,但西北部地区仍未呈现出明显的区域间数字经济联系。由区域比较分析可以看出,东部与西部地区内部的数字经济发展差异较大,中部地区区域内差异则处于较低水平;东部与中西部地区的区域间差异较为明显,而中西部地区的区域间差异不大,且各区域内部与区域间差异随时间推移没有呈现明显的趋势特征。空间绝对 β 收敛分析显示全国与东部、中部地区数字经济发展均存在显著的空间关联效应,西部地区则不显著,从收敛速度上看,东部地区数字经济收敛速度远高于全国水平,而东部、西部地区则远低于平均水平,区域间收敛速度差异明显。进一步控制相关影响因素后的相对 β 收敛分析显示全国与东部、中部地区的回归结果依然稳健,但西部地区则未呈现出显著的收敛趋势,这进一步说明区域间发展趋势与发展速度呈现出明显差异,特别是西部地区数字经济协调发展仍待加力。

(二) 政策建议

本文基于以上研究分析结果,提出加强数字经济建设与区域间数字经济协调发展的若干建议如下。

第一,全方位地深化发展数字经济。习近平总书记指出,促进数字经济全面健康发展是稳定我国经济大盘与促进经济中高速发展的有力保障①。由前文分析得出，我国数字经济概念框架覆盖了数字基础设施建设、数字产业与外部环境等诸多方面，要深入发展数字经济，就需要从不同视角出发，多方合力，全面地促进数字经济增长。一是要巩固与加快数字经济基础建设，进一步加强 5G 网络基础设施建设，政策扶持如华为等持有 5G 先进技术的企业发展，提升网络枢纽信息运输的数量与质量，这是数字经济发展的流量基础，推进人工智能、区块链等先进技术的基础设施落实，促进我国软件技术的发展动能。二是要促进数字产业化与产业数字化转型，进一步发展由产业数字化牵动的智慧城市与数字乡村建设，加快培育工业互联网、数据挖掘处理、集成电路等数字产业。三是要推进优化数字经济外部环境建设，进一步促进数字技术创新，鼓励高校与研究机构进行原发性、颠覆性的数字经济技术创新与模式改革，营造良好的数字经济创新氛围，各地出台人才吸引与落户优惠政策，特别是针对各地资源禀赋优势与数字经济结合的应用方向上，应予以重点关注。

第二，进一步采取措施促进东西部地区数字经济平衡协调发展。由前述研究可以看出，我国的数字经济东西部地区发展不平衡、不协调现象突出，且东西部地区数字经济发展随时间推移在逐步加大，政府应采取必要措施进一步遏制差异扩大，并协调区域间数字经济平衡稳定发展。我国已于 2022 年正式实施"东数西算"工程，推动算力资源有序向西转移，西部地区可发挥其电力、土地、人力等要素的低成本优势扩大算力规模，促进数字经济发展，同时西部地区的算力发展可以承接东部地区海量数据的算力需求，增强与东部地区的数字经济联系，进一步优化全国数据中心建设布局，实现数字经济的平衡协调化发展。同时，政府应进一步加速东西部区域网络联通建设，优化网络枢纽传输能力，提升网络传输质量；并进一步依据当地优势进行技术创新，以科技赋能与低碳能源带动数字经济发展。

第三，各地区充分借鉴各大区域经济圈数字经济协同发展经验，加强与附近区域的数字经济交流合作。例如，京津冀地区经济圈建立大数据综合试验区，并明确各地区的特色发展方向如石家庄市的数字生物产业与廊坊市的智能终端产业等，进一步加强数字经济产业链条的合理协调布局，促进数字经济协同快速发展；成渝经济区则依托优势产业实施数字经济产业互补，实现数字资源有效合理配置，推动区域间数字经济发展深度融合；而粤港澳大湾区则更多依托经济地理优势与国际经济地位融入全球数字经济产业链，同时粤港澳大湾区数字产业集群优势突出，区域间依靠紧密联系的数字经济产业链联系而形成协调一致的数字经济发展趋势。其他地区应充分借鉴现有经验，在充分认清本地区优势特色的同时，积极寻求与周围地区

① 不断做强做优做大我国数字经济［EB/OL］. 中国经济网，2022 – 01 – 15.

的数字经济合作，并探索数字经济的具体方式，规划数字经济产业布局，以达到区域的协调合作，互利发展。

第四，积极推进西部地区数字经济建设。"十四五"规划提出，要强化举措推进西部大开发，切实提高政策精确性和有效性。西部地区数字经济建设要紧跟"十四五"规划步伐，加强数字经济基础设施建设，由前文文献综述可知，数字经济基础设施是数字经济运行的基础设施保障，加快推进数字经济基础设施建设是推进本地数字经济发展的有力保障。另外，西部地区要根据自身优势，打造与促进地区特色化数字产业与产业数字化建设，如甘肃的数字化智慧水利建设、西安的人工智能计算中心建设等，进一步优化西部地区产业结构，促进相关产业的数字化转型升级。西部地区要深度融入"一带一路"与"经济双循环"的发展大格局，依靠国内循环与对外贸易促进经济环境的改善与数字经济的成长。

参 考 文 献

［1］金星晔，伏霖，李涛．数字经济规模核算的框架、方法与特点［J］．经济社会体制比较，2020（4）：69－78．

［2］李长江．关于数字经济内涵的初步探讨［J］．电子政务，2017（9）：84－92．

［3］刘军，杨渊鋆，张三峰．中国数字经济测度与驱动因素研究［J］．上海经济研究，2020（6）：81－96．

［4］盛斌，刘宇英．中国数字经济发展指数的测度与空间分异特征研究［J］．南京社会科学，2022（1）：43－54．

［5］王娟娟，佘干军．我国数字经济发展水平测度与区域比较［J］．中国流通经济，2021，35（8）：3－17．

［6］王娟，张一，黄晶，李由君，宋洁，张平文．中国数字生态指数的测算与分析［J］．电子政务，2022（3）：4－16．

［7］王军，朱杰，罗茜．中国数字经济发展水平及演变测度［J］．数量经济技术经济研究，2021，38（7）：26－42．

［8］巫景飞，汪晓月．基于最新统计分类标准的数字经济发展水平测度［J］．统计与决策，2022，38（3）：16－21．

［9］许宪春，张美慧．中国数字经济规模测算研究——基于国际比较的视角［J］．中国工业经济，2020（5）：23－41．

［10］杨文溥．中国产业数字化转型测度及区域收敛性研究［J］．经济体制改革，2022（1）：111－118．

［11］中国信息通信研究院．中国数字经济发展与就业白皮书（2020）［R］．北京：北京大学出版社，2021．

［12］中国信息通信研究院. 中国数字经济发展与就业白皮书（2019）［R］. 北京：北京大学出版社，2020.

［13］Baller S, Dutta S, Lanvin B. Global Information Technology Report 2016［M］. Geneva：Ouranos, 2016.

［14］Barefoot K, Curtis D, Jolliff W, et al. Defining and Measuring the Digital Economy［J］. US Department of Commerce Bureau of Economic Analysis, Washington, DC, 2018, 15.

［15］Bowman J P. The Digital Economy：Promise and Peril in the Age of Networked Intelligence［J］. Innovation Journal, 1996.

［16］Malecki E J, Moriset B. The Digital Economy：Business Organization, Production Processes and Regional Developments［M］. Routledge, 2007.

［17］Mesenbourg T L. Measuring the Digital Economy［J］. US Bureau of the Census, 2001, 1：1 - 19.

［18］Moriset B, Malecki E J. Organization Versus Space：The Paradoxical Geographies of the Digital Economy［J］. Geography Compass, 2009, 3（1）：256 - 274.

［19］OECD. Measuring the Digital Economy：A New Perspective［J］. Oecd Publishing, 2014.

［20］Quah Danny. Digital Goods and the New Economy［R］. SSRN 410604, 2003.

［21］Tranos E, Reggiani A, Nijkamp P. Accessibility of Cities in the Digital Economy［J］. Cities, 2013, 30：59 - 67.

［22］United States. Department of Commerce. The Emerging Digital Economy［M］. US Department of Commerce, 1998.

［23］Vilken V, Kalinina O, Barykin S, et al. Logistic Methodology of Development of the Regional Digital Economy［C］//IOP Conference Series：Materials Science and Engineering. IOP Publishing, 2019, 497（1）：12 - 37.

数字经济提升区域经济韧性的实证分析*

▶ 周　薇

【摘要】后疫情时代，数字经济加速发展，展现出强劲韧性和巨大发展潜力，成为区域抵抗负面冲击、实现高质量发展的有力支撑。本文基于 2012~2019 年省级层面数据，运用系统 GMM 方法进行回归，探究了数字经济对区域经济韧性的影响及作用机制。结果表明：数字经济通过两条路径促进产业结构多样化，提升区域经济韧性，同时针对数字经济助力经济韧性增长给出了相关的对策建议。据此提出相关建议：加强新基建，建设数字经济相关基础设施建设不仅要提升速度，还要提高质量；加大各省份高等教育投入，国家依据各省实际所需进行补贴；完善数字经济治理体系，规范其发展模式，确保数字经济长期可持续发展。

【关键词】数字经济；经济韧性；产业结构多样化

一、引言

如今，信息技术快速革新，作为一项新型的信息技术，数字经济也借此机会快速成长起来，在人们的日常生活及工业生产中也扮演着越来越重要的角色，对于一些传统行业的旧认知也一次次被数字经济这项新型信息技术刷新，使其在传统领域也不断地凸显活力。

中国信息技术通信研究院在 2020 年《中国数字经济发展白皮书》中进一步延伸了数字经济的内涵广度，在原有基础上引入数据价值化。如何

———————————
* 本文是辽宁省民办教育协会"十四五"规划 2023 年度课题（LMJX2023060）的阶段性成果。

评估某地区数字经济发展水平及数字经济能否对经济韧性产生推动作用，都是研究的重点所在。

在 2021 年 1 月国家发展改革委提倡大力推动我国数字经济健康发展，认为发展数字是构建新发展格局的重要支撑，是建设现代化经济体系的重要引擎，是构筑国家竞争新优势的必然选择。而如今我国数字经济正在保持着较高的发展速度，在一定程度上数字经济的发展能够与实体经济相结合，推动国家经济快速稳健发展。

经济韧性是一个地区的经济系统面对市场、外部环境等方面冲击时的抵抗能力，以及在遭受冲击后通过某种方法精选调整适应，以此来确保自身在受到冲击后能够迅速恢复以及恢复后能更快发展的一种能力，经济韧性对于一个地区乃至一个国家的经济长久发展至关重要。

因此，在大力发展数字经济的基础上，研究数字经济与经济韧性之间的作用机理有着重大的意义，有助于我们更好地借助数字经济的发展势头增强各区域的经济韧性，使我国无论是面对来自国外的经济冲击还是本国的经济打击都能够更加从容，积极应对，确保经济长期可持续发展。

二、文献综述

（一）数字经济的内涵与量化

关于数字经济的内涵，国际社会尚未形成一个统一概念。由于数字经济的复杂性以及不断地发展变化，部分学者通过将数字经济分为几个部分进行测度与研究，再通过对每个部分的分别定义来解释数字经济这个整体的定义；也有部分学者通过详细地介绍数字经济的各方面特点来研究数字经济内涵。美国普查局的托马斯·梅森堡（Thomas L. Mesenbourg）认为，数字经济由三部分组成，分别为电子业务基础设施、电子业务及电子商务。电子业务基础设施是指用于支持电子业务和电子商务的经济基础设施。中国互联网络信息中心的李长江（2017）在《关于数字经济内涵的初步探讨》中将数字经济的发展阶段分为了三个部分：数字化、网络化、智能化，这种方法是基于技术视觉和事件总线的三阶段论，这种分类方法往往与其他分类方法共存。政府或者政府相关的管理机构会从要素、条件、目标、影响等方面对数字经济进行定义，例如，2016 年的杭州 G20 二十国集团峰会上发起的《二十国集团数字经济发展与合作倡议》，这份倡议中指出，数字经济是以使用数字化的知识和信息作为关键的生产要素、以数字技术创新为核心驱动力、以现代信息网络为重要载体，通过数字技术与实体经济的深度融合，不断提高传统产业数字化、智能化水平，加速重构经济发展与政府治理模式的新型经济形态①。

在数字经济量化方面，还存在一些难点，对此徐清源（2018）、唐杰英（2018）等指出，数字经济的量化就目前而言主要有两大类方法：（1）统计估算特定范围内的数字经济规模、体量；（2）多重指标下运用对比方法得出不同地区数字经济发展的相对状况。因此，如何合理地界定数字经济的内涵及构建相应的测度指标成为学术界的热点问题之一。

（二）经济韧性的内涵与量化

韧性原本是物理学中的概念，20 世纪 70 年代，这一概念跨学科出现在工程学和生态学的研究之中，用以描述生态系统遭遇自然或人为干扰后维持原状或自我修复至稳定均衡状态的能力。在这以后，韧性这个词也慢慢地被引入其他社会科学领域，包括经济学。希尔等（Hill et al.，2008）将区域经济韧性定义为区域经济从冲击中成功恢复的能力，带有明显的均衡思想特征。考虑系统的非均衡化特征，许多学者从演化视角提出经济韧性的定义，认为它是一个不断进行的过程而不是恢复到之前的或新的稳定均衡状态（Simmie and Martin，2010），强调经济系统不断调整、转变自身经济、社会和制度结构以适应冲击引起的环境变化，最终实现系统长期发展的能力。其中，马丁（Martin，2010）从抵御冲击能力、受冲击后恢复能力、区域自身调整能力和路径创造能力对区域经济韧性方面进行较为全面的概括。因此，区域经济韧性不仅是经济体在遭受外部变化和冲击时自我恢复的能力，更是衡量区域新增长路径的长期能力。2010 年至今，在经济韧性的学习研究方面，我国已经取得了不少实质性进展，不再仅停留在概念争辩上，而是更多地从实证的角度探究区域经济韧性的测度及其影响因素。

相比国外，国内关于经济韧性的理论研究尚处于起步阶段，且均以国内外经济韧性的研究进展的文献述评为主。苏杭（2015）曾对经济韧性进行过定义：经济韧性通常用于刻画经济体因对外部干扰或冲击的内生力量，包括发生冲击之后的复苏能力、吸收冲击的能力和积极的适应能力。在影响因素方面，徐圆（2019）在对经济韧性进行测度的同时发现产业结构多样化程度越高的城市其抵抗冲击的能力越强，即经济韧性越强。关于区域经济韧性的量化，学者从多个角度对经济韧性进行测度，如冯苑等（2020）和谭俊涛等（2020）从应对外部冲击的抵抗力、恢复力及恢复后的维持性三个角度来分析研究，而张平等（2019）则是从国家和区域两个角度对经

济韧性进行研究，从市场效率、政府效率角度对国家层面进行测度和量化，而针对地方区域经济韧性评价，则从抵抗恢复能力、适应调整能力和创新转型能力三个维度进行。还有学者围绕经济韧性的影响因素分析，从产业结构多方面展开论证，一般认为产业结构多样化有利于区域经济韧性提升，制造业、建筑业等部门占主导的区域经济韧性较低，而金融服务业等为主的经济韧性能力较高（张振和赵儒煜等，2020；谭俊涛，2020）。

三、理论分析与研究假定

（一）数字经济的相关概念解析

数字经济是以知识和信息为基础，通过一系列数字技术（以互联网为主）作为工具将知识和信息识别、选择、过滤，最后以数字化的形式将这些知识信息进行储存。由于数字化的储存形式增加了信息的透明度、减少了信息不对称等系列问题，实现了资源的合理配置及充分应用，最后使得经济形成能够高质量发展的一种经济形态。本文认为数字经济可以指发生在人（或组织）之间的任何由互联网、移动技术或"物联网"所引领的经济活动。"数字经济"作为第四次科技革命的代表，被认为将为中国的新冠疫情防控和经济社会发展带来新的动力（贾康、张晶晶，2020）。如今受新冠疫情影响，发展数字经济已经成为推动经济增长的必然选择，成为一种主流的经济模式。一是数字经济包括数字产业化和产业数字化，数字产业化使数据作为生产要素进入生产中，由于它具有大容量、高速率、多样性、价值性等特征，能够快速引导资源实现优化配置与再生产，增强区域产业韧性；产业数字化能够促使产业结构优化升级，数字化治理能使制度结构更加合理，从而间接调节区域产业韧性；产业数字化通过科技创新和溢出，提升区域产业韧性。二是构建以数字化治理为保障，以产业数字化为主体，以数字产业化为支撑的"制度—产业—技术"三维创新发展路径，促进数字经济提升东北地区产业韧性。

（二）经济韧性的相关概念解析

本文认为，经济韧性是一个地区的经济系统受到市场、外部环境等方面的冲击时的抵抗能力，以及在遭受冲击后通过某种方法调整适应，以此来确保自身在受到冲击后能够迅速恢复及恢复后更快发展的一种能力。

抵抗能力主要指规避经济系统脱离当前发展轨迹引起经济衰退的能力，抵抗力的大小与系统长期以来的历史发展路径密切相关，恢复能力主要指区域经济系统通过产业组织结构、技术创新水平及政策制度等适应转变，使得系统能够迅速恢复原有路径或借此冲击打破原有路径实现"路径突破"。经济韧性注重区域对冲击扰动的积极应对，减轻扰动带来的影响并快速恢复其经济发展。

经济韧性反映区域经济系统的一个动态演化发展过程，用来表示区域经济系统随着时间演化的长期调整适应发展过程。区域经济韧性是一个循环的过程，区域经济面对冲击扰动及其恢复过程可能会引起区域经济结构和功能的演变，这些变化反过来会影响区域经济系统面对下一次冲击扰动时的抵抗性和恢复性，也就是说区域经济韧性是动态演化的，其既会影响区域经济对冲击扰动的应对能力，也会因系统的改变而发生演化。

（三）数字经济与区域经济韧性

数字经济在近些年来快速成长。2020 年 3 月，我国高技术制造业增加值同比增长 8.9%；4 月和 5 月，高技术制造业增加值继续快速增长，增速分别为 10.5% 和 8.9%；5 月，3D 打印设备、智能手表、集成电路圆片、充电桩等产品产量同比增长均在 70% 以上[①]。在后疫情时代，数字经济的快速发展推动着人们的生活形态发生了改变，在一定程度上也增加了我国 34 个省级行政区各自的经济韧性，数字经济在新冠疫情期间解决了影响经济发展与经济韧性的多项问题，如居家办公、填补学业空白、维持零售业和餐饮业等，大范围内增强经济韧性。

数字经济对经济的推动主要有三种：数量增长效应、高效率增长效应及高质量创新增长效应。一是在生产函数中，不仅有原先旧的生产要素，还增加了一个全新的生产要素——数据，数据相较于原始的一些生产要素具有成本更低的特点，在生产函数中加入数据自然能够在总成本不变的情况下增加总产出。二是无论是在供给侧方面还是需求侧方面，数字经济都展现出一种显著的特征——规模报酬递增，这可以以更快的速度、更好的质量推动我国经济的发展。三是数字经济说到底还是一项新型的信息技术，既然"新"，便有着快速创新的优点，在新兴产业的诞生与快速崛起，新技术的诞生与推广方面都有着举足轻重的地位。

新冠疫情在影响经济的同时，也加速了经济数字化、经济智能化的发展速度。虽然在一定程度上使得一些实体经济的发展远远不如预期，如餐饮、旅游、影视、

---

① 资料来源：《2020 年国民经济和社会发展统计公报》。

健身、交通、酒店、娱乐、零售等，但是挑战更是机遇，新冠疫情使得越来越多的企业愿意跳出自己原先的舒适圈，去接受新技术、新模式，以及居家办公配合更加富有弹性的工作时间等，加速了企业数字化、企业智能化的发展速度，进而经济数字化、经济智能化也随之发展。由于新冠疫情防控相关需求，大数据和智能化也在不断创新，应用于越来越多的领域。所以，要先精确识别、迅速弥补经济社会发展的短板，进而在此基础上推动产业互联和经济人工智能发展，加速推动经济社会的数字化发展和经济智能转型，同时积极推动我国民营企业的数字化运营水平，以及政府从税收优惠政策设计等方面予以鼓励与指导，仍是当前中国持续提升经济社会发展韧性能力的关键任务。

（四）数字经济对区域经济韧性的作用机理

随着经济全球化的深入发展，国际环境日趋复杂，不确定性和未知风险明显增加，给人类社会带来极大的挑战。无论是 1997 年亚洲金融危机、2008 年世界金融危机，还是中美贸易摩擦，都使全球经济陷入不同程度的衰退。如何提高区域经济韧性，降低不确定性因素引致的风险，进而谋求有效的经济增长，成为学术界和政策制定者重点关注的议题（Davies，2011；Fingleton et al.，2012；Martin，2010）。尤其是 2020 年突如其来的新冠疫情肆虐全球，对世界经济的负面影响持续发酵。在我国，新冠疫情冲击波及各行各业，尤其是传统工业、餐饮服务业运行受阻，甚至出现停滞。然而，以"互联网＋"、大数据、人工智能、5G 等数字技术为支撑的数字经济却逆势发展，展现出强劲韧性和发展潜力，为新冠疫情防控和复工复产发挥了非常积极的作用。可见，数字经济在很大程度上能够增强区域抵抗风险的能力及受冲击后的恢复能力。数字经济是互联网的快速发展与经济发展相互融合而产生的一种新的经济形势，是以知识和信息为基础，通过一系列数字技术（以互联网为主）作为工具将知识和信息识别、选择、过滤，最后以数字化的形式将这些知识信息进行储存。2020 年我国数字经济规模达 39.2 万亿元，占 GDP 比重为 38.6%[①]，5G、工业互联网及人工智能、区块链、云计算、大数据和新兴技术（ABCDE）已成为中国经济高质量发展的重要动力，数字化、智能化、信息化、网络化和服务化正在改变着越来越多的中国企业、中国产业乃至各地区的经济发展，从各个层面影响并持续增强中国经济发展的韧性。

本文认为数字经济对区域经济韧性的作用机理表现为以下三个方面：第一，数字

---

① Martin R, Sunley P. On the Notion of Regional Economic Resilience：Conceptualization and Explanation［J］. Journal of Economic Geography, 2015, 15（1）：1 - 42.

经济为生产注入新的要素，数据作为一种新的生产要素进入生产函数中，通过生产要素多样化，提升区域经济抵抗风险的能力。同时数字经济以知识和信息作为基础，通过一系列数字技术（以互联网为主）作为工具将知识和信息识别、选择、过滤，最后以数字化的形式将这些知识信息进行储存。由于数字化的储存形式，增加了信息的透明度、技术性及灵敏性，使得区域在遭受冲击后能迅速做出反应，积极应对不利影响。第二，数字经济具有显著的供给侧规模经济和需求侧规模经济，这将使区域能够表现出较强的规模报酬递增特征，在面对外界不利冲击时，能够快速恢复新的发展活力。第三，数字经济具有更快速的创新特质，使新技术大范围应用、新技术产业快速成长，尤其是大数据技术、人工智能技术的逐步成熟和应用，有效实现了供应链间的有机联合，延长产业链，增强企业上下游之间的联系。某种程度上形成网络式结构联系，从而使整个区域内产业间的联系更加紧密，形成强韧的关系链，面对负面外界冲击，即使有部分生产环节出现中断，仍然通过其他关系链得到及时补救。

四、数字经济影响区域经济韧性的计量模型构建

（一）数据来源

本文研究时段为 2012～2019 年，研究单元为中国 31 省（区、市）。由于数据获取限制，本研究未包含港澳台地区数据。所需数据主要来源于 2013～2020 年的《中国统计年鉴》《中国高技术统计年鉴》等，部分缺失数据来源于中国城市数字治理报告、中国区域数字化发展指数报告。各变量的描述性统计如表 1 所示。

表 1　　　　　　　　　　　　各变量的描述性统计

变量	变量	具体指标	符号	均值	标准差	最大值	最小值
因变量	经济韧性	经济韧性值	RE	0.1296	0.2431	0.7296	− 0.9225
自变量	数字经济发展水平	数字经济得分	ZCF	5.3032	2.9107	17.9288	1.5480
控制变量	城乡收入差距	城乡收入比	CX	2.6414	0.4133	3.9300	1.8500
	外贸依赖程度	外贸依存度	WM	0.2730	0.2974	1.5992	0.02395
	实际利用外资水平	实际利用外资额占 GDP 比重（％）	WZ	1.9852	1.6161	10.8581	0.0298
	受教育程度	高等教育人数比例	GD	0.1387	0.0742	0.5049	0.0239
	产业结构多样化	相关多样化指数	RV	1.6072	0.1784	2.2473	1.2146
		非相关多样化指数	UV	0.7980	0.1206	1.0564	0.4162

资料来源：2013～2020 年的《中国统计年鉴》《中国高技术统计年鉴》。

以全国 31 个省份作为主要研究对象，因为促进国民经济增长的主要动力中已渐渐凸显了数字经济，国家日益高度重视人工智能、大数据等数字经济软件及硬件方面的发展。

（二）变量选择

1. 经济韧性的测度

被解释变量是经济韧性，经济韧性指数的计算本文采用韧性代理的研究方法，以全国变化率为基准，计算各省份生产总值的实际变化量与预期变化的差别公式如下：

$$(\Delta R_i^{t+k})^{预期} = g_N^t G_u^{t+k} \tag{1}$$

$(\Delta R_i^{t+k})^{预期}$ 表示省份 i 在变化期间（$t+k$）的预期经济变化量，G_u^{t+k} 为全国生产总值在（$t+k$）期间内的经济增长率。

韧性总代理指数的计算公式：

$$RE = \frac{(\Delta R_i^{t+k})^{实际} - (\Delta R_i^{t+k})^{预期}}{\left| (\Delta R_i^{t+k})^{预期} \right|} \tag{2}$$

其中，$(\Delta R_i^{t+k})^{实际}$ 表示省份 i 在研究期间内 GDP 的实际变化量，$(\Delta R_i^{t+k})^{预期}$ 为省份 i 在研究期间内 GDP 的预期变化量。

其中，韧性值大于 0，表明在研究期间内，抵抗外界冲击的能力要高于国家平均水平。

2. 数字经济的测度

数字经济发展水平作为解释变量，主要从四个方面来计算，数字基础设施建设水平、产业数字化发展水平、数字可持续发展水平及数字产业融合发展水平。

陈亮（2011）曾基于中国省际的面板数据研究了数字信息基础设施建设对经济增长的促进作用，本文选取移动电话普及率、固定电话普率、互联网普及率、互联网端口接入、域名数及有网站的企业比重来衡量数字基础设施建设水平。产业数字化发展水平选取电信业务总量占 GDP 比重、软件业务收入占 GDP 比重和信息传输、软件和信息技术服务业城镇单位就业人员三个指标来衡量。数字可持续发展选取科学技术占财政支出的比重、每十万人口高等学校平均在校生数、有电子商务交易活动的企业数比重、规模以上工业企业有效发明专利数。本文选取电子商务销售额占 GDP 比重、每百家企业拥有的网站数和电子及通信设备主营业务收入这三个指标表示数字产业融合发展水平。

本文是将 2012～2019 年全国 31 个省份的评价指标原始数值利用主成分分析法进行降维，进而得到了每年各省份所有评价指标的综合得分，便于比较 31 个省份数字经济发展的纵向增长情况（见表 2）。

表 2　　　　　　　　　　　　数字经济发展水平评估指标体系

变量	一级	二级	单位
数字经济 发展水平	数字基础 设施指数	移动电话普及率	部/百人
		固定电话普及率	部/百人
		互联网普及率	%
		互联网端口接入	万个
		域名数	万个
		有网站的企业比重	%
	产业数字化 发展指数	电信业务总量占 GDP 比重	%
		软件业务收入占 GDP 比重	%
		信息传输、软件和信息技术服务业城镇单位就业人员	万人
	数字可持续 发展指数	科学技术占财政支出的比重	%
		每十万人口高等学校平均在校生数	人
		有电子商务交易活动的企业数比重	%
		规模以上工业企业有效发明专利数	件
	数字产业融合 发展指数	电子商务销售额占 GDP 比重	%
		每百家企业拥有的网站数	个
		电子及通信设备主营业务收入	亿元

资料来源：2013～2020 年的《中国统计年鉴》《中国高技术统计年鉴》。

本文用 SPSS 22 对十六个评价指标进行主成分分析，分析研究其得到的相关结果。

首先对十六项评价指标数据进行标准化处理。十六个评价指标的相关系数矩阵见表 2。其中 X1 移动电话普及率、X2 固定电话普及率、X3 互联网普及率、X4 互联网端口接入、X5 域名数、X6 有网站的企业比重、X7 电信业务总量占 GDP 比重、X8 软件业务收入占 GDP 比重、X9 信息传输、软件和信息技术服务业城镇单位就业人员、X10 科学技术占财政支出的比重、X11 每十万人口高等学校平均在校生数、X12 有电子商务交易活动的企业数比重、X13 规模以上工业企业有效发明专利数、X14 电子商务销售额占 GDP 比重、X15 每百家企业拥有的网站数、X16 电子及通信设备主营业务收入。通过主成分分析可知，大部分的评价指标之间存在着较高的正相关系数，如互联网普及率和移动电话普及率，科学技术占财政支出的比重和固定电话普及率，规模以上工业企业有效发明专利数和互联网端口接入相关性分别达到

0.859、0.641、0.729，说明变量间有强相关性，其反映信息存在重叠，适宜进行主成分分析。据特征值大于 1 的筛选原则，有四个主成分特征根大于 1，分别是 6.924、2.364、1.917 和 1.321，方差贡献率分别为 43.274%、14.774%、11.981% 和 8.257%，累计贡献率达到 78.286%

运用主成分分析法计算 2012～2019 年 31 个省份的数字经济发展水平综合指数（见表 3）。

表 3　　　　　　　　　　　我国 31 个省份数字经济发展水平综合指数

省份	2012 年	2013 年	2014 年	2015 年	2016 年	2017 年	2018 年	2019 年
北京	0.67633	1.01422	1.36800	2.07667	4.54043	2.97979	2.85555	3.84314
天津	-0.61638	-0.43220	-0.39017	0.18686	-0.07107	-0.17306	-0.46463	-0.37809
河北	-1.02845	-0.75798	-0.45212	-0.21912	0.03015	0.05060	0.33751	0.14962
山西	-1.33149	-1.03705	-0.85413	-0.75413	-0.68366	-0.74108	-0.46722	-0.68218
内蒙古	-1.15643	-0.92759	-0.78194	-0.71550	-0.56300	-0.48887	-0.49504	-0.64284
辽宁	-0.90942	-0.62026	-0.31948	-0.10661	-0.03099	-0.00408	0.04664	0.08128
吉林	-1.26136	-0.96367	-0.76163	-0.72306	-0.75595	-0.67541	-0.56067	-0.62131
黑龙江	-1.55461	-1.05145	-0.80720	-0.71161	-0.69396	-0.68572	-0.62160	-0.73148
上海	0.16285	0.56550	1.10846	1.43465	1.66102	1.68341	1.87381	2.04152
江苏	0.62263	1.22262	1.23908	1.59788	1.86267	2.01274	2.33772	2.41681
浙江	0.39026	0.58997	0.66127	0.96565	1.20140	1.16968	1.35544	1.48494
安徽	-0.67979	-0.34535	-0.08348	0.22608	0.41225	0.48249	0.72270	0.84818
福建	-0.43851	-0.20051	-0.13225	0.11089	0.46746	0.86709	0.89673	0.85926
江西	-1.00856	-0.66263	-0.43248	-0.19536	-0.39399	-0.29292	-0.06123	0.00617
山东	-0.48579	0.16565	0.29306	0.46208	0.75040	0.80587	1.33956	1.19925
河南	-0.88995	-0.65412	-0.46527	-0.24528	-0.12777	-0.02202	0.49148	0.36200
湖北	-0.76050	-0.59905	-0.33234	0.00607	0.20713	0.25185	0.54701	0.65145
湖南	-0.76299	-0.68162	-0.38310	-0.19857	0.02272	-0.06085	0.27329	0.22346
广东	1.12638	1.77812	2.19089	2.75602	3.38591	3.59051	4.77580	4.81460
广西	-1.22404	-0.99595	-0.93519	-1.43741	-1.29217	-1.14232	-0.76115	-0.60197
海南	-0.71656	-0.31960	0.07901	0.21648	0.31755	0.28585	0.21182	0.19371
重庆	-0.97251	-0.74344	-0.46726	-0.30264	-0.10531	0.02070	0.33759	0.47728
四川	-0.72004	-0.29128	-0.01713	0.33738	0.79956	0.89806	1.25088	1.31777
贵州	-1.43866	-1.10036	-0.84365	-0.78910	-0.51132	-0.46225	-0.14664	-0.08469
云南	-1.24228	-0.93766	-0.72074	-0.48164	-0.42005	-0.43137	-0.26287	-0.26583
西藏	-1.55729	-1.07503	-0.53860	-0.19714	0.10164	-0.17633	-0.20521	0.09968
陕西	-0.80976	-0.45847	-0.26001	-0.11520	0.09364	0.09848	0.37553	0.39491
甘肃	-1.30929	-0.99118	-0.75891	-0.57755	-0.46934	-0.56672	-0.39559	-0.48423
青海	-1.27136	-0.97094	-0.78240	-0.40408	-0.28968	-0.45520	-0.41051	-0.38943
宁夏	-1.03880	-0.75765	-0.53857	-0.52550	-0.47894	-0.50364	-0.40362	-0.52014
新疆	-1.42032	-1.14997	-1.08539	-1.06421	-1.11523	-1.19435	-1.00721	-1.03286

　　通过主成分分析，本文对于数字经济主要提取出了四个主成分：（1）数字基础设施中的移动电话普及率；（2）互联网普及率及产业数字化发展中的软件业务收入占 GDP 比重；（3）信息传输；（4）软件和信息技术服务业城镇单位就业人员。说明就目前我国的数字经济发展而言，完善的基础设施建设及产业的数字化转型是影响其发展的决定性因素，尤其是移动电话、互联网在偏远地区的普及，软件业务收入、信息技术等相关产业就业人数这四个方面。移动电话和互联网的深度普及不仅能够有助于提高互联网的覆盖率，还有助于迎合时代推动 5G 发展，进而提高数字经济在全国范围内的覆盖率。数字化产业中最极具代表性的产业便是软件和信息技术相关产业，这些新兴产业发展需要足够的资金和人才支持，资金方面除了依靠政府的相关政策更多的还是靠本产业所创造的收入，在这些产业中的就业者多半是技术型人才，因此直接影响着当地数字经济相关产业的未来可持续发展。就目前而言，我国东部地区数字经济发展得分最高，中部地区次之，西部地区最低。东部地区在这四个角度都有着显著优势，西部地区交通、环境、教育背景等都比不上东部和中部地区，人才短缺与基础设备不够完善使其在数字化产业方面发展缓慢，软件业务收入受此影响也会降低，与其他两地数字经济差距也会越来越大。综上所述，目前我国数字经济发展状况及很大程度上的发展前景都受到这四个主要因素的影响。

3. 控制变量

　　借鉴相关的研究成果选取以下控制变量。一是抵抗恢复能力，选用实际利用外资水平［地区实际利用外资额与 GDP 总值的比重（WZ）］和产业结构来表示，产业结构主要分为两个变量，用产业结构相关多样化（RV）与非相关多样化（UV）表示；二是适时调节状态的能力，城乡差距［城乡收入比（CX）］、外贸依存度（WM）和创新转型的能力［高等教育人数比例（GD）］表示，从而减少遗漏变量而导致的研究估计误差。

　　产业结构相关多样化（RV）与非相关多样化（UV）具体计算公式如下。小类产业 i 属于大类产业 S_k，因此可以得出：

$$P_k = \sum_{i \in S_k} P_i \tag{3}$$

　　P_k 城市大类产业占全部产业的比重，P_i 小类部门占全部产业的比重。

　　相关多样化（RV）可以表示为所有大类部门下小类部门的熵指数；H_k 表示为大类部门内部各小类部门的熵指数：

$$RV = \sum_k H_k P_k \tag{4}$$

$$H_k = \sum_{i \in S_k} \left(\frac{P_i}{P_k} \right) \ln \left(\frac{P_i}{P_k} \right) \tag{5}$$

而非相关多样化（UV）可以表示为大类部门的熵指数：

$$UV = \sum_k P_k \ln \left(\frac{1}{P_k} \right) \tag{6}$$

4. 模型构建

本文主要探究数字经济发展水平对区域经济韧性的影响，将经济韧性作为被解释变量，数字经济发展得分作为核心解释变量。并将影响区域经济韧性的其他因素以控制变量的形式纳入模型中，从而剔除其对经济韧性的影响，以得到数字经济发展水平与经济韧性之间的关系。具体模型如下：

$$RE_{it} = \beta_0 + \beta_1 ZCF_{it} + \beta_2 X_{it} + \varepsilon_{it} \tag{7}$$

其中，i 代表城市，t 代表年份，被解释变量 RE_{it} 代表经济韧性水平，核心解释变量 ZCF_{it} 代表数字经济发展得分，控制变量 X_{it} 包括城乡收入比、实际利用外资占 GDP 比重、外贸依存度、高等教育人数比例及产业结构多样化，ε_{it} 为随机误差项。

由于经济韧性变化具有一定的时滞性，本文将滞后一期的经济韧性水平加入模型中，以控制其自身的内在冲击性。因而建立如下动态面板回归模型：

$$RE_{it} = \beta_0 + \propto RE_{it-1} + \beta_1 ZCF_{it} + \beta_2 X_{it} + \varepsilon_{it} \tag{8}$$

RE_{it-1} 是经济韧性一阶滞后项，其他指标同上。

五、数字经济影响区域经济韧性的实证分析

（一）动态面板模型

本文使用动态面板模型分析数字经济发展水平对经济韧性的影响，并采用系统 GMM 模型对动态面板进行估计，以解决静态面板模型中存在的内生性及估计偏误问题。根据动态面板模型的相关特征，本文的内生解释变量包括被解释变量经济韧性的滞后一期项及控制变量城乡收入比、实际利用外资占 GDP 比重、人均受教育年限、高等教育人数比例及产业结构多样化。本文通过检验模型设定的合理性和工具变量的有效性来增强回归结果的可靠性。

表 4 的结果显示一阶 P 值小于 0.05，扰动项的差分存在一阶自相关，而二阶 P

大于 0.05，表明不存在二阶自相关，所以接受原假设：扰动项无自相关，初步表明了工具变量选取的合适性。Sargan 检验对应的 P 值均大于 0.5，说明回归结果不存在过度识别，原假设工具变量是有效的。综上所述，适合用系统 GMM 分析方法，模型设定合理。本文采用 stata.16 软件进行实证分析，数字经济发展水平影响经济韧性的系统 GMM 模型估计结果如表 4 所示。

表4　　　　　　　　　　　　系统 GMM 全样本回归结果分析

变量	系数	Z 统计值
L. RE	0.1214 ***	3.79 ***
ZCF	0.0423 ***	30.23 ***
WZ	0.0108 ***	4.12 ***
CX	0.3229 ***	12.64 ***
RV	− 0.2627 ***	− 2.76 ***
UV	0.2621	1.36
WM	0.0981 ***	4.00 ***
GD	0.8954 ***	− 3.99 ***
AR（1）	0.0193	
AR（2）	0.4183	
Sargon	0.9992	

注：括号内为 z 值，＊p＜0.1，＊＊p＜0.05，＊＊＊p＜0.01。

（二）回归结果分析

模型中可能存在内生性，加入被解释变量滞后一期为解释变量，采用系统广义矩估计法对参数进行估计。系统 GMM 估计有效性依赖于两个假定，一是工具变量的有效性，二是残差不存在二阶序列相关。表 4 中，AR（1）和 AR（2）的 P 值分别为 0.0193 和 0.4183，无法拒绝扰动项无自相关的原假设。Sargan 检验 P 值为 0.9992，无法拒绝工具变量有效性的零假设。因此，数字经济影响区域经济韧性的模型设定合理，将被解释量滞后项作为工具变量也是有效的。

从回归系数来看，数字经济发展水平对区域经济韧性的影响显著为正。这表明正如假设所言，数字经济的发展有利于促使区域经济韧性提升。一方面，数字经济与传统产业的融合，为传统产业的质量提升提供了新支撑，数字化生产、智能化制造可以有效提高生产过程和产品质量的稳定性，从而有利于增强区域抵抗风险的能力；另一方面，数字经济的发展使得数据作为生产要素进入生产中，尤其是大数据技术、人工智能技术的逐步成熟和应用，明显提升了地区产业结构多样化和技术创新能力，从而有利于提升区域在经历冲击后恢复经济活力的能力。对于控制变量而言，总的来看，一个地区产业结构多样化程度越高，该地区的经济韧性也越好，这与以往前研究一致，与本文的研究理论分析也一致。但相关多样化系数为负，非相关多样化系数为正，即相关多样化对经济韧性有一定的抑制作用，非相关多样化恰恰相反，能够加强经济韧性。

城乡收入比的回归系数为正，这是由于中国的城镇化程度不断提高，从短期的角度来说，城乡收入比拉大在一定程度上是由于经济发展水平提高，会使得经济韧性提高。

实际利用外资额占 GDP 比值的回归系数为正，因为实际利用外资额能够为地方经济带来相较而言更加先进的、外来的资金技术、管理经验等，这些更像是作为低成本的生产要素加入到生产函数中，同样成本下总产出提升，劳动生产率自然提高，经济借此机会加速增长。因此，借助外资的力量，提高我国的经济韧性是个明智之举。

外贸依存度的回归系数显著为正，说明对外贸依赖程度越高，地区的经济韧性越理想，可以这样理解：在该区域内，因为一些不可抗力因素对经济产生了不小的冲击力，但波及范围仅是本地内部循环的一些产业经济，本地市场虽受影响，但国外市场依旧火热，在一定程度上便增加了该地区经济抵抗风险的能力。

高等教育人数比例回归系数为正，说明高等教育人数的比重增加对地区经济韧性具有显著的正向影响，高等教育人数越多，该地区的高级技术人才也就相应增加。不难发现，高等教育人数越少的地区，人才流失的现象越严重，如北京、上海等城市便依靠其自身高等教育人数占比高及对人才的吸引力，快速发展经济，在面对重大的经济打击时，高等教育人才创新能力得到发挥，在很大程度上缓解了经济冲击，进而增强经济韧性。

同样地，首先，扰动项存在一阶自相关，但是 AR（2）的 P 值为 0.3772，无法拒绝扰动项无自相关的原假设。其次，进行 Sargan 检验 p 值为 0.9992，无法拒绝工具变量有效性的零假设，因此，整个模型的设定是合理的，并且将被解释量的滞后项作为工具变量也是有效的（Arellano M. et al.，1991）。最后，滞后一期的韧性指数在 1% 的水平上显著为正，其变化在时间上存在明显的连续性，并且上一年的韧性水平对当年产生显著的促进作用。

（三）稳健性检验

表 5 显示了解释变量与全部控制变量对区域经济韧性的影响，在稳健性检验中，

分别将产业结构多样化（RV UV）、城乡收入比（CX）、实际利用外资额占 GDP（WZ）、外贸依存度（WM）、高等教育人数比例（GD）等变量逐个引入模型中。发现，所有回归中，数字经济的系数均为正且在统计上显著，表明回归结果具有较高的稳健性。

表5　　　　　　　　　　　　　　全样本回归结果分析

变量	（1）	（2）	（3）	（4）	（5）	（6）	（7）
L. RE	0.3473 *** （128.93）	0.2474 *** （40.78）	0.2460 *** （50.66）	0.1318 *** （23.95）	0.1272 *** （6.66）	0.1338 *** （5.21）	0.1215 *** （3.79）
ZCF		0.0104 *** （14.81）	0.0196 *** （17.84）	0.0226 *** （23.39）	0.0261 *** （28.58）	0.0316 ** （29.39）	0.0423 *** （30.23）
WZ			0.0092 *** （5.74）	0.0126 *** （9.07）	0.0113 *** （6.20）	0.0123 *** （5.34）	0.0109 *** （4.12）
CX				0.4146 *** （20.45）	0.3720 *** （10.74）	0.3566 *** （9.94）	0.3229 *** （12.64）
RV					−0.1155 （−1.47）	−0.0663 （−0.79）	−0.2627 *** （−2.76）
UV					−0.0135 （−0.07）	0.0467 （0.2362）	0.2621 * （1.36）
WM						−0.0136 （−0.53）	0.0981 *** （4.00）
GD							0.8954 *** （3.99）
Constant	0.0501 *** （18.69）	0.1257 *** （40.92）	0.1010 *** （18.08）	−1.0062 *** （−18.58）	−0.6995 *** （−3.14）	−0.7922 *** （−2.64）	−0.4820 *** （−2.02）
AR（1）检验	0.0082	0.0040	0.0038	0.0036	0.0098	0.0154	0.0193
AR（2）检验	0.1274	0.1869	0.1425	0.2345	0.3254	0.3987	0.4183
Sargan	0.2552	0.2217	0.2254	0.4023	0.6785	0.7542	0.9993

注：括号内为 z 值，* p < 0.1，** p < 0.05，*** p < 0.01。

六、结论和政策建议

（一）结论

数字经济是近年来国家大力发展的经济新引擎，但同时区域经济系统受到的打击相较于前几年也更加频繁、更加猛烈，因此通过数字经济的高速发展，借助其创新性、高质量性、低成本性保护区域经济使其能够更加平稳发展迫在眉睫。本文将数字经济引入区域经济韧性的研究中，基于 2012～2019 年中国 31 个省份的面板数据，从四个角度评估数字经济发展水平，并得到了各个省份的数字经济评分，运用系统 GMM 模型分析了数字经济发展水平对经济韧性的影响，得出以下结论。

第一，我国整体的数字经济发展水平东西地区不太均衡。

第二，数字经济对于区域经济韧性有显著的推动作用。

第三，实际利用外资提高，地区的经济韧性在一定程度上也会提高。

第四，产业结构多样化能够大大促进经济韧性提高，换句话说，只要产业足够多样化，区域市场便足够丰富足够强大，针对全国范围内而言，能够借此抵消和减少外部需求。因为国内市场需求足够大，外部经济危机对我国经济的冲击被大幅降低。

第五，外贸依存度对区域经济韧性有着积极的影响，外贸依存度能够在一定程度上帮忙抵抗地区内部产生的一些经济冲击，将交易重心外移，以此来抵抗冲击，在冲击结束后，重心回归。

第六，高等教育人数越高，技术型人才越多，创新能力越强，抵御经济打击能力越强，因此区域经济韧性越好。

（二）建议

首先，加强新基建，尤其是其中与数字经济相关的基础设施建设。这个加强包括两个方面，一方面是提升速度，另一方面是提高质量。目前，基础设施建设不够完善是制约数字技术发展的关键，数字经济相关发展自然受到影响，因此区域经济韧性无法借其提高。完善基础设施不仅有助于数字经济的发展更加深入，更有助于其长期可持续发展，各地方政府要合理加大在此方面的资源投入占比，重点提升光纤通信方面，5G 虽在全国范围内不断普及，但其实际使用速度受光纤等的影响并不如意。

其次，提高各个省份地区高等教育的投入，根据各省份实际情况进行补贴，对高等教育资源稀缺地区加大补贴。可让一个资源丰富地区对接一个资源稀缺地区，避免地区陷入高等教育人数少，新型技术产业发展落后，对高等教育人才吸引力小，人才流失的恶性循环。在这些地区鼓励高等教育人才当地就业，实施人才补贴，人才资源到位，这样数字经济相关技术才能在全国各省都落地实施并深入发展，各省数字经济相关产业才能够一齐蓬勃发展，确保各地拥有足够的创造能力，在面对技术难题以及发展难题时积极应对攻克。

最后，完善数字经济治理体系，规范其发展模式，这样才能确保数字经济的长期可持续发展。数字经济相关产业相较传统产业都有"新"的特点，新型产业发展纵然迅速，但也要有完善的治理体系来为其保驾护航，对此，国家可发布总体要求，各省份可根据各自的发展程度在遵守国家要求的前提下制定适合本地方的治理体系，确保数字经济高速发展的安全性，提高当地的经济韧性。

参 考 文 献

［1］陈亮，李杰伟，徐长生．信息基础设施与经济增长：基于中国省际数据分析［J］．管理科学，2011，24（1）：98－107．

［2］樊宇．中国经济韧性经得起考验［N］．新华每日电讯，2022－05－17（003）．

［3］冯苑，聂长飞，张东．中国城市群经济韧性的测度与分析——基于经济韧性的 shift－share 分解［J］．上海经济研究，2020（5）．

［4］华桂宏，陈雨佳．金融集聚、科技创新与城市经济韧性［J］．华东经济管理，2022，36（5）：48－56．

［5］贾康，张晶晶．当前经济形势和数字经济与实体经济融合发展的战略思考［J/OL］．上海商学院学报，2022：1－14．

［6］李长江．关于数字经济内涵的初步探讨［J］．电子政务，2017（9）：84－92．

［7］李陈陈，王琦．哈长城市群区域经济韧性提升路径研究［J］．北方经济，2022（4）：53－56．

［8］李剑．"双循环"背景下城乡流通一体化对经济韧性的影响［J］．商业经济研究，2022（9）：9－12．

［9］李娟，刘爱峰．数字经济驱动中国经济高质量发展的逻辑机理与实现路径［J］．新疆社会科学，2022（3）：47－56．

［10］"十四五"国家知识产权保护和运用规划［EB/OL］．国家新闻办公室，2021－11－01．

［11］苏杭．经济韧性问题研究进展［J］．经济学动态，2015（8）：145－147．

［12］谭俊涛，赵宏波，刘文新，等．中国区域经济韧性特征与影响因素分析［J］．地理科学，2020（2）．

［13］唐杰英．数字化变革下的中国数字经济——基于数字经济边界及测度的视角［J］．对外经贸，2018（9）：49－55．

［14］唐宇，宋永永，薛东前，董朝阳．资源型城市经济韧性时空演变与障碍因素——以山西省为例［J］．干旱区资源与环境，2022，36（5）：53－61．

［15］向连，袁帅．数字经济与实体结合发挥乘数效应［N］．东莞日报，2022－05－23（A06）．

［16］徐剑锋．首季"开门稳"足见肇庆经济韧性［N］．西江日报，2022－05－06（002）．

［17］徐清源，单志广，马潮江．国内外数字经济测度指标体系研究综述［J］．调研世界，

2018（11）：52 - 58.

［18］徐兴东. 展现广东经济韧性活力 增强稳增长信心决心［N］. 深圳特区报，2022 - 05 - 25（A03）.

［19］徐圆，张林玲. 中国城市的经济韧性及由来：产业结构多样化视角［J］. 财贸经济，2019，40（7）：110 - 126.

［20］杨伊静. 打造包容性数字经济模式 推动中国经济高质量发展：中国信通院发布《中国数字经济发展白皮书（2020 年）》［J］. 中国科技产业，2020（8）：5 - 7.

［21］张平，张自然，袁富华. 高质量增长与增强经济韧性的国际比较和体制安排［J］. 社会科学战线，2019（8）：77 - 85.

［22］张晒春，谷洪波. 重大突发公共事件下数字经济对经济韧性的影响研究［J］. 怀化学院学报，2022，41（2）：51 - 58.

［23］Arellano M，Bond S. Some Test of Specification for Panel Data：Monte Carlo Evidence and an Application to Employment Equations［J］. Review of Economic Studies，1991（1）：277 - 297.

［24］C. S. Holling，Resilience and Stability of Ecological Systems，Annual Review of Ecology and Systematics，1973（4）：1 - 23.

［25］Faggian A，Gemmiti R，Jaquet T，et al. Regional Economic Resilience：The Experience of the Italian Local Labor Systems［J］. The Annals of Regional Science，2018（60）：393 - 410.

［26］Martin R，Sunley P. On the Notion of Regional Economic Resilience：Conceptualization and Explanation［J］. Journal of Economic Geography，2015，15（1）：1 - 42.

［27］Mesenbourg T. L. Measuring the Digital Economy［R/OL］. Research Gate，1999 - 06 - 01.

数字经济对城市经济韧性的影响研究

——基于 94 个地级市的实证检验*

▶ 马俊琪

【摘要】本文首先分析了数字经济影响城市经济韧性的理论机制，从微观企业层面、中观产业层面及宏观环境层面入手，分析了数字经济对于城市经济韧性的影响。其次分析了数字经济影响城市经济韧性的具体路径，选取产业多样化和创新能力两个路径进行详细分析。最后提出研究假设，数字经济的发展能够提高城市的经济韧性，并通过产业多样化和创新能力两个中介效应提高城市经济韧性。本文利用中国综合发展较好的 94 个地级市数据进行分析，用熵值法测算了每个城市的经济韧性水平，利用主成分分析法测度了每个城市的数字经济发展水平，并选取产业多样化指数和创新创业水平作为中介变量，再构建固定效应模型并利用 STATA17 得出实证结果。

本文得出结论：数字经济的发展能够提高城市经济韧性；数字经济能够通过增强城市的产业多样化提高城市经济韧性；数字经济能够通过提高城市的创新能力提高城市经济韧性。本文提出政策建议：首先将数字技术和经济发展相融合；其次利用数字经济发展城市的产业，提高城市的创新能力；最后将数字经济和城市基础建设相融合，提高城市数字化水平。

【关键词】数字经济；城市经济韧性；产业多样化；创新能力；中介效应

一、引言

经济韧性通常用来形容某一国家和地区抵抗经济冲击的能力，随着研

---

* 本文是辽宁省教育厅一般项目（LJKR0051）的阶段性研究成果。

究的不断深入，也指适应冲击，恢复经济运行的能力。随着全球化的加深，经济冲击的传播也变得越来越快，而经济韧性的研究也变得越来越重要。数字经济逐渐成为经济发展的主力军，凭借其先进的技术影响着其他行业的发展。数字经济使城市间的联系越来越密切，成为影响城市经济韧性发展的重要因素。

关于数字经济和经济韧性的研究处于起步阶段，其研究角度从企业发展（张迪，2021）、宏观经济体系（李南枢，2021）等出发，分析数字经济影响经济韧性的机制，将创新能力和社会保障水平（陈雨棋，2022）作为中介效应，阐述数字经济对经济韧性的影响。目前，关于经济韧性的研究主要有两个方面：其一是省级层面的研究，其二是关于某些城市群的研究。关于经济韧性的测度方法也主要有单一指标法和多指标法两个方面。

本文将采用综合发展水平较好的 94 个地级市的相关数据进行分析，将使得实证结果更加明显，以期具有参考价值。同时从微观、中观和宏观三个角度分析数字经济影响经济韧性的理论机制，同时选取产业多样化和创新能力作为中介效应进行具体分析。本文关于城市经济韧性的测度方法采取了多指标方法，不能明显地显示出城市经济韧性的浮动，在经济韧性的测度方法上仍有待创新。此外在实证方法上，本文仍然采用了中介效应模型，并未找到其他更合适的方法，希望今后的研究能在实证方法上也有所突破。

（一）研究背景

经济危机、新冠疫情、战争等一系列自然和非自然的灾难都在影响着我们的经济状况，经济状况不断地被冲击，又恢复。尤其是 2020 年以来，新冠疫情的暴发和不断反复，在冲击着世界的经济环境。各国政府也在每次危机发生时，努力抵御灾害对经济的冲击，也在危机发生后，及时刺激经济增长，带动经济复苏，避免经济长期处于低迷状况。中国经济也正在面临着大转型，从高速发展向高质量发展转型。提高经济发展质量、增强经济活性、保证经济的稳定长久发展已经成为我国经济发展的重点，在后疫情时代显得更为重要。因此，"韧性"一词，逐渐进入大众视野，且在政府报告中也被多次提出。经济韧性也逐渐用来衡量某一国家或地区抵御经济冲击的能力，以及受到冲击后的恢复能力。

近年来，数字经济发展异常迅猛，根据工信部相关数据显示，2019 年我国数字经济规模达到 35.8 万亿元，占 GDP 总量的 36.2%，2020 年数字经济规模增加到 39.2 万亿元，占 GDP 总量高达 38.6%，而 2021 年我国数字经济规模已经达到 45 万亿元，占 GDP 总量的比重更是突破 40%[①]。同时，数字经济公司也在不断崛起，主打数字业务的公司也在经济中占主导地位，如阿里巴巴、腾讯等。

随着数字技术的崛起，数字经济对经济韧性的影响逐步显现出来，数字经济通过多渠道促进城市经济韧性提高。

（二）相关概念界定

1. 数字经济

关于数字经济的定义也有很多说法。数字经济被定义为：作为经济学概念的数字经济是人类通过大数据（数字化的知识与信息）的识别、选择、过滤、存储、使用、引导，实现资源的快速优化配置与再生、实现经济高质量发展的经济形态。在G20 峰会上数字经济被定义为，以使用数字化的知识和信息作为关键生产要素、以现代化信息网络作为重要载体、以信息通信技术的有效使用作为效率提升和经济结构优化的重要推动力的一系列经济活动。无论哪一种定义，都可以具体地理解为：通过数字化的知识和信息，提高生产效率和经济质量。

2. 城市经济韧性

"韧性"一词最早是在生物学领域出现的，被用来指生态系统遭受来自自然或人为的干扰后，能否维持原状，以及受到干扰后的自我修复能力。而随着科学的广泛发展，韧性一词被带入经济学领域，形成经济韧性一词。而经济韧性一词的内涵也是在逐渐丰富，对于经济韧性的理解我们不能单纯地停留在某一国家或地区抵抗经济冲击的能力，而是将其理解为一个具有时间顺序的词语，其主要包含四个部分：首先是在遭受经济冲击时的抵抗能力；其次是遭受到经济冲击后，使经济恢复到初始状态的能力；再次是外部环境发生变化后，逐步适应新环境的能力；最后是在已经适应了目前的外部环境后，寻求新突破的转型能力。城市经济韧性特指城市对抗经济冲击的能力。

（三）研究意义

1. 理论意义

目前国内对于经济韧性的研究仍处于区域范围内，大多以省份和市级的数据作

---

① 资料来源：《中国数字经济发展白皮书》。

为研究对象，或者基于某一城市群的数据进行研究。本文将重点放于国内一二线城市上，而非省份上，使得实证结果更具体、更客观。对于经济韧性的衡量，目前主要有两种，其一是采用某个核心指标来衡量经济韧性，其二是根据经济韧性内涵的多样性，选取多个指标加以综合，用来表示经济韧性。本文将采取多种指标的衡量方式，根据本文的研究重点及经济韧性的内涵选取多个指标，能够丰富经济韧性的衡量指标。

2. 实际意义

1989 年的恶性通货膨胀，2008 年的全球性的金融危机，乃至 2020 年暴发的新冠疫情，无论是重大经济危机，还是不可预见的自然灾害、重大卫生事件等，都将影响着全球的经济形势。而随着经济全球化的发展，这种全球的危机终将影响我国的经济形势，所以本文对于经济形势和数字经济的研究，有利于国家结合最新的技术，及时调整国家经济政策，增强经济韧性，以便应对各种紧急事件。同时，也有利于各个城市根据自己的地理条件和产业优势，增强自己的经济韧性。

（四）研究内容和框架

本文主要有以下六个部分（见图 1）。

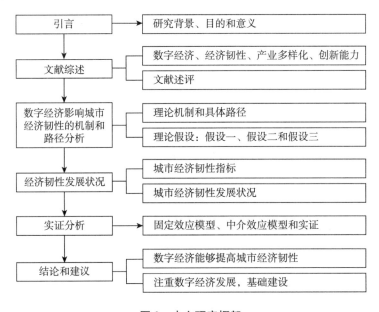

图 1　本文研究框架

第一部分为引言。主要是阐述当前的研究背景，对于经济韧性和数字经济的概念界定。介绍本文的研究内容、研究方法，以及研究意义，最后展示本文的创新点。

第二部分为文献综述。对现有的经济韧性的相关文献进行梳理和总结，并对目前已有数字经济影响经济韧性的机制进行具体分析。

第三部分为数字经济影响城市经济韧性的机制及路径分析。在理论机制方面，主要从微观、中观和宏观三个层面阐述数字经济影响城市经济韧性的理论机制。在具体路径方面，主要选择了产业多样化和创新能力两个路径进行具体阐述，并进行中介效应分析。最后提出了本文的三个假设。

第四部分为城市经济韧性发展状况。首先建立了城市经济韧性指标，其次分析城市经济韧性发展状况。

第五部分为实证分析。将第四部分的变量和其他变量进行回归，采用了固定效应模型和中介效应模型，之后剔除异常值进行稳健性检验，最后展示结果。

第六部分为结论和建议。根据文章的假设和实证结果得出本文的结论，证明了本文的三个假设均成立，然后提出建议，从企业到政府都要注重数字经济的建设。

（五）研究方法

文献研究法：通过阅读国内外各种相关文献，系统地整理有关城市经济韧性的研究方法、影响因素、衡量指标等内容，以此来确定本文的行文逻辑、具体内容和衡量指标。

描述统计法：通过收集大量的相关数据并且加以整理和归纳，更方便理解数字经济和城市经济韧性的发展现状。

图像分析法：通过图形和表格的展示，更方便我们理解经济韧性的发展概况，以及数字经济影响经济韧性的具体逻辑。

分析归纳法：通过对本文的整体研究内容，尤其是实证结果的归纳总结，最后加以分析，得出本文的结论。

二、文献综述

（一）数字经济对经济韧性的影响

张温和温利华（2021）基于双循环的战略背景，说明数字经济的发展提高城市经济韧性，主要从企业的角度切入，数字经济将信息数字化，减少企业生产成本，加快企业创新步伐，根据信息及时调整企业管理模式，根据市场变化及时做出调整。李南枢和宋宗宇（2021）指出，大数据技术在城市应对不确定风险时发挥了巨大作用，数字经济为借助其高渗透性带动宏观经济体系提升，并能提高资源匹配精度，使信息高效传播，为超大城市韧性建设提供良好技术条件。陈丛波和叶阿忠（2021）指出，城市的数字经济提高了城市的区域经济韧性，且具有正向的溢出效应，可通过创新能力间接提升城市经济韧性。胡艳等（2022）以长三角地区城市为例，指出数字经济的发展提高了长三角地区的城市抵抗经济冲击的能力及遭到冲击后的恢复能力，同时指出，数字经济通过提高创新能力和社会保障水平来提高城市的经济韧性。

（二）创新能力对经济韧性的影响

陈丛波和叶阿忠（2021）指出创新带来技术变革，能够更好地指导地区进行产业转型和知识积累，更好地应对经济冲击，并且能够在冲击后快速恢复。胡艳等（2022）指出数字经济发展可通过提升创新创业活跃度与社会保障水平两个方面促进城市经济韧性，且创新创业活跃度的中介效应明显强于社会保障水平。朱金鹤和孙红雪（2021）指出赋能城市的新创新产出发展活力以适应外在冲击变化，通过产业结构性调整开辟出新发展路径和发挥技术溢出效应创造出新的比较优势，继而提升城市经济韧性。蒋凤娇（2021）将创新创业水平作为中介效用，分析数字普惠金融对经济韧性的影响，发现创新创业水平对经济韧性具有正向作用。

（三）产业多样化对经济韧性的影响

郭将和许泽庆（2019）发现，产业相关多样性对经济韧性的影响是根据创新能力的大小来确定的，当地区创新水平较低时，相关多样性对区域经济韧性呈负向影响，且负向影响随创新水平的上升而逐渐减弱，当地区创新水平较高时，相关多样性对区域经济韧性呈显著正向影响。徐圆和邓胡艳（2020）指出产业结构越多样化的城市经济韧性则越强，在分析时，具体将产业多样化分为相关多样化和无关多样化，其中无关多样化水平越高的城市受到金融危机的冲击相对越小，而相关多样化水平越高的城市则因其创新能力较强，在恢复调整期表现出更高的韧性。胡树光（2019）指出，产业多样性对于经济韧性的发展有一定的正向作用，但要平衡好产业无关多样性和相关多样性之间的关系。

（四）有关数字经济和经济韧性的其他研究

数字经济在发展过程中，以网格状的形式发展，随着技术的不断发展，会逐渐增强邻近城市之间的联系，每个城市的数字经济发展也会对周边城市的经济韧性有所影响。国家大数据中心设有北京、上海、广州、沈阳、南京、武汉、成都、西安8个城市核心节点，每个节点都有其主要负责范围，每个节点负责周边区域相关数据。数字经济凭借其跨地区的特点实现了不同地区间的联动，提高了周边城市的经济韧性。张振（2021）从产业聚集的角度发现，产业聚集对经济韧性的影响具有空间溢出效应。朱金鹤（2021）、胡艳等（2022）分别基于三角城市群和中国 284 个地级市的数据进行分析，认为数字经济的发展能够提高周边城市的经济韧性。

（五）文献述评

已有的关于经济韧性的研究中，关于经济韧性的测度方法仍然是没有统一定论的，主要有两个方面：其一是采用核心指标代替，这种方法在国外论文中大量使用，国内也有部分学者借鉴，马丁（Martin，2012）、陈丛波（2021）等用 GDP 实际值与全国预期平均值的差来表示；其二是构建指标法，崔耕瑞（2021）、朱金鹤（2021）分别从不同的角度，利用不同指标对经济韧性进行测度。在讨论数字经济对经济韧性的影响时，都将重点放在中介效应上，如新人才资源发展潜力效应、新经济部门发展动力效应、新创新产出发展活力效应（朱金鹤，2021）、商业供求关系、商业结构（唐红涛，2021）创新创业、社会保障（胡艳等，2022），很少有关于数字经济影响经济韧性的理论机制方面的研究。本文将继续采用构建指标的方法衡量经济韧性，进一步丰富衡量经济韧性的指标。同时，也将从微观、中观和宏观三个方面分析数字经济影响经济韧性的理论机制，对目前关于理论机制方面的不足进行补充。

三、数字经济影响城市经济韧性的机制及路径分析

（一）数字经济影响城市经济韧性的理论机制

一个地区的经济韧性是这个地区整体上对抗经济冲击的能力，而这个区域的整

体能力是离不开区域内部的产业发展和个体发展的，因此本文将从微观、中观和宏观三个层面阐述数字经济影响成熟经济韧性的理论机制（见图2）。

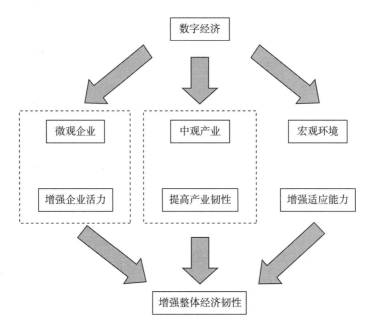

图2　数字经济影响经济韧性机制图解

1. 微观层面：企业发展

在微观层面中，从企业层面考虑。企业的经济发展是地区经济发展的重要组成部分。同样，地区抵抗经济冲击的能力也与企业抵抗冲击的能力息息相关。因此，本文在分析数字经济影响经济韧性的理论机制时，必然要分析到数字经济对于企业韧性的部分。数字经济凭借其高度信息化的特点，能够提高企业获得、传递信息的能力和效率，这就能够帮助企业及时获得相关的信息，在经济冲击来临时，更快地提出应急策略。在后续的恢复阶段，数字经济凭借其高科技的技术，例如，通过 AI 算法、物联网、区块链等技术取代传统的、重复的人工工作模式，这将大大节省企业的用工成本，提高企业的经济效益，更有利于企业在遭受经济后进行自我恢复。而在之后的适应阶段，数字经济也发挥了很大作用。数字经济对于信息的快速处理能力，能够帮助企业快速收集到当下的信息，及时调整自己的商业模式、组织架构、生产流程等，使得企业快速适应新的外部环境，并持续生存下去。在企业逐步适应之后，也要寻求突破、寻求转型。数字经济能够快速帮助企业得到全部相关信息，并在大量信息中快速分析，找到目前最需要突破和转型的地方，实现转型。总的来说，数字经济对企业的帮助体现在企业应对经济冲击的全过程中，此外，数字经济除了能够在上述过程中提高企业应对经济韧性的能力外，最重要的是，能够帮助企业缩短经历这些过程的时间，同时保证每个过程的顺利进行，使每个环节的衔接更为流畅。

2. 中观层面：产业进步

在中观层面，我们则主要从地区内的某行业或者某产业的角度进行分析。目前已有很多关于产业结构与经济韧性的研究，其大部分结论都是产业多样化的发展能够提高某地区的经济韧性。关于数字经济对产业结果的影响研究也存在很多，其结论也大都是数字经济的发展能够优化产业结构。首先，数字经济对企业的影响就会扩散到产业层面。大量的企业聚集，组成了某一产业，那么数字经济提高企业应对冲击的能力，自然也就提高了产业应对危机的能力。其次，数字经济帮助优化产业链结构，形成更合理的产业链。而这种合理性自然也就提高了产业链的韧性，在面临经济冲击时，更加稳定。此外，数字经济对于传统产业的影响也在增加，传统产业也在逐步的进行数字化转型。同时新技术的应用也将带来新的产品，形成新的产业，这也在丰富产业结构，并大大提升了产业结构应对经济冲击的能力。数字经济对产业发展的影响不仅体现在产业结构上，数字经济凭借其信息化的优势，也在不断增加产业规模、提高产业质量、增强产业安全、增强产业弹性，这些都有利于提高产业链韧性，从而提高地区的经济韧性。

3. 宏观层面：宏观环境

在宏观层面，我们则要从地区的整体经济发展情况来分析。数字经济对上述两个层面的共同作用肯定会提高地区的整体经济韧性。我们在分析经济韧性的过程中首先要考虑的就是地区政策的影响，一个地区的政策是从宏观上调控地区的经济形势，提高经济韧性。数字经济能够帮助政府快速掌握当下的信息，作为制定政策的依据，提高了政府的办事效率，因此政府制定政策和解决困难的速度都更快，以便更好地应对经济冲击和解决经济冲击，增强地区的经济韧性，如我国的双循环政策就是结合时代背景制定的增强中国经济韧性的政策。此外，整个地区的整体技术水平也会对经济韧性产生影响，技术水平高的地区会带来更先进的产业，更强的创造能力，在应对经济冲击时，更容易产生新的技术和产业来应对。数字经济通过信息的快速传播和相互交互也在增强地区的技术水平及创新能力，从而增强城市的经济韧性。每个地区的就业水平也影响着地区的经济韧性，就业人员的行业分布、技术能力、年龄结构等都影响着城市的经济韧性。行业分布更多样，高技术的人员越多，整体年龄偏年轻化的就业情况对应着更高经济韧性的地区。相反，就业人员集中于某几个产业，以简单的劳动力为主要的就业人口，就业人口年龄偏大的地区对应着较低经济韧性的地区。数字经济能够使劳动力需求和人才供应更准确地匹配上，促进了劳动力的合理流动，优化地区的就业结构，从而提高地区的经济韧性。此外，数字经济也会通过影响宏观经济的各个层面，如利用社会资本、投资等增强地区的经济韧性。

（二）数字经济影响城市经济韧性的具体路径

在理论机制分析部分，本文从微观、中观、宏观三个层面说明了数字经济影响经济韧性的过程及作用方式。在具体路径部分，本文结合上述分析，即数字经济具体通过哪些因素来提高地区的经济韧性。在实际的分析过程中，可以发现经济韧性的影响因素有很多。行业协会商会的社会资本会形成较为稳定的生产关系，从而增强地区的经济韧性（叶堂林，2021），通过对1997年和2008年的两次金融危机的研究发现，区位条件、人均固定资产投资额和人均GDP都会影响地区的经济韧性，但在两次经济周期中的作用方向不同（谭俊涛，2020），数字金融也能够提高城市的经济韧性，并通过缩小城乡差距、提高资产配置效率等提高城市经济韧性（崔耕瑞，2021）。郭将（2019）则认为产业相关多样性对经济韧性的影响会因为区域创新水平不同而不同。徐圆（2020）认为产业相关多样性在恢复期发挥作用且激发一般性创新，产业相关多样化在抵御期发挥作用且激发新经济创新。创新能力对经济韧性有促进作用（陈丛波，2021）。本文结合以往的研究发现及中国的发展现状，选取产业多样化和创新能力两个变量作为分析数字经济影响经济韧性的具体路径。

1. 数字经济通过促进产业多样化影响城市经济韧性

《中华人民共和国国民经济和社会发展第十四个五年规划和2035年远景目标纲要》（以下简称《纲要》）中第三篇为加快发展现代产业体系，巩固壮大实体经济根基。《纲要》中用一个篇幅来指导未来产业结构发展，说明了产业结构的重要性，因此本文选取产业多样化作为具体路径。数字经济凭借获取和传播信息的快速性，使得产业的进入壁垒逐渐缩小，进入壁垒中主要分结构性进入壁垒和策略性进入壁垒，由于策略性壁垒主要取决于企业的主观意识，因此我们在这里主要分析结构性进入壁垒。结构性进入壁垒主要包括规模经济壁垒、绝对成本优势壁垒、产品差别化壁垒等。数字经济的发展使得需求逐渐跨越地区的阻碍，有效需求变得越来越多，使其可容纳的企业越来越多，增加了产业的多样化。数字经济的发展逐步替代一些传统的重复的手工劳动，并对生产环节进行修正，减少了生产成本，同样也使得绝对成本优势壁垒降低。数字经济的发展将会使得产品间除了核心技术、外表设计、品牌依赖等有差别外，会逐渐缩小产品间的差异，消费者逐渐考虑和接受新进入的产品，使得产品差异化壁垒也逐渐降低。数字经济的新技术也在逐渐转化成新的产业，提高产业多样化。

2. 数字经济通过提高创新能力影响城市经济韧性

《纲要》中第二篇为坚持创新驱动发展，全面塑造发展新优势，同样关于技术创新的内容用一个篇幅的内容进行介绍。本文选取创新能力作为第二个具体路径。创新能力对经济韧性的影响主要体现在城市遭到经济冲击后的恢复期发挥作用，也就是经济形势遭受打击后，经济衰退，创新能力有助于刺激经济增长。技术进步和经济增长的关系是经济学研究的一个重要方向，在新古典增长理论、马克思经济增长理论、熊彼特经济增长理论中都提及了技术进步和技术创新对经济增长的贡献。目前也已有大量理论和实证分析证明了技术进步会促进经济增长。同时数字经济通过其信息存储和传播的广泛性，以及不同信息的交互为技术创新提供帮助。在收集数据、寻找创新点、进行创新、创新结果应用等环节都提供了帮助。数据中心为创新提供了不同的数据，数字技术对分析数据寻找到创新点，搭建模型对创新过程进行数次模拟，最后将创新结果和多个领域结合。

（三）理论假设

基于上述论证，本文已经从微观、中观、宏观三个层面分析了数字经济的发展如何提高城市的经济韧性，分析了数字经济发挥作用的理论机制，通过降低成本、增加创新、改变生产组织模式等机制提高城市的经济韧性。陈丛波（2021）从省级层面证实了数字经济长期内对于城市经济韧性具有正向作用。胡艳（2022）基于长三角城市群进行分析发现，数字经济对于提高长三角地区城市的经济韧性很有帮助，主要作用于抵抗和恢复期。张迪（2021）提出数字化转型主要通过产业融合和创新来提高经济韧性。结合本文的理论分析，提出假设一：数字经济的发展能提高城市经济韧性。

在文章的具体路径分析部分，将产业多样化作为其中一个具体路径。在理论分析部分中，说明数字经济能够降低产业壁垒，从而提高产业多样化，产业多样化保证城市某产业在遭受冲击后，其他产业仍可以运作，降低了经济冲击对经济形势的影响，提高了城市的经济韧性。高齐（2022）认为产业多样性能够帮助城市缓冲经济冲击，减少经济冲击对整体经济形势的影响。徐雅静（2020）发现产业相关多样性与城市经济韧性呈正相关，且与城市的通信公共服务水平越高有关，当通信公共服务水平越高时，这种正相关越明显，通信公共服务也属于数字经济发展中的一个部分。因此，也侧面说明了数字经济通过影响产业多样化提升城市的经济韧性。因此，本文提出假设二：数字经济通过影响产业多样化来提高城市经济韧性。

在文章的具体路径分析部分，将创新能力作为其中一个具体路径。主要分析了创新能力在城市遭受经济冲击后拉动经济恢复的作用，并从数字经济的特点出发，分析了数字经济在创新的各个环节发挥的作用。徐圆（2022）发现创新能力在产业多样化的影响下能够提高城市的经济韧性。朱金鹤（2021）发现，数字经济能够通过提高地区新的创新产出从而提高城市的经济韧性。因此，本文提出假设三：数字经济通过影响创新能力，来提高城市的经济韧性。

四、城市经济韧性发展状况分析

（一）城市经济韧性指标构建

从上述对经济韧性的已有研究进行整理发现，既有多指标的衡量经济韧性的方法，也有使用某单一变量来表示经济韧性。由于经济韧性的表现是多方面的，很难用某一指标完全代表，所以本文将采取多指标的方法测度我国城市的经济韧性，并采用熵值法对城市的经济韧性进行综合评价。在理论分析中，本文将城市抵御经济冲击的过程划分为抵抗期、恢复期、适应期及转型期，因此本文将城市经济韧性设定为一级指标，将抵抗能力、恢复能力、适应能力、转型能力作为二级指标，并具体选择了 13 个三级指标，如表 1 所示。在抵抗能力下，本文选取四个指标，人均GDP 衡量了经济发展的总体情况，人均 GDP 越高经济韧性越强；年末城镇登记失业人员代表了城市的失业情况，失业人员越多经济韧性越低；当年实际使用外资金额主要衡量了本地区的经济发展中外资所发挥的作用，当使用外资金额越高时，外资发挥的作用逐渐增大，本地区的经济韧性受到外部冲击就更多，城市经济韧性也就越低；职工平均工资则代表了当年就业人员的整体工资，在宏观经济学的学习中可以发现，居民的工资和其消费水平呈正相关，所以当年的职工工资越高时，城市经济韧性也就越强。在恢复能力下，本文选取了三个指标：城乡居民年末储蓄余额也和居民的消费息息相关，储蓄越多居民的消费意愿越强，在遭受到经济冲击后的恢复能力也就越强，城市的经济韧性越高；社会消费品零售总额代表了消费品的销售情况，当消费品总额越高，经济韧性也就越强；第三产业增加值占 GDP 比重代表了服务业对经济增长的贡献，第三产业在受到冲击后相较于第一二产业有更大的灵活性，更有利于经济的恢复，当第三产业占比越高时，城市经济韧性越强。在适应能力下，本文选取了三个指标：固定资产合计决定了城市工业生产的基础产量和产业分布，固定资产越多，基础产量会增加，产业分布呈现多样化的趋势，城市的经济韧性也就越强；地方财政一般预算支出代表了当地政府对于经济发展的支持情况，当支出越多时，经济韧性也就越强；教育决定了输出的人才的类型，所以教育支出对于适应经济冲击是非常有帮助的，教育支出越高经济韧性越强。在转型能力下，本文选取了三个指标：流动资产相对于固定资产来说，改变起来更加容易，所以流动资产在转型过程中发挥作用，流动资产合计越多城市经济韧性越强；技术在经济转型过程中发挥了重要作用，重大经济转型与技术变革都息息相关，首先科学支出代表了政府对于地区技术发展的支持程度，科学支出越多，经济韧性越强，其次高校教师是紧跟技术发展的人，在科技发展中发挥重要作用，普通高等学校专任教师数量越多经济韧性越强。

表1　　　　　　　　　　　　　城市经济韧性指标

一级指标	二级指标	三级指标
城市经济韧性	抵抗能力	人均GDP（+）
		年末城镇登记失业人员（-）
		当年实际使用外资金额（-）
		职工平均工资（+）
	恢复能力	城乡居民储蓄年末余额（+）
		社会消费品零售总额（+）
		第三产业增加值占GDP比重（+）
	适应能力	固定资产合计（+）
		地方财政一般预算内支出（+）
		教育支出（+）
	转型能力	流动资产合计（+）
		科学支出（+）
		普通高等学校专任教师数（+）

资料来源：《中国统计年鉴》（2010～2023年）。

在指标选取的过程中，我们遵循指标选取的科学性原则、综合性原则和可获得性原则。本文选取的指标紧扣经济韧性发展的定义和主题，指标涉及GDP、就业、技术水平等各方面，指标的选取符合城市经济韧性的发展趋势。同时，在衡量经济韧性时，本文从抵抗期、恢复期、适应期和转型期四个方面综合考虑，以免在衡量城市经济韧性过程中有遗漏。本文选取的城市样本是2010～2019年中国94个城市面板数据，94 个城市来源于中国前 100 强城市中的 94 个，由于其中 6 个城市数据缺失予以剔除，数据均来源于《中国城市统计年鉴》和各省区市统计局，对于极少数缺失的数据用线性插值法进行补全。

熵值法的具体步骤如下。

第一步：先将指标进行标准化处理，其具体公式如下：

$$正向: x'_{ij} = \frac{x_{ij} - X_{min}}{X_{max} - X_{min}} \tag{1}$$

$$负向: x'_{ij} = \frac{x_{max} - X_{ij}}{X_{max} - X_{min}} \tag{2}$$

其中，i 表示选取的第 i 个指标，指标总数为 m 个，j 表示第 j 个样本，样本总数为 n 个，x'_{ij} 表示标准化后的第 j 个样本的第 i 项指标的值，x_{ij} 表示原始值，X_{max} 和 X_{min} 分别表示最大值和最小值。

第二步：计算每个指标对样本总体的贡献度 p_{ij}：

$$p_{ij} = \frac{x'_{ij}}{\sum_{j=1}^{n} x'_{ij}} \tag{3}$$

第三步：计算第 i 项指标的熵值 E_i：

$$E_i = -\frac{1}{\ln n} \sum_{j=1}^{n} p_{ij} \ln p_{ij}, 且\ 0 \leqslant E_i \leqslant 1 \tag{4}$$

第四步：求得信息熵：

$$d_i = 1 - E_i \tag{5}$$

第五步：求得 i 指标的权重 w_i：

$$w_i = \frac{d_i}{\sum_{i=1}^{m} d_i} \tag{6}$$

第六步：利用权重和标准化得出每个城市的经济韧性综合得分。

（二）城市经济韧性发展状况分析

94 个城市的 2010～2019 年的城市经济韧性的测度结果如表 2 所示，从结果可以看出，在时间序列上，城市经济韧性随着时间提高，这也证明了每个城市都认识到了经济韧性的重要性，不断提高城市的经济韧性。在城市截面中，发达城市的经济韧性要普遍高于不发达城市。

表 2　　　　　　　　　　　　城市经济韧性结果

城市	2010 年	2011 年	2012 年	2013 年	2014 年	2015 年	2016 年	2017 年	2018 年	2019 年
北京	0.452	0.449	0.497	0.553	0.598	0.635	0.672	0.736	0.800	0.848
上海	0.482	0.476	0.511	0.547	0.563	0.609	0.672	0.720	0.766	0.798
深圳	0.218	0.195	0.214	0.286	0.266	0.337	0.448	0.461	0.567	0.619
广州	0.256	0.253	0.285	0.314	0.321	0.371	0.381	0.426	0.441	0.507
杭州	0.178	0.166	0.180	0.197	0.210	0.235	0.251	0.271	0.298	0.335
南京	0.194	0.190	0.201	0.223	0.227	0.241	0.258	0.276	0.312	0.329
苏州	0.183	0.193	0.216	0.242	0.246	0.265	0.283	0.311	0.362	0.377
成都	0.171	0.166	0.193	0.219	0.233	0.253	0.272	0.286	0.308	0.361
武汉	0.191	0.193	0.213	0.232	0.251	0.272	0.297	0.322	0.343	0.383
重庆	0.189	0.219	0.253	0.273	0.303	0.338	0.366	0.386	0.405	0.451
长沙	0.119	0.122	0.137	0.147	0.163	0.175	0.189	0.204	0.219	0.239
天津	0.232	0.245	0.283	0.321	0.345	0.362	0.374	0.344	0.330	0.325
郑州	0.149	0.165	0.177	0.200	0.210	0.227	0.228	0.248	0.260	0.288
济南	0.118	0.115	0.127	0.134	0.139	0.149	0.181	0.171	0.184	0.222
宁波	0.119	0.120	0.129	0.143	0.151	0.167	0.179	0.193	0.212	0.247
西安	0.138	0.141	0.155	0.168	0.182	0.199	0.206	0.223	0.237	0.252
青岛	0.110	0.116	0.131	0.150	0.165	0.179	0.190	0.202	0.213	0.226
合肥	0.088	0.093	0.109	0.116	0.128	0.144	0.178	0.175	0.197	0.234
福州	0.084	0.087	0.098	0.110	0.118	0.129	0.138	0.152	0.165	0.172
佛山	0.079	0.088	0.093	0.109	0.107	0.126	0.134	0.149	0.160	0.191
大连	0.123	0.126	0.142	0.156	0.154	0.151	0.153	0.150	0.166	0.167
沈阳	0.123	0.130	0.144	0.158	0.163	0.165	0.165	0.165	0.171	0.180
厦门	0.064	0.066	0.074	0.088	0.087	0.092	0.101	0.107	0.118	0.133
昆明	0.080	0.089	0.100	0.114	0.116	0.126	0.136	0.146	0.153	0.168
常州	0.064	0.072	0.082	0.096	0.098	0.105	0.114	0.119	0.127	0.135
东莞	0.069	0.080	0.089	0.114	0.098	0.119	0.124	0.139	0.154	0.162
绍兴	0.062	0.065	0.072	0.081	0.086	0.093	0.097	0.100	0.109	0.123
长春	0.096	0.100	0.112	0.122	0.131	0.139	0.147	0.158	0.162	0.166
太原	0.087	0.087	0.094	0.100	0.106	0.111	0.114	0.126	0.136	0.141
烟台	0.069	0.077	0.087	0.098	0.108	0.117	0.127	0.129	0.138	0.140
南昌	0.089	0.088	0.094	0.103	0.113	0.124	0.152	0.142	0.153	0.167
珠海	0.043	0.048	0.055	0.067	0.069	0.080	0.091	0.104	0.114	0.120
泉州	0.055	0.062	0.070	0.080	0.088	0.095	0.101	0.109	0.116	0.133
贵阳	0.053	0.056	0.063	0.074	0.085	0.096	0.103	0.109	0.118	0.127
唐山	0.054	0.080	0.092	0.096	0.102	0.108	0.112	0.117	0.126	0.130

续表

城市	2010 年	2011 年	2012 年	2013 年	2014 年	2015 年	2016 年	2017 年	2018 年	2019 年
温州	0.072	0.068	0.072	0.079	0.084	0.093	0.103	0.109	0.120	0.135
鄂尔多斯	0.053	0.058	0.066	0.075	0.075	0.081	0.082	0.084	0.090	0.091
哈尔滨	0.112	0.117	0.128	0.134	0.140	0.150	0.153	0.155	0.160	0.169
乌鲁木齐	0.051	0.056	0.064	0.074	0.080	0.087	0.090	0.094	0.102	0.106
扬州	0.042	0.049	0.055	0.062	0.068	0.074	0.079	0.086	0.094	0.093
石家庄	0.083	0.094	0.105	0.110	0.119	0.132	0.142	0.150	0.161	0.171
台州	0.046	0.047	0.053	0.058	0.063	0.072	0.077	0.086	0.097	0.111
金华	0.051	0.052	0.060	0.069	0.074	0.078	0.084	0.090	0.098	0.109
徐州	0.050	0.063	0.073	0.086	0.095	0.104	0.114	0.117	0.120	0.121
镇江	0.044	0.050	0.057	0.066	0.071	0.076	0.082	0.082	0.093	0.087
潍坊	0.059	0.069	0.080	0.092	0.101	0.112	0.120	0.123	0.125	0.131
南宁	0.065	0.063	0.071	0.078	0.085	0.091	0.096	0.107	0.114	0.125
湖州	0.028	0.032	0.037	0.042	0.046	0.052	0.056	0.062	0.070	0.078
兰州	0.057	0.059	0.067	0.073	0.072	0.081	0.087	0.094	0.099	0.104
东营	0.043	0.050	0.059	0.069	0.075	0.080	0.085	0.087	0.076	0.078
洛阳	0.039	0.046	0.056	0.059	0.068	0.075	0.083	0.090	0.098	0.104
淄博	0.050	0.057	0.065	0.071	0.076	0.084	0.089	0.091	0.104	0.089
威海	0.037	0.041	0.048	0.055	0.061	0.068	0.074	0.078	0.079	0.073
盐城	0.036	0.046	0.055	0.063	0.071	0.084	0.091	0.093	0.101	0.106
呼和浩特	0.058	0.059	0.067	0.070	0.072	0.076	0.079	0.081	0.084	0.087
芜湖	0.034	0.042	0.051	0.057	0.067	0.074	0.083	0.091	0.095	0.100
榆林	0.026	0.040	0.041	0.045	0.058	0.048	0.069	0.073	0.078	0.084
惠州	0.026	0.037	0.043	0.050	0.061	0.067	0.075	0.083	0.089	0.100
济宁	0.046	0.051	0.060	0.067	0.074	0.082	0.088	0.097	0.101	0.093
宜昌	0.034	0.038	0.043	0.050	0.055	0.063	0.066	0.064	0.067	0.075
包头	0.044	0.050	0.057	0.063	0.065	0.067	0.072	0.071	0.074	0.080
漳州	0.024	0.028	0.034	0.039	0.044	0.048	0.053	0.058	0.063	0.072
淮安	0.076	0.033	0.039	0.044	0.051	0.059	0.060	0.063	0.064	0.070
九江	0.020	0.026	0.034	0.038	0.042	0.052	0.052	0.057	0.065	0.081
临沂	0.040	0.045	0.053	0.059	0.068	0.077	0.087	0.088	0.094	0.084
江门	0.027	0.032	0.037	0.041	0.045	0.051	0.055	0.060	0.067	0.077
株洲	0.023	0.039	0.033	0.036	0.041	0.047	0.054	0.060	0.070	0.076
柳州	0.027	0.029	0.033	0.038	0.043	0.048	0.053	0.057	0.061	0.067
龙岩	0.017	0.019	0.024	0.026	0.030	0.035	0.038	0.043	0.047	0.056
连云港	0.026	0.030	0.035	0.040	0.046	0.051	0.054	0.056	0.061	0.066

城市	2010 年	2011 年	2012 年	2013 年	2014 年	2015 年	2016 年	2017 年	2018 年	2019 年
襄阳	0.021	0.026	0.033	0.037	0.050	0.059	0.064	0.069	0.081	0.080
滨州	0.029	0.035	0.040	0.049	0.054	0.059	0.065	0.068	0.079	0.076
沧州	0.029	0.036	0.045	0.050	0.064	0.063	0.069	0.076	0.081	0.083
泰安	0.034	0.042	0.057	0.051	0.056	0.061	0.064	0.066	0.068	0.071
滁州	0.012	0.016	0.022	0.025	0.029	0.035	0.041	0.044	0.050	0.062
赣州	0.024	0.029	0.037	0.044	0.049	0.056	0.064	0.074	0.081	0.096
绵阳	0.028	0.031	0.037	0.042	0.047	0.050	0.054	0.059	0.072	0.071
遵义	0.022	0.028	0.034	0.040	0.043	0.051	0.070	0.073	0.076	0.080
常德	0.019	0.023	0.028	0.032	0.036	0.041	0.047	0.052	0.059	0.064
许昌	0.014	0.020	0.026	0.030	0.039	0.043	0.047	0.051	0.051	0.054
邯郸	0.038	0.045	0.051	0.054	0.058	0.066	0.071	0.077	0.086	0.082
三明	0.015	0.019	0.023	0.025	0.029	0.033	0.036	0.040	0.045	0.048
宿迁	0.017	0.022	0.028	0.034	0.041	0.045	0.048	0.046	0.052	0.061
莆田	0.014	0.016	0.021	0.023	0.028	0.030	0.033	0.037	0.044	0.049
德州	0.026	0.032	0.038	0.044	0.049	0.058	0.061	0.064	0.070	0.064
新乡	0.026	0.033	0.039	0.042	0.046	0.051	0.056	0.060	0.064	0.070
宜春	0.011	0.016	0.022	0.027	0.032	0.039	0.046	0.052	0.059	0.068
宜宾	0.012	0.017	0.023	0.027	0.031	0.036	0.040	0.045	0.051	0.057
南阳	0.025	0.032	0.040	0.046	0.055	0.061	0.067	0.071	0.075	0.083
菏泽	0.018	0.026	0.033	0.037	0.043	0.050	0.056	0.061	0.062	0.068
宁德	0.014	0.015	0.019	0.022	0.025	0.031	0.035	0.039	0.045	0.054
保定	0.043	0.051	0.058	0.057	0.070	0.084	0.090	0.090	0.105	0.104
岳阳	0.019	0.024	0.030	0.031	0.038	0.041	0.045	0.050	0.053	0.060
衡阳	0.024	0.032	0.034	0.039	0.043	0.052	0.058	0.061	0.067	0.071

资料来源：《中国城市统计年鉴》（2011~2020 年）。

　　综合发展水平前五名的城市 2010~2019 年的经济韧性变化情况如图 3 所示，可以发现每个城市的经济韧性都有明显的上升趋势。其中，综合发展水平较好的北京和上海的经济韧性水平是最高的，二者之间交替领先；深圳十年间的增长率是最大的，高达 183.9%，2019 年的经济韧性值是 2010 年的 2 倍多，在 2016 年时超过广州；而杭州在 2011 年有些许降低外，其余年份都是增加的，总体趋势上是上升的。我们将这五个城市的对比分析和城市经济韧性结果结合起来分析，可以发现，从时间维度看，2010~2019 年，城市经济韧性水平在整体上呈现出上升的趋势，具体分析可以发现，经济综合发展水平较好的城市，经济韧性的程度更高，如北京和上海的经济韧性要高于广州、深圳和杭州；经济发展较快的城市经济韧性水平增幅也较高，如深圳在五个城市中的增幅最大。

图3　2010～2019年部分城市经济韧性情况
资料来源：《中国城市统计年鉴》（2011～2020年）。

本文分别选取了东北、华北、华东、西北、西南和中南六个地区中综合排名前四的城市，用四个城市的平均值代表该地区经济韧性水平，列出了2010年和2019年六个地区的经济韧性水平。由图4、图5对比可知，2010年和2019年六个地区的经济韧性的格局大体没有变化。2010年的第二名是华北地区，第三名是中南地区；2019年的第二名是中南地区，第三名是华北地区，其余四个地区的名次并没有变化，华东地区一直位列第一，西北地区一直位列第六，西南和东北地区分别位列第四和第五。我国华东地区的经济韧性发展较好，一直处于领先位置，而华北和中南地区的经济韧性发展情况处于中上位置，西南地区的经济韧性水平处于全国的中游位置，东北地区的经济韧性水平处于全国的中下游位置，有待进一步发展，而西北地区的经济韧性水平最为落后，处于全国的最后位置。

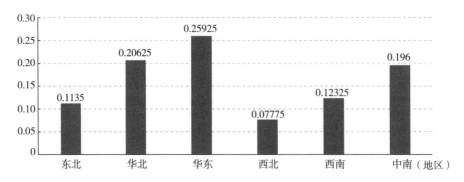

图4　2010年六大地区城市经济韧性情况
资料来源：《中国城市统计年鉴》（2011～2020年）。

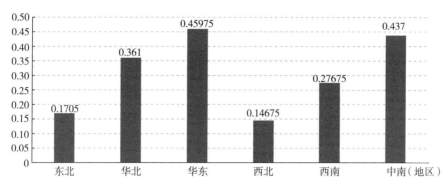

图5　2019年六大地区城市经济韧性情况

资料来源：《中国城市统计年鉴》（2011～2020年）。

五、数字经济对城市经济韧性影响的实证检验

（一）变量说明

1. 被解释变量

本文主要探讨的是影响经济韧性的理论机制和具体路径，所以本文的被解释变量为城市经济韧性水平（UER），其具体演算步骤已经在上一节做出具体阐述。

2. 解释变量

主要的解释变量就是数字经济发展水平（DIGE），本文主要研究的是数字经济对城市经济韧性的影响，因此将数字经济发展水平作为核心解释变量。

在测度数字经济发展水平时，本文从数字经济的信息快的特点出发，并结合数字经济所需要的基础设施、就业人员等特点，选取了四个指标进行主成分分析。四个指标分别是信息传输、计算机服务和软件业从业人员数，电信业务总量，移动电话年末用户数及国际互联网户数，这些指标的上升都会促进数字经济发展水平的提高（见表3）。

表3　　　　　　　　　　　数字经济发展水平指标

一级指标	二级指标
数字经济发展水平	信息传输、计算机服务和软件业从业人员数（+）
	电信业务总量（+）
	移动电话年末用户数（+）
	国际互联网户数（+）

资料来源：《中国城市统计年鉴》（2011～2020年）。

由表 4 可知，KMO 值为 0.77，显著性为 0，说明可以使用主成分分析。利用软件 SPSS 进行主成分分析。

表 4   KMO 和巴特利特检验结果

KMO 取样适切性量数		0.770
巴特利特球形度检验	近似卡方	2405.468
	自由度	6
	显著性	0

3. 中介变量

本文在讨论数字经济影响经济韧性的具体路径时，主要讨论了产业多样化和创新能力两个具体路径。因此，本研究分别选取产业多样化指数（VAR）和创新创业活跃度（ENTR）两个指标作为中介变量。

产业多样化指数的测度引用高齐（2022）的方法。产业分类以《中国城市统计年鉴》的分类为基准，详情如表 5 所示。

表 5   产业分类

大类产业		细分产业
第一产业		农、林、牧、渔业
第二产业		采矿业，制造业，电力、热力及水的生产和供应业，建筑业
第三产业	流通性服务业	交通运输、仓储和邮政业，信息传输、计算机服务和软件业，批发和零售业
	消费性服务业	住宿和餐饮业，居民服务、修理和其他服务业，文化、体育和娱乐业
	生产性服务业	金融业，房地产业，租赁和商务服务业
	社会性服务业	科学研究和技术服务业，水利、环境和公共设施管理业，教育，卫生和社会工作，公共管理、社会保障和社会组织

采用熵测度法对产业多样性（VAR）进行测度如下：

$$VAR = \sum_{1}^{n} p_i \ln \frac{1}{p_i} \tag{7}$$

其中，VAR 表示产业多样化指数，n 表示表格中细分产业的个数，$n = 19$，p_i 表示城市某产业 i 的从业人员占整个城市的就业人员的比值，当产业多样化指数越大时，产业多样化水平越高；反之，则产业多样化水平越低。

关于创新能力，本文采用创新创业活跃度（ENTR）表示创新能力，其计算方法为用城镇私营和个体从业总人数与城市常住人口的比值（胡艳，2022），因为数据的可获得性，将城市常住人口改为年平均人口。

4. 控制变量

为了使得实证结果更准确，本文选取了三个控制变量，分别是人口密度（PD），每万人医院、卫生院床位数（NOHBPM），人均公路货物运输量（AHFV）。人口密度（PD）是考虑到人口对经济韧性的影响，而每个城市的面积有差别，用绝对的人口数量做控制变量并不准确，所以采用人口密度，其数值为年平均人口与城市面积的比值，每万人医院、卫生院床位数（NOHBPM）则是考虑到城市在应对新冠疫情等卫生问题时的处理能力，通过医院、卫生院床位数与年平均人口的比值求得，人均公路货物运输量（AHFV）则是考虑交通运输能力对经济韧性的影响，是公路货物量与年均人口的比值（见表6）。

表6　　　　　　　　　　　　　　　　变量描述性统计

变量	样本值	平均值	中位数	标准差	最小值	最大值
UER	940	0.112	0.0770	0.111	0.0110	0.848
DIGE	940	0.0160	− 0.307	1.028	− 0.767	8.554
VAR	940	467.3	467.5	268.9	1	932
ENTR	940	0.221	0.154	0.240	0.00300	3.221
PD	940	447.3	444.5	260.2	1	902
NOHBPM	940	466.5	466.5	271.5	1	936
AHFV	940	463.5	463.5	271.4	1	933

资料来源：Stata 17.0 统计软件。

（二）模型构建

1. 固定效应模型

建立该模型主要是为了验证假设一，即数字经济对于经济韧性的直接影响作用。本文采用的是面板数据，通过 LM 检验和豪斯曼检验的结果可知，应采取固定效应模型，具体模型如下：

$$UER_{it} = \alpha_0 + \alpha_1 DIGE_{it} + \alpha_c Z_{it} + \varepsilon_{it} \tag{8}$$

其中 UER_{it} 代表第 i 个城市第 t 年的经济韧性水平，$DIGE_{it}$ 表示第 i 个城市第 t 年的数字经济发展水平，Z_{it} 表示第 i 个城市第 t 年的 3 个控制变量，分别是人口密度（PD），每万人医院、卫生院床位数（NOHBPM），人均公路货物运输量（AHFV），ε_{it} 表示随机扰动项。

2. 中介效应模型

为了验证本文提出的假设二、假设三，本文建立以下模型，同样通过 LM 检验和豪斯曼检验的结果得到，中介效应模型的基本形式仍采取固定效应模型：

$$VAR_{it} = \beta_{10} + \beta_{11}DIGE_{it} + \beta_{1c}Z_{it} + \varepsilon_{it} \tag{9}$$

$$UER_{it} = \gamma_{10} + \gamma_{11}DIGE_{it} + \gamma_{12}VAR_{it} + \gamma_{1c}Z_{it} + \varepsilon_{it} \tag{10}$$

$$\ln ENTR_{it} = \beta_{20} + \beta_{21}DIGE_{it} + \beta_{2c}Z_{it} + \varepsilon_{it} \tag{11}$$

$$UER_{it} = \gamma_{20} + \gamma_{21}DIGE_{it} + \gamma_{22}\ln ENTR_{it} + \gamma_{2c}Z_{it} + \varepsilon_{it} \tag{12}$$

模型（9）、模型（10）为了验证假设二，模型（11）、模型（12）主要是为了验证假设三，在模型（8）中出现过的变量在此不做解释，VAR_{it} 代表第 i 个城市第 t 年的产业多样化水平，$ENTR_{it}$ 代表第 i 个城市第 t 年的创新创业水平，$\ln ENTR_{it}$ 表示在进行回归分析时，将 $ENTR_{it}$ 取对数进行回归，ε_{it} 代表随机扰动项。

（三）实证结果

通过 Stata 17.0 进行回归分析，得出以下结果。

在表 7 中，模型（8）~模型（12）的实证结果如表所示。从模型（8）的结果可以观察到，数字经济发展水平（DIGE）对城市经济韧性（UER）具有正向的影响，且影响效果非常显著，说明数字经济的发展能够提升城市的经济韧性。从模型（9）的结果可以观察到，数字经济发展水平（DIGE）对于产业多样化（VAR）的影响也是正向且显著的，说明了数字经济的发展能够促进产业的多元化发展。从模型（10）的结果可以观察到，数字经济发展水平（DIGE）和产业多样化水平（VAR）对于城市经济韧性（DIGE）都具有显著的正向作用。综合模型（8）、模型（9）、模型（10），我们的核心解释变量数字经济发展水平（DIGE）及中介变量产业多样化水平（VAR）的系数是正向且显著的；同时，模型（10）中数字经济发展水平（DIGE）的系数要小于模型（8），基于此，我们可以认为数字经济通过促进产业多样化来提高城市的经济韧性。从模型（11）的结果我们可以观察到，数字经济发展水平（DIGE）对于创新创业能力（ENTR）的影响也是正向且显著的，说明了数字经济的发展能够提高城市的创新创业能力。从模型（12）的结果可以观察到，数字经济发展水平（DIGE）和创新创业能力（ENTR）对于城市经济韧性（UER）都具有显著的正向作用。综合模型（8）、模型（11）、模型（12），我们的核心解释变量数字经济发展水平（DIGE）及中介变量创新创业能力（ENTR）的系数是正向且显著的；同时，模型（12）中数字经济发展水平（DIGE）的系数要小于模型（8），基于此，我们可以认为数字经济通过提高城市的创新创业能力来提高城市的经济韧性。

表 7　　　　　　　　　　　　　　实证结果

变量	(8) UER	(9) VAR	(10) UER	(11) lnENTR	(12) UER
DIGE	0.0540 *** (2.8430)	60.7633 *** (2.6807)	0.0510 ** (2.5576)	0.1938 ** (2.2891)	0.0509 *** (2.6640)
PD	0.0005 *** (3.3893)	0.4917 ** (2.0759)	0.0004 *** (3.4544)	0.0061 *** (4.0361)	0.0004 *** (3.2113)
NOHBPM	0.0000 *** (2.9050)	0.0195 (0.6322)	0.0000 *** (2.9127)	0.0005 *** (3.3010)	0.0000 *** (2.7242)
AHFV	0.0000 (1.1365)	− 0.0142 (− 0.6167)	0.0000 (1.2722)	0.0000 (0.3907)	0.0000 (1.0135)
VAR			0.00005 * (1.7416)		
lnENTR					0.0161 ** (2.6193)
_cons	− 0.1181 * (− 1.9132)	243.8460 ** (2.3216)	− 0.1301 ** (− 2.0330)	− 4.8174 *** (− 7.3359)	− 0.0408 (− 0.7955)
LM 检验	438.42 *** (0.00)	448.04 *** (0.00)	3016.32 *** (0.00)	472.76 *** (0.00)	2005.89 *** (0.00)
Hausman	438.42 *** (0.00)	438.42 *** (0.00)	438.42 *** (0.00)	438.42 *** (0.00)	438.42 *** (0.00)
N	940	940	940	940	940
R^2	0.422	0.068	0.435	0.203	0.445
模型	固定效应	固定效应	固定效应	固定效应	固定效应

注：* 、** 、*** 分别代表 10%、5%、1% 的显著性水平。

综合上述分析和结果来看，模型（8）的结果验证研究假设一的成立。综合模型（8）、模型（9）和模型（10）的结果可以验证研究假设二中数字经济会通过促进城市的产业多样化发展增强城市经济韧性显著成立。综合模型（8）、模型（11）和模型（12）的结果可以验证研究假设三中数字经济会通过提高城市的创新创业能力增强城市经济韧性显著成立。

（四）稳健性检验

在稳健性检验中，我们采取剔除特异值的方法，即将 94 个城市中的北京、上海、广州和深圳四个超一线城市去除，用 90 个城市进行回归，结果如表 8 所示。

表 8 　　　　　　　　　　　　　　稳健性检验结果

变量	(8) UER	(9) VAR	(10) UER	(11) lnENTR	(12) UER
DIGE	0.0674 *** (5.9317)	0.0888 *** (3.2414)	0.0661 *** (5.7892)	0.4206 *** (4.1695)	0.0619 *** (5.6890)
PD	0.0003 *** (3.5866)	0.0004 (0.9320)	0.0003 *** (3.5031)	0.0054 *** (3.5420)	0.0003 *** (3.2412)
NOHBPM	0.0000 *** (3.3820)	− 0.0000 (− 0.1164)	0.0000 *** (3.4166)	0.0005 *** (3.4500)	0.0000 *** (3.0713)
AHFV	0.0000 (1.6255)	− 0.0000 (− 0.1774)	0.0000 (1.6481)	0.0000 (0.1515)	0.0000 (1.6257)
VAR			0.0150 (1.1840)		
lnENTR					0.0132 *** (4.4703)
_cons	− 0.0587 (− 1.4386)	2.0199 *** (10.8494)	− 0.0891 * (− 1.8627)	− 4.3665 *** (− 6.8447)	− 0.0013 (− 0.0343)
LM 检验	1327.42 *** (0.00)	1314.52 *** (0.00)	2940.48 *** (0.00)	1403.14 *** (0.00)	1946.63 *** (0.00)
Hausman	95.60 *** (0.00)	89.94 *** (0.00)	14.79 *** (0.00)	79.66 *** (0.00)	57.69 *** (0.00)
N	900	900	900	900	900
R^2	0.627	0.055	0.630	0.236	0.656
模型	固定效应	固定效应	固定效应	固定效应	固定效应

在表 8 中，模型（8）的数据显示数字经济的发展水平（DIGE）对于城市经济韧性的影响显著为正；综合模型（8）、模型（9）和模型（10）的结果，表明数字经济发展水平对于产业多样化指数呈现出显著的正影响，数字经济通过产业多样性对城市经济韧性产生的影响却不显著，因此进一步进行 sobel 检验，检验结果的 p 值为 0.001，小于 0.005，所以仍可以证明说明数字经济的发展通过产业多样性对城市经济韧性产生了显著的影响；综合模型（8）、模型（11）和模型（12）的结果，表

明数字经济发展水平对于创新创业能力呈现出显著的正影响，数字经济通过创新创业能力对城市经济韧性产生显著影响。稳健性检验的结果与回归模型的结果一致，证明了本文的假设一、假设二及假设三。

六、结论和建议

（一）结论

本文先对现有文献进行了梳理和总结，基于现有文献并结合自己的理论分析，整理了数字经济影响经济韧性的理论机制和具体路径，并做出研究假设。在此基础上从城市受到冲击后的四个反应时期，即抵御期、恢复期、适应期、转型期来测度每个城市的经济韧性，利用总体发展情况较好的 94 个城市 2010～2019 年的相关数据来测度每个城市的经济韧性水平。然后建立回归模型进行实证分析，检验本文的研究假设，最后得出以下结论。

第一，数字经济能够提升城市经济韧性。在实证结果中我们可以看出，数字经济发展水平（DIGE）的系数显著为正，说明数字经济的发展能够显著提升城市的经济韧性。数字经济影响经济发展的微观、中观及宏观三个方面，增强每个部分应对经济冲击的能力，从而增强城市的经济韧性。

第二，数字经济能够通过提升城市的产业多样化水平来提高城市经济韧性。这是因为从基本的回归模型和稳健性检验的结果可得知，超一线城市的回归结果非常显著，剔除超一线城市的分析结果仍然是正向的也非常显著。

第三，数字经济通过提升城市的创新创业水平来提高城市经济韧性。从基本回归模型和稳健性检验来看这种效应都是非常显著的。数字经济的发展为创新提供了更加便利的条件，而创新也使得城市在应对冲击时更加得心应手。

（二）建议

1. 大力发展数字经济，推动数字技术和经济发展相融合

我们应加速构建、全力发展数字经济，获得先发优势。把数字技术应用到经济发展的各个环节，鼓励公司利用数字技术加强管理，节约成产成本，利用数字技术合理布局产业，优化产业链，政府加强对数字经济的应用，建设数字型政府，构建智慧型城市。

2. 借助数字技术，增加城市的产业多样化

借助数字经济发展契机，做好数字技术和产业的结合。加快传统产业数字化转型，构建数字化共同赋能平台，展开协同对接，努力形成更加开放、高效的数字经济生态体系。让数字经济赋能传统产业，注重数字经济与区域特色产业相结合，如促进东北地区的装备制造业转型升级；利用数字技术打造新兴产业，促进数字产业的壮大。

3. 发挥数字技术的创新效能，增强城市创新创业活力

凭借数字经济的发展优势，各行各业要及时应用数字经济，利用数字经济找出目前发展的薄弱环节并进行创新改进，同时对现有数据进行快速整合分析，以此加快创新。政府要搭建大数据中心，进行不同行业、产业的数据整合，为创新提供便利的条件，加快整个社会的创新步伐。

4. 注重城市的基础建设，将数字技术应用到基础设施建设中

交通、医疗、教育等基础设施也决定了城市抵御经济冲击的能力。这些基础设施决定了城市在受到经济冲击后的恢复时间，如交通设施完善的城市受到冲击后，能够凭借交通优势保证其供应链的完整性，不会出现供应不足的现象，医疗设施和医生较多的城市在应对某些重大事故时，能够处理及时且准确，有效降低风险。我们在建设基础设施的过程中，要将数字技术融入其中，建设智慧型城市，如可以建立医疗平台，及时调度每个医院的医疗储备，避免造成资源浪费。

参考文献

[1] 陈丛波，叶阿忠. 数字经济、创新能力与区域经济韧性 [J]. 统计与决策，2021，37 (17)：10 – 15.

[2] 陈晓东，刘洋，周柯. 数字经济提升我国产业链韧性的路径研究 [J]. 经济体制改革，2022 (1)：95 – 102.

[3] 陈奕玮，丁关良. 中国地级市城市经济韧性的测度 [J]. 统计与决策，2020，36 (21)：102 – 106.

[4] 程广斌，靳瑶. 创新能力提升是否能够增强城市经济韧性？[J]. 现代经济探讨，2022 (2)：1 – 11，32.

[5] 崔耕瑞. 数字金融能否提升中国经济韧性 [J]. 山西财经大学学报，2021，43 (12)：29 – 41.

［6］冯苑，聂长飞，张东．中国城市群经济韧性的测度与分析——基于经济韧性的 shift – share 分解［J］．上海经济研究，2020（5）：60 – 72.

［7］高齐．产业多样性对区域经济韧性的影响——基于后金融危机时代长三角城市群的实证研究［J］．经济研究参考，2022（1）：91 – 104.

［8］巩灿娟，张晓青，徐成龙．中国三大城市群经济韧性的时空演变及协同提升研究［J/OL］．软科学，2022（5）：1 – 13.

［9］郭飞宏．数字经济提升城市商业经济韧性机理研究［J］．商讯，2021（32）：137 – 139.

［10］郭将，许泽庆．产业相关多样性对区域经济韧性的影响——地区创新水平的门槛效应［J］．科技进步与对策，2019，36（13）：39 – 47.

［11］郭彦廷．产业相关多样性对城市经济韧性影响的实证研究［D］．南昌：江西财经大学，2020.

［12］胡树光．区域经济韧性：支持产业结构多样性的新思想［J］．区域经济评论，2019（1）：143 – 149.

［13］胡艳，陈雨琪，李彦．数字经济对长三角地区城市经济韧性的影响研究［J］．华东师范大学学报（哲学社会科学版），2022，54（1）：143 – 154，175 – 176.

［14］蒋凤娇．数字普惠金融对城市经济韧性的影响研究［D］．上海：上海师范大学，2021.

［15］康晓倩．长江经济带城市经济韧性时空演化特征及提升策略研究［D］．武汉：湖北省社会科学院，2021.

［16］马德彬，沈正平．城市韧性与经济发展水平耦合协调研究——以京津冀城市群为例［J］．资源开发与市场，2021，37（7）：820 – 821，827，822 – 826.

［17］彭荣熙，刘涛，曹广忠．中国东部沿海地区城市经济韧性的空间差异及其产业结构解释［J］．地理研究，2021，40（6）：1732 – 1748.

［18］苏杭．经济韧性问题研究进展［J］．经济学动态，2015（8）：144 – 151.

［19］孙久文，孙翔宇．区域经济韧性研究进展和在中国应用的探索［J］．经济地理，2017，37（10）：1 – 9.

［20］谭俊涛，赵宏波，刘文新，张平宇，仇方道．中国区域经济韧性特征与影响因素分析［J］．地理科学，2020，40（2）：173 – 181.

［21］唐红涛，李胜楠，谢婷．数字经济提升城市商业经济韧性机理及路径研究［J］．科技智囊，2021（8）：14 – 19.

［22］佟明亮．消费结构升级对经济韧性的影响——基于动态 GMM 面板的实证分析［J］．商业经济研究，2021（15）：40 – 43.

［23］王鹏，钟誉华，颜悦．科技创新效率与区域经济韧性交互分析——基于珠三角地区的实证［J］．科技进步与对策，2022，39（8）：48 – 58.

［24］王永贵，高佳．新冠疫情冲击、经济韧性与中国高质量发展［J］．经济管理，2020，42（5）：5 – 17.

［25］徐雅静．产业多样化对长三角城市群经济韧性影响研究［D］．天津：天津财经大

学，2020.

[26] 徐圆，邓胡艳. 多样化、创新能力与城市经济韧性 [J]. 经济学动态，2020 (8)：88 – 104.

[27] 叶堂林，李国梁，梁新若. 社会资本能有效提升区域经济韧性吗？——来自我国东部三大城市群的实证分析 [J]. 经济问题探索，2021 (5)：84 – 94.

[28] 袁金玲. 区域经济韧性的时空演化与影响因素分析 [D]. 哈尔滨：哈尔滨工业大学，2019.

[29] 张迪，温利华. “双循环”背景下数字化转型对我国经济韧性的影响研究 [J]. 商业经济研究，2021 (13)：189 – 192.

[30] 张跃胜，邓帅艳，张寅雪. 城市经济韧性研究：理论进展与未来方向 [J]. 管理学刊，2022，35 (2)：54 – 67.

[31] 张振，李志刚，胡璇. 城市群产业集聚、空间溢出与区域经济韧性 [J]. 华东经济管理，2021，35 (8)：59 – 68.

[32] 张振，赵儒煜. 区域经济韧性的理论探讨 [J]. 经济体制改革，2021 (3)：47 – 52.

[33] 赵坤，孙锐，荆林波. 工业互联网价值共创模式赋能区域经济韧性新动力的耦合探索及建议 [J]. 福州大学学报（哲学社会科学版），2021，35 (5)：61 – 68.

[34] 朱金鹤，孙红雪. 数字经济是否提升了城市经济韧性？ [J]. 现代经济探讨，2021 (10)：1 – 13.

[35] 朱金鹤，孙红雪. 中国三大城市群城市韧性时空演进与影响因素研究 [J]. 软科学，2020，34 (2)：72 – 79.

[36] Li Qiao, Guan Haoming, Feng Zhangxian, Long Wang. Regional Economic Resilience in the Central-Cities and Outer-Suburbs of Northeast China [J]. Sustainability, 2022, 14 (5).

[37] Martin R. Regional Economic Resilience, Hysteresis and Recessionary Shocks [J]. Journal of Economic Geography, 2012, 12 (12)：1 – 32.

[38] Xie Mingke, Feng Zhangxian, Li Chenggu. How Does Population Shrinkage Affect Economic Resilience? A Case Study of Resource-Based Cities in Northeast China [J]. Sustainability, 2022, 14 (6).

数字经济、低碳环境与区域经济增长*

▶孙　晶

【摘要】本文建立了数字经济、碳排放与区域经济增长关系的理论研究假设，并运用熵值法从数字基础设施、数字应用和数字产业发展三个维度构建了省级数字经济发展指标体系，数据范围为2013～2020年，该研究使用中国省级面板数据进行了分析，并用固定效应模型和中介效应模型，探究数字经济与碳排放之间的关联、数字经济和碳排放对区域经济增长的作用路径及异质性影响。研究结果表明：提高数字经济发展水平及降低碳排放量都能显著推动区域经济增长，发展数字经济能够明显抑制碳排放；在碳排放影响区域经济增长的模型中，数字经济发展起到完全中介作用；对比不同经济发展水平的东部与中西部地区，东部地区的中介效应成立，三者之间的关系存在地域差异。最后，本文融合数字经济与碳排放两方面，针对结论提出三个建议：加强数字化新型基础设施建设、塑造数字经济生态体系及提高数字低碳技术。

【关键词】区域经济增长；数字经济；碳排放

一、引言

改革开放40多年来，我国经济逐渐从高速发展迈入高质量发展道路，随着产业结构的不断变革，第一、第二产业不断向第三产业进军，第三产业兼并联合第一、第二产业，传统产业逐渐向数字化产业发展，数字化网络背景下国民经济不断增长。现阶段科技迅速发展，数字化遍布在人们的生产与

---

* 本文是辽宁省教育厅2022年基本科研项目（LJKMR20222138）的阶段性成果。

生活中，使得各类信息、技术与资金的交互更加畅通无阻，互联网时代重塑了以往的经济格局，使得产业链与供应链循环链接，对推动区域经济增长具有重要作用。

但随着国民经济取得历史性的成就，我国的环境与资源却付出了较大的代价。对于国民经济的增长，第二产业的贡献占据很大比重。第二产业主要以工业制造业为主，工业的发展势必要消耗大量的能源，如煤炭、石油这类消耗性非再生能源，二氧化碳排放量逐日增加。而以煤、石油为主要能源结构将对环境造成破坏性的影响，现在主要的环境现象表现为温室气体排放过多、臭氧层破坏等，全球变暖已成为世界各国都面临的棘手危机。我国已在环境问题上给予高度重视，在 2020 年第 75 届联合国大会上，习近平总书记发表重要讲话，承诺中国将努力在 2030 年前实现"碳达峰"、2060 年前实现"碳中和"[①]，并在 2021 年 4 月的领导人气候峰会表示将碳达峰、碳中和纳入生态文明建设整体布局[②]。环境治理也需要大量的经济支持，走上低碳化环境道路也会对区域经济产生重要的影响。

当前数字经济与碳排放都是国家较为重视的话题，对区域经济起到不可小觑的作用。如何在发展数字经济的道路上同时控制碳排放，维持低碳环境，从而促进区域经济增长？这是本文着重研究探讨的内容，对我国区域经济具有重要的现实意义。

数字经济作为一国发展的关注热点之一，自然有很多国内外学者研究过其与区域经济之间的关系：迪万等（Dewan et al.，2000）提出发达国家数字经济发展对区域经济增长的影响效果大于欠发达国家，因为发达国家市场竞争效果更强，有足够的空间，所以促进作用更明显。汤普森等（Thompson et al.，2013）提出生产要素在数字经济发展时期会拥有数字化的特点，数字化应用于企业的优势在于企业可以通过数字技术，如大数据、人工智能、云计算等减少交易成本，提高要素利用率及生产效率，促进企业多盈利，从而实现经济增长的目的。黄金芳（2021）引入劳动力要素配置效率这一调节变量，探究出随着数字背景互联网的发展，区域经济差距形成倒"U"型的趋势，得出数字互联网发展的后期阶段有利于减小区域经济差距的结论。蒋思函（2021）研究发现数字经济发展越好，对经济增长正向促进作用越大，且具有双重门限效应。胡永禄（2021）运用空间杜宾模型验证了数字经济集聚对本地经济增长的直接效应，提出国家应优化数字经济资源配置，形成区域数字经济良性竞争。姚志毅等（2021）采用面板协整检验方法验证得出区域经济增长受数字经济尤其是数字技术的周期性影响，数字经济发展主要通过网上零售来促进产业升级，从而提高企业利润。

---

① 习近平. 在第七十五届联合国大会一般性辩论上的讲话［J］. 中华人民共和国国务院公报，2020（28）：5 - 7.

② 习近平在"领导人气候峰会"上的讲话（全文）——共同构建人与自然生命共同体［J］. 环境科学与管理，2021，46（5）：1 - 2.

近年来，国内外关于区域经济与二氧化碳排放关系的研究众多。格鲁斯曼等（Grossman et al.，1995）提出了随着收入水平的提高，二氧化碳排放出现先增大后减小的倒"U"型情况，即环境库兹涅茨假说（EKC）。马丁内斯（Martínez，2011）收集了发展中国家各国数据检验得出的城镇化水平，与碳排放形成了倒"U"型的发展趋势。拉赫曼等（Rahman et al.，2017）以孟加拉国40年间数据为样本，运用VAR模型及ARDL边界检验得出工业生产能够促进碳排放量增加。齐绍洲等（2015）运用Tapio脱钩模型及滞后期工具变量，研究得出中部六省经济增长与碳排放之间存在协整关系，碳排放的环境库兹涅茨假说成立。朱欢等（2020）运用联立方程模型验证了碳排放与经济增长呈现倒"U"型的关系，当经济增长跨过某一拐点时，碳排放量才会下降。

关于数字经济与碳排放之间的关系，国内也有一些学者做了相关方面的研究。缪陆军等（2022）利用我国278个地级市面板数据研究出数字经济对碳排放的影响具有空间效应并呈现非线性的倒"U"型关系，提高数字经济水平可以影响创新效率从而间接地对碳排放产生作用。谢云飞（2022）将数字经济分为产业数字化和数字产业化两部分，研究发现随着数字经济的发展，区域碳排放强度会有效减小，并且存在区域差异性，在中西部及二氧化碳浓度高的区域，碳减排效应更为显著。徐维祥等（2022）利用空间杜宾模型、空间DID模型得出数字经济发展对碳排放的影响效果在我国东部地区的城市群内更为明显，存在空间异质性，并且对于不同层级的经济区域，影响效果也存在差异性，具有边界效应。郭桂霞等（2022）研究得出数字普惠金融通过数字产业化、产业数字化两个维度来优化产业结构、提高创新效率，以及提升资源利用率来实现各地区的碳减排效应。

虽然有大量文献论述过数字经济、碳排放、经济增长三者中两两之间的关系，但鲜有文献将三个因素放在一起研究。本文以大量现有的文献为前提，进一步深入研究三者之间可能存在的互助关系。为解决上述疑惑，本文基于我国省级面板数据，分别从实证和理论的角度探讨数字经济、碳排放、区域经济增长中两两变量之间的关系，并且联合数字经济和碳排放探究对区域经济增长的共同影响，为地区的经济增长提出更加合理的措施。

二、理论分析及研究假设

（一）数字经济与区域经济增长

在实体经济发展中会存在着信息不对称、交易成本过高及劳动生产低效的问题，而数字经济发展会大幅度降低这些问题带来的影响，互联网的发展使企业多了一个新的平台以便于发展自身，更多的资源可以通过网上整合、流动，资源可以被高效率利用，经济发展更好的地区可以带动周边地区的经济，可以给落后地区提供新机会，同时也改变了传统的生产模式，产品形式多元化，产品种类更加丰富，企业利润大幅度增加，经济也得到有效提升。另外，发展数字经济也会促进技术创新水平提升，大数据、人工智能及云计算等就是我国数字化创新能力的体现。数字领域的技术创新也会推动传统行业创新能力发展，传统产业向数字化进军，与数字经济融合，产业越加智能化，生产出更多的新产品、新工艺，从而间接推动了经济增长。综合来看，本文提出以下假设：

H1：数字经济发展对区域经济有着良好的正向推动作用。

（二）碳排放与区域经济增长

一国经济发展的初期阶段，其资源禀赋类型为资本较少而劳动较多，可供开发的能源较少，国家主要发展劳动密集型产业。二氧化碳排放量主要取决于煤炭、石油等一次能源的消耗量，经济发展初期阶段的能源消耗量低，碳排放量自然而然也较低。随着经济的不断提升，要素禀赋类型也在不断变化，劳动减少而资本、资源增加，可供使用的能源增多，产业结构逐渐向资本密集型靠拢，国家重视重工业的进步，发展重工业需要大量的一次能源的消耗，属于高能耗产业，二氧化碳排放量渐渐增大。当重工业发展到一定程度时，国家经济也得到很大提升，同时对环境也造成了很大影响，成为比较棘手的问题，国家高度重视环境问题，控制二氧化碳排放量并花费大量金钱治理环境。此时，我国处于经济发展后期阶段，创新能力显著提高，产业结构向技术密集型进军，低碳清洁产业占据市场，清洁能源逐渐代替污染型能源，污染型能源消费量大量减少，清洁能源使用频度增大，二氧化碳排放量就会大幅度降低。因此，根据以上内容，提出如下假设：

H2：二氧化碳排放与地区经济之间存在着非线性关系，随着地区经济增长，二氧化碳排放量先增加后减少，总体呈现倒"U"型的趋势。

（三）数字经济与碳排放

数字经济对区域碳排放的影响可从三个角度来看，首先是宏观角度：政府可以应用数字互联网实现对能源价格变动和市场概况的实时了解，以便运用定价和补贴等方法及时调整市场上能源的供应量。另外，在 2021 年 7 月国家开放了网上碳排放权交易市场，政府可以通过数字技术经营此交易市场，能够控制好能源消耗量，从而实现控制碳排放的目标。其次从中观的角度入手：数字产业化促进了产业结构合理化、高级化，生产要素能得到合理配置，如能源要素更多地转向高效率部门，能源部门的生产率也会随之提高，有利于减少碳排放量。最后是企业微观角度：企业可以通过提高数字技术完善能源数据的收集、处理等过程，以便于实现对能源生产流程的精准把控，减少能源要素的损耗概率，大大提高能源配置及利用效率，最终实现抑制碳排放的目的。根据以上三个角度，本文提出二者之间的假设：

H3：发展数字经济能够直接有效抑制二氧化碳排放。

（四）数字经济、碳排放与区域经济增长

以碳排放的视角，发展数字经济可以从以下两个方面增大碳排放对区域经济的影响程度。第一，提高能源技术创新。随着互联网数字经济的发展，技术创新明显提高，新能源发展良好，在数字技术的助推下，越来越多的清洁型能源被生产出来。清洁能源的开发能够有效降低传统能源的消耗量，二氧化碳排放量自然就减少，对环境较为友好，用于治理环境的费用也随之减小，有助于区域经济增长。第二，能源产业结构升级。当数字化加入能源的生产过程，传统的能源产业逐渐智能化，各企业的生产系统也随之更新换代，能源实现可循环利用，大大降低了能源浪费的机率，能源能够被充分利用，极大地增加了企业的生产效率。因为提高了能源的利用效率，污染型能源总体消耗量会降低，二氧化碳排放量就会减少，也会有利于区域经济增长。基于上述分析，本文提出三者之间的研究假设：

H4：在发展数字经济的背景下，降低二氧化碳排放量的同时有利于区域经济的大幅度增长。

三、变量选取及模型构建

（一）变量选取

依据数据的可得性、有效性及准确性规则，本文的研究对象是中国 30 个省份（由于港澳台地区和西藏地区的数据大量缺失，故将其剔除），使用年度面板数据，样本时间跨度为 2013～2020 年，被解释变量为区域经济发展，核心解释变量为数字经济发展和碳排放，控制变量分别为外商直接投资、交通基础设施和政府财政支出。

各个指标的具体数据源自国家统计局、2014～2021年的《中国统计年鉴》、每个省的统计年鉴及《中国能源统计年鉴》,指标体系的构建和各变量的含义如下。

1. 被解释变量:区域经济发展(GDP)

区域经济发展水平是表现地区财富实力的重要指标,区域经济增长速度能够体现出各地区的经济竞争力,也是各地区人民生活质量的反映,本文用各省名义 GDP 衡量区域经济发展水平。

2. 核心解释变量

(1)数字经济发展(DE)。

本文参考张予川等(2019)的研究,从数字基础设施、数字化应用和数字化产业发展三个方面来反映数字经济发展水平。其中,数字基础设施层面包括五个指标,这五个指标分别为互联网宽带普及率、电话普及率、互联网端口接入数、域名数及长途光缆线路长度;数字化应用指数由三个指标组成,分别是数字电视普及率、有电子商务交易活动的企业数比重、电子商务销售额;数字化产业发展程度则是由信息通信技术产业固定资产比例、软件业务收入、有效发明专利数以及信息传输、软件和信息技术服务业城镇单位就业人员来测度。由于衡量数字经济发展水平相关指标较多,数据信息量较大,考虑到熵值法做指标评价较为客观,因此本文采取熵值法来测算数字经济发展,相关指标体系及各指标权重如表1所示。

表1　　　　　　　　　　数字经济发展水平评估指标体系

变量	一级指标	二级指标	指标说明	权重 W
数字经济发展水平	数字基础设施指数	互联网宽带普及率	互联网宽带接入用户数占常住人口比重(%)	0.027
		电话普及率	电话机总数与行政区域总人口数之比(部/百人)	0.026
		互联网端口接入数	互联网宽带接入端口(万个)	0.046
		域名数	互联网域名数(万个)	0.103
		长途光缆线路长度	长途光缆线路长度(公里)	0.031
	数字化应用指数	数字电视普及率	数字电视用户数占家庭户数比重(%)	0.218
		有电子商务交易活动的企业数比重	有电子商务交易活动的企业数比重(%)	0.023
	数字化应用指数	电子商务销售额	电子商务销售额(亿元)	0.105
	数字化产业发展指数	信息通信技术产业固定资产比例	信息通信技术产业固定资产占全社会总投资比例(%)	0.037
		软件业务收入	软件业务收入(万元)	0.145

续表

变量	一级指标	二级指标	指标说明	权重 W
数字经济发展水平	数字化产业发展指数	有效发明专利数	规模以上工业企业有效发明专利数（件）	0.148
		信息传输、软件和信息技术服务业城镇单位就业人员	信息传输、软件和信息技术服务业城镇单位就业人员（万人）	0.091

资料来源：《中国统计年鉴》（2010~2023年）。

（2）碳排放（CE）。

本文选取八种能源：原煤、焦炭、原油、汽油、煤油、柴油、燃料油和天然气，参考《GB/T 2589-2020综合能耗计算通则》规定标准煤的低位发热量为29307.6千焦/千克，以及政府间气候变化专门委员会（IPCC）中八种能源各自碳排放系数、其所含碳氧化因子，具体数据如表2所示。

表2　　　　八种能源的碳排放系数及碳氧化因子一览

能源种类	碳排放系数（kgC/GJ）	碳氧化因子
原煤	25.8	1
焦炭	29.2	1
原油	20.0	1
汽油	18.9	1
煤油	19.6	1
柴油	20.2	1
燃料油	21.1	1
天然气	15.3	1

资料来源：《IPCC国家温室气体清单指南》（2010~2023年）。

本文参考《IPCC国家温室气体清单指南》中提供的方法来测算二氧化碳排放量，此方法是将八种能源终端消耗量与其各自的二氧化碳排放系数相乘求和，具体计算公式如下：

$$CE_{it} = \sum_{j=1}^{8} EC_{it,j} \times N_j \times CC_j \times O_j \times \frac{44}{12} \quad (1)$$

其中，i表示省份，t表示年份，j表示化石能源种类。CE_{it}表示不同省份i在不同年份t的二氧化碳排放量；$EC_{it,j}$表示第i省份在第t年第j种能源的消耗量；N_j代表第j种能源的低位发热量；CC_j为IPCC（2006）发表的各能源碳排放系数，O_j代表第j种能源的碳氧化因子，$\frac{44}{12}$表示二氧化碳与碳元素的质量比；$N_j \times CC_j \times O_j \times \frac{44}{12}$为二氧化碳排放系数。

3. 主要控制变量

区域经济增长受到多种因素影响，控制变量选取其中几种，具体指标如下。

（1）外商直接投资（FDI）：本数据出自 2014~2021 年的各省统计年鉴，每个省份实际利用外资额。

（2）交通基础设施（TSI）：基于数据的可得性，代理变量为公路密度，此数据来源于 2014~2021 年的《中国统计年鉴》，计算公式为每个省公路里数与该省的面积之比。

（3）政府财政支出（GEP）：由地方公共财政支出占该省 GDP 比重衡量，本数据来源于 2014~2021 年的《中国统计年鉴》。

针对个别省份某项指标出现的缺失情况，有的根据各省单项指标的平均值估算，有的根据总体变化趋势进行估算。为了避免所设定的模型被异方差的存在所影响及减少样本波动，本文对各变量均取对数，变量描述性统计如表 3 所示。

表 3　　　　　　　　　　　　变量的描述性统计

变量	观测数	平均值	标准差	最小值	最大值
$\ln GDP$	240	9.868	0.872	7.446	11.620
$\ln DE$	240	-2.410	0.743	-3.912	-0.478
$\ln CE$	240	9.401	0.700	7.293	10.820
$\ln FDI$	240	3.587	1.765	-3.219	5.807
$\ln TSI$	240	8.969	0.770	6.878	9.997
$\ln GEP$	240	3.209	0.382	2.475	4.322

（二）相关性分析

对上文所有设定变量进行相关性分析，得出相关系数结果如表 4 所示。由表可知，区域经济发展与数字经济发展、碳排放、外商直接投资、交通基础设施及政府财政支出存在密切关联。再次检验本文各变量间的多重共线性问题，采用 VIF 即方差膨胀因子法，由结果显示，VIF 值均小于 10，因此得出本文所选取的变量间不存在多重共线性的影响。

表 4			各变量相关系数			
变量	$\ln GDP$	$\ln DE$	$\ln CE$	$\ln FDI$	$\ln TSI$	$\ln GEP$
$\ln GDP$	1.000					
$\ln DE$	0.791 ***	1.000				
$\ln CE$	0.696 ***	0.294 ***	1.000			
$\ln FDI$	0.805 ***	0.605 ***	0.502 ***	1.000		
$\ln TSI$	0.629 ***	0.506 ***	0.256 ***	0.733 ***	1.000	
$\ln GEP$	− 0.885 ***	− 0.669 ***	− 0.549 ***	− 0.836 ***	− 0.735 ***	1.000

注：***、** 和 * 分别表示在 1%、5% 和 10% 的置信水平上通过显著性检验。

（三）基本模型

为了避免内生性存在对研究结果出现影响，进行 Hausman 检验，结果显示 p = 0.0000，故本文采取固定效应模型进行研究设计，采用多元回归法来验证数字经济发展和碳排放与区域经济之间的关联。首先研究数字经济发展水平对区域经济的影响，本文构建如下模型：

$$\ln GDP_{it} = a_0 + a_1 \ln DE_{it} + a_2 \ln FDI_{it} + a_3 \ln TSI_{it} + a_4 \ln GEP_{it} + \mu_i + \sigma_t + \varepsilon_{it} \qquad (2)$$

其中，i 和 t 分别为省份和年份，GDP_{it} 表示不同省份 i 在不同年份 t 的地区生产总值；DE_{it} 表示第 i 省在第 t 年的数字经济发展指数；FDI_{it} 体现了不同省份在第 t 年的外商直接投资额；TSI_{it} 表示第 i 省在不同年份的交通基础设施，即公路密度；GEP_{it} 代表某一省在某一年的政府财政支出，即地方政府财政支出占地方 GDP 的比例；μ_i 表示省份固定效应；σ_t 代表年份固定效应；ε_{it} 为随机干扰项。

其次探究区域碳排放与区域经济之间的关系，根据上文理论基础分析，本文构建如下模型：

$$\ln CE_{it} = \beta_0 + \beta_1 \ln GDP_{it} + \beta_2 \ln GDP_{it}^2 + \beta_3 \ln X_{it} + \mu_i + \sigma_t + \varepsilon_{it} \qquad (3)$$

其中，CE_{it} 与前文代表含义相同，依旧表示不同省份 i 在不同年份 t 的二氧化碳排放量，X 为一系列控制变量，其余皆与式（2）含义一样。

再次本文针对数字经济对碳排放的影响展开相关研究，构建如下模型：

$$\ln CE_{it} = \phi_0 + \phi_1 \ln DE_{it} + \phi_2 \ln X_{it} + \mu_i + \sigma_t + \varepsilon_{it} \qquad (4)$$

最后为进一步研究在数字经济背景下二氧化碳排放量对区域经济增长的作用，在上文所设定的两个基本模型基础上，本文将数字经济发展水平设定为中介变量，碳排放依旧为核心解释变量，构建相应的中介效应模型。中介效应的检验需满足以下三个条件：式（5）中碳排放对区域经济增长的直接影响显著；式（6）中碳排放对数字经济发展水平这个中介变量的直接作用显著；式（7）在包括数字经济发展水平这个中介变量后，若数字经济发展对区域经济的影响显著，而碳排放对区域经济的影响程度下降或者完全不显著，则中介变量即数字经济发展水平起到部分或完全的中介效果。本文所构建的中介模型如下：

$$\ln GDP_{it} = \theta_0 + \theta_1 \ln CE_{it} + \theta_2 \ln X_{it} + \mu_i + \sigma_t + \varepsilon_{it} \tag{5}$$

$$\ln DE_{it} = \rho_0 + \rho_1 \ln CE_{it} + \rho_2 \ln X_{it} + \mu_i + \sigma_t + \varepsilon_{it} \tag{6}$$

$$\ln GDP_{it} = \gamma_0 + \gamma_1 \ln CE_{it} + \gamma_2 \ln DE_{it} + \gamma_3 \ln X_{it} + \mu_i + \sigma_t + \varepsilon_{it} \tag{7}$$

四、实证分析

（一）基准回归分析

首先对式（2）、式（3）和式（4）进行基准回归，单独研究数字经济发展水平及二氧化碳排放量各自与区域经济增长的关联，回归结果如表5所示。

表5　数字经济对区域经济增长以及区域经济增长对碳排放的回归结果

变量	模型1	模型2	模型3
	lnGDP	lnCE	lnCE
$\ln GDP$		1.096 *** (2.643)	
$\ln GDP^2$		− 0.058 *** (− 2.896)	
$\ln DE$	0.379 *** (20.010)		− 0.051 ** (− 2.207)
$\ln FDI$	0.001 (0.048)	0.030 ** (2.097)	0.024 * (1.667)
$\ln TSI$	0.499 *** (4.622)	0.183 (1.241)	0.378 *** (2.886)
$\ln GEP$	− 0.287 *** (− 3.802)	− 0.131 (− 1.429)	− 0.147 (− 1.607)
$Cons$	7.226 *** (6.903)	2.896 (1.562)	6.272 *** (4.935)
R^2	0.866	0.092	0.060

注：*** 、** 和 * 分别表示在1%、5%和10%的置信水平上通过显著性检验。

根据表 5 结果，在模型 1 中，数字经济发展水平对区域经济直接影响在 1% 水平上通过显著性检验，且系数为正值，说明数字经济对区域经济的直接作用为正，即数字经济发展 1% 可以推动 0.379 地区生产总值增长，发展数字经济能够显著提高区域经济水平。如今，数字经济包围着我们的生活，在互联网背景下，数字经济展现出其拥有的多种优势，如方便且快捷，还有可持续发展的优点。尤其在新冠疫情暴发时期，数字经济发挥了它对工作和生活的积极影响，如视频会议居家办公、互联网线上购买网点自提服务、网课教育等，应对了新冠疫情期间很多次突发状况。经济的发展离不开生产和消费，在消费的方面，数字经济突破了传统的消费体系，改革了传统的消费方式，扩大了以往的消费领域，从而推动消费升级，促进国民经济增长；在生产的方面，数字经济的发展与企业的技术和人力水平息息相关，为了更迅速且高质量地促进企业全方位发展，企业一定会提高自身的技术创新水平及人力资本的积累，势必会间接推动地区经济的持续增长。因此，数字经济对区域经济增长的作用是正向且可持续的，即 H1 成立。

再考虑模型 1 中控制变量对区域经济的影响，由表 5 结果可知，外商直接投资和交通基础设施对区域经济的直接作用皆为正，而地方政府财政支出对区域经济的直接影响是负面的。但外商直接投资对区域经济正向的效果并不显著，而交通基础设施和地区财政支出对区域经济的直接影响在 1% 的置信水平上通过显著性检验。即公路密度每增加 1%，地区生产总值会增加 0.499 个单位；地区财政支出每增加 1%，地区生产总值会减小 0.287 个单位。外商直接投资间接反映了对外开放程度，由于我国的技术体系还没有国外发达国家的全面完整，创新有待提高，贸易结构不太合理，我国以劳动密集型产品为主要出口，而进口多以技术和资本型产品为主，对外技术依赖程度较高，也需要大量的资金支持，故增加区域外商直接投资对经济增长的直接影响较小且不明显。在经济发展的过程中，资源之间的流通尤为重要，所有交通基础设施不能闭塞，因此要提高交通基础设施水平，增加公路范围，增大交通便利性，使各资源之间相互转化，实现效率最大化，从而促进各区域平衡发展，提高区域经济增长。正常情况下，区域经济会随着政府财政支出的增加而增长，但是模型 1 出现了负效应，可能因为政府支出增加的同时会挤出民间资本，使得民间企业生产积极性下降，地方生产总值反而减少。

在模型 2 中，地区生产总值一次项对二氧化碳排放量的作用系数是 1.096，地区生产总值二次项对二氧化碳排放量的作用系数为负，系数值为 -0.057，通过了 1% 水平的检验，可以得出碳排放与区域经济增长呈现倒 "U" 型趋势，即随着地区经济发展，二氧化碳排放量先增加后减小。区域经济的发展存在两个阶段，第一阶段是粗放型经济发展，第二阶段为高质量经济发展。在第一阶段，追求国民经济速度型增长，优先发展重工业等第二产业，对一次能源需求量增大，二氧化碳排放量自然而然就会增大。在第二阶段，国民经济不再优先追求速度，而是逐渐向高质量发展方向靠拢，产业结构调整、升级，以污染密集型为主的第二产业向第三产业进军，逐渐被金融业、服务业所包围，随着服务型、科技型等产业的集聚，污染型企业逐渐被淘汰，取而代之的是清洁型企业。随着新能源的发展，一次能源的需求量与消耗量大大减少，清洁型能源使用频率大幅度上升，二氧化碳排放量就会渐渐减小。因此，区域经济增长与碳排放符合 EKC 假说，总体呈现倒"U"型的关系，区域经济增长的后期有利于减少二氧化碳的排放，H2 成立。

从表 5 中模型 3 回归后的结果可以看出，数字经济和区域碳排放呈现线性的相关关系，发展数字经济对降低地区碳排放起到直接的助推作用，且通过了 5% 的显著性检验，影响系数为 – 0.051。随着数字经济的兴起，资源逐渐数字化、信息化，企业可以通过对能源流程的精准把控实现能源利用率的提高；整个能源产业也能够提升生产效率，能源结构被逐渐完善，清洁产业占领重要地位；政府可以通过宏观调控能源市场，控制一次能源消耗量，这些都对控制区域碳排放起到重要的作用，H3 成立。

针对模型 2 中控制变量对碳排放的影响来看，只有外商直接投资通过了 5% 的显著性检验，影响系数为 0.03，而交通基础设施和地方财政支出对碳排放的直接影响不显著；而在模型 3 中，外商直接投资、交通基础设施对碳排放的影响分别在 10%、1% 水平上显著，地方财政支出对碳排放的直接影响不显著。因为本文主要研究各变量与区域经济增长之间的关系，这里对控制变量与区域碳排放之间的关联不做详细研究。

（二）中介效果检验

对基准回归分析过后，再对中介效应进行检验，具体结果如表 6 所示。

表 6   中介效应检验结果

变量	模型 4	模型 5	模型 6
	$\ln GDP$	$\ln DE$	$\ln GDP$
$\ln CE$	– 0.188 * (– 1.950)	– 0.454 ** (– 2.207)	– 0.016 (– 0.277)
$\ln DE$			0.379 *** (19.690)

续表

变量	模型 4	模型 5	模型 6
	ln*GDP*	ln*DE*	ln*GDP*
ln*FDI*	-0.009 (-0.448)	-0.027 (-0.612)	0.001 (0.079)
ln*TSI*	2.161 *** (17.810)	4.373 *** (16.870)	0.505 *** (4.576)
ln*GEP*	-0.154 (-1.195)	0.358 (1.304)	-0.290 *** (-3.800)
Cons	-7.218 *** (-5.142)	-38.410 *** (-12.810)	7.326 *** (6.603)
R^2	0.613	0.590	0.866

注：***、** 和 * 分别表示在1%、5%和10%的置信水平上通过显著性检验。

由模型 4 结果可得，碳排放对区域经济的直接效应呈现负相关的趋势，通过了10%置信水平上的显著性检验，系数为 -0.188，即二氧化碳排放量每减少一个单位，地区生产总值会增加 0.188 个单位。一方面，因为能源被消耗的同时，二氧化碳排放量增多，对环境的破坏力会变大，为了实现环境友好型的目标，就要对被污染的环境进行治理，需要大量的资金支持，所以碳排放量增加会导致区域经济下降。另一方面，因为我国经济向着高质量发展，经济不断增长，技术也不断更新，创新水平在提高，清洁型能源逐渐取代一次能源，污染性能源消耗量随之降低，二氧化碳排放量也就逐渐减小了，区域经济也会因此慢慢积累提高，碳排放减少和区域经济增长是个相辅相成的过程。

由模型 5 结果可知，碳排放对数字经济发展的直接影响也为负，且在 5% 的置信水平上显著，系数值为 -0.454，即当二氧化碳排放量每减少一个单位，数字经济发展水平会提高 0.454 个单位。像模型 4 分析的那样，二氧化碳排放量的减少说明对污染型能源使用率降低，则我国清洁型企业在不断增多，说明技术创新水平明显提高，产业结构合理化、高级化，以金融业、服务业等产业为主的企业队伍日渐庞大，在互联网背景的支持下，对数字经济的发展也会逐渐重视和普遍化，故数字经济发展水平会直线上升。并且数字经济发展也会促进区域经济增长，从而更有利于环境治理和能源技术创新，也会有助于低碳环境的达成，故减少碳排放量与数字经济发展水平提高也是一个相互成就的过程。

根据模型 6 的结果，在碳排放与数字经济共同作用的背景下，数字经济发展水平每增加一个单位，地区生产总值会相对应地增加 0.379，并且数字经济发展水平对区域经济增长的作用在 1% 的置信水平上通过了显著性检验；二氧化碳排放量每减少一个单位会使得地方生产总值增加 0.016 个单位，然而碳排放对区域经济的影响完全不显著，说明数字经济发展在这个模型中起到了完全中介作用。并且在模型6 中，数字经济与碳排放各自对区域经济的正负效应也与前几个模型的正负效应一致，说明可以通过提高数字经济发展水平的途径，加大互联网基础建设的投资，做到互联网普及化、大众化，以及通过产业结构升级和技术创新发展新能源产业，提高清洁能源消费，减少污染型能源消费，控制碳排放量，既可以走上低碳道路，又能推动区域经济增长，即 H4 成立。

（三）稳健性检验

为了验证所设定的中介模型的稳健性，本文将在上述模型的基础上，采用更换变量以及剔除样本数据两个方法对模型进行检验。首先进行方法一来检测，具体是将人均地方生产总值即各省人均 GDP 作为地方生产总值的替代变量，回归后结果如模型 a、模型 b、模型 c 所示；其次通过方法二来检验，由于甘肃省和青海省部分变量的数据较小，不具有参考性，故笔者将其剔除后再次回归，所得结果如表 7 所示。结果可表明，无论是更换被解释变量的指标还是改变样本数据，碳排放对区域经济增长都呈现显著性的负影响，碳排放对数字经济发展水平的直接作用为负且显著，模型的正负符号以及显著性水平一致且各变量系数的值大小相近，验证以数字经济发展为中介变量的中介效应成立，证明了本文设定模型的稳健性良好。

表7　　　　　　　　　　　　稳健性检验一览

变量	模型 a	模型 b	模型 c	模型 d	模型 e	模型 f
	$\ln PCG$	$\ln DE$	$\ln PCG$	$\ln GDP$	$\ln DE$	$\ln GDP$
$\ln DE$			0.488 *** (19.400)			0.399 *** (19.900)
$\ln CE$	−0.261 ** (−2.084)	−0.454 ** (−2.207)	−0.039 (−0.512)	−0.169 * (−1.669)	−0.363 * (−1.739)	−0.025 (−0.418)
$\ln FDI$	−0.011 (−0.424)	−0.027 (−0.612)	0.002 (0.115)	−0.006 (−0.256)	−0.016 (−0.341)	0.001 (0.041)
$\ln TSI$	2.760 *** (17.540)	4.373 *** (16.870)	0.624 *** (4.319)	2.127 *** (16.630)	4.184 *** (15.900)	0.457 *** (4.100)
$\ln GEP$	0.036 (0.218)	0.358 (1.304)	−0.139 (−1.390)	−0.150 (−1.087)	0.305 (1.075)	−0.272 *** (−3.434)
$Cons$	−12.850 *** (−7.061)	−38.410 *** (−12.810)	5.907 *** (4.067)	−7.217 *** (−4.897)	−37.770 *** (−12.460)	7.863 *** (6.937)
R^2	0.606	0.590	0.861	0.595	0.576	0.868

注：***、** 和 * 分别表示在1%、5%和10%的置信水平上通过显著性检验。

（四）地区异质性分析

根据上文的中介效果检验表明在数字经济发展的大背景下，控制降低区域碳排放量有助于地区经济增长，那么这种中介效应在不同地区是否存在普适性呢？为了进一步探讨此问题，本文进行分区域的中介效应检验，将30个省份划分为东部、中部、西部三个区域，进行异质性分析，具体如表8和表9所示。

表8　　　　　　　　　　　　分区域东部地区回归结果一览

变量	东部地区		
	模型 A $\ln GDP$	模型 B $\ln DE$	模型 C $\ln GDP$
$\ln DE$			0.513 *** （15.400）
$\ln CE$	− 0.708 *** （− 3.197）	− 1.182 *** （− 3.125）	− 0.102 （− 0.889）
$\ln FDI$	− 0.037 （− 0.773）	− 0.106 （− 1.288）	0.017 （0.722）
$\ln TSI$	1.686 *** （5.945）	3.039 *** （6.270）	0.129 （0.753）
$\ln GEP$	0.170 （0.689）	0.520 （1.232）	− 0.096 （− 0.796）
$Cons$	0.790 （0.238）	− 20.340 *** （− 3.589）	11.220 *** （6.417）
R^2	0.456	0.495	0.873

注：***、** 和 * 分别表示在1%、5%和10%的置信水平上通过显著性检验。

表9　　　　　　　　　　　　分区域中西部地区回归结果一览

变量	中部地区			西部地区		
	模型 D $\ln GDP$	模型 E $\ln DE$	模型 F $\ln GDP$	模型 G $\ln GDP$	模型 H $\ln DE$	模型 I $\ln GDP$
$\ln DE$			0.305 *** （10.020）			0.330 *** （10.740）
$\ln CE$	0.016 （0.106）	− 0.060 （− 0.161）	0.034 （0.366）	− 0.134 （− 1.041）	− 0.544 * （− 1.708）	0.045 （0.590）
$\ln FDI$	− 0.004 （− 0.138）	− 0.012 （− 0.147）	− 0.001 （− 0.037）	0.006 （0.211）	0.048 （0.730）	− 0.010 （− 0.657）

续表

变量	中部地区			西部地区		
	模型 D lnGDP	模型 E lnDE	模型 F lnGDP	模型 G lnGDP	模型 H lnDE	模型 I lnGDP
lnTSI	2.060 *** (11.000)	4.491 *** (9.401)	0.689 *** (3.804)	2.343 *** (12.790)	5.232 *** (11.570)	0.615 *** (3.182)
lnGEP	0.108 (0.457)	1.460 ** (2.417)	−0.338 ** (−2.163)	−0.578 ** (−2.630)	0.280 (0.516)	−0.671 *** (−5.217)
$Cons$	−8.926 *** (−3.757)	−46.750 *** (−7.715)	5.352 ** (2.585)	−7.357 *** (−3.752)	−43.340 *** (−8.951)	6.959 *** (3.962)
R^2	0.654	0.609	0.864	0.821	0.739	0.940

注：***、**和*分别表示在1%、5%和10%的置信水平上通过显著性检验。

通过表8可以明显看出中介效应显著存在于东部地区。东部地区降低二氧化碳排放量对区域经济和数字经济发展具有正向作用，并且数字经济发展也可以正向促进区域经济增长，而在中西部地区不成立。相较于东部地区来说，中西部地区降低碳排放量对区域经济增长和数字经济发展的推动作用较小，数字经济发展对区域经济的正向影响也较小，可能是因为东部地区往往比中西部地区经济发展水平高，对资源的利用率较高，数字经济发展水平会显著提高，而且更为重视工业发展，能源消耗量大，控制碳排放量即减少一次能源的消费，环境污染会大幅度减小，治理环境费用减少，有更多资本去经营数字经济，对区域经济增长起到更明显的作用。在中西部地区，经济发展缓慢，工业建设少，能源利用率低且消耗量也少，碳排放对环境影响也小，尤其中部地区可能需要推动工业发展来使经济进步，就要加大能源消费量，所以可能会存在提高碳排放量从而使区域经济增长的现象。因此从回归结果来看，以数字经济为背景的碳减排效应在我国东部地区更有发展优势，对区域经济增长具有更大的边际效用；中西部地区还需加大基础设施建设，完善产业结构，再追求数字经济与低碳环境的发展。

（五）研究结论

从全国30个省份的角度来讲，提高数字经济发展水平及控制二氧化碳排放量能够对区域经济起到正向的直接作用，并且发展数字经济有利于降低区域碳排放。在碳排放对区域经济影响的路径中，数字经济发展可以充当中介变量，起到完全中介作用，降低碳排放量的同时提高数字经济发展水平有助于区域经济增长。

针对不同经济发展水平的地区，低碳和数字经济作用的效果大小是不一样的。

在较为发达的东部地区，在降低碳排放对区域经济的作用中，以数字经济为中介变量的效应成立，依旧起到完全中介作用，大力发展数字经济的同时降低碳排放量有利于区域经济大幅度提升；而在中西部地区中介效应皆不成立，数字经济发展及碳排放对区域经济的影响较弱，需要先完善中西部地区的产业结构及提高基础经济建设，再考虑低碳效应和数字经济的进展。

五、政策建议

根据研究结论，本文从融合数字经济、碳排放两个角度提出以下三点建议。

第一，重视数字化新型基础设施建设，稳定经济根基。对目前阶段的基础设施建设定时检查与完善，如加大网络端口数量，提升服务能力，不能盲目追求速度型建设，要保质保量高标准。更新大数据、人工智能等新技术的基础设施建设，加快5G技术应用，加速智能化、数字化、创新型基础设施产业体系，将新型基础建设在数字化、产业化交融过程中的协同与乘数效应发挥好，夯实数字化基础。数字经济发展也离不开能源的消耗，注意运用节能减排相关技术，提高能源的使用效率，防止数字经济粗放式发展，注重数字经济内涵发展。

第二，塑造数字经济生态体系，以推动国内超大规模市场的发展。由于现阶段还存在着地区、城乡及产业结构不均衡的问题，如中西部地区发展较为落后，发展数字经济对区域环境的优势影响不明显，而东部部分地区和行业产能过剩也是亟须解决的困难。用数字技术将区域与行业之间的物理壁垒打破，大力发展数字系统平台建设，融合大数据、云计算等互联网方面，推动政府、企业、高校等主体广泛参与，形成不同主体的紧密联系，将各行各业之间的人才、资金、信息、技术、能源等资源在全国范围内高效循环利用，不仅能使中西部地区提高经济发展程度，还可以有效控制碳排放。建立数字化低碳生态体系有助于扩大市场竞争的范围，进一步推动我国超大规模市场的完善，对于现阶段中国双循环的市场格局具有重要意义。

第三，提高数字低碳技术。在双循环的发展体系下，国家各行业各领域的技术创新格外重要，尤其要重视制造业领域的改革创新。因我国目前还处于制造大国而非制造强国，还未掌握核心前沿高端技术，前端领域更多依靠发达国家，在国际大分工中处于产业链、价值链的低端，不利于我国的国际化发展。因此，通过提高数字技术水平，加大创新力度，我国产业结构也跟着不断调整，产业逐渐向智能化、多元化靠拢。数字技术不断推动产业链、供应链重组，我国在国际贸易体系中的地位逐渐提高，拥有更强的国际竞争优势。国家不仅要重视数字技术，也要提高低碳技术的研发度。随着经济高质量发展，环境问题势必会越来越被重视，污染和能源密集型产业发展后期一定会被清洁型所取代，低碳技术会优化能源消费结构。更要大力发展新能源业务，如新能源汽车等，碳减排工程注重能源与数字经济的技术融合，发挥出低碳产业引领带头作用，有助于产业低碳化、智能化的转变，必能早日走上促经济增长的最优途径。

参 考 文 献

[1] 郭桂霞，张尧. 数字普惠金融与碳减排关系研究 [J]. 价格理论与实践，2022 (1)：135 – 138.

[2] 胡永禄. 数字经济集聚对区域经济增长的影响研究 [D]. 杭州：浙江大学，2021.

[3] 黄金芳. 数字经济背景下互联网发展对区域经济差距的影响——基于劳动力要素配置视角 [J]. 商业经济研究，2021 (21)：167 – 171.

[4] 蒋思函. 数字经济对经济增长的影响研究 [D]. 南昌：江西财经大学，2021.

[5] 缪陆军，陈静，范天正，吕雁琴. 数字经济发展对碳排放的影响——基于 278 个地级市的面板数据分析 [J]. 南方金融，2022 (2)：45 – 57.

[6] 齐绍洲，林屾，王班班. 中部六省经济增长方式对区域碳排放的影响——基于 Tapio 脱钩模型、面板数据的滞后期工具变量法的研究 [J]. 中国人口·资源与环境，2015，25 (5)：59 – 66.

[7] 习近平在 "领导人气候峰会" 上的讲话（全文）——共同构建人与自然生命共同体 [J]. 环境科学与管理，2021，46 (5)：1 – 2.

[8] 习近平. 在第七十五届联合国大会一般性辩论上的讲话 [J]. 中华人民共和国国务院公报，2020 (28)：5 – 7.

[9] 谢云飞. 数字经济对区域碳排放强度的影响效应及作用机制 [J]. 当代经济管理，2022，44 (2)：68 – 78.

[10] 徐维祥，周建平，刘程军. 数字经济发展对城市碳排放影响的空间效应 [J]. 地理研究，2022，41 (1)：111 – 129.

[11] 姚志毅，张扬. 数字经济与区域经济联动性的动态分析 [J]. 经济经纬，2021，38 (1)：27 – 36.

[12] 张予川，秦珊珊. 数字经济推动区域经济增长的实证研究——基于长江经济带 2010 – 2019 年数据 [J]. 物流技术，2021，40 (1)：56 – 62.

[13] 朱欢，郑洁，赵秋运，寇冬雪. 经济增长、能源结构转型与二氧化碳排放——基于面板数据的经验分析 [J]. 经济与管理研究，2020，41 (11)：19 – 34.

[14] Dewan S, Kraemer K L. Information Technology and Productivity：Evidence from Country-Level Data [J]. Management Science, 2000, 46 (4)：548 – 562.

[15] GROSSMAN G M, KRUEGER A B. Economic Growth and the Environment [J]. The Quar-

terly Journal of Economics, 1995, 110 (2): 353 – 377.

[16] Inmaculada Martínez-Zarzoso, Antonello Maruotti. The Impact of Urbanization on CO_2 Emissions: Evidence from Developing Countries [J]. Ecological Economics, 2011, 70 (7).

[17] Mohammad Mafizur Rahman, Mohammad Abul Kashem. Carbon Emissions, Energy Consumption and Industrial Growth in Bangladesh: Empirical Evidence from ARDL Cointegration and Granger Causality Analysis [J]. Energy Policy, 2017 (110).

[18] Thompson P, Williams R and Thomas B. Are UK SMEs with Active Web Sites more Likely Toactive both Innovation and Growth? [J]. Journal of Small Business and Enterprise Development, 2013, 20 (4): 934 – 965.

数字经济对中国就业的影响研究*

▶ 张佳卉

【摘要】本文首先对数字经济发展的国内外现状进行阐述，其次在总结相关学者理论的基础上，结合近十年的相关数据以及一些学者的实证分析结果，从高技术产业经营情况、R&D 人员数量等方面分析数字经济对我国就业结构的影响，得出数字经济在一定程度上提高了我国高技术产业和高技能人才的占比，高端就业吸纳能力强，尤其是提高了对数字经济技能人才的需求的结论。从我国劳动力市场规模和效率角度，结合切身体会列举实际事例，说明数字经济催生了新的企业，与此同时也提高了劳动力市场供需匹配的效率、提供了更灵活的就业方式，岗位需求由此增多，并且通过构建除港澳台地区、新疆维吾尔自治区外我国 30 个省份 2014～2019 年的面板数据的计量模型，分析数字经济对我国就业总量的影响，得出数字经济对我国就业有着显著的正向影响，积极促进了更多人尤其是城镇居民的就业。随之，针砭时弊地提出我国数字经济目前面临的一些问题，如"数字鸿沟"、劳动力两极化趋势、就业市场不规范、数字治理缺位等现象，并且针对该现象提出要完善新的就业形态、重视对数字经济人才培养等建议。

【关键词】数字经济；就业；数字鸿沟

一、序言

随着互联网的普及，科学技术的迭代发展，数字经济逐渐成为中国经济发展的重要引擎，也成为构建新发展格局的重中之重。学者瑞夫金

---

* 本文是辽宁省教育厅一般项目"高等教育学科专业结构与产业结构耦合研究与实践"的阶段性研究成果。

（Rifkin，1995）甚至提出了"工作终结论"，认为自动化和数字化可能预示着"工作的终结"（end of work）。进入 21 世纪尤其是第四次工业革命以来，全世界的主要国家从工业经济向数字经济转型，数字技术对于劳动力市场化变革的影响越来越突出。数字经济正不断得到越来越多国家的广泛关注，各国也相继以前瞻性的目光制定战略政策，聚焦该领域，加拿大提出了"数字加拿大 150"计划，爱尔兰提出了国家数字战略等。根据中国信通院 2021 年 4 月发布的《中国数字经济发展白皮书》得出，尽管受到新冠疫情影响，数字经济依然表现出较大的韧性，2020 年保持 9.7% 的高位增长，毫无疑问，数字经济为我国经济平稳运行注入了一剂强心剂。此外，产业数字化规模也达到了 31.7 万亿元，占 GDP 比重 31.2%，这一比例预计仍会不断增长，越来越多的产业加入数字化浪潮之中，享受着数字化带来的红利。[①]与此同时，许多新业态也如雨后春笋般催生出来，进而对我国的就业结构、就业总量等各方面产生影响。

所谓数字经济，是人类通过大数据（数字化的知识与信息）识别—选择—过滤—存储—使用，引导、实现资源的快速优化配置与再生、实现经济高质量发展的经济形态。这一概念最早可追溯到 20 世纪 90 年代的美国，美国是发明互联网的国家，也是推动互联网国际化的领先国家。美国于 90 年代中期提出了"数字鸿沟"（digital divide）的概念，并且将其作为重要的经济问题加以研究。"数字经济"这一概念最早是由泰普斯科特（Tapscott）提出，基于当时的经济与技术发展状况，他认为数字经济是一个广泛运用信息通信技术（ICT）的经济系统。在以美国为首的各国推动下，数字经济逐渐壮大。2019 年，全球 47 个主要经济体的数字经济规模达到了 31.8 万亿美元，占国内生产总值（GDP）增加量的 41.5%[②]。

我国虽然加入该领域较晚，2008 年数字经济仅占 GDP 比重的 15.2%，但是发展速度快，到 2019 年这一比例已经达到了 36.2%，十年左右的时间占比翻了一倍多[③]，可见潜力之大，未来仍有较大发展空间，加之各地政府政策方面的引导，如 2020 年上海政府发布了《上海市建设 100 + 智能工厂专项行动方案（2020 - 2022 年）》、河南省政府发布了《河南省人民政府办公厅关于加快推进农业信息化和数字乡村建设的实施意见》，目前数字经济在我国的量级举足轻重。在此背景下，研究数字经济对我国就业的结构和就业总量的影响，有利于国民经济平稳运行，促进数字经济更好地增长，具有非常广泛的社会价值。

---

① 资料来源：《中国数字经济发展白皮书 2020》。

② 赵龙跃，高红伟. 中国与全球数字贸易治理：基于加入 DEPA 的机遇与挑战［J］. 太平洋学报，2022，30（2）：13 - 25.

③ 赵新伟. 我国数字经济产业效率空间演进及收敛性研究［J］. 现代财经（天津财经大学学报），2022，42（8）：41 - 53.

二、文献综述

数字经济作为经济发展甚至是产业结构转型升级的新引擎，已被纳入我国"十四五"规划中，作为又一战略目标，数字经济的出现和发展无疑对我国的就业产生了直接或者间接的影响，在此之前，已有很多学者针对国内外经验或运用计量模型进行探讨。这些研究可以分为数字经济对就业结构和就业总量的影响。

（一）数字经济对就业结构的影响

赵玉鉴等（2022）认为，数字经济的发展会引起就业结构的变化，其突出特征为知识密集型的产业代替了一些诸如劳动力密集型产业等传统行业。李晓华（2019）认为数字经济能够促进行业积极涌现出前所未有的创新，产生"蒲公英效应"，并且在很大程度上推动了新旧动能的转换，从而改变了我国的就业结构。蔡跃洲和陈楠（2019）认为数字对高素质劳动力的需求越来越多，而对受教育程度中等的劳动力需求将持续降低，并且预测未来劳动者将会更多地从事非程序化任务。蔡啸和黄旭美（2019）运用我国省级面板数据进行分析发现，数字经济及相关技术的应用能够显著降低制造业劳动力占比，技术使用提高 1%，制造业就业占比下降 0.142%①。孟园园和陈进（2019）等通过研究我国省市的面板数据也得出数字经济的发展与制造业劳动力就业存在负相关的关系。卢川（2022）从就业技能、男女性别结构等多个维度分析得出，随着数字经济的发展，使得拥有高技能的劳动者尤其是男性的占比上升。

（二）数字经济对就业总量的影响

倪建春（2020）认为以电商和共享经济为代表的数字经济的兴起，使得网店、网约车顺势而为，发展势头强劲，俨然成为吸收就业的重要增长极。杨国、杨伟国等（2018）认为数字经济催生了"平台经济"，使得处于失业状态的劳动力或者低技能劳动者有机会从事外卖骑手、跑腿代购等技能含量要求低的服务业，从而促进了大量的服务业就业。胡放之和肖婉琴（2021）认为电商作为数字经济的主要体

---

① 蔡啸，黄旭美. 人工智能技术会抑制制造业就业吗？——理论推演与实证检验［J］. 商业研究，2019（6）：53 – 62.

现，一方面其规模的不断增大和交易额的攀升，不仅凸显出电商异军突起的引领地位，而且从另一方面也体现了数字经济逐渐成为就业需求的重头。王文（2020）认为数字经济在缓解经济下行压力的同时，提升了我国的就业吸纳能力，改善了就业环境。此外，还有一些学者通过实证的方式来证明这一观点。黄海清和魏航等（2022）采用 2007~2008 年的中国城市面板数据，通过主成分分析的方法研究数字经济对就业的影响发现，数字经济的发展对于就业具有显著的促进作用。

综合不同学者对数字经济和我国就业的关系研究，得出数字经济的发展对我国就业结构和总量都有不同程度的影响。大部分学者仅研究其中一个方面，本文将从两个方面进行探讨。

三、数字经济对我国就业影响的现状

（一）数字经济发展现状

尽管受新冠疫情冲击及国内外局势动荡的影响，我国的数字经济依然以稳健的势头向前发展。目前数字经济核心产业增加值占 GDP 比重为 7.8%，到 2025 年预计这一数字将会达到 10%。数字产业化有序推进，规模由五年前的 5 万多亿元增加到7.5 万亿元[①]，5G 网络覆盖到越来越多的地区，相关基础配套设施也在不断完善。产业数字化加快发展，数字技术不断向实体经济渗透融合。

总之，数字经济是塑造我国经济发展的重要驱动力，同时，我们不应该忽略目前存在的"数字鸿沟"问题。笔者认为，所谓"数字鸿沟"有两层含义，一是指数字资源分散在不同的主体中，分布在不同的政府部门和相关行业中，他们彼此之间有壁垒并且难以打通，因此形成了"数字孤岛"，其他主体并不能够拥有获取资源的权限或者加以统筹利用。理论上我国拥有举国体制的优势，对于数字资源的整合利用方面会比其他体制的国家具有一定的优越性，但是，由于我国数字化方面起步晚、各部门协调性差等原因，实际上我国在此方面的表现并不是很好，"数字鸿沟"问题依然十分显著。"数字鸿沟"被作为全球贫富差距新的表现，因此，如何缩小"数字鸿沟"、促进"数字红利"进一步释放，让更多人从中受益，是我们需要着重关注的问题。此外，"数字鸿沟"的另一层含义是有计算机和网络可用以及使用受限或根本没有机会使用之间的落差，仍有许多人因为贫困、"数字文盲"等处于就

---

① 郎昆，郭美新，龙少波. 数字经济与新型全球化：全球化生命周期理论的分析框架［J］. 上海经济研究，2023（7）：103-117.

业的劣势，因此，在数字化时代，如何更好地保障他们就业平等的权利，是我们需要进一步思考的问题。

另外，政府的"数字治理"能力亟须加强。尽管最近几年各地方政府不断出台"数字治理"的相关政策文件，例如，山东省政府印发了《山东省数字政府建设实施方案（2019-2022年）》、辽宁省政府印发了《数字辽宁发展规划（1.0版）》，但是由于我国在此阶段仍然处于摸索状态，数字化改革起步较晚、见效较缓，"数字治理"能力需要提高。主要体现在以下两个方面：一是数字监管缺失，正如上文提到的在线上求职过程中应聘者的个人信息泄露问题，目前仍然没有得到很好并且及时的监管，导致应聘者的权益在一定程度上受到了损失；二是各部门、地方政府电子政务水平发展良莠不齐，部分投诉反馈窗口形同虚设，投诉者并不能得到及时的反馈或处理，相关政府部门网站向公共服务的能力有待加强，业务方面有待拓展。

（二）我国就业现状

本文整理了2010~2020年全国就业人员数量和第三产业就业人员占总就业人员的比例变化，如表1所示，就业人数从2010年的76105万人增加到2020年的77895万人，增长了1.02倍，虽然全国就业人员数量到后面增长的速度有所放缓，但整体就业规模年年攀升。第三产业就业的吸纳能力也是不断增加，从2010年的34.6%发展到2020年的47.7%，10年间增长了1.4倍，不难看出就业结构在不断改善，总的来说就业局势整体比较平稳，就业质量不断提高。

表1　　　　2010~2020年全国就业人员和第三产业就业人员占比

年份	全国就业人员（万人）	第三产业就业人员占总就业人员比重（%）
2010	76105	34.6
2011	76420	35.7
2012	76704	36.1
2013	76977	38.4
2014	77253	40.5
2015	77451	42.3
2016	77603	43.3
2017	77640	44.7
2018	77786	46.1
2019	77871	47.1
2020	77895	47.7

资料来源：《中国统计年鉴》（2010~2023年）。

（三）数字经济对就业影响的现状

数字经济为广大劳动者提供了一个共享经济平台，具有灵活度高、门槛相对低和降低劳动关系化的特点，无疑给广大求职者提供了更多的就业选择机会。然而，目前劳动力需求存在"两极化"趋势。有一种观点认为，数字经济的发展使得企业对劳动力需求呈现出"两极化"趋势，即用人单位对于拥有过低和过高学历的劳动者需求增加，对于高中学历、专科学历需求减少。笔者认为，出现这种现象是由于搭乘数字经济发展列车的企业对于用人的需求。该现象呈现出两种情况，亦或职能简单不需要含有太多技术含量，亦或需要高技术知识才能胜任。对于前者而言企业仅愿意出极低的薪酬，对于后者则愿意出高价但仍存在"用人荒"问题，处于中间层次学历的劳动者无法迁就低薪酬低水平的工作，更无法胜任知识密集型或高技能的职位，处于比较尴尬的境地。对于这一点，阎世平等（2020）用实证分析表明，在显著性水平为1%的情况下，数字经济发展水平每提高10%，用人单位对于拥有初高中学历劳动力的需求将减少5.06%，对本科劳动力的需求将提高1.99%[①]。此外还发现，产业结构的转型升级在一定程度上能够加剧"两极化"趋势。

此外，就业市场的规范性及对于应聘者的保护能力有待提升。向数字化平台提供个人信息是个体参与线上就业、享受电子商务服务的首要条件，然而，我国在信息的保护与政策出台方面依然存在很大的提升空间，个人的信息安全受到很大的挑战。部分电子商务平台提供方为了获取私利，缺乏自律及行业操守，不惜以出卖用户个人信息为代价，令很多销售机构甚至是不法分子有机可乘，导致用户受到电话或信息骚扰甚至财产蒙受损失。如果针对此现象不加以治理，势必会影响数字经济的发展及就业市场的稳定。

四、数字经济对就业结构的影响

洞悉我国数字经济对就业结构的影响，可以从高技术产业的经营情况切入，企业个数、营收能力等一定程度上能够反映出我国就业结构的走势状况。高技术产业是以大量的优秀研发人员为依托，以技术含量高、经费投入大为特点的新兴产业。

首先从高技术企业个数变化情况来看，由图1可知，2009年我国高技术企业个数为2.7万个，2020年这一数字增加至4.1万个，在此期间，年均增长率为14%。同一时期，营业收入从2009年的5.95万亿元增加到2020年的16.07万亿元，年均

---

① 阎世平，武可栋，韦庄禹.数字经济发展与中国劳动力结构演化［J］.经济纵横，2020（10）：96－105.

增速为 24.5%，高技术企业经营发展韧性十足，尽管 2020 年受到了新冠疫情的影响，但是高技术企业个数和营业收入不降反增。因此，从高技术产业经营情况的角度出发，数字经济对我国就业结构影响体现在增加了对高技术企业的需求上，大大促进了我国第三产业的发展，也有助于我国就业结构的转型升级。

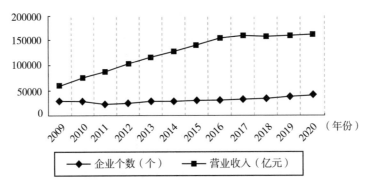

图 1   高技术产业经营情况

资料来源：《中国统计年鉴》（2010～2023 年）。

其次，本文从 2009～2020 年 R&D 人员数量增长角度进行分析，增长状况如图 2 所示。研发（Research and Development，R&D）人员表示从事科研与研究工作的人力资源，这类劳动力通常具有较高水平的文化素养，受教育水平高，劳动技能强等特点。R&D 人员的数量变化趋势，也从另一方面反映着我国就业结构的变化，对高技能人才的需求程度。由图 2 可知，R&D 研究人员数量呈现出逐年升高的态势，2009～2020 年，这一数字从 27.7 万人增加到 50.9 万人，11 年间，以平均每年 16.7% 的速度保持增长，加之各地政府不断加强财政科研经费扶持力度，完善相关人才政策，预计今后一段时间内，高素质劳动力数量仍然会以较快速度增长。因此，从研发人员数量角度出发，数字经济对我国就业结构的影响体现在对高技能劳动力数量的需求上，有利于整体提高劳动力素质。理论上，数字经济的发展使得经济不断向前，人均收入水平提高，改善了人们的生活。基于"配第－克拉克定理"可知，随着人均收入水平的提高，劳动力会从第一产业向第二产业转移，在人均收入水平提高到一定程度后，又会向第三产业转移。此外，从实证的角度看，王栋（2020）运用 probit 模型对数字经济发展的影响效应进行异质性分析，引入城市数字经济与高中、本科学历的交互项，发现相比于大专学历 1.2% 交互项值，其与本科以上学历的交互项更为显著，为 2.1%，即数字经济的发展对于本科以上学历的人的就业具有更为积极的促进作用[①]。学历高，意味着拥有相对较高的人力资本，对

① 王栋. 数字经济发展对就业影响研究——基于我国部分城市数据的实证分析 [J]. 价格理论与实践，2020（12）：156－159.

于数字技能有更强的适应能力和比较优势，能够更好地从城市数字经济的发展中受益。王文（2020）通过将工业机器人安装密度代表工业智能化水平，运用制造业就业、服务业就业等面板数据，建立线性回归模型考察工业智能化对不同行业的影响，由此得出，作为数字经济先驱的工业智能化，增加了服务业尤其是知识技术密集型服务业和高端服务业的就业份额，因此在整体上优化了我国的就业结构及推动了高质量就业。

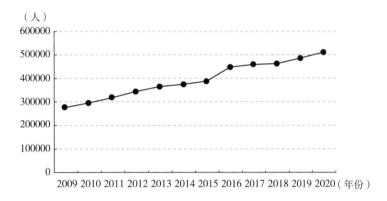

图2　研发人员数量

资料来源：《中国统计年鉴》（2010～2023年）。

从上市公司招聘需求来看，根据中国信通院2021年3月发布的《中国数字经济就业发展研究报告》显示，第三产业中数字经济相关的就业岗位占比高达60.2%，平均薪资达到12399.9元/月；此外，在招聘中产业数字化领域相关工作岗位占招聘岗位总量的67.5%，招聘数字化工作相关人数占招总聘人数的75.8%[①]，说明半数以上的企业都在面临数字化转型或者将重点放在数字化方面，对该领域人才需求旺盛。因此，从公司招聘的需求情况来看，数字经济对我国就业结构的影响主要体现在对数字经济方面人才的需求上。目前我国有一部分高校开创性地设置了数字经济专业，积极与该趋势对接，这也从侧面反映了社会对掌握有数字经济技能人才的需求的旺盛。此外，从实证的角度来看，叶胥等（2021）运用资本结构、投资结构、高端行业实际平均额等面板数据进行分析，得出社会数字经济发展过程中会使得企业生产技术、组织方式革新，从而创造出其所需要的工作机会，整体推动我国的就业结构朝着制造化、高技术化和高技能化的方向调整。以上这些都从需求端有力地说明了数字经济通过加强企业对高技能人才的需求，从而改变我国的就业结构。

因此，数字经济对我国就业结构的影响，从高技术产业经营状况、研发人员数

---

① 中国信息通信研究院. 中国数字经济就业发展研究报告：新形态、新模式、新趋势（2021年）[R].
中国信息通信研究院政策与经济研究所，2021.

量及上市公司招聘需求来看，一定程度上提高了我国高技术产业和高技能人才的占比，高端就业吸纳能力强，尤其是提高了对数字经济技能人才的需求。有利于我国整体就业结构的转型升级，提高经济发展的韧性及质量。

五、数字经济对就业总量的影响

数字经济不仅对我国就业结构有直接的影响，还对就业总量的增加有着间接的贡献。尽管数字经济发展会像历届技术革命一样不可避免地产生就业替代的影响，但是纵观历史，过去一百年来，世界各国的就业人数在整体上呈现出不断增长的趋势（Bessen，2018）。这一结论最早可以追溯到 20 世纪"补偿机制"理论的提出，古典学派认为，技术进步对于就业量的增加是有正向效应的。以该理论为基础，许多学者展开了自己的研究。保罗·皮尼（Paolo Pini，1997）提出，该正向效应可以分为价格和收入两方面的效应。价格效应是指技术的进步会直接引起生产效率的提高，从而导致生产成本的下降，商品价格随之降低，需求量加大，进而传导至就业端，就业需求增加。收入效应则是表现在产品生产效率提高后，劳动者工资水平上升，进而增加对产品的需求，这一信号传导至企业，企业选择扩大生产规模，增加对劳动力的需求。周宏仁（2007）认为技术进步能够通过吸纳工业化过程中的剩余劳动力从而达到促进就业的效果。张琳（2021）认为数字经济俨然成为解决就业问题的重要途径，数字经济带来的进步分为物化和非物化的技术进步，其中物化的技术进步带来了过程创新的就业效应，非物化的技术进步则带来了产品创新的就业效应，两种方式都增加了就业总量的需求。还有学者认为数字经济会产生生产率效应、自动化深化效应和职位创造效应，这些都会促进我国就业总量的提高。

（一）劳动力市场规模和效率角度

首先是劳动力市场规模变大。除上文提到的直接增加数字经济人才的需求以外，数字经济还催生了数字平台，提供一种让更多参与者聚集在一起的线上活动机制。这类数字平台包括创新平台和交易平台，创新平台是为内容制作者开发程序或者软件提供创造环境，增加了对会 java、C++ 等计算机语言技能的程序员的需求。交易平台提供一个供买卖各方交易的媒介，依赖于支持双边或者单边的基础设施来运行。目前已成为一些知名数字公司（阿里巴巴、亚马逊、虾皮网等）和依靠数字技术带动的公司（滴滴出行、高德地图等）的核心业务。可见数字经济催生了大量新的业态、新的公司，使劳动者的就业选择性日趋增多，就业成本逐渐降低。

相对于传统公司而言，这些因数字经济而生的公司，如阿里巴巴、腾讯等互联网企业，其业态种类创新多，规模扩张快，能够创造大量就业机会。这些与数字经济相关的企业很大程度上打破了以前固有的工作形式，劳动者除了主业的工作以外，还可以选择自由的工作形式，拥有兼职副业带来的收入，他们的出现带来了复合型的就业形式。有些行业门槛低、选择多，劳动者的收入与所付出的劳动挂钩成正比，能够进一步为我国正处于劳动年龄的人口提供更广阔的就业空间，促进就业总量的提高，同时也有助于生活水平的改善。正如 2022 年全国两会期间，人大代表张兴海注意到，近年来，外卖、电商等行业如雨后春笋般涌现，吸引大量年轻人就业，很大程度上为我国就业市场注入了活力。如表 2 所示，从近十年来我国快递行业的快递数量和就业人数的变化中可见一斑。快递数量从 2010 年的 233892.00 万件增长到 2020 年的 8335789.43 万件，短短十年间翻了 35 倍左右，从邮政业就业人员数量来看，2010 年就业人员数量为 477638 人，到了 2020 年增长为 901029 人，增长了将近两倍。这一系列变化，都极大地扩充了我国劳动力市场的规模。

表 2　　　　　　　　2010～2020 年我国快递业务量及邮政业就业人数

年份	快递数量（万件）	邮政业就业人员（人）
2010	233892.00	477638
2011	367311.10	618264
2012	568548.00	678609
2013	918674.00	1076595
2014	1395925.30	1029294
2015	2066636.80	974473
2016	3128315.10	930745
2017	4005591.91	910924
2018	5071042.80	929159
2019	6352290.97	834260
2020	8335789.43	901029

资料来源：《中国统计年鉴》（2010～2023 年）。

此外，从另一个角度看，劳动力需求程度与产品市场密切相关。数字经济的发展，使得产品生产过程智能化，生产效率提高。生产率提高的影响：一方面会使产品的单价下降或者性价比更高，市场会加大对该产品的需求；另一方面企业盈利能力更强、效益更好，员工获得的薪酬也会随之增加，员工的收入增加反过来又加大了对产品的需求。最终，产品需求的增加会使得以利润最大化为目标导向的企业扩大生产规模，进一步加大对劳动力的需求，劳动市场规模也因此扩大。

其次是劳动力市场的效率增大。第一，数字经济使得信息不对称行为大大降低，有效提高了信息的透明度及时效性，提高市场供需匹配效率。线上求职软件的大量应用（如脉脉、猎聘），一方面，招聘信息更容易被获取，另一方面，应聘者的信息也更容易被看到，大大提高了劳动力市场的匹配效率，能够有效降低摩擦性失业。第二，数字经济的兴起有助于猎头行业的蓬勃发展，依托大数据等技术分析功能，能够让猎头更精准地匹配合适的候选人，有助于进一步开展工作并且能够及时与有意向的候选人沟通，改善以往信息闭塞的情况，提高工作效率，从而提高劳动力市场的效率。第三，互联网的发展加之新冠疫情的出现，使得线上办公有更多的可能，不用拘泥于特定的地点，让更多劳动者有丰富的选择工作的机会，而不必因为位置或者距离问题放弃心仪职位。例如，北京的金地中心就推出了 ibase 共享办公的理念，美国视频公司 TUBI 鼓励员工远程异地办公，一个月之内只要有一周的时间到岗即可。这些举措都减少了劳动者的迁移成本，提高了劳动力市场的效率。此外，新冠疫情期间为推动经济发展，国家鼓励多种方式就业，并且予以政策性加持，加之数字经济提升交易水平和沟通效率，这些都催生了大量灵活就业的岗位。戚聿东等（2022）通过扩展明瑟收入决定方程，加入互联网使用等变量，利用 OLS 模型对灵活就业者的薪酬进行估计，发现与不使用互联网的人相比，使用互联网的灵活就业者工资水平比前者高出约 12.4%[①]。第四，我国"十四五"规划中明确提出了加快数字产业化和产业数字化构建，随着数字基础设施、业务规模不断提升，在一定程度上也有利于劳动力市场供需匹配效率的提高。丛屹和俞伯阳等（2020）通过 OLS 模型实证分析表明，互联网普及率与劳动力市场化指数存在显著的正相关关系，其系数达到 92.4%[②]，说明我国基础设施的不断完善在很大程度上促进了劳动力市场的供需匹配效率。

（二）实证分析角度

1. 变量选取

本文在总结相关文献基础上从城镇就业规模、数字经济发展程度、对外开放度、人力资本力量、产业结构等方面构建计量模型。城镇就业规模（employe）作为被解释变量。数字经济发展程度（digital）作为本文核心解释变量以移动互联网接入流量指数来衡量，数字经济本身以大数据为依托，而大数据的发展程度能够通过互联

---

① 戚聿东，丁述磊，刘翠花. 数字经济时代互联网使用对灵活就业者工资收入的影响研究 ［J］. 社会科学辑刊，2022（1）.

② 丛屹，俞伯阳. 数字经济对中国劳动力资源配置效率的影响 ［J］. 财经理论与实践，2020，41（2）.

网的接入流量衡量，因此移动互联网接入流量指数能够更好地表示数字经济的发展状况，本文对互联网接入流量指数进行了取对数处理。此外，影响就业的因素有很多，为了完善实证研究结果，本文选取以下控制变量：（1）对外开放程度（open），以外商直接投资占 GDP 的比重来衡量。（2）人力资本力量（hr）以各地区居民平均受教育年限来衡量。（3）产业结构（is）以第三产业与第二产业的比值来衡量。所有数据均来自 eps 数据库。

2. 模型设定与检验

本文设定的基本计量方程如下：

$$\ln employe_{it} = \alpha_{it} + \beta_1 \ln digital_{it} + \beta_2 \ln open_{it} + \beta_3 \ln hr_{it} + \beta_4 \ln is_{it} + \varepsilon_{it}$$

其中 $\ln employe_{it}$ 是本文的被解释变量，α_{it} 是常数项，ε_{it} 是随机扰动项。其中 $i = 1, 2, \cdots,$ 31 代表除新疆以外的省份；$t = 1, 2, \cdots, 5$ 代表从 2014 ~ 2019 年。$\ln digital_{it}$ 是核心解释变量，表示 i 省在第 t 年的数字经济指数取值；$\ln open_{it}$ 表示 i 省在第 t 年的对外开放程度取值；$\ln hr_{it}$ 表示 i 省在第 t 年的人力资本力量取值；$\ln is_{it}$ 表示 i 省在第 t 年的产业机构取值。

对面板数据进行 F 检验，p 值为 0，拒绝原假设，即固定效应模型优于混合模型；hausman 检验结果 p 值为 0，拒绝原假设，即固定效应模型优于随机效应模型。综上所述，选择固定效应模型作为本文的分析模型。

3. 实证结果（见表3）

由表 3 结果可知，数字经济发展程度的估计系数显著且为正数，说明数字经济对就业总量具有积极的促进作用，每向前发展 1%，我国城镇就业规模相应增长 10.9%。这可能是因为数字经济催生了大量的互联网相关的企业，从而创造了许多就业机会，拉动了就业增长，增加了我国的就业规模。

表3　　　　　　　　　　　　　　基准回归结果

变量	$\ln employe$
$\ln digital$	0.109 *** (8.335)
$\ln open$	0.010 (0.593)
$\ln hr$	−0.376 (−0.659)

续表

变量	$lnemploye$
$lnis$	-0.117 (-0.517)
_cons	6.784^{***} (4.543)
N	179
r^2	0.670
F	73.489

注：括号内的数据为系数的 t 值；***、**、* 分别表示 1%、5%、10% 的显著性水平；回归结果均为稳健标准误下结果。

此外，数字经济正在以不同的方式改造价值链，并为增值和更广泛的结构变革开辟新的渠道，以前所未有的方式对我国就业产生多种多样的影响，或是直接或是间接[1]。

六、结论与建议

目前我国对数字经济的发展予以了高度重视，从"十三五"时期提出的"拓展网络经济空间"到"十四五"阶段的"加快数字化发展 建设数字中国"，包括打造数字经济新优势、加快数字社会建设步伐、提高数字政府建设水平和营造良好数字生态[2]，都体现出了数字经济的重要性，未来，数字经济对我国社会就业的贡献会不断增加。为了让数字经济更好地为我国就业服务，促进就业的发展，本文从以下几个方面提出对策和建议。

第一，不断完善新的就业形态，包括相关的配套基础设施、政策和就业环境。基础设施方面，应该不断加强 5G、工业互联网等新基建的建设，为促进就业创造良好的条件基础。加强网络服务、物流等基础设施的完善，不断孕育数字经济发展平台，从而创造更多就业机会。政策方面，积极出台政策鼓励数字经济的发展，对于促进就业的高质量数字经济企业予以政策扶植，营造良好的营商环境。做服务型政府、监督型政府，进一步简政放权，提高政府的工作效率，在行政审批、投资监管和税收等放宽条件限制，提高实体企业的自主权和活跃度。正如 2022 年两会的总理

---

① 资料来源：《联合国 2019 数字经济报告》。

② 最全！李克强总理记者会现场实录［EB/OL］. 贵州省人民政府网，2022 – 03 – 11.

记者会中，李克强总理提到，政府将会不断从税收、管理等方面做减法，虽然从短期来看是减法，但是从长期来看，这一举措有利于新业态的产生、就业的增长及经济的蓬勃发展，实则是在做加法①。就业环境方面，努力发展健康向上的择业文化，塑造良好的就业环境，营造大众创业万众创新的氛围。

第二，加强对数字经济相关人才的培养。从"人口红利"的模式向"人力资本红利"模式转变，当前我国就业存在结构性问题，数字经济领域人才严重缺失。为此，要完善人才培养系统，积极向社会输送所需要的人才，弥补人才缺口。紧跟经济发展趋势培养人才，也可以与一些企业进行合作定向培养。例如，前文提到了有些大学拟开设数字经济专业，以满足对数字经济相关人才的需求。高校的学习对于现实工作而言往往是不够的，积极在慕课等平台开设与时俱进的数字经济培训课程，让更多人能够接触到、学习到，从而有利于劳动力工作技能、素质的增强。同时，相关的专科院校也应该积极调整课程体系和人才培养体系，使学生的就业技能更好地与招聘需求相匹配。除此之外，还可以通过提高薪酬、优先落户等优惠政策提高对该领域人才的吸引力。

第三，完善数字经济领域法律法规。随着数字经济的发展，不断衍生出新型的就业方式及劳动关系，也伴随着相关权益的损益问题。而现行的相关法律法规和监管体系存在一定的盲区，导致大量的就业者维权无门，因此监管部门应该负起责任，始终与行业同进步，关注新现象，积极出台监督管理办法，防止损害经济或者公民权益的行为滋生。另外，应该及时把一些新兴业态纳入监管和保护范围，在积极鼓励其发展促进就业的同时也应该规避一些不良行为，防范风险。

第四，着力解决数字鸿沟问题，促进就业公平。应加快弥补城乡之间、地区之间的差距，目前中国正在面临着巨大的"数字鸿沟"和"信息鸿沟"，缩小"数字鸿沟"将为中国创造新机遇。还应注重各区域平衡发展，缩小就业质量等差异。针对部门之间因为"信息孤岛"而形成的"数字鸿沟"问题，笔者认为可以借鉴爱沙尼亚政府的解决办法，其基本思路是仅设立一个公用的数字库，但是不同部门分别授权，公安、民政等部门均有权限接触相关的数据信息，若想获取信息只需获得相应权限即可。我国可以建立一个全国的数据库，各部门授权不同的权限，既能打通数字孤岛又能保障安全问题。针对因为贫富差距、数字"文盲"而形成的"数字鸿沟问题"，可以从政策上予以帮扶，如国家提供就业讲座、免费就业帮助服务等。扩大中西部地区的数字经济规模，积极制定中西部地区人才发展战略，缩小中西部地区之间的差异，同时加强农村的通信、交通等基础设施建设，鼓励企业爱心助农利用线上平

---

① 资料来源：国务院《"十四五"数字经济发展规划》。

台或以直播等方式促进就业，为农民创造更好的就业机会和环境，加快农村经济发展。

第五，充分释放数字经济对于就业的倍增效应。相较于传统的行业，数字经济催生了大量的就业机会，尤其是兼职等非全日制的传统工作机会，使得劳动者的工作不必拘泥于时间、地点。推动线上就业与线下工作相互促进，数字产业化与产业数字化相辅相成。

数字经济的快速发展对我国就业具有很大的促进作用，但是机遇往往伴随着挑战，当前我国就业仍然存在结构性等方面问题，这需要社会各方的努力。我们应当不断完善数字经济的发展环境让其更好地促进就业，与之相辅相成。

参 考 文 献

[1] 蔡啸，黄旭美. 人工智能技术会抑制制造业就业吗？——理论推演与实证检验 [J]. 商业研究，2019（6）：53－62.

[2] 蔡跃洲，陈楠. 新技术革命下人工智能与高质量增长、高质量就业 [J]. 数量经济技术经济研究，2019，36（5）：3－22.

[3] 陈世清：对称经济学术语表 [EB/OL]. 大公财经，2015－06－23.

[4] 丛屹，俞伯阳. 数字经济对中国劳动力资源配置效率的影响 [J]. 财经理论与实践，2020，41（2）.

[5] 宫瑜. 数字经济对我国就业总量的影响 [J]. 中共青岛市委党校. 青岛行政学院学报，2019（6）：78－84.

[6] 胡鞍钢，王蔚，周绍杰，鲁钰锋. 中国开创"新经济"——从缩小"数字鸿沟"到收获"数字红利" [J]. 国家行政学院学报，2016（3）：2，4－13.

[7] 胡鞍钢，周绍杰. 新的全球贫富差距：日益扩大的"数字鸿沟" [J]. 中国社会科学，2002（3）：34－48，205.

[8] 胡放之，肖婉琴，卢雨萌，崔胜飞. 数字经济对就业的影响探析 [J]. 科技创业月刊，2021，34（12）：30－33.

[9] 黄海清，魏航. 数字经济如何稳就业——机制与经验分析 [J]. 贵州财经大学学报，2022（1）：13－24.

[10] 郎昆，郭美新，龙少波. 数字经济与新型全球化：全球化生命周期理论的分析框架 [J]. 上海经济研究，2023（7）：103－117.

[11] 李晓华. 数字经济新特征与数字经济新动能的形成机制 [J]. 改革，2019（11）：40－51.

[12] 卢川. 数字经济对我国劳动力就业的影响研究 [J]. 中国物价，2022（2）：84－87.

[13] 马华华. 新经济浪潮对高校就业指导工作的促进——评《灵活就业：数字经济浪潮下的人与社会》[J]. 国际贸易，2020（12）.

[14] 孟园园，陈进. 经济不平衡条件约束下，人工智能对就业影响效应研究——以经济发

展水平为调节变量 [J]. 中国劳动, 2019 (9)：40 - 52.

[15] 倪建春. 互联网背景下就业问题及对策 [J]. 中国统计, 2020 (11)：11 - 12.

[16] 戚聿东, 丁述磊, 刘翠花. 数字经济时代互联网使用对灵活就业者工资收入的影响研究 [J]. 社会科学辑刊, 2022 (1).

[17] 戚聿东, 刘翠花, 丁述磊. 数字经济发展、就业结构优化与就业质量提升 [J]. 经济学动态, 2020 (11)：17 - 35.

[18] 王栋. 数字经济发展对就业影响研究——基于我国部分城市数据的实证分析 [J]. 价格理论与实践, 2020 (12)：156 - 159.

[19] 王文. 数字经济时代下工业智能化促进了高质量就业吗 [J]. 经济学家, 2020 (4)：89 - 98.

[20] 阎世平, 武可栋, 韦庄禹. 数字经济发展与中国劳动力结构演化 [J]. 经济纵横, 2020 (10)：96 - 105.

[21] 杨伟国, 邱子童, 吴清军. 人工智能应用的就业效应研究综述 [J]. 中国人口科学, 2018 (5)：109 - 119, 128.

[22] 叶胥, 杜云晗, 何文军. 数字经济发展的就业结构效应 [J]. 财贸研究, 2021, 32 (4)：1 - 13.

[23] 张琳. 数字经济推动就业结构性变革的实践与路径 [J]. 贵州社会科学, 2021 (3).

[24] 赵龙跃, 高红伟. 中国与全球数字贸易治理：基于加入 DEPA 的机遇与挑战 [J]. 太平洋学报, 2022, 30 (2)：13 - 25.

[25] 赵新伟. 我国数字经济产业效率空间演进及收敛性研究 [J]. 现代财经 (天津财经大学学报), 2022, 42 (8)：41 - 53.

[26] 赵玉鉴, 杜子喆. 数字经济、就业结构与就业质量 [J]. 福建金融管理干部学院学报, 2022 (1)：25 - 35.

[27] 中国信息通信研究院. 中国数字经济就业发展研究报告：新形态、新模式、新趋势 (2021 年) [R]. 中国信息通信研究院政策与经济研究所, 2021.

[28] 周宏仁. 如何以信息化推进就业 [J]. 中国信息界, 2007 (1)：46 - 49.

[29] Acemoglu D. , Restrepo P. Artificial Intelligence, Automation and Work [R]. NBER Working Paper, 2018.

[30] Autor D, Dorn D. This Job is "Getting Old"：Measuring Changes in Job Opportunities Using Occupational Age Structure [J]. America Economic Review, 2009, 99 (2)：45 - 51.

[31] Bessen J. AI and Jobs：The Role of Demand [R]. NBER Working Paper, 2018.

[32] Pini P. Some Comments on Recent Models of Technology Unemployment [J]. Technical Change and Labour Displacement, 1997.

[33] Tapscott D, The Digital Economy：Promise and Peril in the Age of Networked Intelligence, McGraw - Hill, 1996.

[34] World Bank. Digital Dividends [M]. World Bank Washington DC, 2016.

财政支农对农业经济增长影响研究

——以辽宁省为例*

▶ 林鑫鑫

【摘要】《中华人民共和国国民经济和社会发展第十四个五年规划和2035年远景目标纲要》深刻体现了中国发展以农业为根基，重点提高农业发展质量和效益。财政支农作为促进农业发展的重要手段，其对农业经济增长产生的影响值得探讨。本文以辽宁省为例，对2000～2020年辽宁省农业相关数据进行实证分析。辽宁省近20年间财政支农支出规模不断扩大，但财政支农支出增长率近5年不超过5%，农业GDP对总产值贡献度并没有大幅提升。在实证分析中，协整检验结果证实了财政支农和农业经济增长存在长期关系，可以看出短期财政支农会对农业经济增长产生很大的正向冲击，但随着时间的推移，财政支农支出的推动作用会减弱。灰色关联度分析结果显示，农业综合开发对近20年来辽宁省农业经济发展的贡献度最大，其次是林业、水利等基本建设支出，辽宁省重视农业基本生产建设、水利等方面的支出的同时忽视了普惠金融、扶贫等方面的支出。最后结合辽宁省实际情况对如何利用财政资金实现合理分配、最大限度发挥财政支农支出的功能提出了建议。

【关键词】财政支农；支农结构；VAR；灰色关联分析

一、引言

自古以来，我国就是一个农业大国，农业健康稳定可持续发展有利于促进消费、生产、分配、交换等环节的循环与深入发展，整个国民经济和社会

---

* 本文为辽宁省教育厅项目（LNYJG2022002）的阶段性研究成果。

的稳定发展离不开农业的稳定健康发展。2020 年针对"三农"、全面建成小康社会等农业主题，党中央提出了若干政策文件，明确指出 2020 年首要任务是解决好"三农"问题，加快全面建成小康社会，加快实现社会主义农业现代化。2022 年继续以"三农"（即农村、农业和农民）为重点推进工作，农业发展至关重要。然而农业发展具有风险高、生产周期长、不确定因素多、利润率偏低等特点，农业发展比较脆弱，需要政府财政资金和政策支持来辅助发展。国际上通常把公共财政支农政策作为保护农业、保障农民利益的主要调控手段。辽宁省是我国重要的农产品供给大省和粮食主产省，本文以辽宁省为例，从区域角度分析研究辽宁省财政支农状况具有重要意义，为未来辽宁省财政支农政策的制定和支农资金的调整优化提供了参考。

本文主要采用了查阅文献法和实证分析法进行研究，大量文献的查阅加深了对财政支农这一问题的理解，对文献的回顾研究为本文的研究方法与角度提供了参考，实证分析中大量数据的使用和多角度分析使研究结果更为直观科学。

本文的创新之处在于数据选取更有针对性，并从结构角度对辽宁省财政支农状况进行分析。辽宁省作为一个重要的粮食生产省，对辽宁省财政支农和农业经济增长的关系进行研究具有必要性。笔者参考大量文献之后发现，已有的文献中大部分是从整体研究国家层面的中央财政资金对农业的支持，从区域角度对地方财政资金支持农业的区域性分析比较少，并且对辽宁省财政支农和农业经济增长关系研究则更少，已有的文献从结构角度对辽宁省财政支农和农业经济增长关系的研究较少，而且已有研究所使用的数据年限较为久远，对当下辽宁省财政支农政策的制定与修改不具有针对性，因此本文选用 2000～2020 年相关数据，对辽宁省财政支农支出的分析更符合这一时期辽宁省财政支农的实际情况，为辽宁省财政支农政策的制定与修改提供了参考。不足之处在于对财政支农相关问题的书面分析需要进一步加强，并且由于数据查询难度较大，在财政支农支出结构分析中样本较少，需要继续收集全面的数据进行进一步完善。

二、财政支农相关理论和作用机制

（一）文献综述

近年来，随着中央文件的不断发出，我国对"三农"问题越来越重视，各地区财政支农力度不断加大，财政支农作为保护农业、保障农民利益的重要手段，引起了广泛关注，国内外学者从规模和结构角度对财政支农支出进行了大量研究。

1. 财政支农总体规模对农业经济增长的影响研究

早在《国富论》中亚当·斯密就重点阐述了自由主义的重要性，并且政府承担的是"守夜人"职能，但同时也要对农业给予大力的支持，由此可见农业的重要性，财政支农的必要性。林江等（2010）对改革开放后我国财政支农支出对农民收入影响展开研究发现，从长期来看，前者对后者有显著的正面效应。苏永伟（2015）利用 ECM 模型研究发现，财政支农支出总量对农业经济增长产生正影响，并测算出长期弹性系数为 0.507。李秋（Qiu Li，2016）认为现代农业发展的关键因素在于政府的财政支持。加里宁（A. M. Kalinin，2020）通过 2003～2018 年数据对农业部门投资预算资金和农业发展状况关系研究发现，20 世纪 50 年代以来政府财政部门对农业的大力支持使农业经济水平有所提升。李雨灿（Yucan Li，2020）根据 2007～2018 年省级数据研究发现山东省的财政支出通过影响城乡收入差距促进了农业发展。综上所述，国内外学者通过研究普遍认同财政支农对农业经济增长有积极的促进作用这一观点，当然也有专家学者得出相反的结论。例如，王文普（2008）以 1978～2005 年数据为基础构建 VAR 模型和 VEC 模型进行实证研究，发现财政支农支出对农业经济增长产生负作用。蔡忠雁（Cai Z. Y.，2010）通过对我国 1997～2006 年省级面板数据分析研究，发现财政分权通过影响财政农业支出间接影响农业经济增长，并且影响为负。

2. 财政支农支出结构对农业经济增长的影响研究

由于各地区在农业经济结构和发展状况等方面存在差异，各地政府对农业发展的优惠政策也有很大区别，不同地区财政支农支出各有侧重点，支农支出对当地农业经济发展的促进效果也不一样。詹博和纽蒂（Jambo and Newettie，2017）利用 VECM 模型对实例分析发现，不同国家农业支出类型对农业经济增长产生的影响是有差异的。汪含（2013）研究发现农村救济费用、支援农业生产支出会抑制农业经济增长，农业科技和基本建设支出可以促进农业经济增长。苏永伟（2015）认为农业科技支出、农村救济资金和农业相关部门事业费有利于促进农业经济的增长。吕诚伦、江海潮（2016）以 1952～2012 年数据为基础构建 VAR 模型进行研究，得出结论财政支农的不同因素对农业经济增长影响效应是不同的，一方面，农业生产性支出、农业基本建设支出和农业科技支出对农业经济增长有直接的溢出效应；另一方面，财政农业救济和其他农业支出对农业经济增长具有独立直接效应。拉玛库玛（R. Ramakumar，2012）研究发现财政支农在公共投资方面的支出（如水利设施建设、农业科研研究投入和扶贫信贷等方面的支出），有利于促进农业经济增长，起到很好的减贫效果。孙欢欢（Huanhuan Sun，2020）根据2007～2018年的统计数据针对财政在科技方面的支出与农业经济增长的关系展开研究，得出结论数字技术是农业发展的强大推动力，农业科技发展助推农业发展。苟兴朝（2019）通过对中国2007～2016年数据实证研究发现，财政支农支出对农村住户固定资产投资产生影响，前者对后者具有挤入效应，但不利于地区农业经济的发展。周冬梅（2019）对现阶段我国财政支农过程中出现的问题做出阐述，如财政支农投资结构不合理、农业资金利用效率低下等问题。卡里宁（A. M. Kalinin，2020）认为农业政策集中化才能更好地发挥财政支农支出的效果。综上所述，从微观来看，财政支农支出各结构项目存在很大差异，并且不同时间段、不同地区农业发展程度不同，重点发展的支出项目也存在差异。国内外学者普遍认为不同结构项目对一个国家或地区的农业经济增长产生的作用不一致，优化财政支农支出资金结构有利于提高资金利用效率。另外，针对财政支农过程中存在的问题的研究，加深了对财政支农对农业经济增长影响研究的理解。

国内外专家学者对财政支农和农业经济增长的研究由于分析角度、研究方法、选取的样本及指标等存在差异，所分析出的结论也不尽相同。本文以辽宁省2000～2020年农业相关数据为基础，基于VAR模型和C－D生产函数，采用多种经济计量方法分析农业经济增长的影响因素，运用灰色关联度测算辽宁省财政支农支出结构各个项目的贡献度，比较分析哪部分支出更利于促进农业经济增长，为辽宁省提高财政支农支出效率提供了参考。

（二）理论基础

1. 经济增长理论

经济增长是指一国或一个地区一定时期内生产的最终产品和劳务的市场价值的增加，通常用国民生产总值的不断增加来表示。亚当·斯密认为土地、劳动力和资本是生产的基本要素，土地不易变动，因此劳动分工和资本积累被认为是提高劳动生产率的重要途径。索洛经过研究发现经济增长的路径是稳定的，在长期情况下，经济增长的源泉是技术进步。经济增长的影响因素主要有资本、科学技术、劳动力、制度因素等。具体到农业经济部门来看，农业经济增长的影响因素主要有农业资本积累、农业劳动力数量、农业科学技术水平、财政支农支出等。

2. 公共财政理论

公共财政和市场财政是相对的，实际上公共财政经济的实质是市场经济财政，财政的"公共性"是公共财政研究的重点。公共财政是依托于市场失灵这一背景而存在的，市场在资源配置过程中发挥着决定性作用，但是针对消费上同时具有非排他性和非竞争性的产品即公共产品来说，由于存在着"搭便车"心理，某些时候私人提供的公共产品无法获得收益，私人被迫退出公共产品市场，导致市场失灵，政府作为一个公共权力机构具有社会职能，凭借政府的性质和运行机制决定了其可以解决市场失灵的难题。随着政府职能的不断完善，财政资金对农业的支持作用显著，不断完善财政支农支出结构，提高资金使用效率，最大限度发挥公共财政的功能，促使政府合理配置资源。

（三）财政支农促进农业经济增长的作用机制

通过经济增长的影响因素分析可以推断出农业经济增长的影响因素主要有农业资本积累、农业劳动力数量、农业科学技术水平等，资本积累有利于农业生产设备的购入与更新，提高生产效率。劳动力前期大量投入农业可以暂时替代其他生产要素，从而降低生产成本，后期通过提高劳动者专业素质可以提高农业发展水平。农业科学技术的提高可以更新农业工具，变革生产方式，提高农业生产效率。而财政支农对农业经济增长的影响是多方面的。财政支农支出的变动也会通过影响农业资本积累、农业劳动力投入和农业科学技术水平，间接促进农业经济进一步发展。财政支农支出作为一个整体概念，在不同时期不同地区表现形式有所不同。一方面，财政支农支出增加可以直接增加农业资本积累，农业资金充足有助于引进农业先进生产设备，从而大大提高农业生产效率。另一方面，财政支农支出的变动可以引导一部分劳动力回流到农业生产中去，为农业生产发展提供充足的人力资源储备，为农业生产发展扎实根基，并且财政支农在扶贫、目标价格补贴等方面的支出可以提高劳动者收入水平，增加从事农业生产的劳动力投入，促进农业生产的发展。

根据公共财政理论分析，由于公共产品具有非排他性和非竞争性，市场无法有效配置公共产品资源，将市场失灵，这就需要政府发挥宏观调控的功能对公共产品进行合理配置。农业经济发展本身具有脆弱性，具有风险高、生产周期长和不确定因素多等特点，为了防止自然灾害，做好粮食生产和储存工作，要增大粮食产量、提高农业生产效率、完善农业基础设施、加快水利灌溉系统建设、完善仓库储存设施建设、生态环境保护等工作，而这些项目工作量大、成本高、利润低、建设周期长，属于公共性质的项目，私人承办意愿弱并且难以完成这些项目的建设，发挥政府公共职能规划好财政资金来支持农业发展是十分必要的。

具体来看，财政支农支出对农业经济增长的作用体现在以下方面：一是，财政支农有助于完善农业生产基础设施建设。财政支农在农业、林业、等方面基本生产建设支出和水利方面的支出，如建设乡村道路、供水排水硬件设施和信息通信等，可以降低生产成本和运输成本，有利于产品的储藏和销售，避免堆积，提高农业经济活动的效率，有助于实现农村产业的市场化和信息化发展。二是，财政支农有助于提高农业科技水平。科技与经济发展密切相关，农业发展离不开科技发展。财政支农在农业科技三项费用等方面支出，一方面可以促进农业科学技术的研发，变革生产经营方式，提高农业生产经营活动效率，另一方面对农业劳动者展开职业技术培训，可以提高劳动者的素质和水平，同时对农业科研人才的培育为农业经济长期健康发展提供了人才支撑。三是，财政支农有助于激发农民生产积极性。财政支农结构日益多元化，增添扶贫、目标价格补贴、普惠金融等项目的支出，可以充分提高劳动者的收入水平，激发农民的生产积极性，刺激农业生产发展，与此同时收入增加可以刺激消费增加，反过来会促进农业生产的发展。四是，财政支农有助于促进农业可持续发展。政府根据实际情况和发展目标对财政支农资金做出合理规划，不同时期发展侧重点有所差异。在环境成为制约经济发展的又一关键因素时，解决农业生态环境问题至关重要。大力发展农业科学技术，完善基础设施建设，调整农业产业结构，开展防沙护林、退耕还林等与生态保护相关的工作，财政支农支出有利于促进生态环境保护。

三、辽宁省财政支农支出的现状分析

针对近年来辽宁省财政支农支出发展状况，本文从两个角度入手进行分析：一个角度是财政支农支出总量，包含的指标主要有财政支农支出绝对规模、相对规模、财政支农支出增长率和财政支农支出强度，以此来分析辽宁省近年来财政支农支出的变化趋势和政府财政支农政策；另一个角度是财政支农支出结构，不同时期选择的指标有所不同，但都在一定程度上可以反映出辽宁省近年来财政支农支出的重点。

（一）从总量角度去分析辽宁省财政支农支出

从绝对规模来看，辽宁省 2000～2020 年财政支农总量规模整体呈上升趋势，虽中间略有浮动，但绝对规模不断扩大。2000 年辽宁省财政支农支出绝对规模为 39.8 亿元，2020 年增长至 504.83 亿元[①]，反映出辽宁省政府对农业和财政支农的重视。

① 2000～2006 年财政支农支出为统计年鉴中支援农业生产＋农业基本建设支出＋农业科技三项费用之和，之后指标为农林水事务支出。

表1   2000～2020 年财政支农数据

年份	财政支出（亿元）	财政支农支出（亿元）	支农相对规模（%）	支农增长率（%）	支农强度
2000	518.08	39.8	7.68	15.03	0.77
2001	635.43	46.9	7.38	17.84	0.74
2002	690.92	50.0	7.24	6.61	0.73
2003	704.38	61.7	7.87	23.40	0.93
2004	931.4	79.3	8.51	28.53	0.90
2005	1204.36	93.2	7.74	17.53	0.88
2006	1422.75	101.81	7.16	9.24	0.84
2007	1764.28	121.8	6.90	19.63	0.86
2008	2153.43	149.29	6.93	22.57	0.97
2009	2682.39	240.71	8.97	61.24	1.32
2010	3195.82	289	0.04	20.06	1.17
2011	3905.85	329.2	8.43	13.91	1.14
2012	4558.59	405.02	8.88	23.03	1.13
2013	5197.42	466.52	8.98	15.18	1.15
2014	5080.49	443.85	8.74	-4.86	1.14
2015	4481.01	446.07	9.95	0.50	1.12
2016	4577.47	480.73	10.50	7.77	1.35
2017	4879.42	459.23	9.41	-4.47	1.26
2018	5337.72	461.74	8.65	0.55	1.10
2019	5745.09	502.57	8.75	8.84	1.14
2020	6047.17	504.83	8.39	0.45	1.02

资料来源：《辽宁省统计年鉴》（2000～2020 年）。

从相对规模来看，本文使用财政支农支出总额占财政支出总额比重数值分析相对规模。根据图1可以看出，辽宁省 2000～2020 年财政支农支出相对规模是逐渐上升的，反映了辽宁省政府对农业发展重视程度不断提高，利用财政支农促进农业经济增长，只是在不同的时期或者时间段内，由于农业政策和经济发展水平等因素的变动，财政支农支出占财政支出总额的比重会略有浮动，表现出特殊变化的趋势。2000～2003 年，相对规模水平维持在 7%～8%，2004 年上升至 8.51% 之后至 2008 年财政支农支出占财政支出比重始终位于 7% 以下，2008 年以后该比重维持在 8%～9%，个别年份该值激增，2015 年增至 9.95%，2016 年增至 10.50%，达到近二十年来相对规模峰值水平。整体上和同期其他省份财政支农相对规模水平比较该省位于中上游水平，但与发达国家相比相对落后。1993～2003 年是我国财政支农机制和方式改革阶段，2003 年以后我国强调深化财政改革，实现战略性的转变。2004 年

《关于促进农民增加收入若干政策的意见》发布，聚焦于"农民增收"，意在采取一些举措尽快扭转城乡居民收入差距不断扩大的趋势。2005年中央一号文件《关于进一步加强农村工作提高农业综合生产能力若干政策的意见》的出台则聚焦于"提高农业综合生产能力"，明确了稳定、支持农业生产的相关政策。国家始终聚焦于"三农"问题，通过"两减免、三补贴"等政策不断推进农村金融改革，助推财政支农战略性转变，因此2003~2005年财政支农支出绝对规模和相对规模都保持在较高水平。前14年中辽宁省财政支农相对规模在2010年达到了最大水平。2006年以后辽宁省财政支农支出出现大幅度增加的原因可以追溯到国家全面取消农业税及后面随着时间不断发布的若干文件政策，这对农业科学技术、惠农力度及基础设施建设等都提出了新要求。2010年《中共中央国务院关于加大统筹城乡发展力度进一步夯实农业农村发展基础的若干意见》发布，指出城乡融合与加大惠农力度并不是相悖的，可以同步进行，财政支农增长率及相对规模在此年间都达到了最大限度。之后随着中央对三农问题的不断强调，农业发展对整体经济支持作用不断显现，辽宁省提高对农业重视的程度，支农整体规模并未有显著下降。

图1　辽宁省财政支农支出相对规模和增长率

资料来源：《辽宁省统计年鉴》（2000~2021年）。

根据图1可以看出，财政支农支出增长率整体上波动幅度很大，并且长期趋势是下降的，在某些年份增长率下降至负值，近6年来都保持在极低水平，平均位于5%以下，前几年增长幅度相对于后期比较大，在2009年达到峰值超过60%。这说明辽宁省财政支农力度不够，并且对农业的支持不稳定，没有形成长期稳定的支农机制。

　　财政支农强度是用财政支农占财政支出的比值相对于农业总产值在 GDP 的比值的比重。数值如果大于 1，说明财政支农力度大于农业对整个国民经济的贡献程度。从图 2 中可以看出财政支农支出强度整体是上升的，并且整体数值是比较大的，最低值超过 0.5，说明政府对农业部门有一定的资金倾斜，2008 年以后支农强度就超过了 1，说明财政支农力度较大，财政对农业的支持大于农业对国民经济的作用。

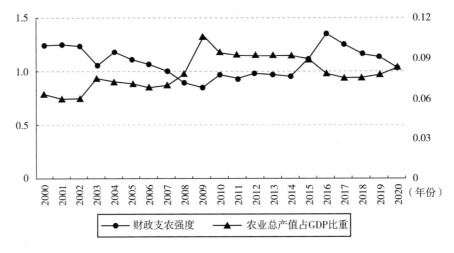

图 2　辽宁省财政支农支出强度

资料来源：《辽宁省统计年鉴》（2000～2021 年）。

（二）从结构角度分析辽宁省财政支农支出

　　财政支农支出结构通过财政支农支出总额中各类支出的基本内容和比重主要指财政预算收支分类科目去进行分析。财政支农支出结构能够体现辽宁省政府财政支农的重点和农业发展方向。随着经济水平不断提高、农业发展不断提出新要求以及中央农业政策的不断更新，辽宁省财政支农支出结构也有所改变。财政支农计量口径于 2007 年发生改变，计量分析口径不连续及不统一会导致财政支农结构分析的不连贯、不严谨。因此，本文的财政支农支出结构数据按不同阶段划分分析，以反映辽宁省财政支农中出现过的问题。

　　首先，如图 3 所示，支援农业生产支出比重均在 70% 以上，说明了其在财政支农中的绝对地位，对农业发展具有基础性根本性的影响。而农业科技费用所占比重值非常小，均在 1%～2% 波动，说明辽宁省政府在 2000～2006 年期间忽视了农业科技费用对农业生产的影响，更注重农业基础生产支出。

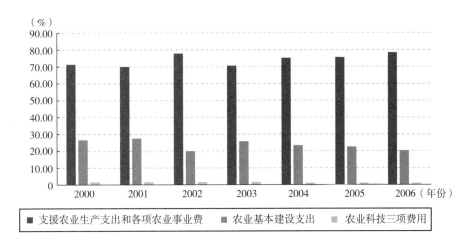

图3　2000～2006年各结构所占总支出比重

资料来源：辽宁省财政决算表（2001～2007年）。

其次，如图4所示，依然是农业占比最高，但总体趋势上来看总额和占比都是下降的，水利成为省政府财政支农支出中除农业支出外最大的支出项目，总体水平保持在20%左右，说明辽宁省在发展农业时注意到水利发展的重要性，此期间内不断推进水利改革完善水利基础设施。林业支出额和比重也在不断上升，财政支农结构多元化发展，扶贫支出所占比重较小，农业综合开发整体比值是下降的，但在某些年份达到高水平。经济发展和支农政策不是固定的，财政支农结构有时会根据上述因素做出相应调整，总的来说，财政支农支出越来越多元化，仍以农业基础建设为根本，但也注重发挥水利、林业等方面的作用。

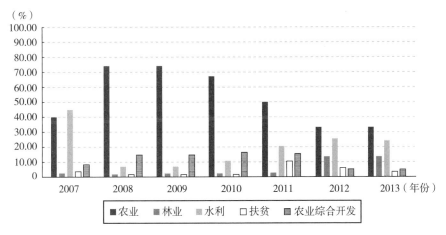

图4　2007～2013年各结构所占总支出比重

资料来源：辽宁省财政决算表（2008～2014年）。

最后，如图5所示，农业支出仍保持一定体量，但水利支出已经超过农业支出成为财政支农支出中最大支出，平均占比超过70%，这与落实国家2010年加快水利改革发展的文件有一定关联。扶贫、农业综合开发和改革等项目支出所占比重极低，均不超过1%，说明财政支农结构存在不合理之处，绝大部分投入在水利建设，忽视扶贫支出，农民缺乏生产积极性，并且没有进行深层次的农业综合开发和改革，农业经济发展机制仍不完善，产业结构缺乏长期有效发展机制。

图5　2014~2020年各结构所占总支出比重

资料来源：辽宁省财政决算表（2015~2021年）。

四、辽宁省财政支农对农业经济增长影响实证分析

（一）从总量角度分析财政支农对农业经济增长影响

1. 模型构建

本文拟采用辽宁省2000~2020年农业相关数据，基于VAR模型对辽宁省财政支农支出对农业经济增长的影响进行深层次分析。通过对经济增长理论的学习，发现经济增长的影响因素主要有资本、科学技术、劳动力数量和财政支出。在排除农村土地面积无法精确统计等因素后，具体到农业经济增长影响因素。影响因素主要指农业资金投入、农业劳动力数量、农业科学技术和财政支农支出数额。

本文以C-D生产函数为基础构建模型：$Y = AK^{\alpha 1} L^{\alpha 2} G^{\alpha 3} e^{\mu}$。其中$Y$表示农业产出总值，$A$代表农业科技水平，$K$代表农业资本投入，$L$代表农业劳动力数量，$G$为财政支农支出量，$e$为随机误差项，$\alpha 1$、$\alpha 2$、$\alpha 3$分别代表资本、劳动力和财政支农支出的弹性系数。

在实际查找数据过程中我们发现，某些变量由于受价格因素影响不易分析或是由于时间久远缺乏详细数据、划分描述或是统计口径发生变化等因素，因此将农业产出

总值 Y 用农林牧渔业总产值表示，农业资本投入 K 用第一产业固定资产投资量表示，农业劳动力数量 L 用农林牧渔业劳动力数量表示，G 仍表述为财政支农支出额。

对各个变量取对数可以避免异方差和减少波动性，由此可以得到线性函数：

$$LnY = LnA + \alpha1 LnK + \alpha2 LnL + \alpha3 LnG + \mu。$$

其中 μ 为误差项。

本文选取 2000～2020 年辽宁省农林牧渔业总产值、第一产业固定资产投资量、农林牧渔业劳动力数量和财政支农支出数额为数据样本进行模型的检验和实证分析，数据均来源于国家统计局、2001～2021 年辽宁省统计年鉴和 2001～2021 年辽宁省财政厅。为简化分析，我们将农林牧渔业总产值用 Y 表示，财政支农支出用 $X1$ 表示，第一产业固定资产投资量用 $X2$ 表示，数据单位均为亿元，农林牧渔业劳动力投入量用 $X3$ 表示，单位为万人（见表 2）。

表 2　　　　　　　　　　　取 2000～2020 年辽宁省农业相关数据

年份	农林牧渔业总产值（亿元）Y	财政支农支出（亿元）X1	第一产业固定资产投资（亿元）X2	农林牧渔业劳动力投入量（万人）X3
2000	967.36	39.80	46.69	651.20
2001	1045.70	46.90	57.56	648.95
2002	1132.50	50.00	63.89	659.20
2003	1214.98	61.70	93.65	667.30
2004	1510.52	79.30	94.28	685.80
2005	1671.57	93.20	143.83	686.40
2006	1738.10	101.81	155.55	680.90
2007	2092.98	121.80	197.99	669.10
2008	2395.14	149.29	325.10	662.30
2009	2572.37	240.71	322.60	661.40
2010	2907.10	289.00	358.30	663.60
2011	3343.75	329.20	537.00	663.60
2012	3679.53	405.02	601.40	660.00
2013	3878.89	466.52	526.80	652.00
2014	3949.39	443.85	566.10	655.50
2015	4057.59	446.07	436.70	659.70
2016	3764.09	480.73	229.20	675.30
2017	3851.62	459.23	218.89	684.50
2018	4061.93	461.74	209.92	685.60
2019	4368.25	502.57	262.82	705.20
2020	4582.56	504.83	372.94	695.90

资料来源：辽宁省财政决算表（2000～2021 年）。

在利用时间序列数据进行分析时，需要进行平稳性检验判断是否为平稳序列，考虑大部分时间序列数据是非平稳序列，容易出现"伪回归"现象干扰实证研究，"伪回归"就是一组非平稳时间序列之间本来不存在协整关系却因为经历了最小二乘法拟合之后，这一组变量构造的回归模型中可能出现的一种"假回归"，各项变量之间可能存在着某些联系。因此为了消除异方差的影响和避免"伪回归"干扰，本文对各个变量进行对数化之后得到 lnY，lnX1，lnX2，lnX3，利用 Eviews 进行回归分析。

2. 平稳性检验

本文利用 Eviews 软件中 ADF 单位根检验法对各变量时间序列平稳性进行检验，检验结果如表3所示。从检验结果可以看出各变量均存在单位根，不拒绝原假设，在经过一阶差分之后大部分变量在5%的显著性水平上依然不拒绝原假设，存在单位根，序列不平稳，在二阶差分之后各变量在1%的显著性水平上拒绝原假设，不存在单位根，时间序列是平稳的。之后可以利用协整检验进行下一步的研究，分析时间序列从长期看是否存在着均衡关系。

表3   平稳性检验结果

变量	ADF 检验结果	1% 的水平上的临界值	5% 的水平上的临界值	10% 的水平上的临界值	p 值	检验结果
lny	− 0.385	− 4.498	− 3.658	− 3.269	0.9806	非平稳
Δlny	− 3.529	− 4.533	− 3.674	− 3.277	0.0647	非平稳
Δ^2lny	− 5.647	− 2.708	− 1.963	− 1.606	0.0000	平稳
lnx1	0.166	− 4.498	− 3.658	− 3.269	0.9956	非平稳
Δlnx1	− 3.105	− 4.533	− 3.674	− 3.277	0.0722	非平稳
Δ^2lnx1	− 4.904	− 3.887	− 3.052	− 2.667	0.0014	平稳
lnx2	− 1.231	− 4.498	− 3.658	− 3.269	0.8755	非平稳
Δlnx2	− 3.085	− 4.533	− 3.674	− 3.277	0.1375	非平稳
Δlnx2^2	− 4.620	− 2.708	− 1.963	− 1.606	0.0001	平稳
lnx3	− 1.265	− 4.498	− 3.658	− 3.269	0.8672	非平稳
Δlnx3	− 2.188	− 4.728	− 3.760	− 3.325	0.4618	非平稳
Δ^2lnx3	− 4.202	− 2.728	− 1.966	− 1.605	0.0004	平稳

3. 协整检验

研究 VAR 模型的关键在于确定滞后阶数。通过 Eviews 软件分析，根据最优滞后阶数确定准则，滞后阶数为3时，带"*"项最多，最优滞后阶数为3（见表4）。

表4　　　　　　　　　　　　　　　　最优滞后阶数

Lag	LogL	LR	FPE	AIC	SC	HQ
0	54.02034	45.32570	$4.53e-08$	-5.557816	-5.359955	-5.530533
1	120.6086	96.18305	$1.74e-10$	-11.17873	-10.18943	-11.04232
2	135.5778	14.96922	$2.73e-10$	-11.06420	-9.283459	-10.81866
3	196.2754	33.72085^*	$5.87e-12^*$	-16.03060^*	-13.45841^*	-15.67593^*

确定最优滞后阶数为 3 之后，可以进行协整检验。协整检验的滞后阶数是最优滞后阶数减 1，即滞后阶数为 2。通过 Eviews 软件进行 Johansen 协整检验分析，得出结果如表 5 所示。无论是从特征值迹检验分析还是最大特征值检验分析结果来看，在所有变量之间存在着两个协整关系。因此辽宁省农林牧渔业总产值 Y、财政支农支出 X1、第一产业固定资产投资 X2 和农林牧渔业劳动力投入量 X3 和之间存在着长期稳定的均衡关系。

表5　　　　　　　　　　　　　　　　迹检验结果

原假设	特征值	迹检验结果	5% 临界值	概率值
无协整变量	0.993051	152.1941	47.85613	0.0000
至多有一个协整变量	0.931641	62.75016	29.79707	0.0000
至多有两个协整变量	0.362219	14.45649	15.49471	0.0712
至多有三个协整变量	0.297688	6.360806	3.841466	0.0117

4. 回归分析

$Prob=0$，$R^2=0.9930$，$AdjR^2=0.9918$，$DW=1.7212$

通过 Eviews 软件进行进一步的回归分析，得出结果如表 6 所示。从表中可以看出，$R^2=0.99$，$AdjR^2=0.99$，说明模型对样本的拟合度比较好，农业资本、财政支农支出和劳动力均影响了农业经济增长。农业固定资本投入、劳动力水平和财政支农支出对农业总产值的影响均为正。

表6　　　　　　　　　　　　　　　　回归分析

变量	系数	标准差	t 统计值	p 值
C	-5.497187	3.541134	-1.55238	0.1392
LNX1	0.493158	0.027525	17.91699	0.0000
LNX3	1.574614	0.543976	2.89464	0.0101
LNX2	0.085847	0.031028	2.766711	0.0132

从模型的经济意义来看，农业固定资本投入、劳动力水平、财政支农支出和农

业总产值是正相关关系，农业总产值每变化一单位，农业固定资本投入的贡献率为8%，财政支农支出贡献占比为49%，财政支农对农业经济有积极的促进作用。农业劳动力投入对农业产值增加的贡献度是最大的，说明当下辽宁省农业劳动力丰富，农业固定资本投入相对较小，人均资本存量不足。当下丰富的劳动力对其他生产要素有一定的替代作用，相对成本较低，很好地促进了农业的发展。但从长期来看，我国劳动力呈现老龄化趋势，人口红利逐渐缩小甚至消失，劳动力优势逐渐消失，未来农业发展要更多考虑资本、技术等生产要素，否则将不利于农业可持续发展。

5. 脉冲响应分析

为了检验VAR模型的平稳性，我们利用Eviews软件做出单位原图和系数表后观察发现，滞后2阶的单位根都位于单位圆内部，且数据更为直观的均表现为小于1，因此认为VAR模型是稳定的。

脉冲响应函数描述的是一个内生变量受到冲击之后给自身及其他内生变量的当前值和未来值带来的影响，利用Eviews描绘出脉冲响应图来分析辽宁省财政支农支出、农业固定资产投入和农业劳动力投入的一个标准差变动对辽宁省农业经济当前及未来产生的影响（见图6）。

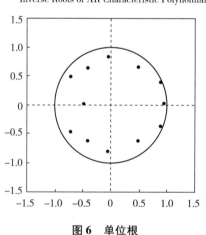

Inverse Roots of AR Characteristic Polynomial
1.5
1.0
0.5
0
−0.5
−1.0
−1.5
−1.5 −1.0 −0.5 0 0.5 1.0 1.5

图6 单位根

图7中横轴表示滞后10期，纵轴表示辽宁省农业经济增长受到各变量冲击的响应。首先，辽宁省农业经济增长受到农业固定资本投入1%的正向冲击后，第一期反应明显，呈显著上升趋势，并在第二期达到峰值，之后随着期数不断增加不断回落，并在5期左右趋于负值，此时，农业固定资本投入对农业经济增长的影响是负的。说明在短期内农业固定资本投入这一生产要素对农业经济产生正效应，长期可能由于农业固定资产投资数量不足，容易产生波动，缺乏合适的投资机制和投资环

境，以及管理不当、信息不充分等因素，无法充分利用这一要素，效应为负。

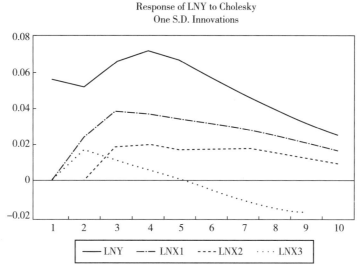

图 7　脉冲响应

其次，辽宁省农业经济增长受到财政支农支出 1% 的正向冲击之后，短期响应比较剧烈，趋势上升显著，并在第 3 期达到峰值，之后逐步下降，但是趋势放缓，长期来看农业经济增长对财政支农的响应程度仍然保持在较高水平。农业经济增长对财政支农的响应程度始终为正，表明财政支农支出对农业经济增长的拉动作用是显著的，我们应该高度重视财政支农政策，根据实际情况制定相关政策促使农业经济的长效发展。另外，农业经济增长对财政支农的响应程度短期增长后会逐渐回落，原因可能在于对财政支农投入的不合理规划，以及没有形成有效的支农机制和农业经济发展的长效机制，支农规模和结构的不合理都会造成资金利用效率低下，因此必须根据辽宁省农业发展现状和中央方针方向，合理规划财政支农支出，增强财政支农政策的稳定性和连续性，重视长期效应。

最后，农业经济增长对农业劳动力的冲击在第一期中反应是不明显的，在第 2 期之后逐渐上升，之后虽有小部分曲折，整体是趋于下降的但下降幅度是比较小的。也就是说，整体辽宁省农业经济增长对农村劳动力的响应是正的，农村劳动力增长短期有利于暂时代替其他生产要素，降低成本提高效益，促进农业经济发展，长期来看，劳动力这一生产要素边际效益递减，应该更多发展其他生产要素如资金、技术等形成自己的长效发展优势。

6. 方差分解

方差分解分析主要刻画的是 VAR 模型中各变量冲击对模型内生变量的相对重要

程度，也就是说变量冲击的贡献占总贡献的比例。具体化就是通过比较随着时间变化各种变量冲击的相对重要程度，可以估算出各变量效应的解释力度。本文利用 Eviews 软件中方差分解可以进一步研究农村固定资产投入、农业劳动力数量、财政支农支出对辽宁省农业经济增长的贡献度。

根据图 8 即方差分解图来看，影响辽宁省农业经济增长因素主要有以下方面：首先，农业经济增长情况对农业经济增长变化贡献率是最大的，第 1 期贡献率为 100%，之后随着时间推移不断下降，但总体下降幅度不大，维持在 70% 左右。其对自身变化的解释程度是远远大于其他三个解释变量的。其次，财政支农支出对农业经济增长的解释程度是影响因素中排除自身因素外解释程度最高的，第一期效果不明显，短期内稳步上升，在第 4 期之后以较小幅度增长并趋于稳定，在第 10 期，贡献率达到 19%；再看农业固定资本投入对农业经济增长的解释程度，从第 2 期开始贡献率显著上升，从第 3 期开始农业固定资本投入对农业经济增长的解释程度反而逐渐小幅度下降，最低贡献率为 1.5%，第 7 期又开始缓慢上升，但贡献率始终不超过 5%。最后，劳动力投入对农业经济增长的解释曲线与财政支农支出对农业经济增长的解释曲线趋势相同，只是贡献率远远低于前者水平。

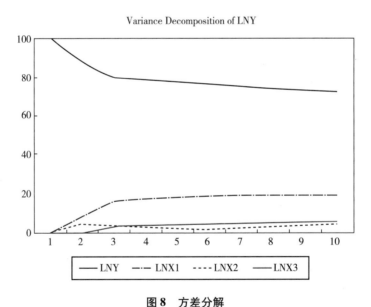

图 8　方差分解

综上所述，方差分解分析中农业经济增长的主要影响因素和脉冲响应分析结论整体是趋同的，财政支农支出是排除农业经济增长自身因素外对农业经济增长解释程度最高的，因此我们要高度重视财政支农政策的长期性和稳定性。另外，其他变量的分析曲线也反映出了辽宁省产业结构不合理、财政支农规模及结构的不合理性，需要提高生产要素的利用程度。

（二）从结构角度分析财政支农对农业经济增长的影响

为了找出辽宁省财政支农支出各结构项目和农业经济增长之间的内在联系，本文以灰色关联系统理论为基础，利用灰色关联度分析法研究财政支农支出 7 个结构项目分别对辽宁省农业经济增长的关联度，之后进行进一步的实证分析和检验。

本文选取 2016～2020 年辽宁省农林牧渔生产总值作为参考序列，2016～2020 年辽宁省财政支农支出各结构项目支出作为比较序列。由于普惠金融年度数据较少，不具有普遍性，本文只分析财政支农支出前 7 个结构项目的关联度。本文拟选取辽宁省农林牧渔生产总值这一指标来反映农业经济增长水平，考虑财政支农计量口径于 2007 年和 2014 年分别发生了改变，并且省本级财政支农支出结构数据相比于省级财政支农结构数据缺乏普遍性和有效性，以及省级财政决算表细节结构数据的缺失遗漏，本文中灰色关联法的研究时间选取为 2016～2020 年，研究内容即财政支农支出各结构项目参考省财政厅全省财政决算表相关数据，数据以亿元为单位（见表 7）。

表 7   支农结构项目支出   单位：亿元

年份	农业	林业	水利	扶贫	农业综合开发	农业综合改革	目标价格补贴	普惠金融发展支出
2016	169.14	41.86	109.83	15.93	20.44	44.14	1.26	16.95
2017	216.03	38.59	94.15	17.34	27.60	44.04	2.33	16.91
2018	208.39	4.09	93.09	20.74	23.56	49.81	0.01	
2019	189.34	37.14	123.81	33.85	2.10	53.77	32.30	
2020	199.80	39.06	103.44	42.02	0	52.82	33.11	

资料来源：辽宁省财政决算表（2017～2021 年）。

从表 8 中可以看出，前 5 项关联度均大于 0.5，说明农业综合改革、农业、水利、林业以及扶贫支出对农业经济增长有较强的促进作用，后两项均小于 0.5，说明农业综合开发和目标价格补贴对农业经济增长的促进作用是比较弱的。在这 7 个子项目中，农业综合改革的关联度是最大的，为 0.971，积极进行农业改革可以减轻农民负担，激发生产积极性，并且可以完善农业发展相关机制，保障农业的进一步发展，有效促进农业经济增长。农业、林业、水利的关联度也都属于强关联，考虑辽宁省是一个农业大省、重要的农产品供给省，农业发展的自然条件是比较适宜的，但也存在着天灾人祸和地区之间自然资源禀赋不合理配置等因素，需要政府加强这方面支出来有效支持农业发展。农业综合开发和目标价格补贴的关联度均属于低关联，说明辽宁省在农业产业结构改革，完善现代农业经济方式方面存在缺陷，没有形成促进发展的有效的农业经济结构模式。未来辽宁省农业经济结构及产业结构还存在着较大的调整空间。目标价格补贴没有有效地促进农业发展可能是由于补贴力度较小刺激作用不明显，或者是目标人群定位不准确，以及相关机制不够健全、政策没有有效落实等因素，长期来看是改善农民积极性的有效途径。

表8   灰色关联结果   单位：亿元

评价项	农业综合改革	农业	水利	林业	扶贫	农业综合开发	目标价格补贴
关联度	0.971	0.885	0.878	0.709	0.701	0.462	0.398

五、结论与建议

（一）结论

根据以上协整检验和回归分析结果显示，长期来看，财政支农和农业经济增长存在着稳定关系，辽宁省财政支农对农业经济增长影响为正。根据脉冲响应和方差分解分析结果，财政支农对农业经济增长的贡献率是最大的，两者是正相关，农业固定资产投入和劳动力投入对农业经济增长也产生了积极的促进作用，但长期来看固定资产投入对农业经济增长的贡献度逐渐下降，后期会低于农业劳动力对农业经济增长的贡献度。

（二）建议

第一，适度增加辽宁省财政支农规模，完善辽宁省财政支农增长机制和配套政策。在扩大支农规模方面，既要保持支农支出绝对规模水平的长效增长，也要适当提高财政支农在财政总支出的相对规模比例，参考其他国家或是省份的农业投入规划编制，结合辽宁省实际情况，把方法应用到辽宁省财政支农预算规划中，加强激励约束机制建设，从而使农业资本不断累积，推动农业经济发展。

第二，优化财政支农资金结构。在扩大规模的同时要注意优化财政支农的资金结构，避免造成资金浪费，由于农业劳动力投入超过了农业固定资本投入，人均资本投入较小，长期来看对农业发展的贡献度是降低的，说明辽宁省以劳动密集型产业为主，为了未来农业健康发展，政府要适时改善农业产业结构。在注重农业基本生产资金支出同时，要实现支农支出多元化，注重对农业综合开发、改革和扶贫等项目的支出，提高财政支农效率以推进农业现代化发展。辽宁省经济并不发达，在财政资金本身有限的情况下，更要使有限的资源实现最优配置，每一笔支出都能发挥最大功能，财政支农支出规划不仅要在宏观上呼应中央政策方针，而且要集思广益，邀请专家学者实地考察，做出实情分析，做到科学决策。

第三，注重财政支农政策的有效性和长期性。在本文的脉冲响应实证分析中，财政支农对农业经济有着长效推动作用，但随着时间的推移出现大幅下滑，并且促进作用不断减弱，政策有效性不断减弱。因此，为了发挥财政支农长期有效的促进作用，必须在长期稳定的财政支农体系下根据实际情况适时制定短期政策。科学健全的机制是财政支农发挥作用的重要保障，因此，应该弥补农业投资、财政支农方面的法律及机制的空白，针对财政支农政策制定、实施、修改、监督等过程建立有效的监督机制，确保财政支农政策落到实处、切实可行，避免财政支农支出脱离实际情况，切忌只注重短期绩效忽视长期发展。

第四，增加农业科技费用支出，提高农业科技水平和劳动力素质。发展现代农业离不开科技的力量。具体来看，不仅要加大财政支农对于农业科技三项费用等方面支出，完善科研成果的转化机制，而且要切实加强对农业教育方面的投入，促进农业高级人才的培养，提高农业劳动力素质水平，促使科技能够成为农业发展的长效因素。

参 考 文 献

［1］程莉，于秋月．乡村旅游发展对农民收入的影响机制——基于中介效应模型［J］．福建农林大学学报（哲学社会科学版），2021，24（3）：59－67，105．

［2］苟兴朝，张斌儒，杨继瑞．乡村振兴视角下地方政府财政支农支出对农户固定资产投资的挤入效应研究——基于2007－2016年中国省级面板数据的实证［J］．青海社会科学，2019（4）：91－98．

［3］郭信龙．辽宁省财政支农支出研究［D］．大连：东北财经大学，2016．

［4］李东明．通货膨胀与上证指数的相关性研究［D］．济南：山东财经大学，2014．

［5］李晖，孙长青．提高公共财政农业支出效益 建设社会主义新农村——我国财政农业支出效益分析［J］．农业经济，2007（2）：53－54．

［6］李秋．辽宁省财政支农绩效：评价、影响因素及提升对策研究［D］．沈阳：沈阳农业大学，2016．

［7］林江，李普亮．改革开放后我国财政农业投入的经济绩效分析——基于1978－2006年的统计数据［J］．山东经济，2010，26（3）：83－88．

［8］吕诚伦，江海潮．财政农业支出影响农业经济增长效应研究——基于1952～2012年的数

据分析 [J]. 财经理论与实践, 2016, 37 (6): 90 – 95.

[9] 吕洋. 黑龙江省财政支农支出对农业经济增长影响研究 [D]. 沈阳: 辽宁大学, 2021.

[10] 潘毅. 乡村振兴战略下农村金融与农业经济发展互动关系的实证研究 [J]. 山西农经, 2021 (15): 1 – 5.

[11] 苏永伟. 基于 ECM 模型的财政支农支出对农业经济增长的效应分析 [J]. 社会科学家, 2015 (6): 78 – 82.

[12] 宛睿, 刘井梅, 苏方林. 广西碳生产率与影响因素关系的 VAR 实证研究 [J]. 桂海论丛, 2016, 32 (2): 70 – 77.

[13] 汪含. 四川省财政支农支出与农业经济增长关系的实证研究 [D]. 重庆: 重庆大学, 2013.

[14] 王文普, 陈伟. 财政农业支出结构对农业经济的增长效应 [J]. 华东经济管理, 2008 (3): 45 – 49.

[15] 余丹. 海南省财政支农支出与农业经济增长的实证分析 [D]. 海口: 海南大学, 2017.

[16] 张芳等. 印度农业投资分析 [J]. 中国农业会计, 2012 (10): 36 – 38.

[17] 郑健壮, 武朝艳, 石爱林. 基于 VAR 模型的我国猪肉价格波动影响因素的实证研究 [J]. 中国畜牧杂志, 2022, 58 (2): 259 – 265.

[18] 周冬梅. 财政支农与农业经济发展的效应分析 [J]. 山东纺织经济, 2019 (7): 19 – 21.

[19] Cai Z Y. Fiscal Decentralization, Fiscal Expenditure for Agriculture and Agriculture Economic Growth [J]. Journal of Guangxi University of Finan ce & Economics, 2010.

[20] Huanhuan Sun, Deyu Li. An Empirical Study on Fiscal Science and Technology Expenditure and Agricultural Economic Growth in the Digital Economy [J]. Journal of Social Science Humanities and Literature, 2018, 3 (1).

[21] Jambo, Newettie. The Impact of Government Spending on Agricultural Growth: A Case of Zambia, Malawi, South Africa and Tanzania [D]. Stellenbosch University, 2017.

[22] Kalinin A M, Samokhvalov V A. Effectiveness of Financial Support to Agriculture: General Assessment and Inter-Budget Effect [J]. Studies on Russian Economic Development, 2020, 31 (5): 565 – 572.

[23] Qiu Li, Chunping Wang. An analysis of the Efficiency of Financial Support for Agriculture in Liaoning Province under the DEA model [J]. Proceed ings of the 2016 2nd International Conference on Social Science and Technology Education (ICSSTE 2016), 2016.

[24] The Influence of Welfare Fiscal Expenditure of Shandong Province on the Urban-rural Income Gap [C]. //Proceedings of 2nd International Symposium on Economic Development and Management Innovation (EDMI 2020), 2020: 25 – 34.

环境规制对辽宁省绿色经济增长的影响研究[*]

▶ 丁禹竹

【摘要】随着我国经济从高速增长向高质量增长的转变，传统的绿色增长模式已经不能应对我国不平衡不充分的发展现状。辽宁省是我国重要的老工业基地，本文对环境规制与绿色经济增长问题的探讨有助于为辽宁省的长期战略规划提供思路。

本文围绕着环境规制对辽宁省绿色经济增长的影响这一核心主题展开研究。基于固定效应模型、中介效应模型及门槛效应模型，以 2010~2019 年辽宁省 14 个地级市的面板数据为样本，探讨了环境规制对绿色经济增长的作用方式。研究发现：（1）辽宁省环境规制的发展日趋成熟，环境规制的实施取得良好的效果。（2）自 2010 年开始，辽宁省的绿色经济水平呈现波动上升趋势，主要源于绿色技术进步。（3）辽宁省环境规制直接促进绿色经济增长。（4）在辽宁省环境规制促进绿色经济增长过程中，产业结构升级、技术创新及外商直接投资均起到了显著的中介效应。（5）辽宁省的环境规制对绿色经济增长影响分别存在财政分权和金融发展的单门槛效应。

【关键词】辽宁省；环境规制；绿色全要素生产率；绿色经济增长

一、引言

改革开放 40 多年来，我国经济建设和社会发展取得了举世瞩目的成就。国家统计局数据显示，2020 年尽管面临新冠疫情的冲击，我国 GDP 仍突破

＊ 本文是辽宁省教育厅 2022 年基本科研项目（LJRMR20222138）的阶段性成果。

100 万亿元大关，截至 2022 年，中国连续 31 年保持全年 GDP 增速为正①。现阶段，绿色发展成为经济新常态下治国理政的重要理念之一，国家的经济发展模式已经从单纯追求国内生产总值的增长转换为兼顾绿色经济与生态效益，促进"经济增长、资源节约、环境友好"三者的协同发展。辽宁省的煤、铁、油资源丰富，是我国重要的工业聚集地，在新中国成立之初实现了经济迅速增长。然而，随着沿海经济的崛起，国家经济重心向南转移，辽宁省所在的东北三省辉煌不再。近年来，辽宁省存在经济下滑现象，2016 年辽宁省 GDP 增速位列全国最后，也是唯一负增长的省份②。目前，辽宁省面临着经济结构调整的关键阶段，省政府对政绩的考核指标从以经济增速为主转变为着重考虑加强环境治理、促进绿色经济增长等更为综合的评估体系。考虑辽宁省的经济发展现状和产业结构布局，转变经济增长方式，关注经济发展中的绿色经济增长问题尤为迫切。随着"十四五"规划和实现 2035 年远景目标的推进，解决好环境与经济发展之间的问题成为重中之重。环境资源作为公共资源，具有很强的外部性特征，这导致环境污染治理过程中经常存在"搭便车"现象，造成环境进一步恶化。因此，解决环境问题需要政府参与其中。近年来，辽宁省实施多项环境规制政策，引导与鼓励企业进行绿色工艺创新，促进重点行业节能减排转型，同时统筹推进土壤污染防治、生态保护与建设，构建绿色产业体系，持续拓展动能转化空间，助推发展新旧动能转换。关于环境规制与绿色经济增长问题的研究有助于推动辽宁省经济走向绿色发展道路，同时也将更好地推动政府与企业积极履行生态建设的职责和社会责任，为实现生态环境保护和绿色经济发展作出贡献。

本文研究的理论意义在于论证环境规制对辽宁省绿色经济增长的直接影响，揭示了该影响的主要路径，并探讨基于制度环境的不同所存在的门槛效应，完善环境规制对绿色经济增长影响的相关机制理论。研究的现实意义在于通过探索辽宁省环境规制与绿色经济增长的关系，利用统计数据进行实证分析，有助于明晰环境规制对地区经济发展质量的传导路径，为辽宁省未来制定环境规制政策及实现宏观经济发展目标提供数理支持。这对辽宁省未来环境规制政策对绿色经济发展激励作用的进一步提升、环境与经济两方利益的兼顾具有重大意义。

在内容和结构方面，本文选取辽宁省 14 个地级市的数据研究了环境规制对辽宁省绿色经济增长的影响，一共包含 7 个部分。（1）国内外研究综述。针对环境规制与绿色经济增长的关系、绿色经济增长的影响因素及环境规制对绿色经济的影响路径，对国内国外相关文献进行梳理，在此基础上进行述评。（2）辽宁省环境规制现状。主要阐述了辽宁省环境规制的演变和成效两个方面。辽宁省环境规制的演变过程经历了初

---

① 资料来源：国家统计局网站。
② 资料来源：国家统计局：《中国统计年鉴》2017 年。

始阶段、起步阶段、发展阶段与完善阶段；辽宁省环境规制的成效从废气、废水、一般工业固体废弃物三种污染物的治理情况来介绍。（3）辽宁省绿色经济增长测度及现状分析。首先介绍了绿色经济增长的测算方法：EBM 模型与 Malmquist – Luenberger 指数测算方法；其次介绍了测算绿色经济增长所选取的投入指标与产出指标；最后运用该方法测算了辽宁省的绿色经济增长水平，并将其分解为绿色技术效率变化和绿色技术进步变化。（4）环境规制对辽宁省绿色经济增长影响的直接效应分析。在构建理论模型并提出假设的基础上，以环境规制为核心解释变量，选取工业化水平、贸易开放度、要素禀赋结构、所有制结构、人力资本质量作为控制变量来检验环境规制对绿色经济增长的直接影响作用，并对实证结果进行稳健性检验。（5）环境规制对辽宁省绿色经济增长影响的间接效应分析。选取了产业结构升级、技术创新、外商直接投资三个中介变量，构建中介效应模型实证检验了这三个变量在环境规制对绿色经济增长的作用中所发挥的中介效应。（6）环境规制对辽宁省绿色经济增长影响的门槛效应分析。选取财政分权和金融发展两个门槛变量，构建门槛效应模型实证检验了其在环境规制对绿色经济增长的作用中的门槛效应。（7）结论与政策建议。通过总结本文的实证研究结论，对辽宁省绿色经济增长提出相应的政策建议。

本文的主要创新点在于：第一，研究角度创新。应对当前绿色经济发展需求，关注辽宁省绿色经济增长问题。已有文献大多从全国或省际层面研究环境规制与绿色经济之间的关系，针对特定区域的相关研究较少，在经济转型重要阶段，辽宁省经济发展与生态环境问题值得深入探讨，因此本文围绕辽宁省的环境规制与绿色经济增长的关系进行研究，提供了辽宁省环境规制促进绿色经济增长的实证证据，并从直接和间接影响机制角度分别得出成因。第二，研究方法创新。已有文献中的多数实证研究是采用 DEA 模型计算绿色全要素生产率，在分析环境规制和绿色经济增长的关系时，本文采用 EBM 模型结合 Malmquist – Luenberger 指数来衡量绿色全要素生产率，EBM 模型既具有 DEA 模型在径向角度计算最优距离的优点，又具有 SBM 模型考虑松弛变量的优势，因此得到的绿色全要素生产率的结果能够较为科学准确地表示绿色经济增长状况。第三，研究内容创新。一方面，在研究环境规制对绿色经济增长的间接影响路径中，构建中介效应模型，从三个角度更全面地揭示了中介效应的间接影响作用。另一方面，选取财政分权和金融发展水平两个门槛变量，研究了制度环境对环境规制与绿色经济增长关系的影响。本文研究的不足之处在于：第一，在被解释变量绿色经济增长与核心解释变量环境规制衡量方面，本文采用替代指标来表示，在替代指标的选择上，仍然采用已有文献常用的衡量方法，未能做出突破。第二，囿于数据的可获取性，本文选取的研究年限跨度较短，研究结论可能具有片面性，在今后的研究中，可调整研究年限并适度延长时间跨度。

二、国内外研究综述

本部分主要梳理了环境规制与绿色经济增长的关系、绿色经济增长的影响因素及环境规制对绿色经济增长影响路径的相关研究，并对已有文献进行评述。

（一）环境规制与绿色经济增长的关系

在环境规制与绿色经济增长关系方面，国内外许多专家学者进行了相关研究。国外的学者集中于研究环境规制与技术创新、生产效率等的关系；国内研究起步比较晚，大多是从全国省际差异的角度研究环境规制对绿色经济增长的作用，关于特定地区地级市层面的研究较少。通过梳理现有研究成果，发现主要有三种代表性观点，即环境规制对绿色经济增长分别有促进、抑制及不确定三种作用。

波特（Porter，1995）曾提出"波特假说"，其内容是适当的环境监管可以激发企业创新、抵销环保成本、提高企业盈利能力。王和贝尔曼（Wang and Berman，2001）、西尔维娅等（Silvia et al.，2017）通过实证研究得出结论：环境规制对企业的技术创新有正向影响，并能够抵销环境成本增加的负向影响，促使企业提高生产力，最终促进经济绩效的提高。马纳吉等（Managi et al.，2005）、拉诺伊等（Lanoie et al.，2008）、弗兰科和马林（Franco and Marin，2013）、阿布雷尔和劳什（Abrell and Rausch，2017）等也得出了环境规制能够提高生产效率的结论。张平等（2016）研究发现投资型环境规制对企业技术创新具有激励效应，促使企业提升竞争力。邢韦庚（2020）、张红霞等（2020）研究发现环境规制能够显著地促进绿色经济增长，而污染企业从高强度环境规制地区向低强度环境规制地区转移。

斯奈德（Snyder，2003）发现环境监管会挤占生产性投资从而增加企业生产成本，对经济增长产生抑制作用。鲁巴什金（Rubashkina Y.，2015）认为环境规制政策会使企业在很大程度上改变原有的技术路径，增加企业的生产成本并挤占创新研发的投入。王勇等（2019）研究发现环境规制与企业生产率呈现显著的负相关关系。张建清等（2019）研究发现环境规制强度的提升将导致区域内制造业企业全要素生产率降低。

安贝克和巴拉（Ambec and Barla，2002）研究发现"波特假说"只在特定的条件下才会成立，揭示了环境规制对经济增长的不确定作用。贝尔曼和布伊（Berman and Bui，2001）认为环境规制促进企业生产效率提升的同时增加了治理污染投资。

王书斌等（2015）认为环境规制与企业投资偏好之间的关系存在异质性。原毅军等（2016）研究发现环境规制对中国工业绿色经济增长的影响取决于环境规制强度和类型。王丽霞等（2020）研究发现行政规制和污染监管与工业绿色经济绩效显著的正相关，而经济规制手段则抑制其增长。

（二）绿色经济增长的影响因素

对于绿色增长的影响因素和实现途径，学者们认为环境规制、产业升级、技术创新和外商投资都是影响绿色增长的重要因素。王竹君等（2020）提出在环境规制强度较低时，双向 FDI 对绿色经济效率的作用呈现"U"型变动趋势。门萨等（Mensah et al.，2019）探究了各类技术创新对经合组织中 28 个经济体绿色增长的影响。埃里克等（Erik et al.，2019）研究发现 FDI 的良好发展可以推动区域经济增长、减少资源能源消耗、减轻城市空气污染，能够有效促进绿色增长。成金华等（2019）研究发现低碳城市建设能够促进清洁生产与节能减排，有利于实现绿色全要素生产率增长。马等（Ma et al.，2019）认为"一带一路"沿线的高新技术产业带来了经济效益和社会效益，深入推动了经济的均衡发展和绿色增长。张江雪等（2015）研究了环境规制政策、绿色行业的自主创新、技术模仿和外商投资对绿色增长的影响。

（三）环境规制对绿色经济增长的影响路径

环境规制对绿色经济增长的影响路径比较复杂，一些学者观点如下：武建新和胡建辉（2018）研究发现产业结构高级化和环境规制的相互作用对绿色经济增长有积极影响。钱争鸣和刘晓晨（2014）发现环境规制对经济增长的促进作用是通过影响地区的产业结构调整和产业升级这一传导机制发挥的。范丹和孙晓婷（2020）则发现环境规制政策能够通过激励企业进行绿色技术创新，进而促进绿色经济增长。李斌和彭星等（2013）研究发现环境规制与技术创新之间存在门槛现象。钱争鸣和刘晓晨（2015）研究发现绿色经济效率随着环境规制的增强呈现"U"型的变化趋势。弓媛媛（2018）研究发现环境规制滞后项存在单门槛效应，环境规制在低于门槛值时对绿色经济效率促进作用较强，而在高于门槛值时促进作用变弱。

（四）研究述评

纵览已有研究提出的许多富有思想内涵和应用价值的研究结论，为本研究奠定了良好的基础，但与此同时也应看到，现有研究成果存在一定的时限性，为本文留下了深入研究的空间。

第一，已有文献揭示了全国分地区环境规制对绿色经济增长的影响差异。结果显示，经济结构、发展水平不同的地区，环境规制对绿色经济增长的影响具有异质性。因此，针对特定地区进行研究能够得到更准确的结论，从而采取相应政策对症下药。

第二，现有的研究多侧重于环境规制与绿色经济增长之间关系的影响。本文主要从制度层面选取财政分权程度和金融发展水平两方面因素，文章在此基础上选取三个中介变量较为全面地探讨了环境规制对辽宁省绿色经济增长影响的传导机制，并选取了财政分权和金融发展水平这两个代表制度环境的因素，有助于深入理解环境规制对绿色经济增长影响的主要渠道，据此提出相应的政策建议。

三、辽宁省环境规制现状

环境污染是一种负外部性行为，环境规制是为治理环境污染形成的社会性规制，具体包括命令控制型环境规制和市场激励型环境规制。前者包括政府所制订的环境标准、污染物的排放标准及技术标准等；后者则包括建立排污收费或征税制度、排污权交易制度等。

关于环境规制问题，辽宁省深入贯彻党的十九大会议精神，对环境污染问题高度重视并颁布施行一系列环境规制政策，弥补生态环境的短板，以环境保护优化经济发展。近年来，辽宁省为深刻打好污染防控攻坚战，开展了包括控制工业有害气体的排放、河流水域污染的治理、工业固体废物排污许可管理等多项环保工程。如今，河流水域、空气质量、固废排放等问题已逐步得到改善，基本达到环境监测水平。

（一）辽宁省环境规制的演变

1. 辽宁省环境规制的初始阶段

新中国成立之初，国家大力扶持东北地区进行工业化建设，东北地区在新中国成立以来为国家建设和国防安全做出了较大贡献。新中国成立后至 20 世纪 70 年代初，主要以发展经济为主，辽宁省环境规制的初始阶段主要指 20 世纪 70 年代初到 70 年代末。1973 年，第一次全国环境保护会议成立了国务院环境保护领导小组办公室。此后，辽宁省颁布了防治沿海水污染、开展"三废"综合利用等规定和"三废"排放等试行标准。自 1979 年颁布《中华人民共和国环境保护法（试行）》后，尤其是改革开放以来，辽宁省加快地方环境法治建设的步伐。

2. 辽宁省环境规制的起步阶段

辽宁省环境规制的起步阶段主要是指 20 世纪 70 年代末至 80 年代末。改革开放后，东北地区工业化进一步发展，而环境污染渐呈加剧之势。改革开放时期，辽宁省环境污染和生态破坏问题进一步加剧，如何平衡环境保护与经济发展之间的关系引起高度重视。1984 年 6 月，辽宁省在沈阳召开了第二次环境保护工作会议，会议依次从贯彻执行基本国策、统筹规划环境保护与经济建设同步发展、综合运用行政干预与经济政策等多种手段相结合，立足于科技进步及在省市地建立环境保护委员会五方面提出意见。这一时期，辽宁省开始逐步建立环境保护政策法规体系，最早的地方性环境保护政策法规是 1983 年的《沈阳市烟尘管理暂行条例》。总体来说，环境保护政策法规的制定和实施滞后于环境污染和生态破坏的状况。

3. 辽宁省环境规制的发展阶段

环境规制的发展阶段是从 20 世纪 90 年代初至 90 年代末这段时期。彼时，国家接踵出现工业发展过热、生态破坏严重等问题，作为重工业基地的辽宁省主要依靠传统粗放式的经济发展模式，造成区域环境负担艰巨，新老环境问题并存，大大制约了辽宁省经济社会发展。鉴于此，辽宁省加快了地方环境法治建设的步伐。1993 年 9 月《辽宁省环境保护条例》正式颁布实施，之后又陆续发布了一系列环保地方性法规、规章和规范性文件，执法力度不断加大。"九五"以来，通过推行清洁生产，走可持续发展道路，工业污染防治措施逐步完善，环境执法队伍的人员、装备都迅速扩大和完善。这一时期，辽宁省的环境规制政策法规体系建设实现了新的突破（见表 1），环境保护重点领域加快推进科学立法，颁布环境保护地方法规数量也迅速提高。

表 1　　　　　　　　　1990~1999 年辽宁省环境规制政策法规情况　　　　单位：件

年份	地方性法规	地方政府规章	地方规范性文件	地方工作文件
1990	0	2	0	0
1991	0	1	1	0
1992	2	0	0	0
1993	2	1	0	0
1994	3	3	1	0

续表

年份	地方性法规	地方政府规章	地方规范性文件	地方工作文件
1995	0	1	0	0
1996	5	4	0	0
1997	7	7	2	1
1998	0	6	3	0
1999	3	2	2	4
合计	22	27	9	5

资料来源：北大法宝·法律法规数据库。

辽宁省环境规制的完善阶段主要是从 2000 年以后开始。进入 21 世纪，辽宁省重工业基地被重新赋予新的使命。党的十八大以来，辽宁省贯彻绿色发展理念，建设美丽辽宁的行动取得长足进步，带来更多蓝天白云、绿水青山。为更好地落实中央关于打好污染防治攻坚战的战略部署，辽宁省政府颁布了《全面加强生态环境保护坚决打好防治攻坚战的实施意见》等系列指导性、规范性文件。2020 年辽宁省环保局出台了《辽宁省污染防治攻坚战成效考核实施措施》等多个污染防治的条例、办法及实施意见，分别从"突破水""巩固气""治理土"三个方面完善了许久以来水污染、大气污染、土壤污染的防治问题，使辽宁省环境规制的发展不断走向成熟。

从辽宁省环境规制政策的演变可以发现，环境问题越来越严峻，改善生态环境、节约能源消耗的问题引起了中央和地方政府的高度关注，环境规制政策体系日臻完善。

（二）辽宁省环境规制的成效

单位工业增加值污染物的排放量能够反映辽宁省的环境规制的强度，废气排放量、废水排放量及一般固体废物排放量的数值越小，代表环境规制的成效越好。辽宁省 2005～2019 年单位工业增加值污染物的排放量如图 1 所示，本部分数据均来源于 2006～2020 年《辽宁统计年鉴》。

1. 废气治理情况

二氧化硫是最主要的大气污染之一。图 1 用单位工业增加值二氧化硫的排放量表示辽宁省废气治理情况，总体来看，近年来，辽宁省单位工业增加值二氧化硫的总排放量及工业二氧化硫的排放量均呈下降趋势。这得益于辽宁省并行实施节能减排与合理使用能源的措施，统筹源头防控和末端治理，规范工业生产中废气排放标准，高效低污染燃烧含硫煤炭，有效地控制了燃煤导致的二氧化硫过度排放。

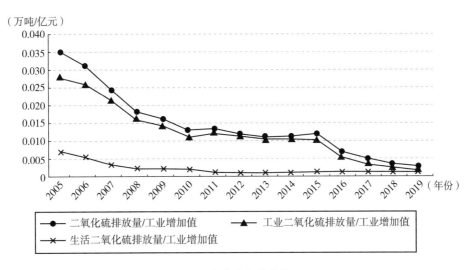

图1　辽宁省废气排放情况

资料来源:《辽宁统计年鉴》(2006~2020年)。

2. 废水治理情况

图2表示了辽宁省废水排放情况,单位增加值废水的排放量、单位增加值工业废水的排放量总体下降明显。单位增加值生活废水的排放量在2005~2008年逐年下降,2008年后变化波动不大。工业废水中常含有重金属等有毒物质,生活污水含有大量有机物,这些都需要开发综合利用,采取有效的净化措施进行处置后,方可排放。辽宁省的环境规制对废水尤其是工业废水的治理成效明显。

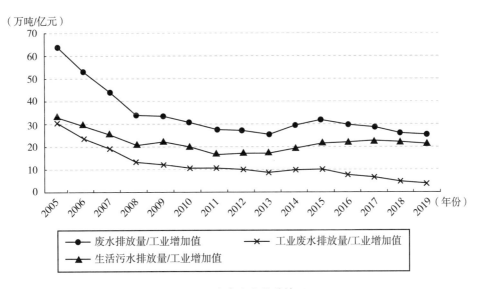

图2　辽宁省废水排放情况

资料来源:《辽宁统计年鉴》(2006~2020年)。

3. 一般工业固体废弃物治理情况

辽宁省有许多煤炭、石油、冶金等重工业城市，生产过程中有大量的工业固体废弃物流入土地，它们种类繁杂，成分多样，污染土壤与水体，给治理带来了极大难处。图3表示的是辽宁省一般工业固体废弃物产生量及排放量，可以看出一般工业固体废弃物排放量与产生量相比数值很小，固体废弃物排放量自2006年开始有大幅度下降，说明在该年环境规制发挥了明显作用，之后则呈现波动态势。

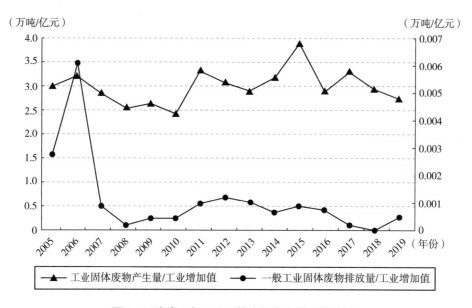

图3　辽宁省一般工业固体废物产生量及排放量

资料来源：《辽宁统计年鉴》（2006～2020年）。

四、辽宁省绿色经济增长测度及现状分析

以往研究经济增长更多强调经济数量或质量增长，忽略了环境因素的影响，从而造成对经济绩效的评估有所偏差（Hailu et al.，2000）。因此，越来越多的研究将环境因素作为考核地区经济增长质量的指标之一，由此测算出的绿色全要素生产率能够对地区经济发展的可持续性作出有效的评估（Fare et al.，2001；Kumar，2006；Watanabe et al.，2007）。

采用非参数测算绿色全要素生产率是目前大多数学者常见做法。托恩和津井（Tone and Tsutsui，2010）提出了兼容径向比例和非径向距离函数的EBM模型（Epsilon-Based Measure）。该模型能够较好地弥补DEA模型与SBM模型的缺陷，同

时也能避免其他指数在测算时存在的无法进行传递等现象，可以较为真实地反映单元的环境效率水平（李兰冰等，2014；余茹怡，2021）。因此，本文采用 EBM 模型结合 Malmquist-Luenberger 生产率指数的方法来测度辽宁省 2006～2019 年的绿色全要素生产率（李政大等，2017）。

（一）绿色经济增长的测算方法

1. EBM 模型

托恩和津井（Tone and Tsutsui，2010）提出了 EBM 模型线性规划式用公式表示如下（蔡乌赶等，2017）：

$$\gamma^* = \min\theta - \varepsilon_x \sum_{i=1}^{m} \frac{w_i^- s_i^-}{x_{ik}}$$

$$\text{s.t.} \quad \sum_{j=1}^{n} x_{ij}\lambda_j + s_i^- = \theta x_{ik}, i = 1,\cdots,m$$

$$\sum_{j=1}^{n} y_{rj}\lambda_j \geq y_{rk}, r = 1,\cdots,s$$

$$\lambda_j \geq 0, s_i^- \geq 0 \tag{1}$$

参考范洪敏（2018）的做法，将本文研究所需的非期望产出的 EBM 模型表示如下：

$$\overrightarrow{E_V^t}(x_k^t, y_k^t, b_k^t) = \gamma^* = \min \frac{\theta - \varepsilon_x \sum_{i=1}^{m} \frac{w_i^- s_i^-}{x_{ik}}}{\varphi - \varepsilon_y \sum_{r=1}^{s} \frac{w_r^+ s_r^+}{y_{rk}} + \varepsilon_b \sum_{p=1}^{q} \frac{w_p^{b-} s_p^{b-}}{b_{pk}}}$$

$$\text{s.t.} \quad \sum_{j=1}^{n} x_{ij}\lambda_j + s_i^- = \theta x_{ik}, i = 1,\cdots,m,$$

$$\sum_{j=1}^{n} y_{ij}\lambda_j - s_i^+ = \varphi y_{rk}, r = 1,\cdots,s,$$

$$\sum_{p=1}^{n} b_{ij}\lambda_j + s_p^{b-} = \varphi b_{tk}, p = 1,\cdots,q,$$

$$\lambda_j \geq 0, s_i^-, s_r^+, s_p^{b-} \geq 0 \tag{2}$$

其中，x_{ik}、y_{rk}、b_{tk} 分别表示第 k 个决策单元的第 i 种投入，第 r 种期望产出，第 t 种非期望产出；s_i^-、s_r^+、s_p^{b-} 分别表示第 i 种投入，第 r 种期望产出，第 P 种非期望产出的松弛量，第 P 种非期望产出指标的权重。

2. Malmquist-Luenberger 指数测算方法

Malmquist 指数最初由马姆奎斯特（Malmquist-Luenberger，1953）提出，1982

年卡夫（Caves）首次运用这种方法测算生产率。基于方向性距离函数的 Malmquist-Luenberger 生产率测算形式如下：

$$M(y_{t+1}, x_{t+1}, y_t, x_t) = \left[\frac{D^t(x_{t+1}, y_{t+1})}{D^t(x_t, y_t)} \times \frac{D^{t+1}(x_{t+1}, y_{t+1})}{D^{t+1}(x_t, y_t)} \right]^{\frac{1}{2}} \tag{3}$$

其中，x、y 分别表示 t 时决策单元的投入向量和产出向量，D 表示距离函数，衡量 t 时的决策单元在 t 时的有效性。$M > 1$，表示决策单元从 t 到 $t+1$ 时效率提高；$M < 1$，表示效率降低；$M = 1$，表示决策单元的效率没有变化。

绿色技术效率变化（green technical efficiency change，GTEC）和绿色技术进步变化（green technical progress change，GTPC）的共同作用形成了绿色经济增长的变化，Malmquist - Luenberger 生产率指数可分解为下面的形式：

$$M(y_{t+1}, x_{t+1}, y_t, x_t) = \left[\frac{D^{t+1}(x_{t+1}, y_{t+1})}{D^t(x_t, y_t)} \right] \times \left[\frac{D^t(x_{t+1}, y_{t+1})}{D^{t+1}(x_{t+1}, y_{t+1})} \times \frac{D^t(x_t, y_t)}{D^{t+1}(x_t, y_t)} \right]^{\frac{1}{2}} \tag{4}$$

其中，等式右边第一项表示绿色技术效率变化，它衡量决策单元从 t 时到 $t+1$ 时这一时间段生产活动是否更贴近生产前沿面的情况，主要体现在要素配置、管理模式等方面的变动情况，$TEC > 1$ 意味着决策单元贴近于生产前沿面，绿色技术效率提高。等式右边第二项表示绿色技术进步变化，它衡量从 t 时到 $t+1$ 时这一时间段来自重大科技研发产生的技术提升效应或者外界先进产品开发技术与生产技术的引进而带来的生产可能性边界外移，$TPC > 1$ 意味着绿色技术进步。

因此，本文将运用 EBM 模型结合 Malmquist-Luenberger 指数测算辽宁省 14 个地级市的绿色全要素生产率。该指标可衡量辽宁省的绿色经济增长情况（GTFP）。

（二）绿色经济增长测算指标选取

1. 指标选取及数据来源

囿于数据的可得性，本文主要选取 2006～2019 年辽宁省 14 个地级市的数据作为研究样本来测算绿色经济增长状况。辽宁省地级市的统计年鉴中从 2006 年才开始统计工业废气排放量、一般固体废弃物产生量的数据，而最新的数据则更新至 2019 年。运用 EBM-Malmquist 模型计算绿色全要素生产率需要构建投入、产出指标体系。本章用到的指标包括各地区的固定资产资本存量、劳动力投入数量、地区生产总值、工业废气排放量、工业废水排放量及一般工业固体废物产生量，本章数据均来自《辽宁统计年鉴》《中国城市统计年鉴》，其中小部分缺失数据用插值法进行填补，总体上保障了数据的科学性、准确性及权威性。

2. 投入指标选取

劳动投入指标。根据已有文献，文章选取许多文献中采用的年末就业量作为劳动投入的替代变量，以辽宁省各市在岗职工人数来表示。

资本投入指标。资本投入指标用资本存量来表示，采用永续存盘法的计算方法为：

$$K_{it} = I_{it} + (1 - \delta_{it}) K_{it-1} \qquad (5)$$

计算资本存量需要用到资本的折旧率，本文的折旧率为 10.96%（单豪杰，2008），基期（2006 年）的各市固定资本存量 K_{i0}、历年的新增固定资产投资 K_{it} 及投资价格指数。

3. 产出指标选取

期望产出指标。地区生产总值（GDP）是衡量一个地区经济发展的最佳指标，因此，采用 GDP 作为期望产出结果，以 2006 年为基期，计算出辽宁省各市剔除物价变动后的实际 GDP。

非期望产出指标。非期望产出指工业生产中排放的环境污染物。本文选取工业废水排放量、工业废气排放量及一般工业固体废弃物产生量来表征非期望产出。

（三）辽宁省绿色经济增长现状分析

1. 辽宁省绿色经济增长变化趋势

本节利用 MaxDEA 软件测算了辽宁省 14 个地级市 2006～2019 年的 EBM-Malmquist-Luenberger 指数，根据所得到的绿色全要素生产率的数值衡量辽宁省绿色经济增长水平。绿色经济增长平均值变化趋势如图 4 所示，通过计算可得，2006～2019 年，辽宁省绿色全要素生产率的平均值为 1.0053，平均增长率为 0.53%。具体来看：（1）2006～2010 年辽宁省绿色经济增长水平呈现下降趋势。2006 年，在全国 31 个省份中辽宁省的 GDP 总量排名首次跌出前十，彼时，中国经济的重心逐渐从东三省转移，辽宁省经济发展受到负面影响，造成了绿色经济增长水平有下降之势。（2）2010 年开始，辽宁省的绿色经济增长水平开始出现波动上升，东北老工业基地振兴战略实施取得新进展，开放辽宁沿海经济区成为国家战略，尽管 2008 年爆发了环球金融危机，国内外经济环境比较复杂，但随着辽宁省经济结构不断调整，经济质量不断提高，环境问题也得到一定程度的改善，持续向好。辽宁省的投资规模不断扩大，对外贸易和引进外资成效显著，随着先进技术和管理水平的引进，城市资源利用水平提高，因此推动了绿色经济增长水平快速提升。（3）2016年，绿色经济增长水平出现了转折跌落，同年，辽宁省GDP出现负增长，增长率为－2.5%。原因在于，辽宁省工业形势出现危机，经济增长内生动力不足，产能过剩问题突出，加剧了环境污染，导致绿色经济增长出现下跌。面对出现的经济问题，辽宁省及时做出调整，提出以科技创新驱动产业结构转型升级，建设高端装备制造、重点发展新兴技术领域，扭转经济继续下行的趋势。此外，2016年8月，中国（辽宁）自由贸易试验区的建立，促使东北老工业基地整体竞争力与对外开放水平的提升。国家对辽宁省的政策倾向有助于缓解经济下行压力，转变经济增长方式，提高资源利用效率，促进了绿色经济增长。

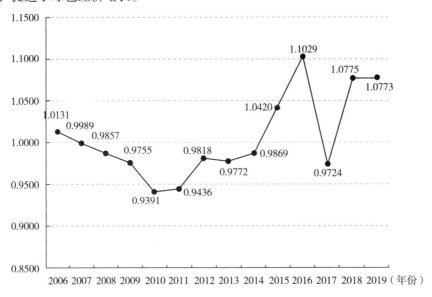

图4　辽宁省绿色经济增长平均值变化趋势

2. 辽宁省绿色经济增长分解

绿色技术效率变化（GTEC）和绿色技术进步变化（GTPC）是绿色经济增长（GTFP）的主要源泉，本文将2006～2019年期间辽宁省地级市绿色经济增长的来源进行分解。如党的十八大期间，辽宁省政府以创新为发展新动能，加大了对环境技术支持力度，为企业进行环保技术创新、研发及实践提供税收优惠政策，鼓励企业主动成立技术创新团队，加大研发力度，积极开展绿色生产，进而促进绿色技术进步。然而，辽宁省绿色技术效率水平并不乐观，相关企业在要素配置、管理方式等方面应予以重视。

如表2所示，辽宁省绿色技术进步指数的平均值为1.0227，平均增长率为

2.27%；辽宁省绿色技术效率指数平均值为 0.9929，平均增长率为 - 0.71%。可见，在样本期内辽宁省绿色经济增长水平提升主要源于绿色技术进步。

表 2　　　　　　　　　2006～2019 年辽宁省绿色经济增长及其分解

年份	GTFP	GTEC	GTPC
2006	1.0131	1.0284	0.9882
2007	0.9989	0.9923	1.0092
2008	0.9857	0.9645	1.0217
2009	0.9755	1.0013	0.9768
2010	0.9391	1.0341	0.9157
2011	0.9436	0.9382	1.0272
2012	0.9818	0.9869	0.9959
2013	0.9772	1.0334	0.9473
2014	0.9869	1.0482	0.9417
2015	1.0420	1.0487	0.9991
2016	1.1029	0.9900	1.1286
2017	0.9724	0.9885	0.9918
2018	1.0775	0.9646	1.1351
2019	1.0773	0.8819	1.2394
平均值	1.0053	0.9929	1.0227

资料来源：作者测算整理。

党的十八大期间，辽宁省政府以创新为发展新动能，加大对环境技术支持力度，为企业进行环保技术创新、研发及实践提供税收优惠政策，鼓励企业主动成立技术创新团队，加大研发力度，积极开展绿色生产，进而促进绿色技术进步。然而，辽宁省绿色技术效率水平并不乐观，相关企业在要素配置、管理方式等方面应该予以重视。

五、环境规制对辽宁省绿色经济增长影响的直接效应分析

本章通过利用 2010～2019 年的地级市面板数据研究环境规制对绿色经济增长的直接作用。

（一）理论模型

为探究环境规制与绿色经济增长之间的影响机制，本文将从企业技术创新的角

度推导环境规制对绿色经济增长的影响。

在实施环境规制政策时，政府通常会根据环境容量给企业规定一定数量的排污权，企业不能够超出政府规定的排放数量。假设企业在获得节能减排技术之前的排污数量为 P，根据政府规定的减排目标，企业的最大排污数量为 $\bar{P}$。另假设单个创新企业通过研发技术使得边际节能减排成本降低为 δ（元/吨），创新企业为获得创新技术所投入的总成本为 $R(\delta)$。创新企业的利润最大收益函数如下：

$$\pi_i = \delta \times P - R(\delta) \tag{6}$$

当政府的污染排放数量设定为 $\bar{P}$ 时，创新企业通过研发技术使得边际减排成本下降为 δ，企业利润最大化的条件如下：

$$\frac{\partial \pi_i}{\partial \delta} = \bar{P} - R'(\bar{\delta}) = 0 \tag{7}$$

对式（7）中 $\bar{\delta}$ 求微分得 $\frac{d\bar{P}}{d\bar{\delta}} = R''(\bar{\delta})$，整理可得

$$\frac{d\bar{\delta}}{d\bar{P}} = \frac{1}{R''} \tag{8}$$

由上文可知 R 为创新企业为获得创新技术所投入的成本，因此 $R'' > 0$，即 $\frac{d\bar{\delta}}{d\bar{P}} > 0$，这表明随着政府所制定的环境规制强度的提升，企业的绿色技术创新水平将逐步提高，有助于促进区域的绿色经济增长。

基于以上分析，本文提出假设1。

假设1：环境规制政策能够促进绿色经济增长。

通过实证检验得出的结论才能被认知为科学和准确的，下面将对辽宁省环境规制影响绿色经济增长内在机理进行实证检验。

（二）模型设定、变量说明与数据来源

1. 模型设定

根据环境规制与绿色经济增长之间的关系，可以建立如下形式的基准回归方程：

$$GTFP_{it} = \alpha_0 + \alpha_1 ER_{it} + \mu_i + \delta_i + \varepsilon_{it} \tag{9}$$

其中，$GTFP_{it}$ 为 i 城市在 t 年的绿色经济增长水平，ER_{it} 为 i 城市在 t 年的环境规制水

平，α_0 代表常数项，α_1 和 β 代表待估计参数值，δ_i 表示年份固定效应，it 是随机扰动项。

考虑绿色经济增长还会受到工业化水平、贸易开放度、要素禀赋结构、所有制结构及人力资本质量的影响，本文将上述一系列变量 X_{it} 作为影响绿色经济增长的控制因素。综上，本文建立的面板模型如下：

$$GTFP_{it} = \alpha_0 + \alpha_1 ER_{it} + \beta X_{it} + \mu_i + \delta_i + \varepsilon_{it} \tag{10}$$

2. 变量说明

（1）被解释变量：绿色经济增长（GTFP）。采用第三章测算的绿色全要素生产率指数作为绿色经济增长的替代指标。该数值越大，表示绿色经济增长水平越高。

（2）核心解释变量：环境规制（ER）。参考叶琴（2018）的做法，采用污染物排放量的综合指数来表示环境规制强度。计算步骤如下。

第一步，对各地级市的单位产值废水排放量、单位产值一般固体废弃物排放量、单位产值二氧化硫排放量、单位产值烟粉尘排放量进行线性标准化处理，由于污染物排放量属于逆向指标，环境规制强度越高，说明单位产值中的排污量越小，地区政府部门对环境的约束更严格。对其标准化需要采用逆向指标的处理方法如下：

$$UE_{ij}^S = [\max(UE_{ij}) - UE_{ij}] / [\max(UE_j) - \min(UE_j)] \tag{11}$$

其中，UE_{ij} 为 i 市 j 污染物的单位产值污染物排放量，$\max(UE_j)$ 和 $\min(UE_j)$ 分别为四类污染物在各市中的最大值和最小值，UE_{ij}^S 为四个指标的标准化值。

第二步，由于各市的污染物排放比重存在差异，因此采用调整系数缩小区域及指标差异，调整系数的具体计算公式如下：

$$W_j = UE_{ij} / \overline{UE_{ij}} \tag{12}$$

第三步，根据上述结果，最终可以得到各市的环境规制强度 ER 如下：

$$ER_i = \frac{1}{4} \sum_{i=1}^{4} W_j UE_{ij}^S \tag{13}$$

（3）控制变量。参考傅京燕（2018）、刘志彪（2020）等在研究中的做法，本文最终选取工业化水平、贸易开放度、要素禀赋结构、所有制结构及人力资本质量五个控制变量，以尽量减低遗漏变量所造成的估计结果偏差。控制变量的含义如下：

① 工业化水平（emp）。工业增加值可以衡量工业企业的投入量、产出量及经济绩效。工业发展的过程中往往占用大量的资源，可能对辽宁省的绿色经济发展起到阻碍作用。参考弓媛媛（2018）的做法，用工业增加值占 GDP 的比重来表示。

②贸易开放度（tra）。现有对外开放对绿色发展的影响存在"污染天堂"和"污染光环"两个相互对立的概念，前者是指开放有可能使得东道国承受了污染密集产业转移导致环境承载力日益超负荷，阻碍绿色经济增长，后者则是指东道国从境外获取先进技术，这有助于提高绿色经济增长。因此，贸易开放度的影响作用不确定。参考廖文龙等（2020）的做法，用各市货物进出口总额与GDP之比表示，根据历年平均汇率将统计单位换算成人民币。

③要素禀赋结构（fac）。资本投入与劳动力投入的资源配置能够对经济增长产生影响。资本—劳动的比率上升往往意味着经济增长过程中存在着技术进步，进而对绿色经济增长发挥正向影响。参考张红霞等（2020）的做法，以社会固定资本投资与年末三产业就业人数之比表示。

④所有制结构（own）。所有制结构调整能够有力实现稳增长，国有经济比重提高能够遏制绿色经济增长速度的下滑。参考陈英姿等（2018）的做法，以城镇国有单位从业人员数占城镇从业人员数的比重表示。

⑤人力资本质量（edu）。高等教育有助于培养科学技术型人才，进而转化为生产力，对绿色经济增长起到促进作用。参考魏守华等（2016）的做法，采用高等学校在校学生人数占总人口比重来衡量。

上述统计数据来源于《辽宁统计年鉴》《中国城市统计年鉴》《辽宁科技统计年鉴》等。

3. 变量的描述性统计

在收集与处理实证部分所需的2010～2019年辽宁省14个地级市的面板数据后，对各项变量进行描述性统计，结果如表3所示。总体来看，数据标准误差值较小，具备稳定性。样本期间辽宁省绿色经济增长平均水平不高，环境规制强度有待提升。

表3　　　　　　　　　　　　相关变量的描述性统计

变量名	变量解释	观察值	均值	标准差	最小值	最大值
GTFP	绿色经济增长水平	140	0.8186	0.3014	0.1399	1.5392
ER	环境规制	140	1.0110	0.0866	0.8505	1.3992
emp	工业化水平	140	0.4638	0.1000	0.2454	0.6806
tra	贸易开放度	140	0.1690	0.1519	0.0271	0.7817
fac	要素禀赋结构	140	5.4338	0.3507	4.4852	6.1800
own	所有制结构	140	0.4660	0.1117	0.2230	0.7590
edu	人力资本质量	140	0.0712	0.1112	0.0035	0.4242

资料来源：作者测算整理。

4. 相关性检验

为判断模型中各变量之间的相关性且为排除变量间的多重共线性，本文计算了变量间的 pearson 相关系数来进行相关性分析，如表 4 所示。各变量之间的 pearson 相关系数绝对值均小于 0.7，可认为各变量之间均没有严重的多重共线性，可以进行接下来的回归。

表 4　　　　　　　　　　　　变量的相关性检验

变量名	GTFP	ER	emp	tra	fac	own	edu
GTFP	1.0000						
ER	0.1093	1.0000					
emp	0.0569	−0.4388	1.0000				
tra	0.1847	−0.0373	0.0897	1.0000			
fac	0.4217	0.2969	0.0153	0.1769	1.0000		
own	−0.2883	−0.1089	−0.1744	−0.3945	−0.6219	1.0000	
edu	0.5291	0.0644	−0.0671	0.3858	0.3759	−0.4610	1.0000

资料来源：作者测算整理。

（三）实证检验

1. 实证结果分析

本节运用 Stata 15.0 计量软件进行实证部分的回归分析。根据基准模型对辽宁省的面板数据分别进行混合效应回归（mixed effects，ME）、随机效应回归（random effects，RE）和固定效应回归（fixed effects，FE）。在上述三种情况下，核心解释变量和部分控制变量均显著，F 检验和 Hausman 检验的结果显示使用固定效应模型进行实证分析是合理的。在基准方程和逐步加入控制变量的方程中，均控制了地区固定效应和年份固定效应（见表 5）。

表 5　　　　　　　　　固定效应模型的基准方程回归结果

解释变量	基准方程	逐步加入控制变量				
ER	0.0869 ** (0.0437)	0.0896 ** (0.0439)	0.0908 ** (0.0440)	0.0968 ** (0.0431)	0.0956 ** (0.0432)	0.0899 ** (0.0430)
emp		−0.1377 (0.1909)	−0.1517 (0.1920)	−0.1170 (0.1883)	−0.0929 (0.1913)	−0.0496 (0.1914)

续表

解释变量	基准方程	逐步加入控制变量				
tra			−0.1133 (0.1394)	−0.0807 * (0.1370)	−0.0966 * (0.1388)	−0.1644 ** (0.1433)
fac				0.1617 ** (0.0653)	0.1716 ** (0.0667)	0.1521 ** (0.0671)
own					0.0655 (0.0861)	0.0565 (0.1003)
edu						−1.4597 (0.8529)
_cons	0.8675 *** (0.0399)	0.9393 *** (0.1072)	0.9673 *** (0.1128)	0.1186 (0.3603)	0.0239 (0.3819)	0.2160 (0.3949)
R^2	0.5097	0.5119	0.5347	0.5696	0.6024	0.6103

注：括号内报告的是为标准差，***、**、* 分别表示回归结果在 1%、5% 和 10% 置信水平上显著。
资料来源：作者测算整理。

从表 5 可知：（1）环境规制与绿色经济增长在 5% 的水平上呈现显著的正相关关系，在不添加控制变量时，环境规制强度每提升 1 个单位，绿色经济增长随之提升 0.0869 个单位。逐步添加控制变量过程中，环境规制对绿色经济增长的促进作用依然显著，且估计系数的波动幅度较小，因此，假设 1 得到验证。辽宁省环境规制促进绿色经济增长的作用机理在于，辽宁省的工业污染型企业比较多，工业企业的治污成本会随着环境规制政策的实施而提高，而污染型企业会积极增加绿色生产的技术创新投入，优化生产工艺，改进生产方式，创造企业的竞争优势，最终取得更丰富的市场利润，进而弥补企业的治污成本。此外，环境规制的补偿效应能够改善工人的劳动环境，良好的劳动环境能够保证工人的健康状况，可以直接促进劳动生产率的上升，也侧面使得企业在医疗保险方面的投入下降。此外，好的环境将会使企业有更多的机会去招聘到优秀人才，从而增加企业的人力资本积累。（2）从控制变量来看，要素禀赋结构的估计系数显著为正，辽宁省的城市以资源型与劳动密集型的重工业城市为主，经济增长的关键要素之一则是资本密集型资产投入的增加，资本与劳动比率的提高意味着城市资本深化，对辽宁省城市的绿色经济增长发挥正向影响。贸易开放度的估计系数显著为负，支持了"污染天堂"假说，高强度环境规制对污染企业的限制过于严格，使企业在生产过程中背负更重的负担，缩小企业的获利空间。此外，跨国公司的进入引发的激烈竞争可能挤占本地企业的市场地位，造成企业盈利能力下降，无助于绿色经济增长。

2. 稳健性检验

前文得出环境规制对辽宁省绿色经济增长具有促进作用，为了结论的稳健性，下面通过改变估计方法进行稳健性检验。采用动态面板模型（系统 GMM 模型）对两者关系进行检验，结果如表 6 所示。系统 GMM 估计中，模型的 AR（2）均大于0.1，且通过了 Sargan 检验和 Arellano-Bond 检验，说明模型不存在过度识别问题且不存在序列相关性。结果显示，各模型中的环境规制对绿色经济增长的促进作用均显著，核心解释变量与控制变量回归系数的方向与上文的结果保持一致，只在系数大小上略有不同，再次验证了前文的假设，因此可以认为该结论具有可靠性。

表 6　　　　环境规制对绿色经济增长直接影响的稳健性检验

解释变量	基准方程	逐步加入控制变量				
L. GTFP	0.0583 (0.0520)	0.4742 *** (0.0303)	0.4687 *** (0.0572)	0.4409 *** (0.0416)	0.4609 *** (0.0541)	0.4645 *** (0.0627)
ER	0.0614 *** (0.0218)	0.1328 *** (0.0309)	0.1354 *** (0.0495)	0.1399 *** (0.0395)	0.1313 *** (0.0449)	0.1240 ** (0.0575)
emp		−0.8602 *** (0.0431)	−0.8669 *** (0.545)	−0.7330 *** (0.0844)	−0.7629 *** (0.0906)	−0.8156 *** (0.1169)
tra			0.0528 (0.2288)	−0.0750 (0.2862)	−0.1068 (0.3872)	−0.3361 * (0.4598)
fac				0.0360 * (0.0238)	0.0170 * (0.0279)	−0.0447 ** (0.0546)
own					−0.0795 (0.0663)	−0.0110 (0.0642)
edu						0.6351 (1.3496)
_cons	1.0260 *** (0.0585)	1.7730 *** (0.0454)	1.7615 *** (0.1090)	1.4937 *** (0.1782)	1.6787 *** (0.2702)	2.0202 *** (0.3428)
AR（1）	0.0080	0.0261	0.0346	0.0155	0.0269	0.0256
AR（2）	0.3144	0.1012	0.1851	0.1830	0.1210	0.2534
Sargan	1.0000	1.0000	1.0000	1.0000	1.0000	1.0000

资料来源：作者测算整理。

六、环境规制对辽宁省绿色经济增长影响的间接效应分析

上述文字的论证结论认为环境规制对辽宁省的绿色经济增长有显著的促进作用，

那么环境规制对绿色经济增长的促进作用是否存在间接传导效应呢？本章在借鉴学者钱争鸣（2014）、范丹（2020）等研究的基础上，选取产业结构升级、技术创新和外商直接投资三个中介变量，试图探索其在环境规制与绿色经济增长中的传导作用。

（一）理论分析

1. 产业结构升级机制

环境规制能够通过激励产业结构升级对绿色经济增长产生正向影响。首先，在产业结构升级的过程中，企业可以通过加大技术研发投入、加强人才队伍建设、调整创新要素配置等方式抵消环境成本的提升，促进产业结构升级，有助于提升企业的资源利用效率，改变经济增长高度依赖资源消耗、造成环境污染的现象。其次，环境规制可以有效应对绿色创新的市场风险，使企业着眼于长期发展目标，激励更多企业注重知识增长、信息化建设和吸纳高端人才，进一步推动产业结构从低端迈向中高端。

产业结构高度化意味着经济实现高技术含量、高附加值的技术密集型产业与现代服务业为主，这与辽宁省资源使用效率密切相关，通过调整产业结构高度化程度能够推动实现辽宁省绿色经济增长的目标（徐卓顺，2015）。产业结构升级的最终目的是产业结构高度化，产业结构高度化是逐步引进技术进步与技术创新的过程，在这一过程中，企业能够实现高效率并且在生产经营中创造更多的附加价值。辽宁省国有经济在经济总量中占有相当一部分比重，随着国有企业改革的深入推进，国有企业的竞争力与创新能力明显增强，在市场壁垒优胜劣汰的作用下，低效能部门逐渐退出市场，新兴产业依托高效能部门的技术创新和知识外溢而不断涌现，这是推进绿色经济增长的另一重要原因。因此，本章提出假设2。

假设2：环境规制可以促进产业结构升级对辽宁省绿色经济增长产生积极作用。

2. 技术创新机制

一方面，环境规制通过改进生产工艺、提高生产效率从而鼓励企业主动进行技术创新；另一方面，技术创新水平也会受到治理污染成本的升高、资金挤出效应的存在等负面影响。基于传统的发展模式，辽宁省的工业企业以经济利益为首，不惜牺牲生态环境作为代价，发展绿色经济的意识薄弱。此外，绿色技术创新的激励机制相对匮乏，企业对环境资源造成污染但并未承担费用，产生一种外部经济的现象使得经济增长带来了对环境的负面影响。而政府作为主体的监管政策是强制性的，企业的技术创新在稳定的制度环境中进行，提高了技术创新的合理性。然而，如果政府实行高强度的环境规制，受到规制的企业会面临高额的治污成本，使其承担更重的财务负担，进而失去竞争优势，结果导致企业对技术创新的投资力度和引进渠道减少。此外，环境规制可能改变市场信息，增加企业检索信息的成本，扩大了企业技术创新的风险，同样抑制了企业的技术创新行为。

技术创新水平对绿色经济增长的影响作用也呈现不确定性。一方面，由于存在成本高、收益低、持续时间长等特点，企业在进行技术创新时可能难以形成规模经济效益，同时对其他类型的创新产生挤出效应，导致资源配置效率低下；另一方面，技术创新可以使企业的资源投入减少而产出增加，将清洁生产和末端治理等技术运用到生产过程和产品的生命周期，抵消生产成本，增强产品的竞争力，为企业竞争创造有利条件，助力绿色经济发展。因此，提出假设3。

假设3：环境规制既可能阻碍了技术创新并且抑制了辽宁省的绿色经济增长，也可能通过鼓励技术创新并且促进绿色经济增长。

3. 外商直接投资机制

近年来，辽宁省外商直接投资（FDI）规模不断加大，为辽宁省的经济增长注入了活力，引进海外先进技术与管理模式，与世界先进水平接轨，不仅带来了财富的积累，而且创造了更多的就业机会。但是，在利用外资发展经济的同时，面临的环境保护压力也不容忽视，环境规制对吸引FDI的正面影响主要体现在：加强环境规制能够改善引进的外资结构，使FDI发挥选择性作用，吸引高附加值、低耗能、集约化经营和清洁环保型FDI的进入，阻止低附加值、高污染、高耗能的污染密集型FDI的进入，确保引进的FDI质量。

外商直接投资是影响绿色经济增长的关键因素，其对辽宁省绿色经济增长的影响作用主要体现在：FDI能够缩小当地生产技术、制造工艺方面与国外的差距，有助于提升当地企业人力资本的质量，促进生产工艺变革，形成技术追赶效应。此外，通过向当地注入丰厚的资金以缓解经济增长给资源环境带来的压力，增强节能减排调控，提升区域的绿色技术效率，有益于促进绿色经济增长。因此，提出假设4。

假设4：环境规制可以促进外商直接投资对辽宁省绿色经济增长产生积极作用。

（二）模型设定及变量说明

1. 中介效应模型

本文借鉴王丽霞等（2018）的做法，构建中介效应模型，探究环境规制影响绿色经济增长的间接作用路径。中介效应模型中的自变量 X、因变量 Y 及中介变量 M 之间的关系满足以下递归方程：

$$Y = cX + e_1 \tag{14}$$

$$M = aX + e_2 \tag{15}$$

$$Y = c'X + bM + e_3 \tag{16}$$

其中，c 代表 X 对 Y 的总效应；a 代表 X 对 M 的作用；b 代表控制了 X 的影响后，M 对 Y 的作用，c' 是在控制了 M 的影响后，X 对 Y 的直接效应；e_1、e_2、e_3 是随机干扰项。在该模型中，中介效应即间接效应，即等于系数乘积 $a \times b$，总效应、直接效应与间接效应的关系表现为：

$$c = c' + ab \tag{17}$$

根据理论分析结果，下面构建递归方程：

$$GTFP_{i,t} = \alpha_0 + \alpha_1 \, ER_{i,t} + \alpha_k X_{i,t} + \mu_i + \delta_i + \varepsilon_{i,t} \tag{18}$$

$$MED_{i,t} = \beta_0 + \beta_1 \, ER_{i,t} + \beta_k X_{i,t} + \mu'_i + \delta'_i + \varepsilon'_{i,t} \tag{19}$$

$$GTFP_{i,t} = \gamma_0 + \gamma_1 \, ER_{i,t} + \gamma_2 \, MED_{i,t} + \gamma_k X_{i,t} + \mu''_i + \delta''_i + \varepsilon''_{i,t} \tag{20}$$

其中，MED 表示中介变量产业结构升级、技术创新及外商直接投资，其他变量含义与前文一致。

2. 变量说明

（1）产业结构升级（upi）。袁航等（2018）提出产业结构升级是从量变到质变的结果，产业结构高度化的同时纳入了产业结构的转移形态和生产的加工深度化，能够更好地反映产业结构优化升级的经济效益。借鉴袁航等（2018）的方法计算产业结构升级，具体计算公式如下：

$$upi_{i,t} = \sum_{m=1}^{3} y_{i,m,t} \times lp_{i,m,t}, m = 1, 2, 3 \tag{21}$$

其中，$y_{i,m,t}$ 表示 i 地区第 m 产业在 t 时期占地区生产总值的比重，$lp_{i,m,t}$ 表示 i 地区第 m 产业在 t 时期的劳动生产率，计算公式为：

$$lp_{i,m,t} = Y_{i,m,t} / L_{i,m,t} \tag{22}$$

其中，$Y_{i,m,t}$ 表示 i 地区第 m 产业 t 时期的增加值，$L_{i,m,t}$ 表示 i 地区第 m 产业 t 时期的就业人员。在式（22）中，产值占比 $y_{i,m,t}$ 没有量纲，而劳动生产率 $lp_{i,m,t}$ 具有量纲，故采取均值化方法消除量纲。

（2）技术创新（ln-tec）。衡量技术创新的方法主要有用 R&D 人员数、专利的申请数或授权数、科学研究和技术服务业就业人数等。本文选用 R&D 经费支出作为代理变量，取对数值来表示技术创新。

（3）外商直接投资（fdi）。参考已有文献，考虑外商直接投资能够支持经济多样化、带动经济增长，故采用实际外商直接投资占城市 GDP 的比重来表示。

（三）实证检验

根据前文的分析，环境规制可能通过产业结构升级、技术创新、外商直接投资三种路径间接地影响辽宁省的绿色经济增长。本部分检验了这三种中介效应是否存在，结果如表 7 所示。

表 7　　　　　　　　环境规制对绿色经济增长影响的间接效应估计结果

变量	模型 1		模型 2		模型 3	
	upi	GTFP	ln-tec	GTFP	fdi	GTFP
ER	0.1330 ** (0.0595)	0.1220 ** (0.0482)	0.8091 *** (0.2891)	0.0857 * (0.0421)	0.0178 * (0.0104)	0.0379 * (0.0213)
upi		0.0830 * (0.0431)				
ln − tec				0.0164 ** (0.0122)		
fdi						0.4809 ** (0.1882)
emp	− 3.9520 *** (0.0595)	− 0.6139 ** (0.2064)	1.9281 *** (0.4626)	− 0.0643 (0.0442)	0.1956 *** (0.0325)	− 0.2324 *** (0.0701)
tra	0.0092 (0.1330)	− 0.2576 ** (0.0919)	0.2770 * (0.1459)	− 0.0196 (0.0200)	0.1080 ** (0.0220)	0.0220 (0.0331)
fac	0.0517 (0.0543)	0.1204 *** (0.0307)	− 0.1944 (0.4144)	0.1972 *** (0.0533)	− 0.0179 *** (0.0390)	0.0676 *** (0.0206)
own	0.1600 (0.0174)	0.0883 (0.0875)	0.6685 ** (0.2797)	0.0169 (0.0289)	− 0.0235 (0.0236)	− 0.0359 (0.0655)
edu	0.0175 (0.2359)	0.8793 ** (0.4036)	0.4150 *** (0.1526)	0.0496 * (0.0243)	0.0198 (0.0386)	0.1332 *** (0.0483)
_cons	2.1876 *** (0.3876)	0.6448 ** (0.2225)	15.3796 *** (2.3148)	− 0.5635 * (0.3073)	− 0.0504 (0.0318)	0.7231 *** (0.1431)
R^2	0.9368	0.3708	0.2787	0.5562	0.6312	0.3281
中介效应/总效应	8.30%		13.41%		18.42%	

资料来源：作者测算整理。

1. 产业结构升级机制实证检验

表 7 中的模型 1 结果显示，辽宁省的环境规制能够通过中介变量产业结构高级化而影响绿色经济增长，该路径的两个系数均为正且显著。环境规制对产业结构升级的影响系数为 0.1330，产业结构升级对绿色经济增长的影响系数 0.0830，通过计算可知，产业结构升级的中介效应为 8.30%，印证了上文中的假设 2。模型 1 中其他变量与绿色经济增长的关系表现为要素禀赋结构、人力资本质量与绿色经济增长呈显著正相关，工业化水平和贸易开放度与绿色经济增长呈显著负相关。辽宁省的环境规制政策通过优化资源配置，增加优质人力资本需求的渠道，改造传统产业的发展模式，扩大新兴产业的信息、技术等优势，推进产业结构向中高端转型升级，产业结构调整带动了辽宁省的绿色经济增长。

2. 技术创新机制实证检验

表 7 中的模型 2 结果显示，辽宁省的环境规制能够通过中介变量技术创新而影响绿色经济增长，该路径的两个系数均为正且显著。环境规制对技术创新的影响系数为 0.8091，技术创新对绿色经济增长的影响系数 0.0164，通过计算可知，技术创新的中介效应为 13.41%，印证了上文中的假设 3。模型 2 中其他变量与绿色经济增长的关系表现为要素禀赋结构、人力资本质量与绿色经济增长呈显著正相关。环境规制促进技术创新形成一种高效率的生产模式，使产品形成差异化，并通过改善生产工艺与创新管理机制来平衡经济、资源与环境的关系，辽宁省各地区资本—劳动力要素的结构合理化及人力资本的优化对绿色经济增长均能够产生积极推动作用。

3. 外商直接投资实证检验

表 7 中的模型 3 结果显示，辽宁省的环境规制能够通过中介变量外商直接投资而影响绿色经济增长，该路径的两个系数均为正且显著。环境规制对外商直接投资的影响系数为 0.0178，外商直接投资对绿色经济增长的影响系数 0.4809，通过计算可知，外商直接投资的中介效应为 18.42%，印证了上文中的假设 4，且相比之下外商直接投资的中介效应占比较大，说明该路径的影响作用最大。其中，要素禀赋结构、人力资本质量与绿色经济增长呈现显著正相关关系，工业化水平与绿色经济增长呈现显著负相关关系。辽宁省政府实施优惠政策，稳步实现对外开放，注重引进高科技含量与技术水平的优质外资，促进各城市的绿色经济增长。

七、环境规制对辽宁省绿色经济增长影响的门槛效应分析

环境规制对辽宁省绿色经济增长的促进作用可能会因外在制度环境的调节作用而存在差异，导致这一促进作用并非呈现简单的线性关系，在不同区间效应有所不同。本部分主要从制度环境视角选取财政分权和金融发展水平两个指标分析环境规制对绿色经济增长的门槛效应。

（一）理论分析

1. 财政分权门槛效应理论分析

财政分权是指地方政府在中央政府统一税政的前提下，对所管辖的地区在预算执行、税收管理和债务管理方面对所管辖的地区拥有一定相对独立的自主权。财政分权使得地方政府能够将所掌握的信息优势最大化，因地制宜提供恰当的公共物品和服务。在环境规制政策的制定与实施的过程中，财政自主度的提高有助于省政府针对辽宁省所存在的生态环境破坏、工业三废排放量大等问题做到"量体裁衣"，有计划地投入财政资金用于治理环境、技术创新与绿色生产，从而增强污染治理能力，推动辽宁省工业绿色转型发展，有利于促进地区的绿色经济增长。同时，随着地方政府被赋予更大的财政自主权，政府将会在财政收支平衡的基础上调整环保政策，通过对污染排放企业实施政策限制，促使企业增加对清洁技术的研发投入和创新实践，环境规制的成本效应会被长期的技术效应所抵消。地方财政分权水平的提高一定程度上促使技术溢出效应更加显著，有利于持续推进地方绿色经济增长。因此，本文提出假设5。

假设5：环境规制对绿色经济增长的影响在财政分权的作用下可能存在"边际效应"递增的非线性特征。

2. 金融发展水平门槛效应理论分析

金融发展对环境规制促进绿色经济增长存在着创新补偿效应。辽宁省"三高企业"的工业经济发展形势严峻，环境规制政策能够促进污染企业绿色转型，政府制定绿色政策、增加转移支付为绿色项目提供资金支持，促进企业进行绿色技术创新。当财政资金提供环境支出的压力过大时，高效稳定的金融体系可以为企业提供资金保障，从而激发企业自主环境投资需求并缓解企业投融资的约束。同时，环境规制

政策对环保企业有着筛选作用，引导资金流向节能减排、社会效益高的绿色项目，限制对"三高"项目的信贷投放，这有助于激励绿色企业不断提高生产力，而高污染企业逐渐被淘汰，形成良性循环。因此，本文提出假设6。

假设6：环境规制对绿色经济增长的影响在金融发展的作用下可能存在"边际效应"递增的非线性特征。

（二）模型设定及变量说明

1. 面板门槛回归模型的原理

非线性门槛回归模型由 Hansen 在 1999 年提出，模型的基本方程如下：

$$Y_{it} = \omega_0 + \omega_1 X_{it} \cdot I(r_{it} \leq \gamma_1) + \omega_2 X_{it} \cdot I(\gamma_1 < r_{it} < \gamma_2) + \omega_3 X_{it} \cdot I(r_{it} \geq \gamma_2) + \varepsilon_{it}$$

$$(23)$$

模型中的 r_{it} 代表门槛变量，$I(\cdot)$ 为指示函数，γ 为未知门槛值，ε_{it} 为随机扰动项。该模型的形式是如下所示的分段函数：

$$Y_{it} = \begin{cases} \omega_0 + \omega_1 X_{it} + \varepsilon_{it} & r_{it} \leq \gamma_1 \\ \omega_0 + \omega_2 X_{it} + \varepsilon_{it} & \gamma_1 < r_{it} < \gamma_2 \\ \omega_0 + \omega_3 X_{it} + \varepsilon_{it} & r_{it} \geq \gamma_2 \end{cases} \quad (24)$$

将财政分权和金融发展水平作为门槛变量，构建如下模型：

$$\begin{aligned} GTFP_{it} = &\omega_0 ER_{it} \cdot I(fd_{it} \leq \gamma_1) + \omega_1 ER_{it} \cdot I(\gamma_1 < fd_{it} \leq \gamma_2) \\ &+ \omega_2 ER_{it} \cdot I(\gamma_1 < fd_{it} \leq \gamma_2) + \omega_3 ER_{it} \cdot I(fd_{it} > \gamma_3) \\ &+ \beta X_{it} + \mu_i + \varepsilon_{it} \end{aligned}$$

$$(25)$$

$$\begin{aligned} GTFP_{it} = &\omega_0 ER_{it} \cdot I(mar_{it} \leq \gamma_1) + \omega_1 ER_{it} \cdot I(\gamma_1 < mar_{it} \leq \gamma_2) \\ &+ \omega_2 ER_{it} \cdot I(\gamma_1 < mar_{it} \leq \gamma_2) + \omega_3 ER_{it} \cdot I(mar_{it} > \gamma_3) \\ &+ \beta X_{it} + \mu_i + \varepsilon_{it} \end{aligned}$$

$$(26)$$

其中，fd_{it} 表示省份在 t 时期的财政分权状况，mar_{it} 表示 i 省份在 t 时期的金融发展状况，y_n 表示 n 个不同水平门槛值，ω_n、β 表示待估计参数。式（25）表示财政分权门槛回归模型，式（26）表示金融发展水平门槛回归模型。

2. 变量说明

（1）财政分权（fd）：参考张华（2016）的做法，采用地方财政支出与中央预算内本级财政支出的比值来衡量辽宁省的财政分权情况，这一分权指标体现了地方政府的实际分权程度。

（2）金融发展水平（fin）：参考孙力军（2008）的方法，采用辽宁省的金融机构贷款余额与地区生产总值的比值衡量辽宁省的金融发展水平。

（三）实证检验

运用 Stata 15.0 软件反复抽样 300 次，得到门槛效应检验结果如表 8 所示。当财政分权为门槛变量时，单一门槛在 5% 的水平上显著，双重门槛和三重门槛均不显著，因此，财政分权存在单一门槛；以金融发展水平为门槛变量时，单一门槛在 10% 的水平上显著，双重门槛和三重门槛均不显著，因此，金融发展水平存在单一门槛。

表 8　　　　　　　　　　　　门槛效应检验结果

门槛变量	门槛性质	F 值	P 值	BS 次数	临界值 1%	临界值 5%	临界值 10%
财政分权	单一门槛	14.34 **	0.0200	300	15.3437	12.8500	10.7693
	双重门槛	3.53	0.6000	300	28.7643	11.1384	9.2745
	三重门槛	2.12	0.8467	300	27.3837	8.9847	7.9631
金融发展	单一门槛	10.61 *	0.0600	300	16.0607	13.2663	11.2955
	双重门槛	3.77	0.7100	300	11.5930	13.7815	21.5617
	三重门槛	2.72	0.7767	300	12.1151	14.9493	22.2219

注：**、*分别表示回归结果在 5% 和 10% 置信水平上显著。
资料来源：作者测算整理。

1. 财政分权门槛效应

表 9 报告了两个变量门槛值的估计结果，以 fd = 0.0289 为界限，财政分权被划分为较低水平和较高水平，代入模型后的测算结果如表 10 所示。模型 1 显示，环境规制对辽宁省绿色经济增长的促进作用并非简单的线性关系，财政分权水平较低时，环境规制的回归系数为 0.1387，在 1% 的水平上显著；财政分权水平较高时，环境规制的回归系数为 0.2834，在 1% 的水平上显著。这说明跨越财政分权单一门槛值后，环境规制对辽宁省绿色经济增长的促进作用显著提升。原因可能在于，辽宁省所实施的财政分权有助于改善地方的环境问题，提高地方的经济效率，地方政府依靠在资源配置上的信息优势提供满足当地需求的公共物品和服务，显著促进了辽宁省环境规制的实施质量，有助于进一步提升地区的绿色经济增长水平。

表9 门槛值估计结果

门槛变量	门槛性质	门槛估计值	95%置信区间
财政分权	门槛1	0.0289	[0.0222, 0.0291]
金融发展	门槛1	1.3679	[1.2203, 1.3795]

资料来源：作者测算整理。

表10 门槛模型回归结果

变量	GTFP	
	模型1	模型2
emp	−0.3496*** (0.1178)	−0.2627** (0.1311)
tra	−0.2703* (0.1521)	−0.3103* (0.1799)
fac	0.1247*** (0.0471)	0.1000 (0.0617)
own	0.0713 (0.0892)	0.0835 (0.1134)
edu	0.3661 (0.8793)	0.7510 (1.1689)
$ER \times I \ (fd \leq \gamma_1)$	0.1387*** (0.0470)	
$ER \times I \ (fd > \gamma_1)$	0.2834*** (0.0658)	
$ER \times I \ (fin \leq \gamma_1)$		0.1255** (0.0558)
$ER \times I \ (fin > \gamma_1)$		0.2172*** (0.0597)
$\_cons$	0.3998 (0.3269)	0.5301 (0.4299)
$R\text{-}sq$	0.4258	0.3803

注：***、**、*分别表示回归结果在1%、5%和10%置信水平上显著。
资料来源：作者测算整理。

2. 金融发展水平门槛效应

根据表9计算出的门槛值，以 fin = 1.3679 为界限，金融发展水被划分为较低水平和较高水平。模型2显示，金融发展水平较低时，环境规制的回归系数为0.1225，在5%的水平上显著；金融发展水平较高时，环境规制的回归系数为0.2172，在1%

的水平上显著。这说明跨越金融发展单一门槛值后，环境规制对辽宁省绿色经济增长的促进作用显著提升。原因可能在于，辽宁省致力于改善金融发展环境，金融业的健康发展有助于支持企业绿色转型，缓解企业融资约束，助力高耗能企业的能效提升和清洁生产，提高城市资源环境使用效率，为绿色经济增长提供更大的动力。

八、结论与政策建议

（一）结论

经济发展新常态下，统筹政府与市场齐心发力、注重资源有效利用和生态环境改善、推进生产力持续发展，是平衡环境问题与经济增长的关键。环境规制作为实现经济绿色增长的重要途径，是学术界的热点研究问题。近年来，辽宁省环境规制强度不断增加，一定程度上优化了辽宁老工业基地的经济发展模式，绿色经济增长的效益稳步提升。本文基于环境规制与绿色经济增长关系的理论分析，选取 2010 ~ 2019 年辽宁省 14 个地级市的面板数据，运用固定效应模型、中介效应模型及面板门槛模型验证了环境规制对辽宁省绿色经济增长的影响机制，得出以下几点结论。

1. 辽宁省环境规制体系不断完善并取得成效

辽宁省深入贯彻党的十九大会议精神，以保护生态环境和高效利用资源推进经济高质量发展。近年来，辽宁省坚持综合治理的原则，启动一系列环保工程，诸如打好"蓝天保卫战"，严格控制工业生产中含硫、含氮及有机废气排放到大气中；治理河流水域污染，恢复和改善水质，巩固提升饮用水安全保障水平；加强产废企业的固体废弃物综合利用意识，使企业追求经济效益的同时带来社会效益；等等。如今，空气质量、河流水域及固体废弃物排放等问题日渐好转，基本达到环境监测水平。本文通过比较辽宁省的废水排放量、固体废物排放量、二氧化硫排放量及烟粉尘排放量反映环境规制政策的作用效果，发现环境规制手段的实施对于控制固体废弃物、二氧化硫等污染物的排放量具有良好成效。

2. 辽宁省绿色经济增长水平总体上升

本文采用 EBM 模型结合 Malmquist-Luenberger 生产率指数测算了辽宁省绿色全要素生产率，结果表明，近年来，辽宁省的绿色经济增长水平总体呈上升趋势。绿色技术效率变化（GTEC）和绿色技术进步变化（GTPC）是绿色经济增长（GTFP）

的主要源泉，而辽宁省的绿色经济增长主要归因于绿色技术进步。原因在于，辽宁省政府响应国家号召，以创新为发展新动能，健全区域企业绿色技术创新的支撑体系，充分发挥绿色技术创新的正向外部性；此外，政府实施绿色采购政策，提供税收优惠与财政补贴，为推动绿色技术进步营造了健康有序的发展环境。

3. 辽宁省环境规制显著促进绿色经济增长

辽宁省环境规制对绿色经济增长具有显著的促进作用。未添加控制变量时，环境规制每提升 1 个单位，绿色经济增长随之提升 0.0869 个单位；在逐步添加控制变量过程中，环境规制对绿色经济增长的促进作用依然显著，且估计系数的波动幅度较小。

4. 辽宁省环境规制对绿色经济增长影响存在间接传导效应

本文利用中介效应模型，研究发现辽宁省的环境规制不仅能够直接促进绿色经济增长，而且能够通过产业结构升级、技术创新及外商直接投资三个中介变量间接地推动绿色经济增长。其中，外商直接投资的中介效应占总效应的比值最大，说明该路径的影响作用最大。

5. 辽宁省环境规制对绿色经济增长影响存在门槛效应

研究发现，环境规制对绿色经济增长影响存在财政分权的单门槛效应和金融发展水平的单门槛效应，当财政分权或金融发展水平处于较高水平时，环境规制对绿色经济增长的促进作用相较于较低水平有显著提升。

（二）政策建议

1. 完善相关配套政策，促进环境规制发挥成效

提升产业价值链，推动产业结构实现绿色转型。应充分利用和挖掘环境规制在产业结构转型升级中的积极作用，针对辽宁省老工业基地的污染特征制定环境规制政策和强度。第一，延长产业链，提升产业价值链，有助于激发市场的内生动力、重塑传统产业、激发新兴产业、推动产业结构升级。第二，在优化产业结构的同时，聚焦于降低工业能源消耗，推动产业实现资源节约型发展模式取代高能耗、高污染的增长方式；致力于对核心城市环境问题的建设与管理，并要加强核心城市对周边地区的带动和辐射作用，推动辽宁省区域内的协调发展。第三，应坚持绿色发展方向，可利用生态环境治理项目的资金补贴鼓励企业提升污染治理水平，激励企业对

绿色产品的研发，推进绿色产业良性发展，逐步淘汰污染型项目。

完善技术创新的制度环境，构建区域创新体系。为了提升绿色经济增长水平，政府要发挥带头和示范作用，带动企业和其他社会主体之间统一目标，以可持续发展作为发展方向，兼顾技术创造水平和技术扩散水平推进技术创新，提升区域创新能力。辽宁省政府应从财政资金使用、科技项目管理、人才队伍建设等方面重点扶持污染企业的技术创新，技术创新水平的高低与企业发展程度的高低及能否实现绿色经济转型息息相关。同时，建立健全知识产权和专利制度，强化知识产权意识，保护技术创新成果，营造良好的市场制度环境。政府应主动对接企业科技创新需求，重点支持高质量发展的技术项目落地实施，鼓励"产学研"深度融合、联合攻关，加快突破核心工艺、仪器设备等技术瓶颈，将前沿理论应用于辽宁省环境治理的实践中，为辽宁省重工业基地的全面振兴提供科技保障。

优化外商投资结构，创造市场竞争优势。辽宁省应秉持开放发展和绿色发展的宗旨，建立健全外商投资方面的政策法规，积极引导和强化监督外资投放领域，注重引进外资质量及外资流入的环境效应，从而促进正向绿色技术溢出效应的发挥。一方面，要优化对外开放布局，以推动东北亚深入合作为重点，鼓励沈阳市、大连市起到对外开放"双引擎"的带头作用，推进"一圈一带两区"开放，打造我国向北开放的重要窗口；另一方面，在充分利用外资创造市场竞争优势的同时，不能忽视绿色发展，以"引资补链""引资扩链"为重点，加快实施一批利用外资重大标志性工程、大力支持外资向清洁型产业流入，防控和遏制省内区域成为外资的"污染避难所"。

2. 改善制度环境，提升制度保障能力

充分发挥财政分权与环境规制两种政策的优势互补，发挥"组合"效用最大化。针对辽宁省财政分权在环境规制对绿色经济增长存在门槛效应，提出以下建议：第一，深化财政体制改革，合理确定省区市各级的财政支付责任。地方政府应合理划分收入范围，确保资金落实到对企业的技术创新、要素调配与人才建设的支持，助力辽宁省的企业实现高端化发展和集约化发展。第二，中央政府建立科学、完备的环保专项转移支付标准，将资金细分化，强化项目实施、资金使用与绩效管理。同时加强监管制度，省级有关部门承担主体责任，对中央财政分配到本地的资金合理规划，按规定时间落实到项目，建设环境保护相关设施，强化区域环境保护治理能力。

夯实金融发展基础，推进绿色金融发展。针对辽宁省金融发展在环境规制对绿色经济增长的门槛效应，提出以下建议：一方面，应完善金融运行的硬件设施和制度安排，大力培养高层次专业技术人才并发挥金融中介组织服务机构的作用，全面

提升金融服务实体经济的能力；另一方面，要放开金融市场，鼓励资金在各个地区之间的自由流动，丰富地区的金融服务渠道和范围，提高直接融资比重、优化融资结构，促进金融市场的直接融资和间接融资比例适宜，形成良性循环的融资体系。同时，深入推进绿色金融发展，完善绿色金融政策体系。发挥政策激励作用，引导金融机构加大对"双碳"目标规划的支持力度，同时加强与相关部门的政策协调与工作联动，为绿色金融发展提供政策保障。

参 考 文 献

[1] 蔡乌赶，周小亮. 中国环境规制对绿色全要素生产率的双重效应 [J]. 经济学家，2017 (9)：27-35.

[2] 陈浩，罗力菲. 环境规制对经济高质量发展的影响及空间效应——基于产业结构转型中介视角 [J]. 北京理工大学学报（社会科学版），2021，23（6）：27-40.

[3] 陈苗. 环境规制对中国经济绿色增长的影响研究 [D]. 长春：吉林大学，2021.

[4] 陈英姿，夏欣. 东北地区环境规制与经济增长关系的实证研究 [J]. 学习与探索，2018 (9)：119-125.

[5] 单豪杰. 中国资本存量 K 的再估算：1952～2006 年 [J]. 数量经济技术经济研究，2008，25（10）：17-31.

[6] 邓捷. 环境规制对中国绿色经济效率影响的实证研究 [D]. 武汉：华中科技大学，2017.

[7] 范丹，孙晓婷. 环境规制、绿色技术创新与绿色经济增长 [J]. 中国人口·资源与环境，2020，30（6）：105-115.

[8] 范洪敏. 环境规制对绿色全要素生产率影响研究——基于"两控区"政策考察 [D]. 沈阳：辽宁大学，2018.

[9] 傅京燕，胡瑾，曹翔. 不同来源 FDI、环境规制与绿色全要素生产率 [J]. 国际贸易问题，2018（7）：134-148.

[10] 弓媛媛. 环境规制对中国绿色经济效率的影响——基于 30 个省份的面板数据的分析 [J]. 城市问题，2018（8）：68-78.

[11] 韩晶，孙雅雯，陈超凡等. 产业升级推动了中国城市绿色增长吗？[J]. 北京师范大学学报（社会科学版），2019（3）：139-151.

[12] 黄庆华，胡江峰，陈习定. 环境规制与绿色全要素生产率：两难还是双赢？[J]. 中国人口·资源与环境，2018，28（11）：140-149.

[13] 雷媛媛. 外商直接投资、环境规制与中国绿色经济效率 [D]. 重庆：西南大学，2020.

[14] 李斌，彭星，欧阳铭珂. 环境规制、绿色全要素生产率与中国工业发展方式转变——基于 36 个工业行业数据的实证研究 [J]. 中国工业经济，2013（4）：56-68.

［15］李兰冰，刘秉镰．中国高技术产业的效率评价与成因识别［J］．经济学动态，2014（9）：56－65．

［16］李政大，袁晓玲，苏玉波．中国经济发展方式转型效果评估——基于 EBM - Luenberger 模型［J］．财贸经济，2017，38（1）：21－33．

［17］廖文龙，董新凯，翁鸣，陈晓毅．市场型环境规制的经济效应：碳排放交易、绿色创新与绿色经济增长［J］．中国软科学，2020（6）：159－173．

［18］刘志彪，凌永辉．结构转换、全要素生产率与高质量发展［J］．管理世界，2020，36（7）：15－29．

［19］钱争鸣，刘晓晨．环境管制、产业结构调整与地区经济发展［J］．经济学家，2014（7）：73－81．

［20］钱争鸣，刘晓晨．环境管制与绿色经济效率［J］．统计研究，2015，32（7）：12－18．

［21］孙力军．金融发展、FDI 与经济增长［J］．数量经济技术经济研究，2008（1）：3－14．

［22］孙玉阳．环境规制对绿色经济增长影响研究［D］．沈阳：辽宁大学，2020．

［23］谭志雄，张阳阳．财政分权与环境污染关系实证研究［J］．中国人口·资源与环境，2015，25（4）：110－117．

［24］涂正革，刘磊珂．考虑能源、环境因素的中国工业效率评价——基于 SBM 模型的省级数据分析［J］．经济评论，2011（2）：55－65．

［25］王丽霞，陈新国，姚西龙，李晓瑜．环境规制对工业企业绿色经济绩效的影响研究［J］．华东经济管理，2018，32（5）：91－96．

［26］王书斌，徐盈之．环境规制与雾霾脱钩效应——基于企业投资偏好的视角［J］．中国工业经济，2015（4）：18－30．

［27］王勇，李雅楠，俞海．环境规制影响加总生产率的机制和效应分析［J］．世界经济，2019，42（2）：97－121．

［28］王竹君，魏婕，任保平．异质型环境规制背景下双向 FDI 对绿色经济效率的影响［J］．财贸研究，2020，31（3）：1－16．

［29］魏守华，陈扬科，陆思桦．城市蔓延、多中心集聚与生产率［J］．中国工业经济，2016（8）：58－75．

［30］温忠麟，范息涛，叶宝娟，陈宇帅．从效应量应有的性质看中介效应量的合理性［J］．心理学报，2016，48（4）：435－443．

［31］武建新，胡建辉．环境规制、产业结构调整与绿色经济增长——基于中国省级面板数据的实证检验［J］．经济问题探索，2018（3）：7－17．

［32］武云亮，钱嘉嬴，张廷海．环境规制、绿色技术创新与长三角经济高质量发展［J］．华东经济管理，2021，35（12）：30－42．

［33］谢贞发，张玮．中国财政分权与经济增长——一个荟萃回归分析［J］．经济学（季刊），2015，14（2）：435－452．

［34］邢韦庚．政绩考核、环境规制与经济绿色增长［D］．济南：山东大学，2020．

［35］徐卓顺. 东北三省能源效率与产业结构耦合协调度测度［J］. 城市问题，2015（10）：63 - 68.

［36］叶琴，曾刚，戴劭勍，王丰龙. 不同环境规制工具对中国节能减排技术创新的影响——基于 285 个地级市面板数据［J］. 中国人口·资源与环境，2018（2）：115 - 122.

［37］余茹怡. 环境规制、技术创新与绿色全要素生产率［D］. 成都：四川大学，2021.

［38］袁航，朱承亮. 国家高新区推动了中国产业结构转型升级吗［J］. 中国工业经济，2018（8）：60 - 77.

［39］原毅军，谢荣辉. 环境规制与工业绿色生产率增长——对"强波特假说"的再检验［J］. 中国软科学，2016（7）：144 - 154.

［40］张红霞，李猛，王悦. 环境规制对经济增长质量的影响［J］. 统计与决策，2020，36（23）：112 - 117.

［41］张华. 地区间环境规制的策略互动研究——对环境规制非完全执行普遍性的解释［J］. 中国工业经济，2016（7）：74 - 90.

［42］张建清，龚恩泽，孙元元. 长江经济带环境规制与制造业全要素生产率［J］. 科学学研究，2019，37（9）：1558 - 1569.

［43］张江雪，蔡宁，毛建素等. 自主创新、技术引进与中国工业绿色增长——基于行业异质性的实证研究［J］. 科学学研究，2015，33（2）：185 - 194，271.

［44］张平，张鹏鹏，蔡国庆. 不同类型环境规制对企业技术创新影响比较研究［J］. 中国人口·资源与环境，2016，26（4）：8 - 13.

［45］赵军，张如梦，李琛. 金融发展对环境规制提升工业绿色全要素生产率的创新补偿效应［J］. 首都经济贸易大学学报，2021，23（1）：38 - 49.

［46］Abrell J., Rausch S. Combining Price and Quantity Controls under Partitioned Environmental Regulation［J］. Journal of Public Economics，2017，145（1）：226 - 242.

［47］Ambec and Barla. Why Don't Poor Countries Catch Up：Across National Test of an Institutional Explanation［J］. Economic Inquiry，2002，35（3）：590 - 602.

［48］Berman E., Bui L. T. M. Environmental Regulation and Productivity：Evidence from Oil Refineries［J］. Review of Economics and Statistics，2001，83（3）：498 - 510.

［49］Blanchard Olivier, Shleifer Andrei. Federalism with and without Political Centralization：China Versus Russia［J］. IMF Staff Papers，2001：48.

［50］Cheng J., Yi J., Dai S. Can Low-Carbon City Construction Facilitate Green Growth? Evidence from China's Pilot Low-Carbon City Initiative［J］. Journal of Cleaner Production，2019，231.

［51］Erik H., Muhammad S., Imad M. The Impact of FDI on Regional Air Pollution in the Republic of Korea：A Way Ahead to Achieve the Green Growth Strategy?［J］. Energy Economics，2019，81.

［52］Franco C., Marin G. The Effect of within-sector, Upstream and Downstream Energy Taxed on Innovation and Productivity［J］. FEEM Working Paper，2013.

［53］Färe R., Grosskopf S., Margaritis D. APEC and the Asian Economic Crisis：Early Signals from Productivity Trends [J]. Asian Economic Journal, 2001, 15 (3): 325 – 341.

[54] Hailu A., Veeman T. S. Environmentally Sensitive Productivity Analysis of the Canadian pulp and Paper Industry, 1959 – 1994: an Input Distance Function Approach [J]. Journal of Environmental Economics and Management, 2000, 40 (3): 251 – 274.

[55] Hansen B. E. Threshold Effects in Non-dynamic Panels: Estimation, Testing and Inference [J]. Journal of Econometrics, 1999, 93 (2)

[56] Kumar S. Environmentally Sensitive Productivity Growth: A Global Analysis Using Malmquist-Luenberger Index [J]. Ecological Economics, 2006, 56 (2): 280 – 293.

[57] Lanoie P., Patry M., Lajeunesse R. Environmental Regulation and Productivity: Testing the Porter Hypothesis [J]. Journal of Finance, 2008.

[58] Ma L., Long H., Chen K., et al. Green Growth Efficiency of Chinese Cities and Its Spatio-temporal Pattern [J]. Resources, Conservation and Recycling, 2019, 146: 441 – 451.

[59] Managi S., Grigalunas T. A. Environmental Regulations and Technological Change in the Offshore Oil and Gas Industry [J]. Land Economics, 2005, 81 (2): 303 – 319.

[60] Mensah C. N., Long X., Dauda L., et al. Technological Innovation and Green Growth in the Organization for Economic Cooperation and Development Economies [J]. Journal of Cleaner Production, 2019, 240.

[61] Millimet D. L. Environmental Federalism: A Survey of the Empirical Literature [J]. Case Western Reserve Law Review, 2013, 64 (4): 1669 – 1757.

[62] Porter M. E., Linde. Toward a New Conception of the Environment-Competitiveness Relationship [J]. Journal of Economic Perspectives, 1995, 9 (4): 97 – 118.

[63] Rubashkina Y., Galeoth M., Verdolini E. Environmental Regulation and Competitiveness: Empirical Evidence on the Porter Hypothesis from European Manufacturing Sectors [J]. Energy Policy, 2015, 83 (35): 288 – 300.

[64] Silvia A., Tomasz K., Vera Z. Environmental Policies and Productivity Growth: Evidence across Industries and Firms [J]. Journal of Environmental Economics and Management, 2017, 81: 209 – 226.

[65] Snyder L. D., Miller N. H., Stavins R. N. The Effects of Environmental Regulation on Technology Diffusion: The Case of Chlorine Manufacturing [J]. American Economic Review, 2003, 93 (2): 431 – 435.

[66] Tone K., Tsutsui M. An Epsilon-based Measure of Efficiency in DEA-A third Pole of Technical Efficiency [J]. European Journal of Operational Research, 2010, 207 (3): 1554 – 1563.

[67] Wang X. H., Berman E. Hypotheses about Performance Measurement in Counties: Findings from a Survey [J]. Journal of Public Administration Research and Theory, 2001, 11 (3): 403 – 427.

[68] Watanabe M., Tanaka K. Efficiency Analysis of Chinese Industry: A Directional Distance Function Approach [J]. Energy policy, 2007, 35 (12): 6323 – 6331.

辽宁省绿色经济发展的评价和优化研究[*]

辽宁省绿色经济发展的评价和优化研究[*]

▶ 李思彤

【摘要】本文首先以辽宁省立足新发展阶段和新发展格局提出的"一圈一带二区"区域发展格局为标准，按区域划分简要阐述辽宁省内各地级市的绿色经济发展基本概况。其次选取经济和环境两大层次指标建立绿色经济发展水平评价体系，使用主成分分析法确定两大层次各自的主成分组，得出各市绿色经济发展水平的得分，并使用系统聚类方法，将14个地级市按绿色发展水平的不同进行分类。最终得出以下结论：辽宁省的绿色经济发展仍处于极不平衡的状态，绿色经济发展水平较高的地区，仍被资源倾斜、政策利好和根基深厚的城市所占据。从空间格局来看，基本由北到南贯穿了辽宁省的中轴线，分别为沈阳市、鞍山市、营口市和大连市；而绿色经济发展水平较低的地区，基本坐落于辽西和辽东地区。由此，本文从加快产业结构调整，创新驱动绿色经济发展、强化政府政策法规建设和因地制宜促进绿色经济协调发展给出对策建议。

【关键词】辽宁省；绿色经济；主成分分析；聚类分析

一、引言

改革开放以来，中国经济飞速增长，然而，这个高速发展的过程却贯穿着高排放、重污染、低效能，水域污染、土壤退化、资源枯竭等工业化

* 本文是辽宁省教育厅一般项目"高等教育学科专业结构与产业结构耦合研究与实践"的阶段性研究成果。

进程导致的环境问题十分严峻，严重制约了我国国民经济的持续健康发展，影响人民生产生活质量的提高。而实现全方位多层次的绿色发展理念推广实践，是解决当前中国经济发展与生态环境之间矛盾问题的有效路径。绿色发展理念贯穿于"十四五"规划建议的各领域各方面，着重于将绿色理念融入经济、政治、文化、生活、生产等方面。绿色经济是一种以市场配置为导向、以传统产业经济为基础、以经济与环境和谐发展为目的而兴起的经济形式，适应人类环境保护与身心健康的需要。辽宁省位于我国东北地区，在20世纪90年代以前，作为我国经济较为发达的重工业基地、能源储备地、粮食生产地等，为我国改革开放和现代化建设做出了极大贡献。但是，随着改革开放进程的不断推进，省内社会经济发展与生态环境之间的矛盾日渐突出，严重阻碍了全省经济的持续发展。本文的研究意义在于：第一，在城市经济发展过程中，较之西方发达国家，我国对经济发展与生态环境之间的关联性分析研究较晚。从当前我国的研究成果来看，众多学者仅在理论概念层次上探讨城市绿色发展，而缺少具体统计数据的验证。在这些理论探讨研究成果的基础上，本文利用辽宁省统计局的统计公报数据信息，对辽宁省绿色经济的空间格局分布和发展水平进行进一步的研究和探讨。第二，在辽宁省大力实施新旧动能转换的关键节点，研究全省范围内绿色经济的空间格局分布具有一定的现实意义。首先，能够促进辽宁省绿色经济发展。通过构建城市绿色发展评价指标体系，分析绿色经济发展的影响因素，认清绿色经济发展的问题现状，进而对辽宁省绿色经济分布的空间格局进行评价和优化，推动城市绿色发展。其次，能够为其他地区绿色经济空间布局规划提供借鉴。在建立评价系统的基础上，依据发展现状，从多角度多方面给出城市绿色经济发展建议，以期为其他地区的绿色经济发展提供经验。

二、绿色经济内涵

（一）绿色经济的定义

目前，对绿色经济的具体定义还没有一个确切概念，这是由于绿色经济这一概念在针对不同国家、地区或经济社会发展的不同阶段均有着不同的要求和内涵，也会因自然地理环境与社会经济条件的演变而发生变化。结合国内外针对绿色学术研究与论述，本文认为在中国当前情形下，绿色经济既坚持发展市场经济这一大方向，又将现代服务业作为发展重点，通过实现创新驱动，节能减排，大力发展环境友好型的新兴产业等手段，以实现经济高质量发展与生态环境保护有机统一的经济发展模式。在经历了单纯追求发展速度的发展阶段后,当前我国的发展重心已由发展速度转变为发展质量,同时也面临着产业结构优化、平衡经济与环境等发展的关键挑战。在这样的发展背景下,正确阐述绿色经济的内涵,将绿色经济发展理念作为发展中一项指导性思想贯彻落实,既是当前中国国民经济面临的现实要求,也是各省市亟须解决的一项重要课题。

(二) 绿色经济的特点

1. 绿色经济以人为本

以人为本作为一种思维方式,将"人"纳入考量范围之内,对人与自然、人与社会、人与他人乃至人自身的关系进行新的阐释,对各方面的关系进行度的把握,力求达到一种和谐的状态,为我国绿色经济发展建设提供了理论支撑和现实依据。以人为本和绿色发展是理念与行动的结合与统一,绿色发展的终极目的就是改善人的生活环境,满足人民对美好生活的需要,包括物质和精神全方位的满足。而发展绿色经济,恰好就能将一切劳动成果转化为人的全面自由发展的基础和条件,真正做到了以人为本。

2. 绿色经济具有可持续性

可持续发展理念,即在满足当代人需求的同时,又不能对后代人实现其自身需求的能力产生负面影响的发展。同时,要做到当前的发展不以透支后代的发展条件为代价,无论从不同群体方面,还是从不同地域层面,都应实现对于生态治理与资源利用的成本收益的合理调节与分配。摒弃"先污染,后治理"的旧发展理念,通过经济手段与管理手段"两手抓",才能真正实现国民经济可持续发展,达到经济持续健康增长、生态友好型经济模式深入推进的发展目标,满足人民的美好生活需要。

三、文献综述

(一) 国内城市绿色经济评价相关研究

在绿色经济评价指标系统的构建方面,曾贤纲等(2014)根据联合国环境规划署提倡的绿色经济指标形成了一套三级评价指标体系,从资源的绿色利用、经济转型的成果、进步和福祉的完成三个层面对中国绿色经济的发展进行了点评。彭斯震和孙新章（2014）指出，中国绿色经济发展仍面临着艰巨挑战，应根据逐步推进传统制造业更新、推动新型产业发展并与城镇化发展紧密结合、推动自主创新、构建绿色交易方式等方法改进更新。李斌等（2016）利用空间计量经济模型发现，产业转型升级可以有效推动地区绿色经济的发展。朱海玲（2017）以绿色 GDP 为标准考量绿色经济，以循环经济、绿色金融业、节能降耗和工业绿色生产为指标建立评价指标体系。董晓红等（2018）明确提出通过发展绿色金融业和完善法律环境来推动绿色经济的发展。李战江等（2018）对目前研究成果进行整理，选择指标值，最后确认了经济发展、人类福祉、资源环境、社会发展四类绿色经济评价因子。在绿色经济空间布局优化措施层面，田金平等（2019）认为，产业向工业园区聚集化发展是必然趋势，须通过清洁生产和绿色经济核心技术的提升，推动绿色经济全产业链的发展。谢婷婷和刘锦华（2019）指出，绿色信贷可以推动产业转型发展，减少煤炭利用占比，因此必须健全绿色贷款政策，鼓励企业开展技术革新，创建生态环境保护的长效机制，推动绿色经济的发展。

（二）国外城市绿色经济评价相关研究

1981 年，挪威率先对自然资源进行核算，为之后各国政府及组织进行绿色经济评价奠定了基础。进入 21 世纪后，世界银行在全球二十余个国家开启绿色经济发展评价的应用实践，其中包括创立能够反映资源环境成本消耗的调整后净储蓄（ANS），以及将生态服务情况与国民财富核算挂钩的生态系统服务评价系统（WAVES）。而近年来，测定绿色发展的评价方法则更加丰富多样，这得益于多个经济环境组织普遍推出专业的绿色增长指标体系，如经济合作与发展组织（OECD）绿色增长指标体系、联合国环境规划署（UNEP）绿色经济指标体系、联合国亚洲及太平洋经济社会委员会（UNESCAP）绿色增长指标体系等，这些评价体系如今已广泛应用于发达国家及发展中国家。其中最具有权威性的经济合作与发展组织（OECD）绿色增长指标体系，其研判重点是绿色增长的可见性和可测性，能对各地区的绿色增长效率及发展趋势做出精准判断，对于各国确定其绿色发展成果并分析当前发展不足提供了权威借鉴，这也充分证明了该体系的普适性与灵活度。此外，国外研究也表明，包括生态足迹、水足迹、碳足迹、资源足迹等在内的足迹指标，应成为绿色发展评价体系中的重要指标之一。而这一建议目前已经得到充分认可，如 2009 年生态足迹这一指标的建立就获得了学术领域和相关政策部门的一致肯定与广泛采纳。

四、辽宁省绿色经济空间格局的现状

（一）辽宁省地理位置①

辽宁省总面积 14.8 万平方千米，西南方向与河北省接壤，西北方向与内蒙古自治区毗连，东北方向与吉林省为邻，东南方向以界河鸭绿江与朝鲜相望。作为沿海省份之一，辽宁省南临渤海和黄海，辽东半岛横亘于两海之间，与山东半岛遥相呼应。下辖 14 个地级市（其中沈阳市和大连市为副省级市）：沈阳市、大连市、丹东市、抚顺市、营口市、本溪市、辽阳市、盘锦市、锦州市、鞍山市、铁岭市、阜新市、朝阳市、葫芦岛市。

（二）省内绿色经济发展概况

"十四五"时期，辽宁省委、省政府立足新发展阶段和新发展格局，明确提出要加速形成以沈阳市、大连市"双核"为带动的"一圈一带二区"区域发展格局。本文以"一圈一带二区"为标准，按区域划分来简要阐述辽宁省内目前各地级市的绿色经济发展基本概况。

1. 沈阳都市圈

沈阳都市圈简称为"一圈"，包含沈阳市、鞍山市、本溪市、阜新市、抚顺市、辽阳市、铁岭市七市及沈抚示范区，目标是建成全国新型工业化示范区、北方优质生活宜居地、现代化城市圈协作创新发展示范样板区，打造东北全面振兴引领区。

作为"一圈一带二区"区域发展格局核心之一的省会城市沈阳，致力于进行工业绿色转型，建设绿色制造体系，改造重点节能技术项目，多个工厂、产品、供应链和园区上榜国家级绿色制造名单，是名副其实的辽宁省绿色转型中的"模范生"。以沈阳高新区为例，实施了"蓝天碧水青山"工程，打造成为全市乃至全省低碳绿色产业发展新高地，努力构建"一环、一网、两河、三公园"的城市绿化格局。

抚顺市深知绿色发展需要达到经济效益与环境效益的统一，重视区域自然生态环境保护和利用。开展国土绿化行动，进行"山水林田湖草沙"一体化的保护和修

---

① 资料来源：辽宁省人民政府官网。

复，加强大伙房水库全流域治理，保护建设好全省最重要的水源地；发挥地区特色药材资源丰富的优势，做大药材种植规模，做强药材产品深加工产业，大力发展现代农业、特色农业；开展绿色低碳转型，大力发展清洁能源产业，以抽水蓄能、农光互补、生物质发电、垃圾发电、风能发电为重要载体的清洁能源产业方兴未艾，新兴清洁能源项目遍布城乡。"十四五"期末，清洁能源产业成为抚顺市绿色转型的重要支柱产业。

沈抚示范区坚持"主动融入沈阳都市圈、构筑辽东绿色生态屏障"的建设理念，常态化开展人居环境的整治，治理多条流入浑河的支流，打击并关停非法倾倒和排污企业，建立生态环境保护监督、巡查和处置机制。依托绿色生态资源优势，大力发展食用菌、中药材、山野菜和林蛙等特色产业，全力建设辽东绿色经济先导区。

本溪市作为国家水源涵养重点保护区域，以"生态立市"战略为引领实现绿色发展。森林覆盖率位居辽宁省首位，地区河流密布，被誉为"辽宁水塔"，自然生态本底优势突出。本溪市利用其生态资源优势，大力发展旅游业，打响"本溪枫叶、山水氧吧、温泉度假、避暑胜地、康养小镇、红色文化、历史文化、民俗文化"等独特旅游品牌，打造东北亚生态休闲康养目的地；推进自然资源确权登记及生态产品价值核算，支持碳排放、碳汇和用能权交易，形成生态产品价值实现机制。

阜新市作为全国范围内第一个资源枯竭型城市进行绿色转型试点市，为了实现绿色低碳发展，在生态方面积极推进辽西北防风治沙固土工程，探索以树挡沙、以草固沙、以水涵沙、以光锁沙等科学治理方式，完善市场化生态保护机制，制定了有利于低碳发展的财税、价格、金融、土地等政策机制，鼓励社会资本参与到生态保护和修复工作中去。经济方面，深耕碳交易市场，不断扩大碳排放交易额，把沙化土地变成草原林海，把林草资源变成绿色银行。此外，还充分利用丰富的风力、光照资源，大力发展新能源产业：在海州露天矿、抽水蓄能电站蓝图渐展；在阜新高新技术产业开发区、氢能产业方兴未艾。

鞍山市素来被誉为"新中国钢铁工业的摇篮"，具有底蕴深厚的工业基础，而在新发展格局和新发展理念面前，当地政府紧紧依靠科技创新，加快钢铁、菱镁等传统产业绿色化升级改造，构建绿色循环制造体系；结合产业发展实际，将发展以新能源汽车为代表的先进制造业作为主攻方向；大力发展风能、光伏等新能源产业，加快能源结构调整，为鞍山经济绿色低碳发展铺平道路。

辽阳市注重走绿色发展道路以增强居民幸福感和获得感。政府为改善生态环境，将造林绿化作为重要举措，努力形成绿环绕城、绿带交织、绿园点缀、满目葱绿的绿色生态格局，各项指标已基本满足国家森林城市评价标准的要求。辽阳市打造"绿色银行"，加大绿色金融支持力度，助力生态修复工程，服务生态文明建设，发放供应链贷款用于改造矿山生态环境建设。辽阳高新区高度重视低碳绿色发展，投入资金近十亿元，建设污水处理、工业管廊、固废回收、循环利用、园区绿化等基础设施。

铁岭市充分借助互联网和大数据技术助力绿色发展，全市范围内的环境保护数字化管理平台——生态智方，能够实时监测重点环保督察整改情况和各县（市）区的环境数据。作为位于辽河上游流域的城市，开展对辽河流域水质的治理保护，整治农业养殖污染、生活生产垃圾随意排放等突出问题。同时推进农业现代化绿色发展，注重对农产品质量安全的监督管理，实施黑土地保护利用试点项目，开展秸秆利用和农药包装废弃物回收处理工作。

2. 辽宁沿海经济带

辽宁沿海经济带简称为"一带"，包含大连市、丹东市、营口市、锦州市、盘锦市、葫芦岛市6市，目标是要建成东北产业结构优化核心区和经济社会发展前沿区、东北亚重要国际航运枢纽和海洋经济发展合作区，形成全国对外开放协作新高地。

大连市是"一圈一带二区"区域发展格局的另外一个核心。致力于对重点行业进行绿色化改造，推广运用涵盖全生产过程中的节能、节水、节材设备及工艺，倡导产品绿色设计，培育工业产品绿色设计示范企业。对重点服务行业进行绿色升级，通过数字健康工程促进医疗行业绿色发展，探索5G、人工智能、物联网等信息技术在医疗健康领域的运用。支持发展绿色物流，发展智慧仓储、智慧运输，鼓励城市物流配送领域优先使用具备新能源或清洁能源的运输工具。因地制宜，充分利用地理位置优势，推动能源体系绿色低碳转型，优先发展风电、光伏、核电，着力扩大天然气利用，积极推进清洁取暖，探索海洋能源开发利用。加快种养殖业绿色发展进程，充分利用浅海滩涂资源发展重点优势特色种类生态养殖，加强绿色食品标志市场监察。

丹东市政府重点建设生态功能区，建设国家林产品交易中心，加强鸭绿江、浑江等水生态保护修复，重点推进宽甸蒲石河等湿地保护项目建设，打造候鸟迁徙绿色通道，推进丹东杜鹃木本花卉基地建设，做强东北抗联、抗美援朝等红色旅游品牌，以及推进鸭绿江边境旅游带建设等。

锦州市锚定"打通东北陆海新通道"和"高质量建成辽西中心城市"战略目标，不断优化招商项目质量，重点围绕精细化工、新能源、新材料、先进装备制造、生物医药、农副产品精深加工6个主导产业，精心谋划一批有利于优化产业结构、完善产业链条、含金量高、拉动性强的优质项目，包括中国兵器工业集团北方能源基地、黑山 40 万千瓦风电等项目，围绕东北地区陆海新通道和辽宁省沿海经济带高质量发展加快推进的锦州港航道改扩建工程等项目。

营口市充分发挥其地理位置优势，沿海产业基地致力于打造成"世界级石化和精细化工产业基地"，以高技术、高效益、高附加值的精细化工项目落户为目标，大力开展招商引资，通过产业集聚，吸引低能耗、低排放、高附加值的环境友好型项目入驻，力争将冶金化工重装备区打造成为千亿级国家绿色化工示范区，实现绿色转型。此外，加大对矿山地质环境的保护与治理恢复力度，最大限度地开采、提取、回收和高效利用矿产资源，推动节约与综合利用向纵深发展。

盘锦市从环境保护角度进行严格管制，规范执行环境影响评价制度，严肃查处各类环境违法行为，加强污染物总量控制和管理，全面开展固定源排污许可证核发工作。农业方面，逐步向绿色生态高效的现代农业转型升级，凭借知名的大米与河蟹两大产业，形成"产业联盟＋基地＋农户"的现代农业模式。同时大力发展现代服务业，以发展旅游业为重点，主打"红海滩＋"旅游品牌，同步发展湿地观光游、休闲度假游、冬季冰雪游等旅游项目，从而达到调整产业结构、统筹城乡发展和促进绿色发展的目标。

葫芦岛市也从绿色能源方面入手，推进"煤改电"工程，落地一批以"核能、风能、太阳能、生物能、抽水蓄能及天然气"为主的、具有引领绿色能源多元化发展的新项目。目前已建成 16.6 万千瓦新能源项目，还有 10 个新能源产业项目正在顺利推进①，预计建成后将有效地拉长新能源产业链条，为全区加快发展新能源装备制造业奠定坚实基础。

3. 辽西先导区

辽西先导区即辽西地带，包括阜新市、朝阳市、葫芦岛市，融合京津冀协调发展战略先导区，形成东北地区经济振兴与京津冀协同发展战略协作区、京津冀辽绿色生态安全屏障，致力于成为辽宁省高质量发展的新兴增长极。

辽西地区坚持绿色低碳道路，打造区域经济新增长点，加强在生物医药、先进制造、清洁能源等领域与京津冀地区的合作，如共同搭建使用清洁可再生能源的绿色产业基地等高质量项目。生态方面，继续与京津冀先导区共同对生态环境进行治理和保护，推进工矿资源绿色转型、土地沙化治理等项目建设，筑牢辽西陆海生态屏障。其中，朝阳市以光伏发电、风力发电和生物质发电等新能源产业项目为支撑，集群式发展清洁能源产业。进行林业生态建设，特色经济林产业分区域、规模化发

---

① 数据来源：2022 年《葫芦岛市政府工作报告》。

展，林业资源快速增长，实现了经济效益和生态效益的统一。此外，坚持保护为先与合理开发利用的原则，对区域的湿地资源进行保护和建设，实现生态保护、休闲娱乐等功能的有机结合，多角度实现绿色发展。

4. 辽东绿色经济区

辽东绿色经济区包括岫岩县、凤城市、宽甸县等9县（市），致力于建设成为重点生态功能区、绿色产业集聚区、全域旅游示范区，打造全省生态文明建设样板区，是辽宁省发展绿色经济的重点关注区域。

当前，辽东绿色经济区以省级生态县建设为基础，强化生态功能，探索开展林业碳汇交易。秉承着"产业发展生态化、生态建设产业化"的发展战略，辽东绿色经济区依托自然资源优势，大力发展生物制药、绿色农产品、食品保健品和有机食品精加工等产业，加快打造绿色产业体系的步伐。此外，依托底蕴深厚的红色革命历史文化、独特的东北民俗文艺、丰富的旅游资源，辽东绿色经济区还开发出地区特色观光游和东北文化体验活动，打响"红色游""民俗游"等当地特色的旅游品牌，致力于建设成集自然生态、历史文化、民族风情于一身的知名生态文化旅游基地。

五、构建城市绿色经济发展评价指标体系

（一）城市绿色经济发展评价指标的选择

城市绿色经济评估指标的选取在整体评估体系中具有绝对的分量。指标体系的选取关系到后续评估结论的准确性，指标体系选取过多，将会导致计算流程复杂，劳时费工，并不是一定多的指标体系就能得出更准确的结论；如果指标选取过少，将无法全面系统地对上一阶段的标准层进行解释与描述，也无法获得全面评估的结论。所以，使用合适的方式对评估体系中各个指标进行筛选就十分重要。

1. 标准层指标的选择

当前我国经济已完成由高速增长向高质量发展的关键转化，我们应该认识到，经济发展与生态环境保护是辩证而统一的。首先，二者的目的是统一的，都是为满足人民群众对美好生活的需要。其次，二者的内容是相辅相成并能够相互转化的。一方面，随着生态建设与环境保护举措的落实，生态环境的质量将得以显著提高，

进而提高了经济社会发展的可持续性，发展空间也将更为宽广；另一方面，经济社会发展将为生态环境治理和保护提供更为坚实的物质保证，为人民群众生活带来更为优质的生态产品。因此，本文选取经济和环境为两大标准层。

2. 因素层评价因子的确定

根据绿色经济的基本理念与发展特征，在经济指标的影响因子的选取上，应当选取可以体现城市经济发展程度与产业结构完整性的指数，其量值的高低折射出区域的工业化程度，是评价区域总体经济发展水平的主要标志。

首先，第一产业通常是城市发展的早期产业，由于其主要是以依托自然资源生产居多，不需进行过度机械加工就能进行大量消费，所以转换率通常较低。其次，第二产业则大多为采矿冶金业、建筑施工、能源电力等行业，然而转换率也不如第三产业高，于是本文选择将第三产业占比作为评估指标。第三产业的占比越大，则城市总体的生产经营结构就越先进，工业生产效率高，能源费用越低，从而体现了一座城市经济发展的先进程度。基于上述分析，同时也考虑实际数据的可获得性，本文选取人均GDP（A1），城镇居民人均可支配收入（A2）、第三产业占地区生产总值比重（A3）、教务科技支出占公共财产支出比重（A4）、地区生产总值（A5）这五个因子来构建评价体系，如表1所示。

表1　　　　　　　　　　　　　　　经济指标

标准层	因子层	编号	作用方向
经济指标（B1）	人均GDP（元）	A1	+
	城镇居民人均可支配收入（元）	A2	+
	第三产业占地区生产总值比重（%）	A3	+
	教务科技支出占公共财产支出比重（%）	A4	+
	地区生产总值（元）	A5	+

地区是否实现绿色发展，关键是要看当地生态环境是否绿色化，社会经济活动在多大程度上对生态环境产生了污染破坏，例如，水域环境污染，生活废弃物环境污染，工业生产固废环境污染、大气污染、土地环境污染等。缓解伴随着经济与社会发展而产生的生态环境破坏问题，为区域内的各类活动主体人群提供安全健康的环境。

鉴于数据的完整性和综合性，本文选取工业固废利用率（A6）、生活垃圾无害化处理率（A7）和城市园林绿化面积（A8）、工业废水排放总量（A9）、城市废水排放总量（A10）、工业二氧化硫排放量（A11）、工业烟粉尘排放量（A12）7个因子作为环境评价的影响因子指标，如表2所示。

表 2		环境指标	
标准层	因子层	编号	作用方向
环境指标（B2）	工业固废利用率（%）	A6	+
	生活垃圾无害化处理率（%）	A7	+
	城市园林绿地面积（公顷）	A8	+
	工业废水排放总量（万吨）	A9	−
	城市废水排放总量（万吨）	A10	−
	工业二氧化硫排放量（吨）	A11	−
	工业烟粉尘排放量（吨）	A12	−

（二）评价体系的建立

据此，本文在经济指标和环境指标下选取 12 个影响因素，来构建城市绿色发展体系。如表 3 所示。

表 3		评价指标体系		
目标层	标准层	因素层	编号	作用方向
城市绿色经济发展水平（Z）	经济指标（B1）	人均 GDP（元）	A1	+
		城镇居民人均可支配收入（元）	A2	+
		第三产业占地区生产总值比重（%）	A3	+
		教育科技支出占公共财产支出比重（%）	A4	+
		地区生产总值（万元）	A5	+
	环境指标（B2）	工业固废利用率（%）	A6	+
		生活垃圾无害化处理率（%）	A7	+
		城市园林绿地面积（公顷）	A8	+
		工业废水排放总量（万吨）	A9	−
		城市废水排放总量（万吨）	A10	−
		工业二氧化硫排放量（吨）	A11	−
		工业烟粉尘排放量（吨）	A12	−

六、辽宁省 14 个地级市绿色发展水平评价

（一）评价方法

上文所选取的原始数据指标相互之间会产生各种信息重叠，而如果把这种数据

直接纳入计算结果中，则所得出的结论就有可能出现错误，因此本文将采用主成分分析法对存在关联性的原数据分析加以降维，并用彼此独立的综合指标得到研究结果。将使用主成分分析法计算得出的最终城市的绿色发展水平综合得分再进行系统聚类，作出直观的城市分类图，从而观察和分析其空间分布格局。

（二）经济指标的评价结果

考虑指标数据的时效性和完整性，本文选择 2020 年的统计数据作为评价体系数据（见表 4），数据均来自《辽宁省统计年鉴 2021》。

表 4　　　　　　　　　2020 年辽宁省 14 个城市经济指标

城市	A1	A2	A3	A4	A5
沈阳	72936	47413	62. 5	13. 32	6571. 6
大连	94685	47380	53. 4	14. 21	7030. 4
鞍山	52020	37980	53. 0	13. 10	1738. 8
抚顺	44137	35058	45. 9	10. 94	827. 8
本溪	60210	36048	46. 1	10. 77	810. 4
丹东	35389	32346	56. 0	14. 60	779. 4
锦州	39332	35216	55. 5	12. 42	1072. 2
营口	56777	39793	47. 8	10. 60	1325. 5
阜新	30451	30438	51. 5	13. 55	504. 6
辽阳	51793	34814	44. 5	11. 88	837. 7
盘锦	93512	42788	37. 1	9. 55	1303. 6
铁岭	27577	27634	48. 1	14. 27	663. 1
朝阳	30371	27997	48. 0	15. 37	875. 6
葫芦岛	31514	32756	48. 0	14. 50	770. 4

注：A1 为人均 GDP（元）；A2 为城镇居民人均可支配收入（元）；A3 为第三产业占地区生产总值比重（%）；A4 为教育科技支出占公共财产支出比重（%）；A5 为地区生产总值（元）。

在指标 A1 至 A5 中没有负面效果的指标，因此本文直接运用 SPSS 软件进行原始数据的标准化，标准化后的数据如表 5 所示。

表 5　　　　　　　　　经济因子原始数据标准化

城市	A1	A2	A3	A4	A5
沈阳	0. 95837	1. 77184	2. 06637	0. 29484	2. 22574
大连	1. 92978	1. 76659	0. 58407	0. 79130	2. 43947
鞍山	0. 02417	0. 27305	0. 51892	0. 17213	− 0. 02555
抚顺	− 0. 32792	− 0. 19122	− 0. 63760	− 1. 03275	− 0. 44993

续表

城市	A1	A2	A3	A4	A5
本溪	0.38997	− 0.03392	− 0.60502	− 1.12758	− 0.45803
丹东	− 0.71864	− 0.62212	1.00759	1.00885	− 0.47247
锦州	− 0.54253	− 0.16612	0.92614	− 0.20719	− 0.33608
营口	0.23664	0.56111	− 0.32811	− 1.22241	− 0.21808
阜新	− 0.93920	− 0.92528	0.27458	0.42314	− 0.60049
辽阳	0.01403	− 0.22999	− 0.86564	− 0.50841	− 0.44532
盘锦	1.87738	1.03698	− 2.07102	− 1.80812	− 0.22828
铁岭	− 1.06756	− 1.37080	− 0.27924	0.82477	− 0.52665
朝阳	− 0.94277	− 1.31313	− 0.29553	1.43836	− 0.42766
葫芦岛	− 0.89172	− 0.55698	− 0.29553	0.95307	− 0.47667

进行 KMO 和 Bartlett 球形检验，来确定经济系统中的五个指标是否能够运用主成分分析法得到有效结果。一般情况下，KMO 值大于 0.6 或 Bartlett 球形检验的显著性小于 0.05 则说明进行主成分分析有效，如表 6 所示，Sig 值小于 0.05，各个因子间相互影响，可以利用主成分分析法进行分析。

表6   KMO 和巴特利特检验

KMO 取样适切性量数		0.511
巴特利特球形度检验	近似卡方	65.890
	自由度	10
	显著性	0.000

利用 SPSS 软件计算得出相关矩阵的特征值及主成分贡献率，如表 7 所示，主成分 1 贡献率 54.551%，主成分 2 贡献率 36.711%，累计贡献率 91.262%。因此我们提取两个主成分作为经济层面的主成分，经计算可得，主成分 1 的权重为 0.597741787，主成分 2 的权重为 0.4023。

表7   总方差解释

成分	初始特征值			提取载荷平方和		
	总计	方差百分比（%）	累积（%）	总计	方差百分比（%）	累积（%）
1	2.728	54.551	54.551	2.728	54.551	54.551
2	1.836	36.711	91.262	1.836	36.711	91.262
3	0.370	7.402	98.664			
4	0.043	0.868	99.532			
5	0.023	0.468	100.000			

针对主成分 1、2，辽宁省 14 个城市的最终经济因子得分如表 8 所示。

表 8　　　　　　　　　　　　　　最终得分

城市	F1	F2	F
沈阳	1.81912	1.46741	1.677642
大连	2.03405	0.87853	1.569233
鞍山	0.12445	0.31296	0.20028
抚顺	−0.26539	−0.84564	−0.4988
本溪	0.04568	−1.00125	−0.37546
丹东	−0.64345	0.98564	0.011865
锦州	−0.24945	0.3614	−0.00373
营口	0.31942	−0.84625	−0.14948
阜新	−0.86743	0.36988	−0.36971
辽阳	−0.23864	−0.76219	−0.44924
盘锦	0.9602	−2.25369	−0.33261
铁岭	−1.1399	0.34594	−0.54221
朝阳	−1.11354	0.63009	−0.41215
葫芦岛	−0.78512	0.35718	−0.32562

由于在分析过程中对指标进行了标准化操作，因而产生了负值。以零值代表平均发展水平，正向得分即位于平均水平之上，负向得分即位于平均水平之上。由图 1 可知，辽宁省十四个地级市中，仅有四个城市在经济系统的评价中为正向发展城市，分别为沈阳市、大连市、鞍山市和丹东市，其中沈阳市和大连市的绿色经济发展水平远高于其他市，分居一二位。其主要原因在于主成分 1 即 F1 得分很高，而 F1 主要由 A1（人均 GDP）、A2（城镇居民人均可支配收入）和 A5（地区生产总值）来支撑；主成分 2 即 F2 主要由 A3（第三产业占地区生产总值比重）和 A4（教育科技支出占公共财产支出比重）支撑。此结论与日常新闻报道的实际情况基本吻合。

（三）环境指标的评价结果

在环境指标中，A9、A10、A11、A12 为负面效果指标，要进行同趋化处理，即负方向作用指标正向化（见表 9）。本文中使用取相反数的方法将负向指标进行正向化，如表 10 所示。

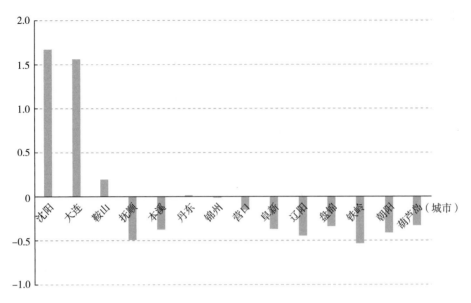

图1   各市经济系统最终得分

表9   2020 年辽宁省 14 个城市环境指标

城市	A6	A7	A8	A9	A10	A11	A12
沈阳	79.46	100	25523	4629.7	46138.1	9670.8	4178.5
大连	96.24	100	41370	6828.8	28321.7	10245.8	10890.7
鞍山	43.66	100	8839	1344.8	16990.3	44044.8	11038.6
抚顺	28.07	93.75	5829	2322.4	5289.7	6958.5	7542.2
本溪	43.5	100	24258	1772.6	2464.7	11922.0	14278.2
丹东	5.06	84.91	4865	585.6	6127.9	4970.6	3835.6
锦州	73.76	91.23	5549	1492.1	13312.5	8536.1	7683.8
营口	99.51	100	8891	1504.3	5006.9	15239.2	15054.9
阜新	71.76	100	3575	475.1	3189.8	6881.0	2901.4
辽阳	30.94	100	5167	1878.7	5371.2	3815.2	16270.8
盘锦	96.85	100	4713	2664.3	2092.0	3124.7	2217.1
铁岭	69.2	100	4628	1307.3	6436.1	6481.7	4155.9
朝阳	60.34	100	5145	329.6	3078.4	8864.3	25879.4
葫芦岛	46.98	100	5460	1894.2	6372.9	3674.5	2393.6

注：A6 工业固废利用率（%）；A7 生活垃圾无害化处理率（%）；A8 城市园林绿地面积（公顷）；A9 工业废水排放总量（万吨）；A10 城市废水排放总量（万吨）；A11 工业二氧化硫排放量（吨）；A12 工业烟粉尘排放量（吨）。

表 10   环境因子原始数据标准化

城市	A6	A7	A8	A9	A10	A11	A12
沈阳	0.66777	0.46431	1.29166	− 1.47	− 2.84275	0.06278	0.72585
大连	1.25506	0.46431	2.69978	− 2.73465	− 1.41244	0.00686	− 0.25105
鞍山	− 0.58522	0.46431	− 0.19083	0.41908	− 0.50274	− 3.28007	− 0.27257
抚顺	− 1.13086	− 0.88498	− 0.45829	− 0.14312	0.43659	0.32655	0.23629
本溪	− 0.59082	0.46431	1.17926	0.17306	0.66339	− 0.15615	− 0.74406
丹东	− 1.9362	− 2.79343	− 0.54394	0.85568	0.3693	0.51987	0.77575
锦州	0.46827	− 1.42902	− 0.48317	0.33437	− 0.20748	0.17313	0.21569
营口	1.36951	0.46431	− 0.18621	0.32736	0.4593	− 0.47874	− 0.8571
阜新	0.39827	0.46431	− 0.65857	0.91923	0.60517	0.33409	0.91172
辽阳	− 1.03041	0.46431	− 0.51711	0.11205	0.43005	0.63224	− 1.03407
盘锦	1.27641	0.46431	− 0.55745	− 0.33974	0.69331	0.69939	1.01131
铁岭	0.30867	0.46431	− 0.565	0.44065	0.34456	0.37292	0.72914
朝阳	− 0.00142	0.46431	− 0.51906	1.0029	0.61412	0.14121	− 2.4325
葫芦岛	− 0.46902	0.46431	− 0.49107	0.10313	0.34963	0.64592	0.98562

先对 7 个环境因子进行 KMO 和 Bartlett 球形检验，依次来确定系统中的因子指标是否满足主成分分析的前提条件。与经济层面分析时同理，KMO 值大于 0.6 且 Bartlett 球形检验的显著性小于 0.05，说明可以进行主成分分析（见表 11）。

表 11   KMO 和巴特利特检验

KMO 和巴特利特检验		
KMO 取样适切性量数		0.607
巴特利特球形度检验	近似卡方	32.639
	自由度	21
	显著性	0.050

利用 SPSS 软件计算得出相关矩阵的特征值及主成分贡献率，如表 12 所示，主成分 1 贡献率 41.294%，主成分 2 贡献率 20.794%，主成分 3 贡献率为 15.939%，累计贡献率 78.027%，因此本文提取三个主成分作为环境指标的主成分。经计算可得，主成分 1 的权重为 0.529226439，主成分 2 的权重为 0.266493197，主成分 3 的权重为 0.204280364。针对主成分 1、2、3，辽宁省 14 个城市的最终环境因子得分如表 13 所示。

表 12 主成分提取结果

成分	初始特征值			提取载荷平方和		
	总计	方差百分比（%）	累积（%）	总计	方差百分比（%）	累积（%）
1	2.891	41.294	41.294	2.891	41.294	41.294
2	1.456	20.794	62.088	1.456	20.794	62.088
3	1.116	15.939	78.027	1.116	15.939	78.027
4	0.800	11.427	89.454			
5	0.381	5.449	94.903			
6	0.259	3.707	98.609			
7	0.097	1.391	100.000			

表 13 最终得分

城市	F1	F2	F3	F
沈阳	1.87083	−0.92075	−0.43001	0.656876
大连	2.42125	−0.34237	−0.16864	1.1557
鞍山	0.07252	1.44398	−2.19247	−0.02469
抚顺	−0.62129	−0.72731	−0.46685	−0.61799
本溪	0.06908	0.66476	−0.37422	0.137267
丹东	−1.43641	−1.86794	−1.3765	−1.53917
锦州	−0.33427	−0.69636	−0.1138	−0.38573
营口	0.10393	1.17289	0.63173	0.49662
阜新	−0.50653	−0.03336	1.04279	−0.06394
辽阳	−0.50182	0.48718	0.04784	−0.12597
盘锦	0.06817	−0.30827	1.725	0.306309
铁岭	−0.27764	−0.10152	0.88678	0.007163
朝阳	−0.59647	1.73929	0.11804	0.171955
葫芦岛	−0.33134	−0.51024	0.6703	−0.1744

由表 13 及图 2 可知，在城市可持续发展环境系统的得分中，得分最高的为大连市，1.56 分，其次是沈阳市和营口市。排名第一的大连市，其主成分 1 的得分很高，即在城市园林绿地面积（A8）、工业固废利用率（A6）、生活垃圾无害化处理率（A7）这三方面都表现出色，说明大连在城市土地利用规划、工业和生活垃圾处理等方面都做得比较到位，也可能由于近年来大连市在地区经济结构上进行了综合优化，第三产业占比也逐渐提升，所以对自然环境的污染程度也要相对低许多。丹东市成为省内 14 个城市中环境系统指标评分最低的城市，且三项主要成分的得分都相对于其他城市较低。这表明该市在经济发展的同时，未能做到对环保资源的有效维护与污染的综合治理。辽宁省是典型的重工业基地，在生态环境的保护和治理上，政府部门应该给予高度的关注。

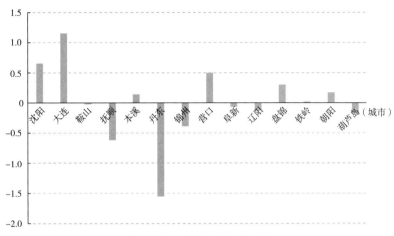

图 2　各市环境系统最终得分

（四）最终得分

将已计算的辽宁省 14 个地级市的经济指标得分和环境指标得分加总，可得到各市绿色经济评价的最终得分，如表 14 所示。

表 14　2020 年辽宁省 14 个地级市绿色经济评价最终得分

城市	经济指标得分	环境指标得分	最终得分
沈阳	1.67764	0.65688	2.33452
大连	1.56923	1.15570	2.72493
鞍山	0.20028	-0.02469	0.17559
抚顺	-0.49880	-0.61799	-1.11679
本溪	-0.37546	0.13727	-0.23819
丹东	0.01186	-1.53917	-1.52731
锦州	-0.00373	-0.38573	-0.38946
营口	-0.14948	0.49662	0.34714
阜新	-0.36971	-0.06394	-0.43365
辽阳	-0.44924	-0.12597	-0.57522
盘锦	-0.33261	0.30631	-0.02630
铁岭	-0.54221	0.00716	-0.53505
朝阳	-0.41215	0.17195	-0.24020
葫芦岛	-0.32562	-0.17440	-0.50002

根据表 14 及图 3 可知，在城市绿色经济发展评价中大连市以 2.72493 分位居第一位；沈阳市位居第二，得分 2.33452；营口市以 0.34714 分排在第三位；鞍山市0.17559 分排名第四。其余城市得分均为负数。可见，作为辽宁省省会的沈阳市和素来处于沿海经济发达区的大连市，在城市绿色经济发展水平方面远超于省内其他城市，在省内相对来说经济发达且环境优良；营口市和鞍山市以微弱的优势略胜于

除沈阳和大连以外的其他城市，但仍存在发展进步的空间；剩余 10 个地级市的绿色经济发展水平不尽如人意，仍须政府、企业及个人等多方主体做出努力改变现状。

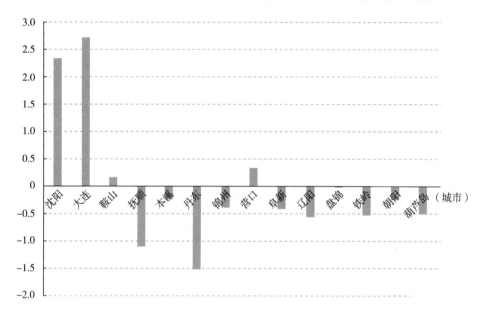

图 3　2020 年辽宁省 14 个地级市绿色经济评价最终结果

（五）聚类分析

根据最终得分数据，利用 SPSS 软件，对辽宁省 14 个地级市进行聚类分析。根据聚类树状分析图（见图 4），可将 14 个地级市分为四类，如表 15 所示。

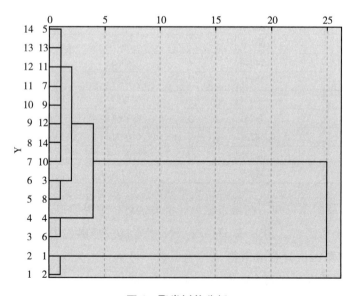

图 4　聚类树状分析

表15 各市所属类别

城市	最终得分	类别
沈阳	2.33452	1
大连	2.72493	1
鞍山	0.17559	2
抚顺	-1.11679	3
本溪	-0.23819	4
丹东	-1.52731	3
锦州	-0.38946	4
营口	0.34714	2
阜新	-0.43365	4
辽阳	-0.57522	4
盘锦	-0.02630	4
铁岭	-0.53505	4
朝阳	-0.24020	4
葫芦岛	-0.50002	4

由评价结果可知,我们可将辽宁省14个城市分为四类,如表16所示。

表16 辽宁省14个地级市分类结果

分类	城市			
第一类	沈阳市	大连市		
第二类	鞍山市	营口市		
第三类	抚顺市	丹东市		
第四类	本溪市	锦州市	阜新市	辽阳市
	盘锦市	铁岭市	朝阳市	葫芦岛市

七、结论与建议

(一)研究结论

根据表16,我们可以对这四类城市进行分析定位。

第一类城市：沈阳市和大连市。综合得分远超过其他城市，说明沈阳市和大连市在城市绿色经济发展方面已经取得优异的成果，凭借其在辽宁省的重要政治经济地位，聚集大量优质生产要素，在绿色发展进程中具有得天独厚的优势，我们将其定义为绿色经济发展成熟阶段城市。

第二类城市：鞍山市和营口市。综合得分在平均线以上，说明其绿色经济发展水平在 14 个地级市中处于较为优秀的位置，故我们将其定义为绿色经济发展较成熟阶段城市。

第三类城市：抚顺市和丹东市。以上两个城市的综合得分处于最末位置，究其原因可以看出，抚顺市和丹东市的环境指标得分分别位列辽宁省 14 个地级市的倒数第一和倒数第二，说明城市经济发展的同时，没有真正做好对环境资源的保护和环境污染的治理。故我们将其定义为绿色经济发展初期阶段城市。

第四类城市：本溪市、锦州市、阜新市、辽阳市、盘锦市、铁岭市、朝阳市、葫芦岛市。此类城市的综合得分均在平均水平以下，但优于第三类城市，说明这些城市在绿色经济发展方面虽取得了一些成绩，但尚有不足，还应向第一、第二类城市学习借鉴，早日在经济发展和环境治理两方面寻求得动态平衡，共生发展。我们将这类城市定义为绿色发展中期阶段城市。

总的来说，辽宁省的绿色经济发展布局仍处于极不平衡的状态。绿色经济发展水平较高的地区，仍被资源倾斜、政策利好和根基深厚的城市所占据。从空间格局来看，基本由北到南贯穿了辽宁省的中轴线，分别为沈阳市、鞍山市、营口市和大连市；而绿色经济发展水平较低的地区，基本坐落于辽西和辽东地区。

（二）对策与建议

1. 加快产业结构调整，推动绿色经济发展

现如今辽宁省的产业结构已经优化至"三、二、一"的结构，但仍存在产业结构升级优化的空间。因此，需要从如下几个方面加以改善。首先，现代服务业以低耗能、低污染、较少依赖自然资源为特征，必须加快建设现代服务产业，以服务型产业为典型的第三产业的发展将有利于绿色经济的成长。其次，针对一些高能耗高污染低效率的钢铁、水泥和石油化工等重工业，尽管对全省 GDP 的贡献较大，但这些相对低质量的 GDP 仍不利于当地经济社会的可持续发展，也严重限制了地方绿色经济发展能力，因此须促进这类行业的转型升级。最后，积极发展现代农业仍是十分关键的一项内容，对生态农业要科学合理的分区规划与管理。在合理控制第一产业增长的同时，也要力求实现第一产业的少投资高产出。

2. 创新驱动绿色经济发展

在科技创新领域，尽管辽宁省近年来加强了对创新驱动发展的重视程度，但尚未能完全改变辽宁省总体科技创新水平低下的现状。现存的一系列问题如科技新兴产业发展不完善、创新体制机制存在缺位情况、政府资金投入不足等实际上仍严重制约了辽宁省绿色经济的深化发展。除此之外，辽宁省在实现科研成果高效率转化、打通科研与市场的"最后一公里"方面也存在欠缺。众多企业不仅创新能力较差，相关激励机制不健全，且科技服务领域能力不足，在技术服务、专业技术推广、信息交流与咨询领域仍有较大的发展完善空间。以大连市为例，尽管其作为辽宁省的发展中心城市，科技水平位于全省前列，科研机构数量、高等学校数量同样名列前茅，但仍缺乏有效率的科研转化模式，导致科技领域资金投入与实际成果情况不相符，且尚未能对当前市场情况与市场需求进行有针对性、问题导向式的研发。因此，这样的发展现状不能满足科技能力与创新成果落入实处的绿色经济的要求。同时，受限于发展理念与当前政策，辽宁省当前也未能发挥现存的科学技术与科研成果对绿色经济的支撑作用。因此，辽宁省一方面要通过加强政策支持、重视人才培养以提高总体创新水平，另一方面更要实现产学研结合发展，推进绿色经济的创新驱动发展，形成科技创新能力增强与绿色经济持续发展的良性循环，建立资源节约型、环境友好型的经济发展模式。

3. 强化政府政策法规建设

目前，中国推动绿色经济发展的国家法规体系比较健全，而辽宁省由于配套性法律、地方性规章和政府政策都相对落后，未能建立涵盖各个环节的法规制度，因此应从如下几个方面加强法规建设。一是要完善严管源头的制度系统。要从根源上确定各种权利主体和范围，形成合理的自然资源生产权制度体系。二是要完善严格监督过程的制度系统。建立健全排污权和碳排放权等制度政策。抚顺市和丹东市的工业固废处理率较省内其他城市来说很低，绿色经济发展水平相对落后，要求其引进新技术新工艺，及时进行固体废弃物的科学分类和回收处理，形成良好有效的工业固废处理模式。三是要完善后果惩罚的机制系统。个人、企业或者机构，在触犯了环保资源等方面的法律法规时，必须予以严格的处罚，同时也可以建立政府部门主导监管、公民参加监管、企业自身监督的环境保护机制。

4. 因地制宜促进绿色经济协调发展

根据上文的研究结论可以得出，辽宁省城市间的绿色经济发展水平还是具有很大差距。目前辽宁省仅有沈阳市、大连市、鞍山市和营口市的综合得分为正值，其余城市在研究期内的城市绿色经济发展水平还不尽如人意。因此，缩近城市间的差距从而从总体上提高辽宁的绿色经济发展水平，是非常关键的步骤，可以形成跨地区合作协同发展体系，绿色经济发展水平较高的城市发挥示范带头效应，发展水平较为落后的城市多学习示范城市的发展策略。同时，辽宁省还需要出台更多倾向于对绿色经济发展水平较低城市的优惠政策，在人才、资金和技术等多方面对较落后地区加以支持。因此，应从辽宁省的实际状况入手，充分考虑各城市的特点与优势，合理科学地提出绿色经济的发展策略，并通过不断摸索探寻出因地制宜的经济发展模式。

参 考 文 献

［1］戴铁军，赵迪．基于系统动力学的区域经济系统可持续发展模型研究［J］．再生资源与循环经济，2016（9）：7－10.

［2］韩惠敏．开放经济对碳强度影响的区域差异与应对策略［D］．中国矿业大学，2017.

［3］李海龙．国外生态城市典型案例分析与经验借鉴［J］．北京规划建设，2014（2）：46－49.

［4］李战江，何静，苏金梅．基于动态修正的绿色经济评价研究［J］．科技管理究，2018，38（12）：73－85.

［5］马艳艳，郭金，张凯琳．基于全局主成分分析法的东北地区区域创新能力评价研究［J］．科学与管理，2018（6）.

［6］彭斯震，孙新章．中国发展绿色经济的主要挑战和战略对策研究［J］．中国人口·资源与环境，2014（3）：1－4.

［7］乔蕡强．基于生态足迹法的庆阳市土地整治效果分析［J］．国土资源科技管理，2018（5）：31－39.

［8］田金平，李星，陈虹，程永伟，陈吕军．精细化工园区绿色发展研究：以杭州湾上虞经济技术开发区为例［J］．中国环境管理，2019（6）：121－127.

［9］魏登云，张文俊．主成分分析法应用中原始数据的标准化辨析［J］．安徽师范大学学报（自然科学版），2018（2）：91－96.

［10］魏黎灵，李岚彬，林月．基于生态足迹法的闽三角城市群生态安全评价［J］．生态学报，2018（12）.

［11］乌拉尔，沙尔赛开．世界人口展望；人口、资源与环境［J］．生态经济，2017（9）：2－5.

［12］严冬．浅谈我国生态环境保护存在的问题及对策［J］．现代国企研究，2017（12）.

［13］于佳生，宁小莉．层次分析法在生态城市评价中的应用——以包头市为例［J］．阴山学刊（自然科学版），2013（4）：18－22.

［14］曾贤刚，毕瑞亨．绿色经济发展总体评价与区域差异分析［J］．环境科研，2014，27

（12）：1564 - 1570.

［15］朱海玲. 绿色经济评价指标体系的构建［J］. 统计与决策，2017（5）：27 - 30.

［16］朱美，齐红明，杨英. 重庆市产业结构与就业结构协调发展研究［J］. 科技和产业，2016（4）：63 - 67.

［17］Kenis，Anneleen，Lievens，Matthias. The Limits of the Green Economy. From re-inventing capitalism to re-politicising the present［M］. London；Routledge，2015.

［18］Omer A M. Energy and Environment；Applications and Sustainable Development［J］. British Journal of Environment & Climate Change，2011：118 - 158.

数字普惠金融、消费结构升级
与经济增长*

▶ 余璐瑶

【摘要】 在数字技术普及应用的过程中，普惠金融优化居民消费结构和推动经济持续发展的意义越来越突出。首先，本文研究了理论层面的作用机制，发现数字普惠金融会通过改善居民消费结构对经济增长产生影响。其次，利用相关数据，本文实证分析了数字普惠金融对经济增长的影响。最后，将居民消费结构作为中介效应，从城市和居民的角度出发，本文检验了数字普惠金融通过其影响经济增长的作用机制。经过研究得出：（1）数字普惠金融程度加深，能够显著促进经济增长。（2）就影响机制而言，数字普惠金融的深化可以显著助推城乡居民消费结构的改善，进而拉动经济增长。（3）虽然数字普惠金融对我国东部、中部、西部地区的经济增长均有积极贡献，但其发展程度对城乡居民的消费水平做出的贡献也由于发展差异不尽相同。如今我国正处于经济新常态增长阶段，金融服务与数字技术正加速融合，因此，应重视并充分发挥数字普惠金融和居民消费结构升级对我国经济增长的促进作用。

【关键词】 数字普惠金融；经济增长；居民消费升级；中介效应

一、引言

改革开放 40 年来，中国经济一直保持着高速增长，但是近十年，中国经济逐步回归常态增长。如何加快将经济增长形式由资源驱动型转向创新驱动型，是中国经济亟须关注的问题，而将数据要素作为关键生产要素与

＊ 本文是辽宁省教育厅一般项目（LJKR0051）的阶段性研究成果。

实体经济融合发展，推动制造业向数字化加速发展，成为经济建设的新方向。在
2016 年 9 月，中国杭州 G20 峰会上发布的《数字普惠金融高级原则》旨在进一步发
挥数字技术为金融服务带来的巨大潜力，同时推动包容性经济增长。而面对 2020 年
这场突如其来的新冠疫情，各金融机构尤其是银行业，加快了数字化转型的步伐，
而数字金融创新可以对银行业绩产生长期的积极影响，同时数字普惠金融的发展也
显著减轻了中小企业的财务约束。此外，我国政府先后出台发布了一系列鼓励支持
普惠金融发展的政策，这些政策的出台也为数字普惠金融的发展提供了新的机遇。
因此，研究数字普惠金融对经济增长的影响具有重要的现实意义。

　　在经济增长的推动与地区经济平衡方面，数字普惠金融的发展日益重要。根据
北大数字金融研究中心公开的数据显示：2018 年省级数字普惠金融指数的中位值是
2011 年的近 9 倍。与此同时，数字普惠金融在这几年间不管是覆盖范围、应用深度
还是数字化水平都得到了极大的发展。该中心在发表的文章中指出，中国数字普惠
金融基本实现了跨越式发展，已经进入了深度拓展的新阶段，同时它也提到，数字
普惠金融有助于缓解中国经济发展中存在的不平衡问题。因此，本文旨在考察国内
经济常态增长的背景下，数字普惠金融的持续发展能否促进经济增长这一问题。

二、文献综述

　　理论上，数字普惠金融可能会通过改善居民消费结构对经济增长产生一定的影
响。其原因在于，普惠金融可以通过各种途径来缩小城乡收入差距，促进第三产业
发展（江红莉和蒋鹏程，2020；颜建军和冯君怡，2021），而消费结构可能通过产
业结构升级、投资结构变动等渠道影响经济（俞剑和方福，2015；严先溥，2004），
同时数字普惠金融也会通过降低金融门槛、提高资源配置效率等促进产业结构优化，
进而影响经济增长（Liang Mingyang，2020）。实际来看，数字普惠金融发展迅猛、
居民消费水平稳步上升。根据国家发展改革委发布的数据来看，在 2011～2018 年期
间，我国居民消费率逐渐上升，从 34.8% 增加到 38.4%，而且根据北大的数字金融
指数，2011～2018 年我国各省份数字普惠金融指数的均值逐年提高，从 39.99 增加
到 300.21，足以见得数字普惠金融发展迅速之快①。易行健和周利（2018）两位学
者提出了数字普惠金融能够显著影响消费者的观点。整体而言，数字普惠金融可能
通过居民消费升级渠道影响经济增长，但其影响机制需要进一步检验。

　　综上所述，本文研究以下两个问题：第一，数字普惠金融是否能够作用于经济

---

　　①　资料来源：国家发展改革委网站。

增长；第二，数字普惠金融能否通过居民消费结构升级对经济增长产生影响。为了回答这两个问题，本文选取双向固定效应模型，在其基础上加入其他控制变量进行逐个回归分析，结果表明，数字普惠金融的提高可以显著促进经济增长。另外，本文选取中介效应模型，基于城镇和农村居民消费结构视角，考察消费结构升级的中介效应。研究结果发现，数字普惠金融的提升能够促进各地区经济增长，居民消费结构升级也起到了部分中介效应作用。

与已有文献相比，本文的贡献在于：（1）重点分析居民消费结构升级的作用机制，探讨数字普惠金融是如何影响经济增长的。学术界目前普遍注重数字普惠金融与消费结构升级的关系，本文则把居民消费结构升级作为中介效应部分，研究其在数字普惠金融背景下如何作用于经济增长。（2）本文将消费结构升级细化为农村居民消费结构升级和城镇居民消费结构升级，从城市和乡村两个角度对消费结构升级的影响进行分析。

三、假设与理论分析

我国居民消费结构升级，可能通过以下两个机制促进经济创新。

从数字普惠金融对经济增长的影响来看，可能存在两种方式：（1）减缓贫困。总的来说，数字普惠金融可以大大减少贫困的发生（Yue Wang，2018）。另外，姚凤阁和李丽佳（2020）也提出了数字普惠金融可通过两种途径减缓贫困的观点，他们认为通过降低金融服务和产品的供应成本及使用成本，可以有效改善产品使用条件、拓宽服务种类、提高供给质量。同时，数字普惠金融也增加了贫困地区居民对金融产品的可获得性，增加了他们的资金来源渠道，降低了这些地区的贫困程度，对经济增长起到了促进作用。（2）激励中小微企业创新。数字普惠金融能够有效降低中小微企业的投融资成本，增加金融对实体经济的贡献，同时数字技术有助于中小微企业进行风险识别，减少其风险评估的成本，助力这些企业开展研发创新活动，使得区域内经济发展富有活力与生机（蒋长流和江成涛，2020）。

基于以上分析，本文提出假说1：数字普惠金融对经济增长有促进作用。

进一步分析数字普惠金融与居民消费升级的关系。前者对后者产生的影响可能存在两种方式：（1）缩小城乡收入差距。如今，普惠金融利用其技术优势，与传统金融服务深度融合，大大降低了居民使用金融服务的成本和门槛，从而突破了阶层桎梏。同时，数字金融也惠及了农村居民，增加了他们的收入渠道（江红莉和蒋鹏程，2020）。另外，相较于富裕群体，贫困群体在普惠金融的帮助下能获益更多

（黄倩等，2019）。（2）促进第三产业发展。第三产业是我国大力发展的产业。数字普惠金融在提高金融普惠性的同时，还可以带动传统金融革新，加速所在地区第三产业的发展，进而提升这些区域中居民的消费能力和消费层次，从而实现消费升级的目标（颜建军和冯君怡，2021）。

基于以上分析，本文提出假说2：数字普惠金融对居民消费结果的升级有促进作用。

此外，本文还认为，居民消费升级在数字普惠金融对经济增长的影响中起到了中介作用。从居民消费升级对经济增长的影响来看，可能存在两种方式：（1）产业结构升级。严先溥（2004）围绕经济运行轨迹展开分析，他在研究后指出，消费结构的升级更新与产业结构优化升级之间存在着一定的关系，同时他也得出，经济的增长与持续发展在很多情况下都是随着居民消费结构的转型升级优化的，这就意味着，居民消费结构的改善在某种程度上会对经济增长起到助推革新的作用。（2）投资结构变动。俞剑和方福前（2015）对我国三次产业的投资规模和结构变动进行了研究，得出其变动会受到居民消费结构升级优化的结论，而这二者的共同作用又会进一步影响经济增长。

基于上述分析，本文提出假说3：在数字普惠金融对经济增长的影响中，居民消费升级起到了部分中介的作用。

四、模型与数据说明

（一）实证模型

借鉴俞剑和方福前（2015）、何宜庆和王茂川（2021）等学者的做法，构建计量模型如下：

$$\ln GDP_{it} = \beta_0 + \beta_1\, DFII_{it} + \beta_2\, Control_{it} + \mu_i + \mu_t + \varepsilon_{it} \tag{1}$$

其中，下标 i 代表省份，t 代表年份。$\ln GDP_{it}$ 代表 i 省在年份 t 的生产总值取对数后的值，$DFII_{it}$ 代表 i 省在年份 t 的数字普惠金融指数，$Control_{it}$ 代表省份层面的控制变量，μ_i 代表个体固定效应，μ_t 代表时间固定效应，ε_{it} 代表扰动项。

（二）指标构建

1. 数字普惠金融

$DFII_{it}$ 代表省份 i 的数字普惠金融水平，即数字普惠金融指数，是本文的核心解释变量。该变量选取自北京大学测度的数字普惠金融指数，时间跨度为 2011～2018 年，空间跨度为省级、城市和县级这三个层级。具体的数字普惠金额指标体系如表 1 所示。

表 1　　　　　　　　　　　　　　数字普惠金额指标体系

一级纬度	二级纬度	具体指标
覆盖广度	账户覆盖率	每万人拥有支付宝账号数量
使用深度	支付业务	人均支付笔数
		人均支付金额
		高频度（年活跃 50 次及以上）活跃用户数占年活跃 1 次及以上比
	对个人用户	每万人支付宝成年用户中有互联网消费贷的用户数
		人均贷款笔数
		人均贷款金额
	小微经营者	每万人支付宝成年用户中有互联网小微经营贷的用户数
		小微经营者户均贷款笔数
		小微经营者平均贷款金额
	保险业务	每万人支付宝用户中被保险用户数
		人均保险笔数
		人均保险金额
	投资业务	每万人支付宝用户中参与互联网投资理财人数
		人均投资笔数
		人均投资金额
	征信业务	每万人支付宝用户中使用基于信用的生活服务人数（包括金融、住宿、出行、社交等）
		自然人征信人均调用次数
数字支持服务程度	便利性	移动支付笔数占比
		移动支付金额占比
	金融服务成本	小微经营者平均贷款利率
		个人平均贷款利率

（注：表中"信贷业务"为使用深度下包含支付业务、对个人用户、小微经营者、保险业务、投资业务的一级划分）

2. 经济增长

出于降低异方差和统一量纲的考虑，本文采用对各省份的 GDP 取对数处理的方法，以 $\ln GDP$ 作为被解释变量衡量经济增长水平。在稳健性检验中，因为人均 GDP 可以反映各省份居民的购买力，同时反映经济增长情况，所以，本文使用人均 GDP 替换各省份的 GDP 作为被解释变量回归，以此作为检验模型的稳健性的一部分。

3. 消费结构升级

本文借鉴了张翠菊和张宗盛（2016）对消费结构变量的选取方法，采用了城市居民非食物消费的比例作为度量指标，即城镇居民非食品支出占总消费的比重（*UCS*），以及农村居民非食品支出占总消费比重（*RCS*）。

4. 工具变量

为对模型的内生性进行处理以检验基准估计结果的稳健性，本文借鉴了王永仓和温涛（2020）以及谢绚丽等（2018）选取工具变量的做法，选取了离婚率、移动电话普及率和中国互联网分省普及率作为工具变量对模型进行估计，得出离婚者可能会将更多的时间用在网络上，即影响其对数字金融的行为。关于离婚率的度量，本文依然使用王永仓和温涛（2020）的处理办法，采用每年离婚登记对数 15 ~ 64 岁人口数量。同时，移动电话是数字金融中不可或缺的电子设备，采用每百人移动电话数度量；互联网的普及影响了数字金融的发展，采用互联网普及率度量。

5. 控制变量

本文借鉴郑世林等（2014）、田龙鹏（2019）等学者的做法，选取控制变量如下：（1）RD 代表 R&D 经费投入占 GDP 比重，R&D 经费投入用各省份每年 R&D 经费投入量衡量；（2）UR 代表城镇化水平，用各省份每年城镇人口/总人口来衡量；（3）GFI 代表固定资产投资与 GDP 之比；（4）MIAI 表示第二产业产值与第一产业产值之比；（5）lnpeople 表示各省份的人口数量的对数；（6）young 代表儿童抚养比，用各省份每年儿童人口数与劳动年龄人口数之比来衡量。

（三）数据来源与说明

本文收集并采用了 2011 ~ 2018 年的省级面板数据，数据选自《中国统计年鉴》、各省份公布的年鉴数据、中国互联网络信息中心发布的《中国互联网络发展状况统计报告》等。

表 2 为主要变量的描述性统计，表 2 中的数据来源于 Stata 15.0 的计算结果。

表 2　　　　　　　　　　　　主要变量的描述性统计

变量	平均值	标准差	最小值	最大值
ln*gdp*	9.7680	0.8442	7.4208	11.4853
dfii	188.1845	84.9825	18.1400	377.7300

变量	平均值	标准差	最小值	最大值
rd	1.6110	1.1128	0.4123	6.1700
ur	56.9860	12.5109	21.3100	89.6000
gfi	78.8728	26.2485	23.3276	152.1700
$miai$	10.2222	14.9009	0.9775	93.2504
$lnpeople$	8.2013	0.7354	6.3421	9.3366
$young$	22.4245	6.0729	9.8800	36.2100

五、实证与结果分析

(一)基本回归

本文对数据处理后,在模型中加入个体效应和时间效应,即用双向固定效应模型回归。该模型借鉴了陈昊(2011)的研究,在其基础上加入其他控制变量进行逐个回归。表3为基本回归的估计结果,最终估计结果显示:第(1)列可见数字普惠金融与经济增长之间存在着正相关性,说明数字普惠金融对经济起到了积极的增长作用,再考虑了各省份科研投入、城镇化水平等因素后,加入上述的六个控制变量,得出数字普惠金融指数在1%的水平上显著,且仍然对经济增长有正向促进作用。其原因在于:一是促进创新创业。对于经济可持续的、内涵式的增长,主要是靠创新创业推动的。数字技术是信息时代的创新技术,其与金融服务结合后,给创新创业带来了便利,促进了创新创业的发展,对经济增长有促进作用。二是增强抗风险能力。在新冠疫情期间,居民在家也能正常上学、办公离不开数字金融,同时,对于中小微企业,数字金融业能帮助其加强风险识别,有效抵抗风险,这些都对经济的稳定增长有促进作用。且城镇化率、固定资产投资、人口数量这三个控制变量均通过1%的显著性水平检验,说明其对经济增长具有正向作用。同时第二产业产值与第一产业产值这两个控制变量通过了5%的显著性水平检验,且对经济增长具有正向作用。

表3　　　　　　　　　　　　　基于全部样本的回归结果

变量	(1) $lngdp$	(2) $lngdp$	(3) $lngdp$	(4) $lngdp$	(5) $lngdp$	(6) $lngdp$	(7) $lngdp$
$dfii$	0.0054*** (5.8066)	0.0048*** (5.0527)	0.0049*** (5.1734)	0.0043*** (4.8031)	0.0036*** (3.7195)	0.0036*** (3.9810)	0.0036*** (4.0082)

续表

变量	（1）lngdp	（2）lngdp	（3）lngdp	（4）lngdp	（5）lngdp	（6）lngdp	（7）lngdp
rd		0.0766 **（2.0058）	0.0732 *（1.9467）	0.0631 *（1.7567）	0.0519（1.4407）	0.0361（1.0649）	0.0391（1.1425）
ur			0.0056 ***（2.7926）	0.0035 *（1.7711）	0.0048 **（2.3426）	0.0052 ***（2.6809）	0.0052 ***（2.6729）
gfi				0.0019 ***（4.5704）	0.0019 ***（4.7226）	0.0017 ***（4.4810）	0.0017 ***（4.3830）
miai					0.0040 **（2.0478）	0.0044 **（2.3900）	0.0045 **（2.4377）
lnpeople						1.7611 ***（5.3840）	1.7971 ***（5.4154）
young							− 0.0027（− 0.6761）
_cons	9.2509 ***（233.2819）	9.1640 ***（156.6305）	8.8697 ***（73.8702）	8.8990 ***（77.5903）	8.8322 ***（74.6181）	5.5561 **（− 2.0772）	5.7946 **（− 2.1449）
个体效应	YES	YES	YES	YES	YES	YES	YES
固定效应	YES	YES	YES	YES	YES	YES	YES
N	240	240	240	240	240	240	240
R^2	0.8696	0.8715	0.8757	0.8870	0.8888	0.9025	0.9023

注：括号内为 t 值，*** 、** 和 * 分别表示1%、5%和10%的显著性水平。

（二）影响机制检验

本文借鉴了魏浩和巫俊（2018）的中介效应模型，建立如下计量方程：

$$Consumption_{it} = \alpha_0 + \alpha_1 DFII_{it-1} + \alpha_2 Control_{it} + \mu_i + \mu_t + \varepsilon_{it} \qquad (2)$$

$$\ln GDP_{it} = \beta_0 + \beta_1 DFII_{it-1} + \beta_2 Control_{it} + \mu_i + \mu_t + \varepsilon_{it} \qquad (3)$$

$$\ln GDP_{it} = \gamma_0 + \gamma_1 DFII_{it-1} + \gamma_2 Consumption_{it} + \gamma_3 Control_{it} + \mu_i + \mu_t + \varepsilon_{it} \qquad (4)$$

本文将考虑居民消费结构升级的中介作用，则 $Consumption_{it}$ 代表两个变量：（1）城镇居民非食品支出占总消费比重（UCS_{it}），即 i 省在年份 t 的城镇居民非食品支出占总消费比重；（2）农村居民非食品支出占总消费比重（RCS_{it}），即 i 省在年份 t 的农村居民非食品支出占总消费比重。

　　本文拟从两个视角考察消费结构升级的中介效应：一是城镇居民非食品支出占总消费比重；二是农村居民非食品支出占总消费比重。而且其他因素可能会对城镇居民与农村居民的消费结构升级的影响程度不同，如城镇化率的提高可显著促进城镇居民的消费升级，但对农村居民消费升级的影响不显著。具体而言，城镇居民消费行为主要呈现以下特点：（1）相比起生活必需品，城镇居民对高档商品的购买意愿更加强烈。（2）城镇居民的消费正在向着升级型、舒适型发生转变，他们的需求更加多样化、个性化。城镇居民的个人可支配收入逐年增加，对多元化商品需求也在增加。而农村居民的消费主要呈现以下特点：（1）农村居民对于物质性消费需求在消费支出中占比较重，而精神性消费需求较小。在农村居民消费中，食物衣着等必需品占比较大，但是随着经济发展，食物种类日趋多元化，衣着日趋个性化，诸如医疗保健消费、服务性消费有所提升。（2）对教育的消费较少。由于受农村贫困人口的传统观念影响，农村居民对教育的消费投入较少，即使国家和各级政府已制定、实施多项优惠政策，仍有许多农村地区的教育资源不足、教育需求不够。另外，城镇居民和农村居民人均可支配收入的差距也导致了城乡居民消费结构的差异。因此，本文将消费结构升级的人群分成了城市和乡村两类。

1. 城镇居民视角

　　由全部样本回归结果可以看到，数字普惠金融在10%的水平上显著促进城镇居民消费结构升级，城镇居民消费结构升级在10%的水平上显著促进经济增长，中介效应成立。中介效应成立的原因有：（1）数字普惠金融具有很高的便利性。在数字普惠金融发展之前，城镇居民的大额消费往往要通过银行转账等手段实现，而在数字金融发展之后，城镇居民消费受其影响更加高效快捷，使得城镇居民进行大额消费能够实现得更快，促进了城镇居民的消费升级。（2）数字投资服务拓展了城镇居民的收入方式。城镇居民的投资方式由传统的储蓄、实体经济投资等，转向了互联网理财方式的投资，这使得城镇居民收入方式更加多元化，促进了城镇居民消费升级。

表4　　　　　　　　　　　　　　　影响机制检验

变量	（1） ucs	（2） lngdp	（3） rcs	（4） lngdp
dfii	0.0277 * （1.7550）	0.0034 *** （3.7731）	0.0377 * （1.6953）	0.0033 *** （3.6766）
ucs		0.0075 * （1.8313）		

变量	（1） ucs	（2） lngdp	（3） rcs	（4） lngdp
rcs				0.0096 *** （3.3929）
rd	− 0.2244 （− 0.3771）	0.0407 （1.1982）	0.4763 （0.5687）	0.0345 （1.0341）
ur	0.0676 ** （2.0112）	0.0047 ** （2.4012）	0.0298 （0.6306）	0.0049 ** （2.5882）
gfi	0.0025 （0.3796）	0.0017 *** （4.3580）	− 0.0030 （− 0.3187）	0.0017 *** （4.5751）
miai	0.1167 *** （3.6405）	0.0036 * （1.9124）	− 0.1018 ** （− 2.2547）	0.0055 *** （3.0098）
lnpeople	1.5938 （0.2760）	1.7852 *** （5.4106）	− 12.7994 （− 1.5750）	1.9205 *** （5.9031）
young	− 0.0080 （− 0.1126）	− 0.0027 （− 0.6654）	− 0.2525 ** （− 2.5389）	− 0.0003 （− 0.0774）
_cons	45.9690 （0.9779）	− 6.1381 ** （− 2.2801）	170.2453 ** （2.5733）	− 7.4359 *** （− 2.7788）
N	240	240	240	240
R^2	0.9126	0.9034	0.8275	0.9072

注：括号内为 t 值，*** 、** 和 * 分别表示在 1% 、5% 和 10% 的显著性水平。

2. 农村居民视角

由表 4 的回归结果可以看到，数字普惠金融在 10% 的水平上显著促进农村居民消费结构升级，农村居民消费结构升级在 1% 的水平上显著促进经济增长，中介效应成立。数字普惠金融指数越高，越有助于促进农村消费结构升级，其原因有：（1）数字支付服务会促进农村居民的消费。由于在交易过程中，数字支付能避免现金的使用，确保农村居民在消费时更容易、更快地做出选择并行动，以此推动农村居民的消费，增加农村居民在非必需品上的消费。（2）数字金融覆盖的广度会给农村居民消费升级带来积极影响。数字金融覆盖面广会使得农村居民的金融约束、排斥的现象有所缓解，促使农村居民有能力去提前消费一些高档商品。

对于消费结构的升级，不管是城镇居民的消费结构升级还是农村居民的消费结构升级，均满足中介效应，有着较好的效果。因此，提升数字普惠金融水平对提高居民非食品支出占总消费的比重，即促进居民消费升级具有重要意义。

（三）稳健性和内生性检验

1. 稳健性检验

为了对模型进行稳健性检验，本文将采取两种方式：一是借鉴刘爱兰等（2018）的做法，将各省份生产总值（GDP）替换为各省份人均生产总值（PGDP），再进行回归；二是出于固定效应存在局限性这一考虑，使用随机效应模型替换固定效应模型，即固定效应模型无法估计不随时间改变的变量对被解释变量的影响，而随机模型可以克服这一问题，将扰动项分为随时间变化与不随时间变化两部分。因此，本文使用 PGDP 与随机效应模型分别对原模型进行回归，表 5 为回归结果。第（1）列将各省份 GDP 换为各省份人均 GDP 后，数字普惠金融指数在 1% 的显著性水平上通过显著性检验，且对经济增长的影响依然是正向的。第（2）列使用随机效应模型替代固定效应模型后，数字普惠金融指数在 1% 的显著性水平上通过显著性检验，说明随着时间的推移，该模型对经济增长的影响是显著的，说明该模型具有较好的稳健性。

表 5　　　　　　　　　　　　　　稳健性检验结果

变量	（1） ln$pgdp$	（2） lngdp
$dfii$	0.0036 *** （4.0082）	0.0043 *** （4.8069）
rd	0.0391 （1.1425）	0.0582 ** （2.1446）
ur	0.0052 *** （2.6729）	0.0084 *** （4.8712）
gfi	0.0017 *** （4.3830）	0.0013 *** （3.5687）
$miai$	0.0045 ** （2.4377）	0.0052 *** （3.2214）
ln$people$	0.7971 ** （2.4019）	1.0207 *** （24.0582）
$young$	−0.0027 （−0.6760）	−0.0071 ** （−2.1152）
_$cons$	3.4158 （1.2644）	0.4435 （1.1733）
N	240	240

注：括号内为 t 值，*** 、** 和 * 分别表示在 1%、5% 和 10% 的显著性水平。

2. 内生性检验

内生性是指模型中的一个或多个解释变量和随机扰动项相关，并会导致估计结果出现偏差。由于内生性问题在面板数据中普遍存在，且内生性问题的原因有很多。一般认为，一国的经济增长有利于该国金融业的发展，反过来，经济增长也对金融行业数字化转型有积极的促进作用，所以数字普惠金融与经济增长存在双向因果关系。另外，本文考虑的变量个数有限，在建模过程中可能存在遗漏变量且出现较小的统计误差等问题，这些都会导致内生性问题。

为了削弱内生性问题，本文借鉴王永仓和温涛（2020）以及谢绚丽等（2018）学者的做法，选用三个变量，即离婚率、移动电话普及率和中国互联网分省普及率的一阶滞后项作为数字普惠金融指数的工具变量代入模型进行回归，结果见表6。结果显示，数字普惠金融指数系数仍然显著且符号不变。

表6 一阶滞后项作为工具变量的回归结果

变量	(1) $lngdp$
$dfii$	0.0256 * (1.6848)
rd	-0.0088 (-0.1045)
ur	-0.0016 (-0.3030)
gfi	-0.0010 (-0.5940)
$miai$	-0.0094 (-0.8919)
$lnpeople$	2.3185 *** (2.9582)
$young$	0.0046 (0.5437)
$\_cons$	-11.8165 * (-1.8213)
N	210

注：括号内为 t 值，***、** 和 * 分别表示在 1%、5% 和 10% 的显著性水平。

（四）地区异质性检验

由于在前述模型建立的时候未考虑地区发展差异，且各省份间资源禀赋不同、政策文化有差异，另外，数字金融对各省份金融部门效率的影响存在着差异，而数字普惠金融对不同地区经济增长的影响也存在着差异。故本文从地理区域的角度出发，将我国的 30 个省份（由于数据缺失，不包括港澳台及西藏地区）进行划分，分别以东部、中部、西部三个区域作为样本，对其区域内的数字普惠金融对经济增长的影响（含消费结构升级中介效应）进行分析，东部、中部及西部地区的地区异质性检验结果如表 7、表 8、表 9 所示。

表 7　　　　　　　　　　　东部地区异质性检验

变量	（1）lngdp	（2）ucs	（3）lngdp	（4）rcs	（5）lngdp
dfii	0.0042 *** (3.4854)	0.0177 (0.6937)	0.0043 *** (3.5436)	0.0226 (0.6880)	0.0043 *** (3.4952)
ucs			−0.0051 (−0.9039)		
rcs					−0.0022 (−0.4926)
rd	−0.0830 ** (−2.1841)	−1.1157 (−1.3923)	−0.0887 ** (−2.3000)	−2.4044 ** (−2.3269)	−0.0882 ** (−2.2248)
ur	−0.0031 (−0.4987)	−0.2108 (−1.5964)	−0.0042 (−0.6587)	−0.1149 (−0.6749)	−0.0034 (−0.5340)
gfi	0.0041 *** (6.1125)	0.0074 (0.5251)	0.0041 *** (6.1492)	−0.0020 (−0.1112)	0.0041 *** (6.0723)
miai	0.0036 * (1.6743)	0.0833 * (1.8363)	0.0040 * (1.8270)	−0.0860 (−1.4700)	0.0034 (1.5549)
lnpeople	0.9858 ** (2.3821)	−9.6525 (−1.1059)	0.9363 ** (2.2401)	−5.2870 (−0.4697)	0.9743 ** (2.3379)
young	−0.0026 (−0.4435)	0.1827 (1.4701)	−0.0017 (−0.2798)	0.0196 (0.1226)	−0.0026 (−0.4338)
_cons	1.6262 (0.4522)	153.6864 ** (2.0262)	2.4144 (0.6517)	117.8768 (1.2052)	1.8828 (0.5154)
N	96	96	96	96	96
R²	0.9359	0.9166	0.9357	0.8461	0.9352

注：括号内为 t 值，***、** 和 * 分别表示在 1%、5% 和 10% 的显著性水平。

表 8　　　　　　　　　　　　　　　中部地区异质性检验

变量	(1) lngdp	(2) ucs	(3) lngdp	(4) rcs	(5) lngdp
dfii	0.0057 *** (3.9207)	0.0585 * (1.6859)	0.0048 *** (3.4158)	−0.0212 (−0.6297)	0.0058 *** (3.9377)
ucs			0.0154 *** (2.7294)		
rcs					0.0039 (0.6327)
rd	0.1078 (0.9445)	3.8181 (1.4053)	0.0490 (0.4479)	5.5631 ** (2.1165)	0.0858 (0.7154)
ur	0.0235 * (1.9750)	0.1923 (0.6792)	0.0205 * (1.8275)	0.2143 (0.7822)	0.0226 * (1.8805)
gfi	−0.0009 (−1.1050)	−0.0273 (−1.4114)	−0.0005 (−0.6128)	−0.0139 (−0.7415)	−0.0008 (−1.0255)
miai	0.0247 ** (2.0947)	−0.5790 ** (−2.0619)	0.0336 *** (2.9087)	−0.0158 (−0.0583)	0.0248 ** (2.0870)
lnpeople	1.0074 (0.6625)	−46.6319 (−1.2881)	1.7252 (1.1871)	−54.7270 (−1.5625)	1.2234 (0.7805)
young	0.0093 (1.1873)	0.1487 (0.7962)	0.0070 (0.9465)	−0.2768 (−1.5319)	0.0104 (1.2880)
_ cons	−0.5945 (−0.0478)	444.6439 (1.5022)	−7.4395 (−0.6224)	516.1750 * (1.8025)	−2.6325 (−0.2038)
N	72	72	72	72	72
R^2	0.9267	0.8863	0.9353	0.9117	0.9258

注：***、**、*分别表示回归结果在1%、5%和10%置信水平上显著。

表 9　　　　　　　　　　　　　　　西部地区异质性检验

变量	(1) lngdp	(2) ucs	(3) lngdp	(4) rcs	(5) lngdp
dfii	0.0053 ** (2.4873)	0.0179 (0.4951)	0.0053 ** (2.4463)	0.1304 * (1.9423)	0.0033 * (1.6906)
ucs			0.0012 (0.1389)		
rcs					0.0153 *** (3.7889)
rd	0.0753 (1.0342)	1.7358 (1.4115)	0.0732 (0.9761)	2.5278 (1.1091)	0.0365 (0.5593)

续表

变量	(1) lngdp	(2) ucs	(3) lngdp	(4) rcs	(5) lngdp
ur	0.0001 (0.0699)	0.0666 * (1.8565)	0.0001 (0.0313)	0.0181 (0.2727)	– 0.0001 (– 0.0687)
gfi	– 0.0000 (– 0.0546)	0.0093 (0.6991)	– 0.0001 (– 0.0676)	0.0016 (0.0651)	– 0.0001 (– 0.0968)
miai	– 0.0165 (– 0.7557)	0.4153 (1.1292)	– 0.0169 (– 0.7607)	– 1.8859 *** (– 2.7672)	0.0125 (0.6001)
lnpeople	0.3295 (0.4096)	1.3960 (0.1027)	0.3278 (0.4034)	– 20.1913 (– 0.8019)	0.6389 (0.8903)
young	– 0.0149 ** (– 2.2561)	– 0.0203 (– 0.1822)	– 0.0149 ** (– 2.2291)	– 0.4962 ** (– 2.4003)	– 0.0073 (– 1.1785)
_cons	6.4169 (1.0344)	45.2230 (0.4315)	6.3633 (1.0135)	234.5631 (1.2078)	2.8221 (0.5057)
N	72	72	72	72	72
R^2	0.9349	0.9415	0.9336	0.7917	0.9488

注：***、**、* 分别表示回归结果在1%、5%和10%置信水平上显著。

由表7可知，东部地区的数字普惠金融在1%的显著性水平上通过了显著性检验，即东部地区的数字普惠金融能够对其经济发展起到明显的推动作用。但是城镇居民与农村居民消费结构升级的中介效应均不够显著，说明在该模型下，数字普惠金融并未对东部地区城乡居民的消费结构升级产生明显的推动作用，且城乡居民的消费结构升级不能显著促进经济增长，可能的原因有：（1）在数字普惠金融发展前，我国东部地区城镇与农村居民的消费结构已经进入一个较高的层级。由于东部地区的经济发展较为迅速、城镇化率较高，城镇与农村居民的收入差距日益缩小，其消费结构难有优化空间，所以数字普惠金融不能显著促进东部地区的城镇与农村居民的消费结构升级。（2）在东部地区，相对于数字金融对中小微企业的服务，数字普惠金融对城乡居民的消费结构影响较小。如本文前面所述，数字普惠金融有促进中小微企业创新、帮助中小微企业降低风险等作用，而在东部地区每年都有大量的中小微企业注册，数字普惠金融对它们的影响更加深远。

同时研发（R&D）经费的投入占GDP的比重在5%的显著性水平上通过了检验，但是其对经济增长呈现负向作用，说明在东部地区R&D经费投入占GDP比重的增加会对经济增长有一定的抑制作用，这可能是因为东部地区的科研投入较大，会影响其他行业的投入，对经济增长不利。

由表8可知，中部地区的数字普惠金融在1%的显著性水平上通过了显著性检验，即数字普惠金融对中部地区经济发展起到了明显的推动作用。然而，农村居民消费结构升级的中介作用均不够显著，说明在该模型下，中部地区数字普惠金融不能显著促进农村居民消费结构升级，且农村居民的消费结构升级不能显著促进经济增长。但是，城镇居民消费结构升级的中介效益是较为显著的，中部地区数字普惠金融对城镇居民消费结构升级的影响在10%的显著性水平上通过了检验，且城镇居民消费结构升级对经济增长的促进作用在1%的显著性水平上通过了检验。

中部地区农村居民消费结构升级中介效应不成立的可能的原因有：中部六省的经济增长主要是立足于传统的第一、第二、第三产业和低层次劳务经济基础上的增长，现代产业特别是高新技术产业对GDP的贡献率仍然较低。所以导致数字金融在中部地区的接受程度还不够，而中部地区的城乡发展仍不均衡，贫困的农村地区难以接触到数字技术带来的便利，以至于农村居民消费结构升级无法发挥其中介作用。由于中部地区城镇与农村发展不均衡，农村居民对数字金融的接受速度与能力偏慢，所以数字普惠金融对农村居民的消费结构升级没有起到显著影响。

由表9可知，西部地区的数字普惠金融在5%的显著性水平上通过了显著性检验，即数字普惠金融可显著促进西部地区经济增长。但是城镇居民消费结构升级的中介效应均不够显著，即在该模型下，西部地区数字普惠金融不能显著促进城镇居民消费结构升级，且城镇居民的消费结构升级不能显著促进经济增长。而农村居民消费结构升级的中介效应较为显著，西部地区数字普惠金融对农村居民消费结构升级的影响在10%的显著性水平上通过了检验，且农村居民消费结构升级对经济增长的促进作用在1%的显著性水平上通过了检验。

西部地区的城镇居民消费结构升级的中介效应不成立的原因可能有：西部地区作为中国的欠发达地区，数字普惠金融指数一直保持着较高的增速，但是该指数仍明显低于中部地区及东部地区。由于西部地区农村较多，这些农村地区的经济更为落后，所以数字金融的惠及，能够对西部地区的农村居民消费结构升级起到积极的促进作用，而对于西部地区的城镇居民而言，若不能进一步改善其产业环境、激励企业创新发展等，是不容易使数字金融发挥其作用的，也难以发挥城镇居民的消费结构升级的中介作用。

六、结论与对策建议

随着数字普惠金融的发展日益迅速，其对经济增长的影响及机理也成为关注的焦点。本文主要选取2011~2018这八年时间内中国30个主要省份的面板数据，结合北京大学测度出的数字普惠金融指数，在进行统计行描述分析的基础上，结合中介效应模型，考察数字普惠金融促进经济的影响机制。

通过数据分析可知：（1）数字普惠金融程度的提高，会显著促进经济增长，为正向作用，本文利用工具变量进行内生性处理和稳健性检验后，该结论仍然是成立的。（2）就影响机制而言，数字普惠金融的发展会影响到居民消费结构升级，而居民消费结构升级也在数字普惠金融对经济增长的影响中起到中介作用。（3）从地区异质性角度来看，数字普惠金融对东部、中部、西部三个地区的经济增长均有促进作用，但是对中部和西部地区城镇居民消费升级没有大幅度且明显的促进作用，且对中部和东部地区农村居民消费升级的促进作用同样不够明显。

由此，本文得出以下几点启示和建议。

第一，加速数字技术与金融服务深度融合。后疫情时代，各国经济受新冠疫情的影响下滑严重，中国经济相对世界各主要国家形势较好，但仍面临增速放缓的问题。数字普惠金融对经济增长有显著的促进作用，且中国的金融业及数字金融有逆势而为的劲头，此时应该更进一步健全我国数字金融市场体系，加大其发展力度，发挥其技术优势，为传统金融服务强技赋能，使得普惠、包容和开放的理念惠及全体人民，有利于我国经济稳中向好、持续增长，也有利于中国在国际间的经济竞争力和科技软实力进一步提升。

第二，积极发挥居民消费结构升级对经济增长的促进作用。我国目前正加快形成"以国内大循环为主体、国内国际双循环相互促进"的新发展格局，在这个新发展格局中，居民消费结构升级本身也会对经济增长起到基础性作用，是非常关键的存在。因此，国家应大力重视居民消费结构升级，利用其对数字普惠金融作用于经济提升的传导机制，推动消费结构转型升级。具体来看，城镇居民的消费结构升级及农村居民的消费结构升级均能促进经济的提升。因此，也应该更加注意城镇与农村居民消费水平的协同发展，针对城镇居民和农村居民不同的群体提供适合各自所需的数字金融产品和服务，以此满足城镇和农村对于其产品和服务的个性化消费需求，在不断缩小城乡差距、减缓贫困的同时，促进共同富裕与经济持续健康发展。

第三，重视数字普惠金融区域协调发展。观察北京大学测量的数字普惠金融指数不难发现，在中部、东部地区，该指数整体是高于西部地区的，同时，本文得出的结果也显示，该指数对各地区的城镇、农村居民消费结构升级的作用程度也不同。因此，对于各地数字普惠金融的发展差异应给予关注，针对东部、中部和西部地区的实际情况而制定相应的政策，实施区域差异化的数字普惠金融发展机制和发展模式，促进东部、中部、西部地区各地城镇和农村的均衡协调发展。对于数字普惠金融发展程度较高的东部沿海等地区，发挥其经济、技术、环境等方面的优势，加强其与中部和西部地区之间的联系，促进东部、中部、西部地区各地之间市场、资本、人才等金融资源的流通共享，用东部地区带动中部和西部地区的数字普惠金融发展，提升数字普惠金融在各地的使用率和普及度。

═ 参 考 文 献 ═

[1] 陈昊．外贸顺差会降低就业水平？——基于匹配模型的实证分析 [J]．数量经济技术经济研究，2011，28（6）：133－146．

[2] 郭峰，王靖一，王芳，孔涛，张勋，程志云．测度中国数字普惠金融发展：指数编制与空间特征 [J]．经济学（季刊），2020，19（4）：1401－1418．

[3] 何宜庆，王茂川．数字普惠金融的非线性与异质性经济增长效应——基于平滑转换模型与分位数模型的实证研究 [J]．四川师范大学学报（社会科学版），2021，48（1）：54－64．

[4] 黄倩，李政，熊德平．数字普惠金融的减贫效应及其传导机制 [J]．改革，2019（11）：90－101．

[5] 江红莉，蒋鹏程．数字普惠金融的居民消费水平提升和结构优化效应研究 [J]．现代财经（天津财经大学学报），2020，40（10）：18－32．

[6] 蒋长流，江成涛．数字普惠金融能否促进地区经济高质量发展？——基于258个城市的经验证据 [J]．湖南科技大学学报（社会科学版），2020，23（3）：75－84．

[7] 田龙鹏．住房价格、居民收入水平与消费升级——基于面板分位数回归方法的分析 [J]．消费经济，2019，35（6）：61－69．

[8] 王保花，鹿方圆．我国农村居民消费行为特征及影响因素研究 [J]．理论与改革，2016（1）：156－160．

[9] 王永仓，温涛．数字金融的经济增长效应及异质性研究 [J]．现代经济探讨，2020（11）：56－69．

[10] 魏浩，巫俊．知识产权保护、进口贸易与创新型领军企业创新 [J]．金融研究，2018（9）：91－106．

[11] 魏勇，杨刚，杨孟禹．城镇居民消费升级特征与动因研判——基于空间溢出视角的实证研究 [J]．经济问题探索，2017（1）：51－63．

[12] 魏勇，杨孟禹．收入结构、社会保障与城镇居民消费升级 [J]．华东经济管理，2017，31（3）：90－99．

[13] 谢绚丽，沈艳，张皓星，郭峰．数字金融能促进创业吗？——来自中国的证据 [J]．经济学（季刊），2018，17（4）：1557－1580．

[14] 严先溥．消费升级为经济增长提供强劲动力 [J]．中国发展，2005（1）：29－34．

[15] 颜建军，冯君怡．数字普惠金融对居民消费升级的影响研究 [J]．消费经济，2021，

37（2）：79 – 88.

［16］姚凤阁，李丽佳. 数字普惠金融减贫效应及区域差异研究［J］. 哈尔滨商业大学学报（社会科学版），2020（6）：3 – 18.

［17］易行健，周利. 数字普惠金融发展是否显著影响了居民消费——来自中国家庭的微观证据［J］. 金融研究，2018（11）：47 – 67.

［18］俞剑，方福前. 中国城乡居民消费结构升级对经济增长的影响［J］. 中国人民大学学报，2015，29（5）：68 – 78.

［19］张翠菊，张宗益. 消费结构对产业结构与经济增长的空间效应——基于空间面板模型的研究［J］. 统计与信息论坛，2016，31（8）：46 – 52.

［20］郑世林，周黎安，何维达. 电信基础设施与中国经济增长［J］. 经济研究，2014，49（5）：77 – 90.

［21］钟芸香. 转变经济发展方式与中部崛起［J］. 山东社会科学，2008（2）：76 – 79.

人口老龄化对我国财政支出规模的影响分析*

▶ 丛嘉伸

【摘要】人口老龄化是引起政府财政支出规模不断扩张的重要原因之一，但政府财政支出必须以财政收入为基本限度，且支出能力存在有限性。若不能有效解决人口老龄化带来的刚性支出问题，那么就会在一定程度上降低其他重要领域的财政支出水平。为深入分析人口老龄化与政府财政支出之间的相关关系，本文首先对文献进行了梳理，并介绍了相关的概念和理论。其次阐述了我国人口老龄化和财政支出规模的现状。再次选用 2002 ~ 2020 年我国省级面板数据，并将其引入固定效应模型进行实证分析，分析结果表明：人口老龄化进程的不断推进增加了我国政府财政支出的规模。最后针对实证分析结果和存在的问题提出五点对策建议：一是稳健推行延迟退休政策；二是不断完善我国社会保障体制；三是建立合理有效的财政支出结构；四是构建和完善我国多层次养老保障体系；五是促进养老产业和养老事业协同发展。

【关键词】人口老龄化；社会保障；财政支出

一、序言

人口结构是按照特定属性，将一定时间或空间范围内的人口进行区分而得到的结果。其变动往往会对一个国家或地区的社会经济发展产生显著影响。在当今中国，人口结构方面最为显著的变化莫过于老龄人口占比的不断攀升。国际上一般以 65 岁及以上人口占总人口的比重来界定一个国家

---

* 本文为辽宁省教育科学"十四五"规划课题（JG21EB150）的阶段性研究成果。

或地区的老龄化进程，初级人口老龄化社会的标准为 7 个百分点；进入深度人口老龄化社会的门槛为 14 个百分点，而归类为高度人口老龄化社会的阈值为 20 个百分点。参照这一通行标准，我国早在 21 世纪初期就已进入老龄化社会，严重程度也随着时间不断增加，"十四五"期间的老龄化形势必将更加严峻。全国第七次人口普查数据显示，截至 2020 年 11 月 1 日零时，我国现有总人口 144349.74 万人，其中 14 岁以下人口为 25338.40 万人，占 17.95%；15 ~ 59 岁人口为 89437.60 万人，占 63.35%；年龄在 60 岁及以上的人口为 26401.88 万人，占比 18.70%，其中 65 岁及以上人口为 19063.53 万人，占 13.50%。与十年前进行的第六次全国人口普查相比，0 ~ 14 岁人口的比重上升 1.35 个百分点，15 ~ 59 岁人口的比重下降 6.79 个百分点，60 岁及以上人口比重上升 5.44 个百分点，65 岁及以上人口的比重上升 4.63 个百分点。① 作为人口总数最多和国家规模最庞大的发展中国家，我国的经济规模虽稳居世界第二，但仍处于中等偏上收入国家行列。加之实行数十年计划生育政策的特殊历史背景，我国的人口老龄化呈现出老龄人口增长加速度高、老龄人口基数大、生育率低、未富先老、老龄化高峰相对提前的特点。老龄化不仅是经济问题，更是一个需要考虑代际公平等伦理准则的复杂的社会问题。一方面，老年人曾经为国家建设和社会发展作出了巨大贡献，理应积极创造条件，使其享有美好生活；另一方面，人口老龄化又确实为社会经济的持续发展带来了一定的负担。

根据财政学理论和前人的研究，本文主要采用动态分析法和实证分析法，不仅对我国人口老龄化和财政支出数据所反映出的经济趋势进行分析，还在引致政府财政支出规模不断扩张的诸多复杂机制中，选取合适的经济指标和模型，探究我国人口老龄化程度演进与财政支出规模的相关关系，而非凭借经验或直观数据进行分析，为后续相关政策的制定提供具有一定科学性的理论支持。

在内容和结构方面，第一部分为文献综述，对相关文献进行简单了梳理。第二部分为相关概念和理论基础，介绍了几个主要概念和与政府财政支出相关的经典理论，并对人口老龄化作用于财政支出规模的机理进行分析。第三部分为我国人口老龄化与财政支出规模现状，首先对人口老龄化现状进行了分析，介绍了我国最新的人口情况，在此基础上分析了老龄人口抚养比的变动情况和空间分布。其次对我国当前的财政支出情况进行分析，介绍了分税制改革以来我国财政支出规模不断增加的情况及财政收入和支出之间存在的矛盾，并进一步描述了与人口老龄化密切相关的两个主要财政支出项目的占比随老龄人口占比逐渐提高而增加的情况。第四部分为模型构建与人口老龄化和财政支出关系的实证分析，通过构建固定效应模型，分

---

①　第七次全国人口普查公报（第五号）［EB/OL］. 统计局网站，2021 – 05 – 11.

析人口老龄化和政府财政支出间的相关关系，根据实证结果得出结论，并揭示了人口老龄化所带来的潜在风险。第五部分为人口老龄化背景下缓解财政压力的政策选择，该部分结合实证分析的结论和现实情况，为缓解我国财政支出压力，有效应对老龄化冲击提出对策建议。

本文的创新之处在于，在分析过程中尝试跳出经济—政治—社会的经典财政相关问题分析模式，进而选取更为切合我国当下发展态势的指标进行实证分析，以较为新颖的研究视角探讨我国人口老龄化背景下的政府财政支出情况。本文的不足之处在于，受制于数据可得性，文中实证分析部分选取的控制变量数量不足，虽然数据样本的时间跨度较长，但仍可能对回归结果产生影响。

二、文献综述

近年来，中外学者对人口老龄化问题的研究呈现多样化趋势，从不同角度分析了人口老龄化与财政状况的复杂关系。

（一）人口老龄化与财政支出规模的关系研究

龚锋和余锦亮（2015）采用门槛回归和门槛协整检验论证我国老龄人口比重与财政可持续性之间存在"U"型关系。田美玉等（2021）选取十年省级面板数据，并选择固定效应模型进行实证分析。研究发现，人口老龄化的发展在降低教育支出的同时，也会增加社会保障、就业和医疗卫生支出，进而增加政府财政压力。张鹏飞和苏畅（2017）对十余年的省际面板数据进行系统广义矩估计，说明在控制其他条件不变的情况下，人口老龄化与财政支出之间存在着正向互补关系。张雨雪等（2021）考察人口老龄化对我国财政支出规模的影响情况，分析结果证实老龄化带来的抚育压力导致财政支出规模明显增加。刘穷志和芦越（2016）分析在人口老龄化背景下的财政支出和经济增长相关问题，并将三者纳入统一的理论体系，发现人口老龄化会增加财政支出规模和财政风险。范建鏋（2021）认为，除导致财政支出规模扩张外，老龄化还会改变财政支出的格局和重心，以及公共支出的总量、地区和行业结构。阿吉亚尔（Aguiar，2011）认为，由于老年人口的收入降低，因此其所在家庭的收入也会降低，老年人退休后更加依赖储蓄进行生活，故私人储蓄规模会随老龄人口占比的提高而下降。伯尔弛和路德维希（Boersch and Ludwig，2000）的研究也进一步印证了这个观点，他们的研究表明：50岁以上的人口普遍更依靠前半生的积蓄来维持开支，由此引发社会资本存量水平下降。闫海春（2022）应用面板数据证实了我国人口老龄化与固定资产投资之间的密切关系，人口年龄结构的变化通过储蓄、资金供给、利率等多个要素传导至国民经济体系，进而成为影响固定资产投资水平的重要因素。李和梅文森（Lee and Mason, 2007）的研究认为，老龄化导致劳动人口减少，甚至低于其所负担的人口数，在增加劳动年龄人口税收负担的同时，也危及政府财政收支平衡。

（二）人口老龄化对社会经济发展的综合性影响研究

也有一些文献从人口结构变动的视角分析人口老龄化对经济社会发展的综合性影响。宿玉海等（2022）从微观家庭层面出发，借助有序 Logit 模型进行估计，研究发现：人口老龄化影响家庭跨入中等收入群体门槛的概率，且人口老龄化会对中西部地区的中等收入群体产生更大的负面影响。赵亚波（2022）认为，我国人口老龄化速度超出了预期，人口老龄化通过劳动力有效供给、人力资本积累、技术创新等路径对一国经济增长产生负面影响。沈可和李雅凝（2022）运用系统 GMM 法对我国 2000～2018 年 31 个省（市、自治区）的动态面板数据进行分析，研究发现：人口老龄化与三种类型的创新之间呈现出单峰形态，也即首先发挥激励作用，峰值过后则表现为抑制作用，且老龄化对根本创新的作用在时间上更早出现。

（三）支出的经济增长效应研究

另外，部分学者也将研究聚焦到财政支出的增长效应上。张丽彩（2015）运用实证分析法，对 1996～2011 年的财政状况进行实证研究，结果表明，经济的增长离不开财政的支持，但过度使用刺激性的财政政策也会造成某些不良反应。李钦（2014）则利用上海市 1980～2012 年的相关数字资料进行实证分析，研究结果证实了短期内财政支出规模与经济增长之间存在一定的互动性关系；而在长期，二者之间的这种联系并不十分显著，应通过优化结构和提升效率的方式进一步发挥财政的促进性作用。

由此可见，现有文献普遍就财政支出规模与人口老龄化之间相关关系的存在、人口老龄化会给社会经济的持续健康发展带来的风险，以及引致财政支出规模膨胀三个方面基本达成一致。在前人研究的基础上，本文将对其中部分研究的思路和方法进行一定程度的借鉴，并采用实证分析方法，进一步探究人口老龄化背景下的财政支出规模问题。

三、相关概念和理论基础

（一）相关概念

1. 人口老龄化

人口老龄化是一种由于人口生育率降低和人均预期寿命延长所导致的中青年人口占比下降，老龄人口的相对规模或绝对规模不断扩张的动态社会现象。人口的机械迁移也是引起某些地区产生老龄化现象的重要原因。1956 年联合国经济及社会理事会发表的报告《人口老龄化及其社会经济的后果》提出，当一个国家或地区 60 岁以上老年人口占人口总数的比重超过 10%，或 65 岁以上老年人口比超过 7%，即表示这个国家或地区的人口结构已经转为老龄型[①]。

2. 社会保障

社会保障既是一个历史概念，又是一个在不同国家和地区范围内有着特定内涵的概念。一般而言，社会保障是以国家或政府为主体，通过对国民收入进行再分配，对暂时或永久丧失劳动能力，以及由于各种原因陷入困境的社会成员给予款物接济，以保障其基本生活和经济系统的正常运转。社会保障是一个以社会保险为核心，以社会救济、社会福利为重要内容的复杂体系，其质量和范围也是衡量现代国家能力的重要标志。

3. 财政支出

政府财政支出是公共权力及其权属主体运作的过程中所耗费的资金数量。财政支出是整个公共支出的重要组成部分，并与市场经济条件下的公共需求紧密相连。公共需求决定公共部门活动及公共支出存在的必要性，没有公共需求也就没有公共支出。财政支出对于促进经济发展、保持国家机器正常运转、提高资源配置效率有着不可替代的作用。它还是政府履行职责的具体体现，反映着政府的方略取向。财政支出主体为各级政府部门，而将数量和种类众多的社会团体和非政府组织排除在其定义之外。在一定的时空条件下，财政支出可以用于支出的资源是有限的，政府的支出抉择必须考虑社会公共需求和公民利益的诉求。因此在人口老龄化的背景下，

---

① 【关注】"人口老龄化"国情教育知识手册［EB/OL］. 搜狐新闻, 2023 – 07 – 19.

财政支出的总量和结构都将受到影响。本文只涉及对政府财政支出的分析，而不考虑人口老龄化对公共支出的影响。

（二）政府财政支出增长的理论解释

1. 瓦格纳法则

德国财政学家瓦格纳（Wagner）通过对 19 世纪末期日本、美国、欧洲等国家和地区的财政活动情况进行分析，初步描述了随着政府职能的不断扩张及政府管理活动数量的增加，财政支出亦随之增长的现象。经过后人的不断发展和完善，可以将这一理论概括为：政府支出的增长幅度普遍大于经济增长幅度，政府消费性支出占国民收入的比重也将随时间的推移而不断增加；随着经济发展和人均 GDP 的上升，政府部门的活动日趋重要，财政支出也相应增长。市场经济和工业化的发展也使私人经济活动越来越需要由政府部门出面进行协调，人口增加、城镇化的推进、社会矛盾的激化与协调、增加投资有效性的需要，也都对政府部门提出了更高的要求。

2. 经济发展阶段理论

马斯格雷夫（Musgrave）将财政支出划分为军用支出和民用支出两大部分，又将一个经济体的发展历程划分为初期、中期和成熟期三个阶段，在不同发展阶段，政府支出增长的结构和速度是不同的，主要差别在于民用支出情况。在经济发展的初期，私人部门力量相对弱小，面对巨大的投资需求，往往需要政府部门扩张财政支出，以提高投资有效性，弥补私人投资的不足；到了经济发展的中期，基础设施建设的完成度空前提高，私人部门也进行了充分的资本积累，政府投资主要作为私人投资的补充，财政支出增长随之放缓；而到了经济发展的成熟期，随着人均收入的进一步增长，居民对生活质量有了更高的要求，固定资产投资也逐步进入重置期，财政支出的增长率将再次拉高，用于社会保障和收入再分配的支出在整个财政支出体系中的地位将显著上升。

3. 公共选择学派的财政支出增长理论

公共选择学派最显著的特点就是将经济分析的方法和工具应用于政治领域。该学派认为，实行科层管理的政府机关是典型的官僚组织，官僚组织也有自身的利益和需求，其追求在于部门利益的最大化，官僚机构的规模与其成员的权力和经济利益呈正相关关系。官僚机构的这种自我扩张取向，以及对公共资源和信息的垄断，致使其有意愿也有能力来不断扩大机构的规模和人员数量，进而导致财政支出的增长。

4. 生命周期理论

完全理性假设下的经济人会对自己整个生命周期的收入和支出做出合理的预期安排。青年时期，人们的货币收入普遍较低，但因为预期自身未来的收入会有所增高，所以将会提高消费在当期收入中所占的比重，乃至进行超前消费；中年时期以后，虽然收入达到了较高水平，但考虑退休后收入降低的情况，人们会将更多收入转化为储蓄；老年人则有着更加强烈的边际消费倾向，人们不再储蓄，而是将此前的积蓄和当期收入更多用于旨在提升生活质量的消费。

（三）人口老龄化视角下政府财政支出增长的机理分析

随着现代国家政府职能的扩张，各国政府支出普遍呈现增长趋势，绝对支出膨胀的同时，相对数量也在大幅上升。导致政府财政支出扩张的因素众多，不少学者也给出了独特的观点，这里就人口老龄化因素在这一过程中的作用进行深入讨论。

人兼有政府管理对象和政府服务对象的双重特点。一方面，人是公共政策的主要对象，人的行为要受到政策、规则和法律的制约；另一方面，政府管理行为的目的就是为人服务，增进公民福祉。人口的数量和结构从多个角度影响着财政支出的规模，人口的增长促进了人们对基础设施和社会福利的需求，现实中政府提供的公共产品大多是非竞争性和非排他性的不完全的准公共产品，而使用者的增加会带来拥挤，降低每一个使用者的效益，这就要求政府扩大所提供的公共物品的规模，进而增加了公共支出；人口结构的变动同样导致财政支出情况发生变化，不同年龄阶段公民的需求侧重点不尽相同，财政支出结构自然也要适应人口结构的变动而有所倾斜。具体而言，养老离不开康养设施、医疗机构、休闲健身设施、老年大学等基础设施，老龄人口数量的增长需要政府投入更多财政资金加强相关设施建设以保证供给水平。不仅如此，现有设施的适老化改造也要求财政资金的持续投入。养老金缺口也是一个需要纳入分析范围的问题，缺口产生的原因在于老龄人口增长速度与劳动力增长速度之间的差异，以及基金统筹和个人积累制度自身存在的缺陷。为填充部分省区养老金缺口，就需要由政府部门进行"兜底"，现行方式主要有财政拨款、国有资产转归和彩票公益金拨入。由于养老金给付标准的上调和老龄化高潮的到来，养老金缺口会随之不断扩大，也就需要增加财政补贴力度，进而导致财政支出规模整体扩张。此外，政府虽是解决老龄化问题的责任主体，但也需要引入私人资本和市场机制以提升质效。新兴产业的培育，更离不开政府财政的支持，养老产业发展壮大的过程，是一个需要政府合理引导和投入的过程，也因此成为一个财政支出规模不断扩张的过程。

四、我国人口老龄化与财政支出规模现状

（一）我国人口老龄化现状

2021 年国民经济和社会发展统计公报显示，2020 年末我国总人口为 141260 万人，较上一年仅增加 48 万人；全年出生人口 1062 万人，出生率为 7.52‰；死亡人口 1014 万人，死亡率为 7.18‰；自然增长率为 0.34‰。相比之下，60 周岁及以上人口总量为 26736 万人，占比达 18.9%。其中，65 岁及以上人口数为 20056 万人，占总人口比重为 14.2%。[①] 就空间分布而言，我国人口抚养比也呈现出一定的区域差异，东部沿海地区地区及中西部地区的养老压力较大，而其他地区的养老负担则相对较小。此外，我国的人口老龄化与世界其他主要国家相比也呈现出不同的特点：老龄化高潮提前到来、在经济社会发展尚不充分的情况下进入老龄化、在众多限制及束缚的承压期进入老龄化。

（二）我国财政支出规模现状

财政支出规模即各类支出项目的总水平，既可以反映政府财政的作用强度，又是衡量政府职能范围和政府规模的重要指标。1994 年实行分税制改革以来，我国财政支出规模始终保持递增趋势，并在 2008 年金融危机前后开始产生赤字，随着时间的推移，财政收支之间的差额也不断放大。如图 1 所示，2021 年，全国一般公共预算支出超过 24 万亿元，同比增长 0.3%，其中教育支出占比最高，达 15.27%。与人口老龄化密切相关的社会保障和就业支出、卫生健康支出的绝对数量及在财政支出总额中的占比也随老龄人口规模和养老需求的扩张而不断增长，已由 2007 年的14.93% 增长到 2021 年的 21.54%，如图 2 所示。相比之下，2021 年我国预算收入为 202539 亿元，虽保持了较快的增长速度，但与支出相比仍存在一定的缺口，即使考虑国有资本经营带来的净收入，也无法完全实现平衡。可见，人口老龄化形势日益严峻所带来的刚性支出已经成为我国现有财政压力的重要组成部分。

---

① 资料来源：《中华人民共和国 2021 年国民经济和社会发展统计公报》。

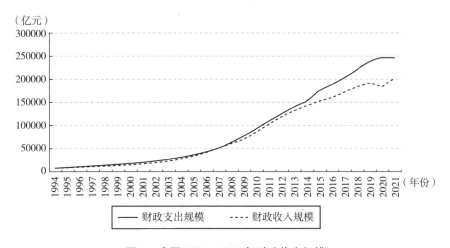

图1　我国1994~2021年财政收支规模

资料来源：《国民经济和社会发展统计公报》（1994~2021年）。

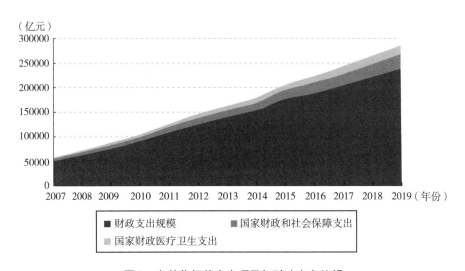

图2　老龄化相关支出项目与财政支出总额

资料来源：《中国统计年鉴》（2008~2020年）。

五、模型构建与人口老龄化和财政支出关系的实证分析

（一）数据来源与计量选择

结合以上理论，本文以我国30个省级行政单位为研究样本，其中不包括西藏自治区（数据缺失）及港澳台地区，数据样本共589个观测值。统计资料来源于《中国统计年鉴》，研究样本基本涵盖了全国各省（市、自治区），具有较强的代表性。

被解释变量为财政支出规模，衡量的指标是财政支出占 GDP 的比重。解释变量为人口老龄化，所选取的指标是老年人口抚养比，指的是老年人口数与劳动年龄人口数之比，即 65 岁以上的老年人口占 15～65 岁人口总数之比，该指标不仅可以反映老龄化的严重程度，还能体现出人口老龄化为社会带来的压力。

控制变量：包括产业结构（str）、经济外向性（open）、经济发展水平（agdp）（见表1）。产业结构的变动与高级化趋势是每个经济体发展过程中都要经历的过程。对于经济利益的追求驱动使得原本从事农业生产活动的劳动者向制造业转移，当第二产业不再是最佳选择，服务业中的劳动者数量及总产出便迅速增加。财政是国家对产业结构的调整进行引导的重要政策工具，政务的数量和复杂度也将随产业结构的调整而不断变动。故此，产业结构演进的过程也基本上算一个财政支出规模不断膨胀的过程。对外开放度衡量的是一个国家的经济外向性程度。经济体系开放度增加，虽然为政府带来了更多直接或间接的财政收入，但也延伸了政府的职能范围，如参与国际交流、协调经贸纠纷等，在客观上提高了财政支出需求。财政支出必须以收入为基本标尺，不可盲目扩张赤字。财政收入的主体是各种税收，而国民的生产性活动又是税收的根本来源。就这一角度而言，财政支出与经济发展水平有着密切的相关关系，经济发展水平的提高无疑会增进政府财政的支出能力，但经济发展水平更高的社会也对政府服务和产出提出了更高的要求。不仅如此，经济的扩张意味着政府管理领域的蔓延，政府部门需要投入更多的资源来管理社会。

表1	变量的定义与说明	
变量名	变量含义	变量定义
fi	财政支出相对规模	财政支出总额占 GDP 比重
aging	人口老龄化	老龄人口抚养比
str	产业结构	第三产业占比
open	经济外向性	进出口总额与 GDP 比例
agdp	经济发展水平	人均 GDP

利用 Stata 16.0 软件进行操作，变量的描述性统计结果如表2所示。财政支出规模（fi）平均值为 0.252，最小值和最大值分别为 0.0811 和 1.354，说明我国不同地区的支出规模差距较大。且随时间变化，我国的财政支出规模也存在较大幅度的波动。人口老龄化（aging）平均值为 13.28，标准差为 3.407，说明我国人口老龄化程度存在一定的时空差异，且老龄化水平较高。

表2 描述性统计

变量	N	平均值	标准差	最小值	最大值
fi	589	0.252	0.187	0.0811	1.354
aging	589	13.28	3.407	6.700	25.50
str	589	0.458	0.0925	0.297	0.838
ln_open	589	5.545	0.994	2.397	7.741
ln_agdp	589	10.25	0.781	8.089	12.01

（二）老龄化社会中财政支出增长的实证分析

基于上述分析，这里选用双向固定效应模型探究老龄社会中的政府财政支出增长情况，模型设定如下：

$$Fi_{it} = \alpha_0 + \beta_1 fi_{it} + \beta_2\, control_{it} + \varepsilon_{it} \tag{1}$$

其中，i 表示省份，t 表示时间（年份），$aging$ 为老龄人口扶养比，$control$ 包含上述产业结构、经济外向性、经济发展水平三个控制变量，ε 为随机干扰项。利用 Stata 16.0 软件进行操作，对数据进行适当标准化处理后引入回归模型，结果如表3所示。

表3 人口老龄化对财政支出规模的影响

变量	fi
aging	0.003 ***
	（3.25）
str	− 0.119 *
	（− 1.84）
ln_open	− 0.020 ***
	（− 3.55）
ln_agdp	− 0.043 ***
	（− 2.85）
Constant	0.664 ***
	（4.57）
Observations	570
Number of id	30
R^2	0.693
Id FE	YES
Year FE	YES

注：括号内为 t 值，*** 表示 $p < 0.01$，** 表示 $p < 0.05$，* 表示 $p < 0.1$。

（三）实证结论

回归结果显示，在1%的显著性水平上，回归系数 β_1 为正值，表明人口老龄化对财政支出规模的显著性正向影响。结合对文献的梳理，不难发现，老龄化问题已给政府的财政情况带来了一定的风险和挑战。人口老龄化日益严重已成为不可逆转的社会趋势，是我国在未来数十年都必须面对的严峻问题。

第一，随着我国退休人口总量的进一步增长、人均预期寿命的提高和对康养产品质量更高要求的提出，弥补社会保障支出的不足必将成为财政支出的重点方向，进而为我国财政带来总量和结构调整上的压力。

第二，人口老龄化对劳动力市场产生持续冲击。改革开放伊始到21世纪的第一个十年，我国劳动力占比不断上升，人口红利的稳定释放也成为推动我国经济高速增长的重要动力，进而为政府财力的积累奠定了基础。我国劳动力相对规模在2010年出现拐点，绝对规模也于2013年开始下降，加之社会对劳动者受教育程度的要求逐渐提高，青年群体在校时间延长，人口红利逐渐褪去，部分地区或行业的劳动力有效供给降低或存在系统性短缺风险。

第三，参考生命周期假说的内容。虽然该理论是基于西方文化背景提出的，并不一定适用于具有独特性的中国社会，但仍要将人口老龄化对资本积累产生负面影响的风险纳入考虑范围。

六、人口老龄化背景下缓解财政压力的政策选择

为缓解老龄型社会中的财政收支矛盾，平稳度过老龄化高峰期，调整我国现行政策势在必行。应从多个领域出发，形成在功能和形态上虽有差异，但在内容和理念导向上具有一致性的"人口老龄化政策链"。

（一）稳健推行延迟退休政策

目前，我国的计划生育政策已随客观情况的变化进行了大幅度调整，全面实行"三孩"政策。但随着社会抚育成本的提高及劳动者自身生活压力的不断增加，生育政策并没有取得预期的政策效果。且一项政策从制定、执行再到产生实际政策效果往往需要经历一定的"时滞期"，受制于自然规律，生育政策同样也需要在经历

一个完整的劳动力再生产周期后才能产生预期效果。为避免人口老龄化趋势导致我国有效劳动力供给不足，进而影响我国经济进一步实现高质量发展的可能，有必要继续适当、适时地实施延迟退休计划。即在劳动者社会经济负担和身体健康状况可接受的范围内，在充分征求利益相关者的意见并考虑代际公平等问题后，根据现实情况，有梯度地延后劳动者退休时间。延迟退休政策一方面可以保证劳动力的有效接续，为新生代劳动力的生产提供更多时间；另一方面也可以缓解社会保障资金的支出压力。

（二）不断完善我国社会保障体制

人口老龄化进程的不断推进，会对社会保险中的医疗保险和养老保险造成直接压力，扩大相应保障项目的支出规模。为此，应进一步调整我国现行的保障体系。在资金来源方面，择机合并若干收费项目，改"费"为"税"征收统一的社会保障税，这不仅可以改善不同部门、行业或地区之间客观存在的社保资金征缴公平性相对缺乏的现象，还有利于发挥税收固有的无偿性、稳定性和强制性的特点，保证社保资金来源的稳定和持续；在运营管理方面，应坚持基金制的运行模式，明确区分行政管理和基金运营，并改变"部门分割、政出对门"的局面，应形成统一有效的资金运管体系，并进行科学经营管理，保证社保基金的增值保值，进而提升社保自身的"造血"能力，减少财政资金的补贴，起到缓解财政支出压力的效果。在监督管理方面，不仅要建立起具有权威性和合理性的评价和监督体系，还要明确划分主管机构的权责配置，并对从事相关工作的人员进行适度控制。以此保证社会保障基金在运营过程中的安全稳定，提升营运效率，减少维系社保体系本身的开支，进而在应对人口老龄化的问题上发挥更为积极的作用。

（三）建立合理有效的财政支出结构

科学的财政支出结构是指能够使资源配置状态得到优化、有利于实现收入分配公平和国民经济平稳增长等基本目标的支出结构。为推动财政支出结构朝着有利于解决我国人口老龄化问题的方向变化，必须从我国目前的财政收支状况出发，以市场经济发展的客观要求为导向，科学界定支出重点；限制政府行政开支持续性地非理性扩张，转而将更多资金投向社会保障和养老产业培育；明晰界定中央到地方各级政府的事权范围，并以此为现实依据划分财权；强化对于政府财政支出的监督和绩效考核，减少部门支出与所提供的公共服务之间的损耗，确保公共经济活动不仅有较高的效率还能产生相应的公共效益。此外，还要进一步完善现行的区域转移支付制度，减少财政资金在流转过程中的消耗，提升转移支付的精准性和有效性，确保资金得到充分利用。

（四）构建和完善我国多层次养老保障体系

构建多层次的养老保障体系，就是将由公共部门主导的基本养老保险、商业保险和企业年金作为支撑我国顺利度过老龄化冲击的三大支柱，实行政府、单位与个人三方共同负担老龄化压力的协同机制。20 世纪 90 年代养老保险实施创新改革至今，经过近 30 年的发展，城乡居民基本养老保险制度已经相对完善，但同样作为养老体系重要支柱的企业年金和商业保险则相对滞后。总体来说，我国养老体系发展并不均衡，三大支柱比例存在失衡。2020 年末，城乡居民基本养老保险基金累计结存和企业年金积累基金分别为 58075 亿元和 22497 亿元，全国共有 10.5 万户企业建立企业年金，参加的职工为 2718 万人，相较于参与基本养老的 45621 万职工有十分明显的数量差距[①]。为此，政府部门应采取激励性政策，使更多的企业具备创设企业年金的基础条件，让更多的职工接触到第二支柱，缓解社保系统和财政资金的压力。此外，还要在鼓励商业保险行业发展的同时，加强对行业发展的方向性引导，从而形成有序竞争的良好格局，为广大公民提供更多高质量的商业养老保险服务。

（五）促进养老产业和养老事业协同发展

人口老龄化的不断深入，使养老成为一个必须要考虑的社会性问题，发展养老产业和事业则是应对这一现实问题、满足老年群体需求的必然选择。为此，必须坚持"实事求是"的思想，针对养老产业和事业现存的质量和广度不足等问题进行变革。第一，要强化责任和服务意识，提升养老治理效能，建立包括责任清单制度、跨部门协同渠道、检测与评估系统等在内的治理体系。第二，政府部门财政和相关政策要向养老产业进行倾斜，保证该产业整体上拥有足够的支持性资源，在提高商业养老机构准入门槛的同时，降低对行业内市场主体的行政管制，并事先建立有效的救济制度，保证养老机构具有较好的持续性和盈利能力。第三，给予养老事业足够的支持和重视，加强医疗床位、社区养老中心、文教娱乐配套设施建设，并加强

---

① 资料来源：《2020 年度人力资源和社会保障事业发展统计公报》。

从业人员考核和培训工作，为养老事业的发展储备人才。第四，要更加重视大数据、云计算等新兴数字技术在养老领域的应用，深度挖掘高龄人口的多元需求，并降低由信息不对称引起的匹配成本。

参 考 文 献

［1］曹聪灵，肖国安，徐邵蕊，周小渝．人口老龄化对经济高质量发展的影响——基于财政可持续视角［J］．财经理论与实践，2022，43（1）：114－122．

［2］陈昊，陈飞，刘亚军．年龄结构变化背景下人口老龄化对医保基金的影响及对策探讨［J］．商业经济，2022（3）：171－173．

［3］程兰芳，邓蔚．人口老龄化对社会保障支出的影响研究［J］．华东经济管理，2022，36（1）：1－8．

［4］范建鏋．人口老龄化与我国公共支出变动趋势［J］．中国发展观察，2021（24）：80－83．

［5］龚锋，余锦亮．人口老龄化、税收负担与财政可持续性［J］．经济研究，2015，50（8）：16－30．

［6］何柯桦，梁微，葛宏翔．经济波动、社会性财政支出与社会经济发展关系［J］．技术经济与管理研究，2022（2）：26－30．

［7］胡慧敏．中国地方财政支出的影响因素［J］．全国商情，2016（32）：42．

［8］胡丽丽．政府财政扩张对经济发展的影响及对策研究［J］．行政事业资产与财务，2020（3）：47－48．

［9］华静，王晓洁，吴峥．人口老龄化背景下公共支出的代际冲突研究［J］．财会研究，2018（10）：14－20．

［10］黄书猛．论政府职能和政府干预范围的扩张［J］．学术论坛，2003（2）：50－54．

［11］姜扬．政府民生性财政支出的就业效应研究［J］．东北师大学报（哲学社会科学版），2021（6）：97－106．

［12］李钦．财政支出规模与经济增长关系的实证研究——以上海市为例［J］．时代金融，2014（8）：89－91．

［13］李汝资，刘耀彬，王文刚，谢德金．中国城市土地财政扩张及对经济效率影响路径［J］．地理学报，2020，75（10）：2126－2145．

［14］李雪松，赵艳．沈阳市人口老龄化问题与对策［J］．经济研究导刊，2021（30）：37－39．

［15］刘穷志，芦越．人口老龄化背景下的财政支出与经济增长［J］．行政事业资产与财务，2016（10）：4－7．

［16］罗理恒．财政视角下人口老龄化问题与对策研究［J］．现代管理科学，2019（11）：63－65．

［17］沈可，李雅凝．中国的人口老龄化如何影响科技创新？——基于系统GMM方法与动态

面板门槛模型的经验证据 [J]. 人口研究, 2021, 45 (4): 100 - 113.

[18] 宿玉海, 李小诚, 孙晓芹. 人口老龄化对中等收入群体扩大的影响研究 [J]. 山东财经大学学报, 2022, 34 (2): 27 - 37, 63.

[19] 田美玉, 罗明, 吴庆田. 人口老龄化、财政压力与基本公共服务支出偏向 [J]. 西北人口, 2021, 42 (4): 103 - 113.

[20] 王俊, 蒋楠楠. 财政分权与地方政府竞争 [J]. 金融教育研究, 2021, 34 (6): 32 - 39.

[21] 项凯标, 江克花, 张大林. 社会保障支出、地区差异与积极老龄化 [J]. 华东经济管理, 2022, 36 (1): 9 - 20.

[22] 谢康, 张莉莉. 公共选择理论下地方政府规模扩张的原因分析 [J]. 牡丹江大学学报, 2014, 23 (2): 96 - 98.

[23] 闫海春. 人口老龄化影响固定资产投资的作用机制与实证检验 [J]. 齐齐哈尔大学学报 (哲学社会科学版), 2022 (2): 72 - 75.

[24] 张晨曦. 政府公务员数量对经济增长的影响分析 [J]. 当代经济, 2006 (10): 4 - 5.

[25] 张丽彩. 我国财政支出规模与经济增长关系研究 [J]. 合作经济与科技, 2015 (6): 191 - 192.

[26] 张鹏飞, 苏畅. 人口老龄化、社会保障支出与财政负担 [J]. 财政研究, 2017 (12): 33 - 44.

[27] 张文达, 郭于玮, 鲁政委. 人口老龄化对经济的影响综述 [J]. 金融发展, 2021 (2): 78 - 88.

[28] 张雨雪, 陈羽, 高挺, 常启国, 许海平. 人口老龄化对财政支出规模影响分析 [J]. 科技创业月刊, 2018, 31 (5): 142 - 145.

[29] 赵亚波. 人口老龄化对中国经济增长的影响 [J]. 市场周刊, 2022, 35 (3): 23 - 26.

[30] 周伟. 政府职能对政府规模的影响 [J]. 理论月刊, 2011 (10): 79 - 81.

[31] A. Boersch—Supan, A. Ludwing. Aging, Asset Markets and Asset Returns: A View from Europe to Asia [J]. Asian Economic Policy Review, 2000 (4): 69 - 92.

[32] Aguiar M. Consumption versus Expenditure [J]. Journal of Political Economy, 2005, 113 (5): 919 - 948.

[33] Cai Y., Feng W. and Shen K. Fiscal Implications of Population Aging and Social Sector Expenditure in China [J]. Population and Development Review, 2018 (7): 811 - 831.

[34] Kudrin A. and Gurvich E. Population Aging and Risks of Budget Crisis [J]. Voprosy Economiki, 2012 (3).

[35] Lee R. and Edwards R. The fiscal Effects of Population Aging in the US: Assessing the Uncertainties [J]. Tax Policy and the Economy, 2002 (16): 141 - 180.

[36] Lee S. H, A. Mason and D. Park. Why does Population Aging Matter so much for Asia? Population Aging, Economic Security and Economic Growth in Asia [J]. ERIA Discussion Paper Series, 2011 (284).

政府粮食补贴政策对粮食产量的影响研究

▶ 东　升

【摘要】 本文在分析政府粮食补贴政策对粮食产量影响的现状的基础上，使用政府粮食补贴和粮食产量有关的数据进行实证分析。结果表明，政府粮食补贴对粮食产量的影响是显著的；在四项补贴、农业从业人口、种植面积、农用化肥施用量等影响因素中，影响最大的是农用化肥施用量，其次是政府粮食补贴政策，再次是农业从业人口，最后是种植面积。政府粮食补贴和化肥施用量与粮食产量具有正向的相关关系，而劳动跟土地要素对粮食产量的影响是负向的。本文的主要内容如下：一是概括分析我国政府粮食补贴政策的发展历程，从而对政府粮食补贴政策的演变历程有所了解，在此基础上进一步分析我国政府粮食补贴政策存在的问题；二是分析目前我国粮食生产产量现状；三是基于我国 2008~2020 年的数据来研究政府粮食补贴政策对粮食产量的影响，研究发现政府粮食补贴对粮食产量有显著影响。

【关键词】 政府粮食补贴；粮食产量；粮食安全

一、序言

（一）研究背景

粮食是人类生存发展的首要条件，对于人类来说，解决温饱问题极其重要。"中国人的饭碗任何时候都要牢牢端在自己手上。"[1] 从这可以看出，

---

① 习近平：决胜全面建成小康社会 夺取新时代中国特色社会主义伟大胜利——在中国共产党第十九次全国代表大会上的报告 [EB/OL]. 中国人民政府网，2017 – 10 – 27.

粮食安全问题关系到国家安全问题。早前的间接粮食补贴政策效果较慢，但从 2003 年开始试点实行的粮食直接补贴政策，相比于粮食间接补贴政策有成效快的优点，并且对我国粮食生产者的种植粮食意愿的增强和粮食生产者的家庭收入的增加起到了重要作用，甚至对粮食产量、粮食安全也起到了不可忽视的作用。当前政府粮食补贴政策效果如何？是否对粮食生产有显著影响？如果是的话，那影响效果怎么样？下一步，应该如何更好地促进粮食供给不断提高？本文针对以上问题进行研究。

（二）研究目的

从提高粮食产量和增加粮食生产者收入的目标出发，本文以 2008 ~ 2020 年粮食产量和种植面积为基准，对所收集的数据进行回归分析，研究政府粮食补贴政策对粮食产量的影响，结合计量分析研究结果，考虑我国基本情况，为我国政府粮食补贴政策给予建议。

（三）研究意义

一直以来，为保证粮食安全，促进农业发展、农业现代化，我国出台各种文件和相关政府粮食补贴政策。粮食问题是国家大事，关系我国从农业大国到农业强国的转变。政府粮食补贴政策在实施过程中出现了许多问题，说明我国政府粮食补贴政策已经不符合我国现实情况，迫切需要改进。为加强我国农业实力，应该不断创新并改进政府粮食补贴政策，从方方面面提高我国农业实力。尤其在新冠疫情冲击的背景下，农产品供给的稳定是重大问题，要想从根本上保障粮食安全，打好脱贫攻坚战，增强我国国际地位，就需要完善政府粮食补贴政策，从而保障粮食安全。粮食安全问题关系到中国十几亿人口的吃饭问题，关系到我国农业现代化进程。

（四）研究方法

本文通过查阅大量政府粮食补贴方面的文献收集宏观数据，利用计量分析软件分析我国整体情况，对粮食产量、劳动力、种植面积、化肥施用量等数据做回归分析，研究政府粮食补贴政策对粮食产量的影响。本文主要采用文献分析法、定性分析法、定量分析法及回归分析法研究我国政府粮食补贴政策的相关问题。文献分析法：为研究政府粮食补贴政策，先整理收集政府粮食补贴政策相关文献资料和各种数据，分析我国政府粮食补贴政策现状，再收集整理国内外学者有关政府粮食补贴政策的文献。定性分析是指通过逻辑推理、哲学思辨、历史求证、法规判断等思维方式，着重从质的方面分析和研究某一事物的属性。定量分析指分析一个被研究对象所包含成分的数量关系或所具备性质间的数量关系。统计学中，回归分析指的是确定两种或两种以上变量间相互依赖的定量关系的一种统计分析方法。

（五）不足

本文在研究政府粮食补贴政策对粮食产量的影响时选取的数据只选用了全国的宏观数据，但因不同地区经济社会发展不一，各种自然经济社会条件不同，本文的研究仅能代表全国平均水平。因此，用全国总量水平代表各省份各地区的水平效果有待考察。

二、文献综述

粮食作为人们生活中必不可少的产品，是一个国家生存发展的根本条件。因此，所有的国家都对农业政策的制定和政策效果极其重视，为完善农业政策，各国学者都在深入研究。

（一）政府粮食补贴相关文献

马昕彦（2010）全面评估国家粮食补贴的效果，得出政府粮食补贴政策对农民增收的影响较小，2004～2007 年农民每年人均只增收了 15 元，但是在四年间共发放 541 亿元的粮食补贴，且在保障粮食安全方面的效用也不显著。占金刚（2012）分析良种补贴、农机具购置补贴和综合性收入补贴三种政策面板数据得出：在增加粮食产量方面，良种补贴和农机具购置补贴政策的影响显著，但综合性收入补贴对农户增加可支配收入虽有作用，但效果不大。欧阳峥（2012）综合评价内蒙古粮食补贴绩效，研究得出：粮食补贴可以有效刺激种粮人员播种意愿，在一定程度上对我国粮食安全作出了贡献，而且对解决"三农"问题的综合效用是不断增加的。张彦君（2017）采用 logit 模型、层次分析法（AHP）、结构方程模型等对政策满意度、政策效应和粮食安全进行分析，得出种粮人员对粮食补贴的满意度高、外出打工的农户等的满意度较高。胡晓蔚（2018）以师宗县为例分析粮食补贴政策的作用，得出粮食补贴的增加可以抵销一些种植粮食成本，增加农户的可支配收入，但是影响较小；粮食补贴能够刺激播种面积和产量，充分保障粮食安全。高婧（2020）运用Logistic方法分析得出年龄、文化程度、政策宣传力度、种植条件、家庭种植面积均显著影响小农户种植意愿，其中文化程度呈反向显著影响，并得出，目前天津小农户趋老龄化，劳动力下降、收入不高、小农户种植收入占家庭收入普遍相对较低。刘培生（2015）运用向量自回归（VAR）模型，找出粮食直接补贴政策绩效影响因素，得出粮食补贴政策不仅受到农资价格、经济周期波动等经济环境的影响，还受到各地区自然条件因素影响。李韬（2014）对河北辛集市的抽样调查数据，采用双变量Probit模型进行实证分析，得出粮食补贴政策没能达到刺激农户种粮意愿的结论。

（二）粮食产量影响因素相关文献

肖海峰和王姣（2004）建立柯布－道格拉斯生产函数，分析我国粮食综合生产能力的影响因素和影响程度，得出播种面积、其他物质投入和化肥投入是影响我国粮食综合生产能力的3个主要影响因素。化肥和其他物质投入的增加和劳动生产率的提高对我国粮食生产的提高起到重要作用，粮食播种面积的减少降低粮食综合生产能力。魏君英和夏旺（2018）运用2001～2015年粮食主产区数据，主要分析人口老龄化与粮食产量之间的关系，得出农村人口老龄化不利于我国粮食产量的可持续增长。伍骏骞和方师乐等（2017）运用durbin模型，根据1978～2012年的面板数据分析农业机械化水平与粮食产量间的关系，得出其他地方的农业机械化对本地区粮食产量有正向显著影响，其中1999年之后的空间溢出效应更显著。高增玉（2019）在对山东省的粮食产量相关数据回归分析法的研究中发现，土地要素对粮食产量的影响最明显，第二是粮食直接补贴要素，第三是劳动要素，第四是资本投入要素。李雨凌和马雯秋等（2021）识别并测度粮食撂荒土地，建立撂荒效应模型，得出撂荒面积的增加会减少粮食产量，也就是说存在负相关关系。姚成胜和李政通（2016）研究粮食产量与空间变化的关系，得出劳动力是刺激粮食增加产量的首要因素，粮食安全效应抑制粮食增产。

（三）粮食补贴对粮食产量影响相关文献

张红玉和赵俊兰（2008）分析粮食补贴政策的作用路径得出，粮食产量的增加主要是依靠种植面积的增加，而技术进步型补贴没有提高粮食产量。刘艳和吴平

（2012）用2004～2009年各省份的研究数据，分析粮食补贴与粮食播种面积、粮食产量的关系，得出粮食直接补贴政策对增加粮食播种面积和粮食产量起到正向作用，但因土地资源稀缺导致粮食补贴政策对粮食产量的影响要高于对粮食种植面积的影响。刘旗和刘培培（2013）分析2004～2009年河南省粮食生产数据，得到粮食直接补贴对扩大种植方面价格效应系数要高于补贴政策系数效应，单独使用粮食直接补贴政策的效果要低于搭配价格政策一起使用的效果。辛翔飞和张怡等（2016）对2000多个县2001～2013年的面板数据进行实证分析，得到粮食补贴政策对增加农户收入和增加粮食产量起到了积极作用。彭澧丽和龙方（2013）认为生产性补贴政策对粮食增产起到了重要作用，但研究发现，粮食生产性补贴政策对增加粮食产量的长期效应不显著。霍增辉和吴海涛（2015）运用湖北省2006～2010年的数据分析粮食补贴政策效果及影响机制，得出粮食补贴会增加粮食生产投入要素，从而对粮食产量有显著效应。

（四）文献评述

目前，关于政府粮食补贴政策、粮食产量及政府粮食补贴政策对粮食产量的影响的研究文献很多。一是有大量关于政府粮食补贴政策效用、作用路径方面的研究；二是有关粮食产量影响因素的研究，主要对种植面积、资本投入和化肥施用方面的影响研究；三是有关政府粮食补贴政策与粮食产量关系的文献研究。基本上可以得出，政府粮食补贴政策对粮食产量起到了显著的正向效用。

三、政府粮食补贴影响粮食产量的理论基础

（一）相关概念

1. 粮食补贴政策

粮食补贴政策是按照一定的标准，对农户给予的补贴政策。粮食补贴跟土地承包无关，而是只要种植了粮食不管有没有承包土地，就会发放。补贴的金额由种植面积乘以国家规定的当年的各项补贴标准。

2. 粮食产量

粮食产量是一个地区在一定时期内（通常是一年）生产出来的全部粮食数量。

其计算方法包括：脱粒后的原粮、去豆荚后的干豆和 5 公斤鲜薯算成 1 公斤粮食来计算。从 20 世纪 90 年代开始，我国靠抽样调查来获取数据，但在此之前靠全面调查获得。2022 年，粮食产量的预期目标在 1.3 万亿斤以上。2021 年全国粮食总产量 68285 万吨（即 13657 亿斤），比 2020 年增加 1336 万吨（即 267 亿斤），增长 2.0%[①]。

（二）相关理论

1. 经济人假设

经济人假设是西方经济学最主要的基础假设，其追求的是自身利益最大，在面临多种选择时会选择让自己成为收获最大的那一个，用最少的付出取得最大的效用。

2. 效用论

现代西方经济学的一种必不可少的理论基础就是效用论，是消费者对商品需求的理论。效用论认为，商品能够给消费者带来一定的满足并产生一种效用。对于消费者来说，他们可以按照效用不同排序不同的商品，在还没达到效用最大之前，增加消费，从而相应地增加效用。因消费者的收入是有限的，他们总能将收入合理地分配在所需要的商品上面。

3. 边际递减理论

在其他条件不变的情况下，一种投入要素连续增加到一定程度后，再继续增加，那么这种投入所得到的效用增量会减少。例如，当消费者消费某种商品的数量越来越多时，其获得的效用的增量会越来越少，这就是边际效用递减规律。在本文中，如果持续增加某种投入要素，那么所获得的粮食产量的增量就会越来越少。

四、政府粮食补贴政策与粮食产量现状

（一）政府粮食补贴政策现状

本文将新中国成立以来的政府粮食补贴政策进行分段，可以分为 1953～1960

---

① 资料来源：国家统计局网站。

年、1961～1978 年、1979～1990 年、1991～1993 年、1994～2003 年、2004 年至今
这 6 个阶段。接下来对这 6 个阶段进行分析：1953～1960 年，为控制粮食源头和稳
定粮食价格，政府实行粮食统购统销政策。在当时供给不如需求的情况下，采用行
政手段进行征购和供给。1961～1978 年，政府对城镇居民进行"明补"，给城镇职
工发放粮价补贴。1979～1990 年，政府对城镇居民的"暗补"。大幅提高粮食购买
价格，同时也保证粮食销售价格稳定。当时的国营粮食亏损，为弥补这个缺口，政
府对粮食企业实行了购买销售差价补贴。1991～1993 年，政府取消粮食价格补贴，
实行粮食"顺价销售"。1994～2003 年，粮食补贴中增加了粮食风险基金。2004 年
至今，政府对粮食生产者进行生产和收入补贴。表 1 概括表明各阶段所采取的政府
粮食补贴政策。目前实行的政府粮食补贴主要有粮食直接补贴、农资综合补贴、粮
种补贴和农机报废更新补贴 4 项。

表 1　　　　　　　　　　各时间段采取的政府粮食补贴政策

时间段	措施
1953～1960 年	粮食统购统销
1961～1978 年	对城镇居民进行"明补"
1979～1990 年	对城镇居民进行"暗补"
1991～1993 年	粮食"顺价销售"
1994～2003 年	添加粮食风险基金
2004 年至今	生产和收入补贴

（二）粮食产量现状

从粮食产量来看，2008 年以来我国粮食产量逐年增加但 2018 年的产量有少量
减少，从 2008 年的 53434.29 万吨的粮食产量增加到 2021 年粮食产量为 68285 万
吨。2020 年粮食产量占全球的 24%，粮食供给充足。从表 2 的粮食产量可以看出粮
食产量的数值，也可从图 1 的粮食产量变化折线图中直观地感受到粮食产量是在增
加的。从粮食种植面积来看，从 2008 年一直到 2016 年我国种植面积一直有所增长，
从 2017 年开始连续三年种植面积都在减少，在 2020 年有小幅度增加，种植面积有
116768 千公顷，同比增长 0.61%。2021 年比 2020 年也有所增长，种植面积达到
117632 千公顷，同比增长 0.74%[①]。粮食种植面积的增速变慢，导致粮食产量的增
加也减慢。虽然我国粮食产量一直有着稳定的增长，但也存在一些问题，如粮食主

---

① 资料来源：国家统计局网站。

产区和粮食主销区不平等，即粮食主产区往往是不发达地区，不发达地区的财政能力有限，政府粮食补贴更倾向于对粮食主产区发放；而主销区是发达地区，该地方的财政有能力支付更高的政府粮食补贴费用，但政府粮食补贴政策更倾向于主产区，导致粮食主销售区的粮食生产者所得到的补贴要高于粮食主产区粮食生产者所获得的政府粮食补贴金额。由此可见，我国的政府粮食补贴政策现如今还不够完美，仍面临诸多问题，亟待改善。

表2　　　　　　　　　　　　　　　2008～2020 年粮食产量

年份	粮食产量（万吨）
2008	53434.29
2009	53940.86
2010	55911.00
2011	58849.00
2012	61223.00
2013	63048.00
2014	63965.00
2015	66060.00
2016	66044.00
2017	66161.00
2018	65789.00
2019	66384.00
2020	66949.00

资料来源：国家统计局网站。

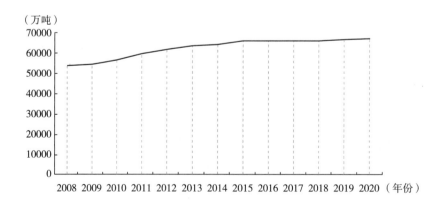

图1　2008～2020 年粮食产量变化

（三）政府粮食补贴对粮食产量的影响

　　政府粮食补贴政策的实施以资金的形式发放给粮食生产者，增加了粮食生产者的可支配收入，从而加强了粮食生产者的种粮积极性。一方面，收入的增加必定会导致粮食生产者在粮食生产过程中的资金投入的增加，优化粮食生产方式，如改善粮食生产工具、更新粮食生产机器器械、增加粮食生产资金投入、增加劳动力资源、扩大粮食生产规模都将对粮食产量的增加起着重要作用。另一方面，政府粮食补贴的金额是由种植面积乘上国家规定的当年的各项补贴标准来决定的，也就是说各项补贴标准是由国家规定的，而种植面积是由粮食生产者自行决定的，为了获得更多的补贴资金，粮食生产者必定会增加种植面积，从而实现粮食产量的增加。也就是说，政府粮食补贴的发放激发了粮食生产者的种粮意愿，实现了粮食产量的增加。

五、政府粮食补贴对粮食产量影响的实证研究

　　以上分析了我国政府粮食补贴政策和粮食产量现状，下面将分析政府粮食补贴对粮食产量的影响。本文对我国 2008～2020 年的粮食产量及其相关数据建立时间序列模型，运用 Eviews 统计软件深入研究政府粮食补贴政策对粮食产量的影响关系。

（一）指标选择

　　本文用 Eviews 统计软件，对 2008～2020 年的国家财政用于粮食、农资、良种、农机具四项补贴（X1）（以下简称"四项补贴"）、农业从业人口（年末）（X2）、种植面积（X3）（千公顷）、农用化肥施用量（X4）（万吨）的数据来主要研究政府粮食补贴对粮食产量（Y）（万吨）的影响。西方经济学中生产函数 $Q = f(x1, x2, \cdots)$ 其中 Q 是产量，$x1, x2, \cdots$ 是影响产量的各因素。一般影响因素主要包括劳动力、资金、土地等。本文研究的政府粮食补贴政策的资金总额用当年国家财政用于粮食、农资、良种、农机具四项补贴金额表示，劳动力用当年的农业从业人口数量表示，土地用当年的粮食种植面积表示，其他投入有化肥农药上的花费用农用化肥施用量表示。

（二）数据来源

1. 变量选择

（1）政府粮食补贴金额。

政府粮食补贴是根据当年上报的种植面积，按当年各项补贴标准折算后将补贴资金通过银行发放到各个种植户的银行存款账户上，是直接用补贴资金的形式发放，根据资产约束理论，粮食生产者可以暂时免受资金短缺的压力，更好地进行粮食生产活动，政府粮食补贴政策应该选用国家财政用于粮食、农资、良种、农机具四项补贴金额表示。

（2）粮食产量。

粮食产量是一个国家或地区自一定时期内全社会生产的所有粮食的数量。粮食产量保障粮食供给，对经济社会安定有着基础作用。本文以粮食产量为被解释变量研究政府粮食补贴政策对粮食产量的影响。

（3）劳动力。

劳动力是生产函数的一个重要变量。政治经济学中用劳动者的劳动时间来表示劳动力，但在现实中难以计算劳动者的劳动时间，所有劳动者的劳动时间加总更难以计算。因此，本文用劳动力人口数量来表示劳动力因素，选用农业从业人口数量来代表粮食生产劳动力。

（4）种植面积。

土地在农业生产过程也是必不可少的因素，土地的肥沃程度对粮食产量和质量都起着重要作用。由于我国国土面积广大，土地资源丰富，难以用某个地区的土地情况来表示全国土地情况，并且土地质量难以勘测且存在土地闲置的情况，因此选取粮食种植面积作为土地这一变量。政府粮食补贴金额是由粮食种植面积乘上各项补贴标准得到的，即粮食种植面积与政府粮食补贴存在紧密关系，因此粮食种植面积可以更好地解释政府粮食补贴政策对粮食产量的影响。

（5）化肥施用量。

随着经济社会的发展，农业生产过程越来越需要农用化肥肥料，农用化肥肥料现已是影响粮食产量的重要因素。因此，在研究粮食产量时并不能忽略掉化肥施用量这一因素。本文将这一变量用化肥施用量这个指标来代替。

2. 数据来源

通过搜索中国农业农村部和中国农村统计年鉴数据，查出全国 2008～2020 年在粮食生产的国家四项补贴、农业就业人数、粮食种植面积、化肥施用量的数据，并作为模型的自变量，将粮食产量作为模型因变量分析政府粮食补贴对粮食产量的影响。

（三）计量分析

1. 变量的描述性统计分析（见表3）

表3　　　　　　　　　　　　　各变量描述性统计

变量	Y	X1	X2	X3	X4
均值	62135.24	1792.956	23343.38	115096.8	5679.231
中位数	63965	1919.48	22372	116064	5704.2
最大值	66949	2479.75	29923	119230	6022.6
最小值	53434.29	1030.4	17715	107545	5239
标准差	4990.586	439.1872	4063.633	3549.277	283.9335
统计量	13	13	13	13	13

通过协方差分析（见表4），得到的 Y 与 X1、X2、X3、X4 的相关系数分别为0.969、-0.967、0.948、0.430。其中前三个变量的相关系数的绝对值均大于0.9，说明了粮食产量跟政府粮食补贴之间，粮食产量跟种植面积和粮食产量跟劳动力之间都存在相关关系。其中 X1、X3 的相关系数为正，即代表粮食产量与政府粮食补贴和种植面积存在正相关关系；而 X3 的相关系数为负，即劳动力与粮食产量之间存在负相关关系。X4 的相关系数只有0.430，相关性不大，但也有影响。

表4　　　　　　　　　　　　　各变量相关系数

变量	Y	X1	X2	X3	X4
Y	1.000	0.969	-0.967	0.948	0.430
X1	0.969	1.000	-0.975	0.900	0.281
X2	-0.967	-0.975	1.000	-0.866	-0.208
X3	0.948	0.900	-0.866	1.000	0.653
X4	0.430	0.281	-0.208	0.653	1.000

2. 模型构建

本文构建模型如下：

$$Y = C + \beta_1 X_1 + \beta_2 X_2 + \beta_3 X_3 + \beta_4 X_4 + \varepsilon_i \tag{1}$$

其中 C 为常数项，$\beta_i (i = 1,2,3,4)$ 为待估参数，ε_i 为残差项。

3. 平稳性检验

在回归分析前要做单位根检验，是因为本文的研究数据是时间序列型数据。因此为避免存在伪回归现象，此处选 ADF 检验判断各序列是否平稳，结果如表 5 所示。

表 5　　　　　　　　　　　　　　　各变量的平稳性检验

变量	(C, T, K)	ADF 统计值	1% 的显著性水平	5% 的显著性水平	10% 的显著性水平	P 值	检验结果
Y	(C, T, 2)	−0.351	−4.992	−3.875	−3.388	0.975	不平稳
X1	(C, T, 2)	−1.930	−5.125	−3.933	−3.420	0.572	不平稳
X2	(0, 0, 2)	−11.368	−2.772	−1.974	−1.603	0.000	平稳*
X3	(C, T, 2)	−1.588	−5.125	−3.933	−3.420	0.730	不平稳
X4	(C, T, 2)	−2.425	−5.125	−3.933	−3.420	0.350	不平稳
DY	(C, T, 2)	−3.450	−5.125	−3.933	−3.420	0.096	平稳***
DX1	(C, 0, 4)	−5.878	−4.803	−3.403	−2.842	0.003	平稳*
DX2	(C, T, 3)	−5.148	−5.835	−4.247	−3.590	0.020	平稳**
DX3	(0, 0, 2)	−2.043	−2.792	−1.978	−1.602	0.044	平稳**
DX4	(0, 0, 2)	−1.769	−2.817	−1.982	−1.601	0.074	平稳***

注：D 表示一阶差分；检验形式（C, T, K）中 C 表示单位根检验方程中所含的常数项、T 表示时间趋势和 K 表示滞后阶数；*** 、** 、* 分别表示在显著性水平 10%、5%、1% 上拒绝原假设。

从检验结果来看，只有 X2 原序列平稳，其余变量均不平稳。一阶差分后的所有的序列则全部平稳，其中在 10% 显著性水平上平稳的有 DY 和 DX4，在 1% 显著性水平上平稳的是 DX1，在 5% 显著性水平上平稳的是 DX2 和 DX3。

4. 协整检验

因本研究观察次数只有 13 年，为检验各变量之间的数量关系，对残差序列进行 E − G 两步法进行检验。首先对同阶单整的 Y、X1、X2、X3、X4 进行简单线性回归，得到回归结果，如表 6 所示，生成残差序列。

表 6　　　　　　　　　　对同阶单整变量进行简单线性回归结果

变量	系数	标准差	T 值	P 值
X1	4.761914	1.841022	2.586561	0.0323
X2	−1.252527	0.202861	−6.17431	0.0003
X3	−0.928735	0.383639	−2.420855	0.0418
X4	9.351456	2.279255	4.102856	0.0034

变量	系数	标准差	T 值	P 值
C	136620.8	33104.3	4.126981	0.0033
R^2	0.99457	Mean dependentvar		62135.24
Adjusted R^2	0.991855	S. D. dependentvar		4990.586
S. E. of regression	450.4072	Akaikeinfocriterion		15.3419
Sum squared resid	1622933	Schwarzcriterion		15.55919
Loglikelihood	−94.72238	Hannan-Quinncriter		15.29724
F-statistic	366.3102	Durbin-Watsonstat		2.329717
Prob（F-statistic）	0.000			

根据表 6 可知，$R^2 = 0.99$，调整后的拟合优度 0.99，模型的拟合度较好。F 统计量是 366，与其对应的 P 值为 0.000，说明国家财政四项补贴、农业从业人口、种植面积（千公顷）、农用化肥施用量与粮食产量之间的关系显著。其次对残差序列做单位根检验，由表 7 可以得到概率 0.0004，表示被解释变量粮食产量和解释变量之间存在协整关系。

表 7   残差序列的单位根检验

变量		T 值	P 值*
Augmented Dickey-Fuller test statistic		−4.573	0.0004
Test critical values	1% level	−2.817	
	5% level	−1.982	
	10% level	−1.601	

5. 误差修正模型

由于变量不是平稳序列，且因同阶单整序列存在协整关系，本文建立误差修正模型用来反映解释变量跟被解释变量之间长期关系，如下：

$$DY = C + \beta_1 DX_1 + \beta_2 DX_2 + \beta_3 DX_3 + \beta_4 DX_4 + \beta_5 ECM(-1) \tag{2}$$

根据回归结果表 8，各解释变量的 t 值对应的 p 值均小于 0.05，即在 5% 的显著性水平上存在显著影响。F 统计量是 23.233，与其对应的 P 值为 0.0007，被解释变量对解释变量都有着显著的影响。$R^2 = 0.95$，即模型的拟合度较好，说明模型对粮食产量增长的解释程度较好。

表8　　　　　　　　　　　　　　　　误差修正模型回归结果

变量	系数	标准差	T 值	P 值
DX1	7.994627	1.322182	6.046543	0.0009
DX2	-0.854099	0.342012	-2.49728	0.0467
DX3	-1.631116	0.272095	-5.994647	0.001
DX4	14.05384	1.904652	7.378692	0.0003
ECM（-1）	-1.444611	0.274835	-5.256288	0.0019
C	525.2891	346.3539	1.516625	0.1801
R^2	0.950888	Mean dependentvar		1126.226
Adjusted R^2	0.909961	S. D. dependentvar		1069.039
S. E. of regression	320.7812	Akaikeinfocriterion		14.68625
Sum squared resid	617403.5	Schwarzcriterion		14.9287
Loglikelihood	-82.11749	Hannan-Quinncriter		14.59648
F-statistic	23.23385	Durbin-Watsonstat		2.500539
Prob（F-statistic）	0.000735			

6. 残差的自相关和异方差检验

残差的自相关检验用 LM 检验，用 Eviews 得到的结果如表9所示，$R^2 = 4.744$，对应的 P 值为 0.093，大于 0.05。又因为观测次数仅有 13 年的，异方差检验用格里奇检验，用 Eviews 得到结果如表 10 所示，$P2 = 3.473$，与其对应的 P 值为 0.482，也大于 0.05，即原序列不存在异方差。通过以上检验，可以认为多元线性回归得到的是最优无偏估计量。

表9　　　　　　　　　　　　　　　　自相关检验

自相关检验：LM 检验			
F-statistic	1.723706	Prob. F（2，6）	0.2562
Obs × R^2	4.743771	Prob. Chi-Square（2）	0.0933

表10　　　　　　　　　　　　　　　　异方差检验

异方差检验：格里奇检验			
F-statistic	0.729094	Prob. F（4，8）	0.5967
Obs × R^2	3.47303	Prob. Chi-Square（4）	0.4820
Scaled explained SS	2.307584	Prob. Chi-Square（4）	0.6794

7. 模型参数估计

根据上一节的结论，多元线性回归得到的是最优线性无偏估计量。本文对原模型进行简单最小二乘法回归得到结果如表 11 所示。

表 11　　　　　　　　　　　　最小二乘回归结果

变量	系数	标准差	T 值	P 值
C	136620.8	33104.30	4.126981	0.0033
X1	4.761914	1.841022	2.586561	0.0323
X2	−1.252527	0.202861	−6.17431	0.0003
X3	−0.928735	0.383639	−2.420855	0.0418
X4	9.351456	2.279255	4.102856	0.0034
R^2	0.994570	Mean dependentvar		62135.24
Adjusted R^2	0.991855	S.D. dependentvar		4990.586
S.E. of regression	450.4072	Akaikeinfocriterion		15.34190
Sum squared resid	1622933	Schwarzcriterion		15.55919
Loglikelihood	−94.72238	Hannan-Quinncriter		15.29724
F-statistic	366.3102	Durbin-Watsonstat		2.329717
Prob（F-statistic）	0.000			

根据回归结果可以得到以下计量结论。

解释变量国家财政四项补贴（X1）、农业从业人口（年末）（X2）、种植面积（X3）（千公顷）、农用化肥施用量（X4）（万吨）的 t 检验的 P 值分别为 0.03、0.0003、0.04、0.0034，均小于 0.05，且都通过显著性检验。解释变量系数 β1、β2、β3、β4 分别为 4.76、−1.25、−0.93、9.35，表明政府粮食补贴金额（X1）每增加一单位便可增加 4.76 个单位的粮食产量；每增加一单位的农业从业人口（年末）（X2）便可减少 1.25 单位的粮食产量；每增加一单位的种植面积（X3）将会减少 0.93 个单位的粮食产量。农用化肥施用量（X4）每增加一单位将会增加 9.35 个单位的粮食产量。

六、结论与建议

（一）结论

本文运用 Eviews 统计分析软件分析政府粮食补贴对粮食产量的影响作用机

制，再以全国粮食产量为被解释变量用 2008～2020 年的相关数据进行回归分析，得到在四项补贴、农业从业人口、种植面积、农用化肥施用量等影响因素中，影响最大的首先是农用化肥施用量，其次是政府粮食补贴政策，再次是农业从业人口，最后是种植面积。政府粮食补贴和化肥施用量对粮食产量具有正向关系，也就是说增加这两种要素的投入可以对粮食产量起到增加作用。所以应该适当地增加政府粮食补贴资金额度，以增加粮食产量。另外，若想增加粮食产量，还可以适当增加化肥施用量。而劳动跟土地要素对粮食产量的影响是负向的，可以推断出，粮食种植行业的劳动力投入在持续增加，所获得的产量将会越来越少，因此应该减少劳动力投入，增加机器设备来代替劳动力要素的增加；我国人口众多，土地资源有限，现如今，基本能够种植粮食的土地都将被投入使用，如果持续增加其他土地资源来种植粮食则将会额外增加不必要的其他投资，使粮食产量下降。

（二）对策建议

1. 建议增加政府粮食补贴政策力度

政府粮食补贴政策资金直接到种植农户手中，政策效率高，且通过本文的实证研究，政府粮食补贴政策对粮食产量的影响是正向的。因此，政府应该加大对农户发放政府粮食补贴政策的力度，充分调动种粮人员的种粮意愿，从而实现粮食产量的增加。在增加政府粮食补贴力度时，应当重点增加粮食主产区补贴力度。我国粮食产量基本产自粮食主产区，应该适当增加粮食主产区的政府粮食补贴力度，从而实现粮食产量的增加，保障粮食安全。

2. 加强政府粮食补贴政策宣传力度

加强对政府粮食补贴政策的政策宣传力度，通过微信、QQ 等通信软件，互联网、传单公告等各种方法宣传政府粮食补贴政策的各种内容，加深种粮人员对政府粮食补贴政策的了解程度，从而充分激发种粮人员的种植粮食积极性。

3. 增加农业机械化程度

改变现有小农户生产的现状，实行农业合作化生产使粮食生产规模化，只有农业实现了规模化生产才能加强对农业生产的机械化投入。实行购买农机补贴，使从业者有能力购买先进的农机进行农业生产。

4. 增加粮食生产科技投入

随着科学技术的不断发展，粮食生产也迫切需要科技投入的增加，像国外发达国家一样，增加粮食生产的科技投入，不断激发粮食生产者的粮食生产技术创新积极性，提高粮食生产科技技术投入，从而实现粮食产量的增加，保障粮食安全。

参 考 文 献

［1］高婧．粮食补贴政策对天津小农户种植意愿影响研究［D］．天津：天津农学院，2020．

［2］高增玉．粮食直接补贴对粮食生产的影响分析［D］．昆明：云南财经大学，2019．

［3］胡晓蔚．云南省粮食补贴政策实施效果研究［D］．昆明：云南财经大学，2018

［4］霍增辉，吴海涛，丁士军．中部地区粮食补贴政策效应及其机制研究——来自湖北农户面板数据的经验证据［J］．农业经济问题，2015，36（6）：20–29，110．

［5］李韬．粮食补贴政策增强了农户种粮意愿吗？——基于农户的视角［J］．中央财经大学学报，2014（5）：86–94．

［6］李雨凌，马雯秋，姜广辉，李广泳，周丁扬．中国粮食主产区耕地撂荒程度及其对粮食产量的影响［J］．自然资源学报，2021，36（6）：1439–1454．

［7］刘培生．我国粮食补贴政策的绩效研究［D］．昆明：云南大学，2015．

［8］刘旗，刘培培．粮食直接补贴的增产效应——基于河南省面板数据的分析［J］．经济经纬，2013（3）：36–40．

［9］刘艳，吴平．我国粮食直补政策效应的实证分析——基于2004~2009年面板数据［J］．农村经济，2012（1）：17–20．

［10］马昕彦．我国粮食补贴政策的演进及效果分析［D］．济南：山东大学，2010．

［11］欧阳峥．内蒙古粮食补贴政策绩效评价［D］．呼和浩特：内蒙古农业大学，2012．

［12］彭澧丽．中国粮食生产政策对粮食生产的影响［D］．长沙：湖南农业大学，2014．

［13］魏君英，夏旺．农村人口老龄化对我国粮食产量变化的影响——基于粮食主产区面板数据的实证分析［J］．农业技术经济，2018（12）：41–52．

［14］伍骏骞，方师乐，李谷成，徐广彤．中国农业机械化发展水平对粮食产量的空间溢出效应分析——基于跨区作业的视角［J］．中国农村经济，2017（6）：44–57．

［15］肖海峰，王姣．我国粮食综合生产能力影响因素分析［J］．农业技术经济，2004（6）：45–49．

［16］辛翔飞，张怡，王济民．我国粮食补贴政策效果评价——基于粮食生产和农民收入的视角［J］．经济问题，2016（2）：92–96．

［17］姚成胜，李政通，易行．中国粮食产量变化的驱动效应及其空间分异研究［J］．中国

人口·资源与环境，2016，26（9）：72－81.

　　[18] 占金刚. 我国粮食补贴政策绩效评价及体系构建［D］. 长沙：湖南农业大学，2012.

　　[19] 张红玉，赵俊兰. 我国粮食补贴政策的增产路径及其优化［J］. 学术交流，2008（7）：87－91.

　　[20] 张彦君. 粮食直接补贴政策效果及影响路径分析［D］. 咸阳：西北农林科技大学，2017.

我国碳排放测度及其影响因素研究*

▶ 刘禄禄

【摘要】本文从我国碳排放的测算入手，首先通过收集一次能源中非清洁能源生产总量、城市化水平、居民人均可支配收入水平和能源消费结构这四个碳排放的主要影响因素的相关数据，建立简单的线性回归模型进行多元回归分析，对我国 2006～2020 年的碳排放进行测度。其次通过 SPSS 软件对本文选取的碳排放主要影响因素进行主成分分析，得出城市化水平和能源消费结构是我国近年来碳排放的最主要影响因素。综合以上分析，本文得出以下结论：我国碳排放近些年来呈总量递增趋势，但增速有所放缓；在测度我国碳排放时，可从经济发展水平和非清洁能源使用情况两大层面的指标入手；城市化水平和能源消费结构是影响我国碳排放的主要因素；居民人均可支配收入和一次能源中非清洁能源生产总量是次于城市化水平和能源消费结构的影响因素。进而对我国碳减排提出以下建议：提高生产效率，着力实现碳排放脱钩；降低能源强度，提高能源利用的经济效益；完善碳交易市场体系，加强碳排放交易合作。

【关键词】碳排放；多元回归；主成分分析；影响因素

一、引言

我国现阶段是世界最主要的碳排放大国之一，也是世界温室气体减排的主要责任国之一。2020 年我国政府在联合国大会上向世界各国承诺将在 2030 年前实现碳达峰，并在 2060 年前实现碳中和。但当前我国经济总量

---

* 本文是辽宁省教育厅 2022 年基本科研项目（LJKMR20222138）的阶段性成果。

仍处于不断增长阶段，能源消费结构也仍以煤炭为主。因此，我国的碳减排时间紧、任务重，我国碳减排的形势还相当严峻。

本文准备对我国 2006～2020 年的碳排放量进行测算，同时研究测算选取的影响因素中哪些是影响我国碳排放量的主要经济因素，进而理论指导现实，对我国实现碳减排的"双碳"目标提出可行性建议。本文研究的要点在于通过建立简单的时间序列模型，选取影响我国碳排放量的经济因素：一次能源中非清洁能源生产总量、城市化水平（城镇人口占总人口比例）、居民人均可支配收入水平、能源消费结构（非清洁能源占比）作为解释变量，进行多元回归分析，测算我国近十五年来的碳排放量，同时对以上解释变量进行主成分分析，进而得出影响我国碳排放量的主要经济因素。

之前众多学者对我国碳排放的测算和影响因素的研究多关注在某一行业或某一地区，以宏观的国家为对象的研究不多，因此本文在理论意义上，对我国的碳排放进行测算，同时分析碳排放的多种影响因素，通过对时间序列模型进行多元回归分析和主成分分析，找到影响我国碳排放的显著因素，充实了在我国碳排放测算和影响因素论证方面的研究。而在现实意义上，这一研究对我国在现实中进行碳减排时，可以协助实际操作，有助于我国完善绿色低碳的发展道路和发展模式，助力我国从各个方面多管齐下。通过重点突破，在保证经济发展的同时合理减少碳排放，从而实现社会经济与生态文明的协调发展，这是我国实现"双碳"目标面临的现实问题。

二、相关概念和文献综述

（一）相关概念

1. 碳排放

碳排放顾名思义，即人类在生产和生活中的各个环节所产生并排放到大气中的温室气体，而温室气体中二氧化碳所占比重最大，因此碳排放主要是指二氧化碳的排放。排放过多的二氧化碳会导致温室效应，而温室效应导致全球变暖这一现象自1975 年便被人们关注并提起，成为全球各国密切关注的重点环境问题。温室效应主要是源于人们进入工业时代后，世界各国进行大规模生产时所使用的大量的煤炭、石油和天然气等化石能源，这些燃料在进行燃烧后所产生的二氧化碳进入大气，造成地面辐射和大气辐射等产生的热量无法向地外空间发散，进而导致地球表面温度升高，引起海平面上升、气候反常和沙漠化面积扩大等非常严重的灾害，地球上所有的生命都面临着威胁。

我国作为最大的发展中国家，在促进碳减排这一议题上正在发挥着积极的作用，近年来，我国出台了各种措施引导发展绿色低碳经济。2012 年党的十八大报告提出大力推进绿色发展、循环发展、低碳发展，把生态文明建设放在突出地位，为全球生态安全作出贡献。2017 年党的十九大报告中提出推进绿色发展，建立健全绿色经济绿色低碳循环发展的经济体系，持续实施大气污染防治行动，打赢蓝天保卫战。2021 年"十四五"规划在战略任务中提出"降低碳排放强度，支持有条件的地方率先达到碳排放峰值，制定 2030 年前碳排放达峰行动方案"的任务方针①。2022 年政府工作报告也将碳减排作为发展目标再次强调。

2. 碳排放影响因素

对于我国碳排放量测度的影响因素选取，基于理论机制分析，本文将选取经济发展水平和非清洁能源使用情况这两个层面。在经济发展水平层面，本文主要从城市化水平和居民人均可支配收入水平两个指标进行测度，分别用城镇人口占总人口比例（％）及全国居民人均可支配收入（元）进行表征。在非清洁能源使用情况层面，本文主要从一次能源中非清洁能源使用情况和能源消费结构两个指标进行测度，分别用一次能源中非清洁能源生产总量（万吨标准煤）及非清洁能源占能源消费比重（％）进行表征。最终形成我国碳排放测度体系（见表1）。

表1　　　　　　　　　　　我国碳排放测度体系

目标层	准则层	指标层	指标说明（单位）
碳排放量	经济发展水平	城市化水平	城镇人口占总人口比例（％）
		居民人均可支配收入水平	全国居民人均可支配收入（元）
	非清洁能源使用情况	一次能源中非清洁能源使用情况	一次能源生产总量（万吨标准煤）
		能源消费结构	非清洁能源占能源消费比重（％）

（二）文献综述

1. 碳排放测算方法相关理论

从碳排放测度的研究来看，现有研究在进行碳排放测度时大都根据可收集到的指标数据来测算二氧化碳排放量。目前，对于碳排放量测算的研究，国内外的专家

① 中华人民共和国国民经济和社会发展第十四个五年规划和 2035 年远景目标纲要［N］. 人民日报，2021 – 03 – 13.

学者已经取得了比较成熟的结果。

排放系数法依托于能源的消耗量，计算简单，并且相关数据容易收集。赵巧芝等（2018）运用IPCC提供的碳排放系数，估算了中国30个省份2000～2015年的碳排放量。张翠菊（2020）也根据IPCC提供的碳排放系数，估算我国及各省份的碳排放量和碳排放强度数据。

生命周期评估法主要用来测算一个产品从生产到使用再到销毁的生命周期中所有的二氧化碳排放量，但是它对数据的要求也比较高。黄等（Huang Y. et al., 2019）通过建立全生命周期模型来测算英国道路从前期建造阶段到后期维修阶段的整个过程中的二氧化碳排放量。刘韵等（2021）运用生命周期评估法，分析了山西省某个燃煤电厂的碳足迹，并进一步得到企业生命周期里的碳足迹分布情况。

投入产出法在测算行业碳排放量时具有较高的准确性，但是在时间上缺乏一定的连续性。乔纳斯·纳森等（Jonas Nässén et al., 2020）利用环境投入产出法，估算了瑞典建筑业所引起的直接碳排放和间接碳排放。何艳秋（2018）采用投入产出法，相对准确地测量了我国42个行业完整的碳排放。王丽萍和刘明浩（2018）同时利用排放系数法及投入产出法测算中国物流行业1997～2014年的碳排放量时，发现排放系数法测得的碳排放量远远低于物流业的碳排放水平。

总的来说，主流的几种测算碳排放量的方法各有优缺点，考虑本文研究对象是中国，范围较大，同时考虑数据的可获得性，本文决定采用建立简单的时间序列模型来测算中国近些年的碳排放量。

2. 碳排放影响因素相关理论

从我国碳排放影响因素的研究方法来看，众多学者都以某一行业为对象，如工业、农业、居民消费等，或以某一地区为对象，利用环境库兹涅茨曲线等不同的计量方法研究该行业或该地区的碳排放影响因素，而从国家或者省份的角度研究整体碳排放影响因素的文献相对较少。

在探究经济发展与碳排放的变化关系时，国内外大多数研究都选择验证环境库兹涅茨曲线。李佳佳和罗能生（2019）利用省际面板数据研究发现：以我国全国、东部和西部三个不同范围所绘制的环境EKC曲线呈现倒"U"型，中部呈现"U"型，各区域EKC曲线的转折点差异较大。但是从现有研究来看，并不是所有的研究都符合EKC曲线的假说。罗森等（Lawson et al., 2020）在基于环境库兹涅茨曲线对106个国家或地区的二氧化碳排放量进行分析时，发现不同国家或地区并非全部符合该假说最早提出的倒"U"型关系，因此并不能证实环境库兹涅茨假说。

另一个主流的方法为研究经济发展与碳排放的脱钩分析。宋等（Song et al.,

2020）从省域的角度探讨中国碳排放量的脱钩状况，结果显示在 2000～2005 年我国碳排放与经济发展未发生强脱钩情况，而在 2015～2016 年即中高经济阶段，呈现出强脱钩状态。马颖和邵长秀（2022）利用 Tapio 脱钩模型研究北上津经济发展与碳排放的脱钩关系，发现北上津的经济发展与碳排放二者之间在所研究的大部分年份内都呈现出弱脱钩关系，但经济发展与能源消费碳排放之间的脱钩关系愈发明显。郑伯铭等（2021）对 2007～2017 年"一带一路"沿线省份旅游经济与碳排放之间的脱钩态势进行研究，研究结果表明 2016 年脱钩态势最优，东南区域的脱钩状态最为严峻，西南、西北及中部地区相对较好。

此外在研究碳排放的影响因素时，现有研究方法多采用 Stirpat 模型。郭承龙和徐蔚蓝（2022）基于 Stirpat 模型对江苏省 2000～2019 年的统计数据进行回归分析得出：人口总量和城市化水平对碳排放具有正向影响，产业结构对碳排放呈负向影响。孙洁和王鹏飞（2022）采用南京 1997～2017 年共 21 年数据建立 Stirpat 模型，研究影响南京碳排放的主要因素，结果表明，人口总量和城市化率是影响南京碳排放的主要因素。刘元欣和邓欣蕊（2021）基于 2000～2017 年全国 30 个省份的面板数据，利用 Stirpat 模型进行研究，结果表明在促进碳排放方面，人均 GDP、能源强度和人口数量的影响系数较大，固定资产投资影响系数较小。

在进行碳排放影响因素研究时，对于选择哪些因素作为研究对象，现有研究和理论普遍认为经济增长中能源消费、城镇化建设、人均收入水平等因素会促进二氧化碳排放量的增加。桂瑞娜（2020）基于灰色关联度分析的方法，对我国 2009～2017 年的年度数据进行科学分析，得出城镇建设水平及人口对我国碳排放产生着巨大影响。胡宗义（2018）采用 2005～2014 年 30 个省域数据，运用动态面板模型，得到的结论为：就考察样本而言，经济增长和人口结构变动对中国碳排放存在显著影响。韩钰铃和刘益平（2018）基于 LMDI 模型研究了江苏省的工业碳排放情况，研究表明，工业及经济的发展是主要引起碳排放变多的因素，而能源强度及能源的技术强度则能够抑制碳排放。吴雯和李玮（2019）同样采用 LMDI 方法却得出不同结论，他们探讨了中部地区六个省份交通运输业碳排放的影响因素，发现经济增长是导致碳排放量变多的关键因素，但是能源结构的变化所产生的作用却是有限的。潘等（Pan X. et al.，2019）以 34 个国际经济合作与发展组织（OECD）国家为研究对象，利用符号回归法探究了影响碳排放强度的因素，结果发现，碳排放强度的影响因素虽然因国家而异，但是其中最突出的因素是 GDP，其次是总人口和 FDI。

由此可见，在研究碳排放影响因素时，所得到的结果因研究范围而异，但研究的结果中，碳排放基本都与一次能源中非清洁能源生产总量、城市化水平、居民人均可支配收入水平和能源消费结构这四个主要因素相关。

三、我国碳排放的现状分析

（一）城市化水平

1. 我国城市化水平发展现状

城市化水平较好理解，指的是农村向城市转化发展或者农村人口进入城市的一个过程，因此城市化水平可以用城市人口占总人口的比重来表征。

如图1所示，我国城市化水平自2006年以来呈现逐年稳步提高的趋势，即我国城市化正处于一个快速发展的阶段，在这一阶段，我国的工业化水平、居民生活水平和城市经济发展水平都在不断提高，但是随之而来的还有一些社会经济问题。在城市化推进的过程中，存在着城市环境质量下降、产业布局不合理、能源和空间资源浪费等问题，这些问题主要来源于在城市建设过程中扩建的交通和建筑对钢铁和水泥等建筑材料产生的大量需求，需求引致大量的能源投入及相应的建材生产，进而引起对城市环境的破坏。因此，我国于2004年提出建设森林城市的提案，即主要通过城市绿化的手段，提高城市植被覆盖率，发展绿色生态产业，提高城市的生态环保程度，这一举措在全国各省份均产生了有效的示范带动效应。2013年国家林业局进一步对建设森林城市设立了更加完善的规范，将其列入国家战略发展规划。在相应国家政策的引导下，我国城市化的建设逐步走向智慧、生态和绿色。

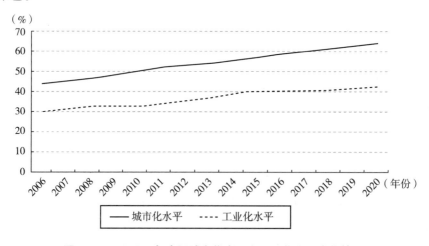

图1　2006～2020年我国城市化水平和工业化水平变化情况

资料来源：《中国统计年鉴》（2007～2021年）。

2. 城市化水平影响碳排放的现状

通常城市化水平越高的地区，其工业化程度也必然越高。工业化程度高也就意味着能源消耗不低，其对环境的影响也不可忽视。此外，不止工业生产会产生温室气体对空气造成污染，城市化过程中城市人口在城市聚集生活，人们在衣食住行各个方面都会产生二氧化碳，进而导致城市在城市化进程中产生很多的碳排放。

以我国的浙江省和新疆维吾尔自治区为例，浙江省的发达程度远高于新疆维吾尔自治区，且在各方面的指标都会有明显的差异，有着一定的对比意义。如图2和图3所示，横向来看，浙江省的城市化水平高于新疆维吾尔自治区，相应地，浙江省的碳排放也远高于新疆维吾尔自治区；纵向来看，浙江省和新疆维吾尔自治区的碳排放量在2016年均有一个骤降的现象，这与当年环保政策的大幅增加和管控加紧有着一定的关系，但是总体来看碳排放量都是逐年递增的趋势。这两个省份的两个指标都呈现着一个明显的规律，即随着城市化水平逐年提高，碳排放量也随之逐年增加。由此可见，城市化水平与碳排放有着一定的正相关关系。

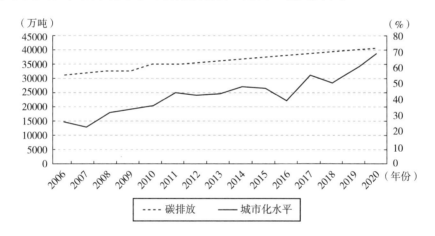

图2　2006～2020年浙江省城市化水平和碳排放量

资料来源：《浙江省统计年鉴》（2007～2021年）。

（二）居民人均可支配收入水平

1. 我国居民人均可支配收入现状

居民人均可支配收入是指居民在收入中可自由支配的那部分，标志着居民在日常生活中的购买力，经常用以衡量一国人民的生活水平。

如图4所示，随着我国GDP的逐年增长，我国居民的人均可支配也在不断增加，同时2019年和2020年GDP增长的速度放缓，居民人均可支配收入的增速也随

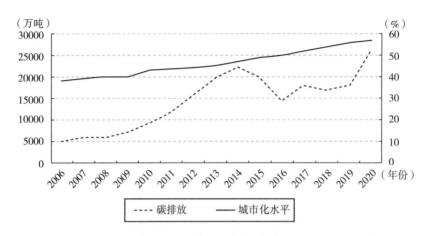

图 3　2006～2020 年新疆维吾尔自治区城市化水平和碳排放量

资料来源:《新疆统计年鉴》(2007～2021 年)。

之放缓。近年来我国的储蓄率有所下降,同时我国居民可支配收入持续增加,这意味着我国居民收入中用于消费的部分越来越多。随着我国经济进入"新常态"发展阶段,居民消费越来越成为拉动经济增长的主力。因此,居民可支配收入的变化将直接影响着居民的消费情况。

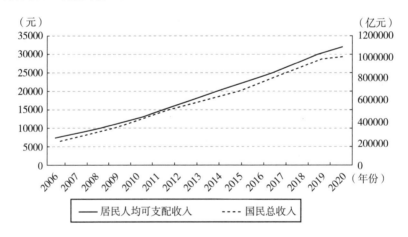

图 4　2006～2020 年我国国民总收入和居民人均可支配收入

资料来源:《中国统计年鉴》(2007～2021 年)。

2. 居民人均可支配收入水平影响碳排放的分析

随着居民人均可支配收入水平的提高,其引致的能源消费总量会持续增加,进而由其引致的污染物排放将持续上升,即居民人均可支配收入水平与碳排放存在着一定的相关关系。

在居民消费结构中,碳排放主要来源于能源消费,即交通通信支出首先占主要部分，其次是食品和衣着等。据《中国统计年鉴》统计，1990～2019 年我国居民能源消费总量呈逐步上升态势，2019 年居民直接消费的能源总量达到 6.17 亿吨标煤，达到了 1990 年的 1.6 亿吨标煤的 3.9 倍，增长幅度之大可想而知[①]。

考虑浙江省的经济发展情况，同样以浙江省为例，观察图 5 可知，2006～2020 年浙江省的居民人均可支配收入逐年增加，在支出情况上，交通通信支出、食品支出和衣着支出占比均有所减少，但是交通通信支出的减少比例比其他两项较少，即交通通信支出仍在居民消费支出结构中占较大比重，同时，居住支出占比则是逐年增加。由于交通通信和居住消费的增加意味着对交通工具及其燃料、建筑和交通公共设施的需求扩大，由此带来的碳排放也会不断增加。由此可见，传统的粗放型消费模式必然带来严重的环境污染，在提高居民人均可支配收入水平的同时，引导绿色低碳消费是决定经济绿色健康发展的关键。

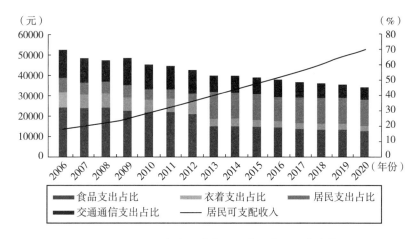

图 5　2006～2020 年浙江省居民可支配收入和支出情况

资料来源：《浙江省统计年鉴》（2007～2021 年）。

（三）一次能源中非清洁能源生产总量

1. 我国一次能源中非清洁能源生产总量现状

一次能源又称天然能源，特指自然界中以原形存在的，且未经人类加工转换的能源，包括煤炭、石油、天然气和水能等。一次能源中非清洁能源生产总量就是指生产一次能源的企业在统计期间开采并产出的非清洁能源的总量，包括原煤、原油和天然气。

[①]　中华人民共和国国家统计局. 中国统计年鉴 2021 ［M］. 北京：中国统计出版社，2021.

我国的自然能源分布情况主要是原煤储量大，同时原煤的开采技术要求不高，且生产成本较为低廉，因此我国一次能源中非清洁能源总产量中一直以来都是原煤产量占较大比重，其次则是原油和天然气。观察图6可知，我国自2006年以来，原煤和原油的产量占比在逐年下降，天然气占比缓慢增加。这一变化趋势与我国进入21世纪以来不断地出台各种可持续发展政策发展绿色经济、促进生产部门企业清洁生产、投入研发经费开发可再生能源等措施密不可分。但是我国经济是在持续稳步发展的，大量的能源需求使得一次能源中非清洁能源生产总量也是在不断增加，原煤的占比虽有所降低，但实际原煤产量仍是很多的。

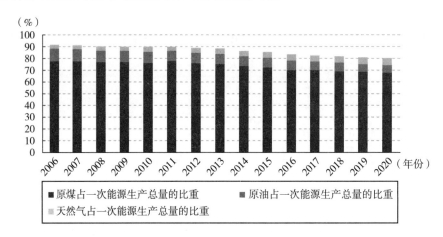

图6　2006～2020年我国一次能源中原煤、原油和天然气产量占比

资料来源：《中国统计年鉴》（2007～2021年）。

2. 一次能源中非清洁能源生产总量影响碳排放的现状

一个国家化石能源的使用规模必然受一次能源中非清洁能源生产总量的直接影响，工业化规模越大的国家对化石能源的需求必然越高，则该国在工业生产过程中所产生的温室气体也越多。

陕西省是我国能源产量大省，煤炭产量和油气当量均居全国前列，原煤和原油产量能占到全国的1/5甚至更多[①]，因此以陕西省为例，如图7所示，陕西省在2006～2011年非清洁能源的开采量的增长幅度是非常明显的，在此期间碳排放量也是逐年巨额增加，这是由于限于能源品质和开采生产技术，陕西省在生产和使用非清洁能源过程中释放出了大量二氧化碳，对大气造成严重污染。而2012年后陕西省非清洁能源开发的增长趋势逐渐放缓，碳排放增长也随之放缓，即在国家可持续发

---

① 袁显平，朱玉洁. 陕西能源消费与经济增长动态关系实证研究——基于VAR模型［J］. 煤炭经济研究，2020，40（4）：63-68.

展政策的引导下，陕西省在发展过程中寻求经济和环境的平衡，从粗放式发展走向集约式发展，对碳减排的目标产生着积极影响。不难看出一次能源中非清洁能源生产总量越多，碳排放也随之增加，这两者存在着正相关关系。

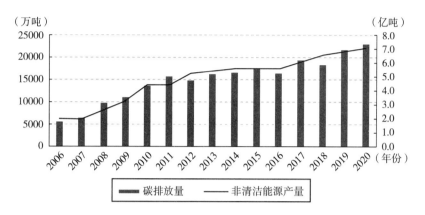

图7　2006～2020年陕西省碳排放量与非清洁能源产量

资料来源：《陕西省统计年鉴》（2007～2021年）。

（四）能源消费结构

1. 我国能源消费结构现状

能源消费结构是指在报告期内，一国的国民经济各部门所消费的各种能源占总能源消费的比重。能源消费结构能够反映一国的能源消费去向，为该国掌握能源消费情况，合理分配并利用能源提供科学依据。

如图8所示，我国目前能源消费结构中，非清洁能源消费的占比呈现着逐年下降的趋势，但非清洁能源占能源消费总量的比重仍是最大的，连续多年占比超过

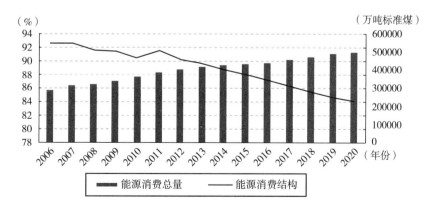

图8　2006～2020我国能源消费总量和能源消费结构

资料来源：《中国统计年鉴》（2007～2021年）。

80%。我国之所以会有这样的能源消费结构，是因为非清洁能源中的煤炭是我国最丰富且价格最低廉的化石能源，同时中国迅速蓬勃发展的经济需要大量这样低成本的能源作为动力。但是，这样的能源消费结构显然是不合理的，由其带来的负面影响已经体现在了我们的日常生活中，最为明显的就是雾霾。

2. 能源消费结构影响碳排放的现状

据《中国能源报告》分析，如果各发 10000 千卡热量，则需消耗天然气 1.20 平方米，并产生二氧化碳 2.26 千克；或需原油 1.09 千克，并产生二氧化碳 3.37 千克；或需标准煤 1.73 千克，并产生二氧化碳 5.14 千克[①]。由此可知，如果研究期的能源消费结构中非清洁能源占比较大的话，则在研究期所产生的二氧化碳也会随之增加。

能源消费主要是用于发电，山东省是我国用电大省之一，且其发电主要来源于火电。以山东为例，如图 9 所示，此处的能源消费结构是指非清洁能源消费占能源总消费的比重，2006~2012 年，山东省非清洁能源消费占比越来越高，碳排放量也是随之迅速增加；而 2012 年之后，当非清洁能源消费的占比开始减少，碳排放量虽然仍在增加，但增速有所放缓，在图 9 中表现为曲线的坡度逐渐放缓。说明能源消费结构对碳排放是有着一定的影响的，优化能源消费结构，实现化石能源合理而高效的利用，同时提高清洁能源的开发利用，这将对实现碳减排目标起着至关重要的作用。

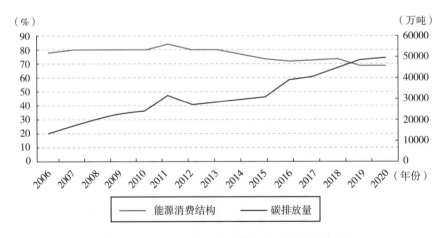

图 9　2006~2020 年山东省碳排放量和能源消费结构

资料来源：《山东省统计年鉴》（2007~2021 年）。

[①] 魏一鸣等. 中国能源报告（2008）：碳排放研究［M］. 北京：科学出版社，2008.

四、我国碳排放影响因素的实证分析

（一）模型构建

本文采用简单线性回归模型，在多元线性回归原理的基础上建立我国碳排放量对城市化水平、居民人均可支配收入水平、一次能源中非清洁能源生产总量和能源消费结构的多元线性回归模型如下，该模型满足经典线性回归模型的所有基本假定：

$$Y = \beta_0 + \beta_1 U + \beta_2 I + \beta_3 P + \beta_4 S + u \tag{1}$$

其中，Y 为被解释变量即我国碳排放量；解释变量 U、I、P、S 分别为城市化水平、居民人均可支配收入水平、一次能源中非清洁能源生产总量和能源消费结构；β_0 为常数截距项，它表示当模型中解释变量均为 0 时被解释变量的情况，它是不受解释变量影响的我国碳排放量的起始值；β_1、β_2、β_3、β_4 均为系数项，表示每当其所对应的解释变量变动一个单位，被解释变量 Y 相应的变化 β_1、β_2、β_3、β_4 个单位；u 为随机误差项，此项将影响被解释变量 Y 的所有其他因素归入其中。

（二）变量选取与数据来源

1. 变量选取

根据上文指标体系的构建与我国碳排放影响因素的研究分析，本文模型将碳排放量作为被解释变量，选取城市化水平、居民人均可支配收入水平、一次能源中非清洁能源生产总量和能源消费结构这四个影响因素作为解释变量，其中城市化水平为城镇居民人数占总人口的比重，能源消费结构为非清洁能源的消费总量占能源消费总量的比重。

2. 数据来源

本文研究的对象均采用 2006～2020 年的数据。在此研究期间，我国的碳排放量数据来源于《BP 世界能源统计年鉴 2018》和《BP 世界能源统计年鉴 2021》，而其他的各项指标的具体数据均来源于国家统计局网站的《中国统计年鉴》。本文选取的全部数据类型均为时间序列数据，经过收集整理和计算，本文选取的各项指标的原始数据均可列出，如表 2 所示。

表2   原始数据

年份	我国碳排放量 Y（百万吨）	城市化水平 U（%）	居民人均可支配收入 I（元）	一次能源中非清洁能源生产总量 P（万吨标准煤）	能源消费结构 S（%）
2006	6926	44	7229	223958	93
2007	7215	46	8584	241454	93
2008	7352	47	9957	251064	92
2009	7681	48	10977	258055	92
2010	8105	50	12520	279664	91
2011	8827	52	14551	287291	92
2012	9004	53	16510	311724	90
2013	9247	54	18311	316447	90
2014	9293	56	20167	313313	89
2015	9280	57	21966	309675	88
2016	9279	59	23821	288180	87
2017	9466	60	25974	296424	86
2018	9653	61	28228	309907	86
2019	9811	63	30733	321032	85
2020	9899	64	32189	328032	84

资料来源：《世界能源统计年鉴》（2007～2021年）、《中国统计年鉴》（2007～2021年）。

（三）估计结果分析

1. 基准回归

本文选用统计软件SPSS对以上建立的多元线性回归模型进行多元回归分析。普通最小二乘法一般用于在模型已经确定的情况下，对模型中未知参数进行估计时通常使用的方法，该方法操作简单便于理解分析，因此本文采用此种方法来对模型进行线性回归分析。

经过软件分析后，该模型R^2的值为0.997，拟合度很高。如表3方差分析结果所示，Sig值小于0.05，说明该模型回归效应显著，回归方程成立。从表4变量系数检验结果中可知，除变量居民可支配收入一项的Sig值大于0.05，其余变量均为显著的，即城市化水平、一次能源中非清洁能源生产总量和能源消费结构对我国碳排放的影响比较大，居民可支配收入对其的影响较小。但是从表5系数相关性分析结果可看出，该模型变量之间存在着较强的多重共线性，因此需要对模型进行多重共线性修正。

表3 方差分析结果

变量	平方和	df	均方	F	Sig.
回归	14046388.390	4.000	3511597.098	364.172	0.000
残差	96427.007	10.000	9642.701		
总计	14142815.397	14.000			

表4 变量系数检验结果

变量	未标准化系数		Beta	t	Sig.
	B	标准误			
（常数）	−28586.491	6909.194		−4.137	0.002
城市化水平 U（%）	194.735	51.061	1.239	3.814	0.003
居民人均可支配收入 I（元）	0.022	0.053	0.182	0.420	0.683
一次能源中非清洁能源生产总量 P（万吨标准煤）	0.010	0.002	0.313	4.626	0.001
能源消费结构 S（%）	263.907	77.487	0.757	3.406	0.007

表5 系数相关性分析结果

	变量	城市化水平 U（%）	居民人均可支配收入 I（元）	一次能源中非清洁能源生产总量 P（万吨标准煤）	能源消费结构 S（%）
相关性	城市化水平 U（%）	1.000	−0.814	−0.378	−0.236
	居民人均可支配收入 I（元）	−0.814	1.000	−0.100	0.746
	一次能源中非清洁能源生产总量 P（万吨标准煤）	−0.378	−0.100	1.000	−0.496
	能源消费结构 S（%）	−0.236	0.746	−0.496	1.000

2. 岭回归

对于多元回归模型在回归分析过程中出现多重共线性时，修正的方法一般包括剔除存在共线性情况的对被解释变量影响不大的解释变量，或者增加样本容量，但从表5可见，变量之间都存在着较强的共线性，剔除变量不太可行，且限于资料有限，增加样本容量成本太高。因此，本文选择通过采用岭回归的方法对模型的多重共线性进行修正。岭回归可以实现在不剔除模型变量的前提下，改良普通最小二乘法，修正模型共线性。如图10所示，大致可以确定当 k 值大于等于0.15时，岭迹曲线趋于稳定。因此，继续进一步对当 k = 0.15 的模型进行验证。

进一步对 k = 0.15 的模型进行分析，结果如表6所示，此时模型的调整 R^2 的值为0.99，即调整后的模型能解释因变量99%的变化，拟合效果较好。同时方差分析结果显示 P 值小于0.05，代表该模型具有统计学意义。

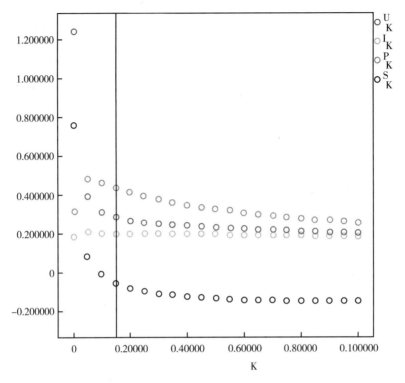

图 10　岭迹图

表 6		k = 0. 15 时岭回归结果		
变量	B	SE（B）	Beta	B/SE（B）
U	0. 019473505	0. 005106084	0. 000123945	0. 000381378
I	0. 000002237	0. 000005328	0. 000018235	0. 000041989
P	0. 000000985	0. 000000213	0. 000031343	0. 000462552
S	0. 026390724	0. 007748720	0. 000075734	0. 000340582
常数	− 2. 858649087	0. 690919389	0. 000000000	− 0. 000413746

注：表中数值均为原数值的 1/10000。

根据表 6，可写出最终的回归方程如下：

$$Y = -28586.49 + 194.74U + 0.02I + 0.01P + 263.91S \tag{2}$$

观察拟合结果的模型，从回归系数来看，影响我国碳排放量最主要的因素由大到小依次是能源消费结构、城市化水平、居民人均可支配收入和一次能源中非清洁能源生产总量，后两者对我国碳排放所产生的影响与前两者相差甚远。其中各项解释变量的系数均为正数，即这四个因素与我国碳排放都呈现或强或弱的正相关关系。

3. 主成分分析

通过回归模型结果分析，可初步判断在本文选取的四个解释变量中较为显著的为能源消费结构和城市化水平。为了进一步确定影响我国碳排放的关键因素，为指导现实的政策调整提供更精确的结果，接下来本文将继续利用 SPSS 统计分析软件通过主成分分析的方法进行分析。

根据表 2 中 2006~2020 年各个原始数据指标，建立原始数据矩阵，利用 SPSS 统计软件对数据进行标准化处理，然后计算数据标准化后矩阵的特征值。标准化矩阵的主成分提取结果如表 7 所示，提取的 4 个因素中只有第 1 个因素特征值大于 1，为 3.719，且第 1 因素主成分贡献率达到 92.964%。按照主成分对应的特征值大于 1 的前 m 个主成分同时其累计贡献率大于 85% 的原则，我国碳排放影响因素可提取 1 个主成分。

表 7　　　　　　　　　　　　主成分提取结果

成分	初始特征值			提取平方和载入		
	合计	方差的百分比（%）	累积百分比（%）	合计	方差的百分比（%）	累积百分比（%）
1	3.719	92.964	92.964	3.719	92.964	92.964
2	0.267	6.674	99.638			
3	0.012	0.303	99.941			
4	0.002	0.059	100.000			

主成分分析生成的因子载荷矩阵可以反映因子对主成分的重要程度，如表 8 所示。由表 8 可知，提取出的主成分 1 基本反映了 4 个指标的信息，可以将其看作是反映经济发展水平和化石能源使用情况的综合指标。

表 8　　　　　　　　　　　　因子载荷矩阵

成分	Zscore：城市化水平 U（%）	Zscore：居民人均可支配收入 I（元）	Zscore：一次能源中非清洁能源生产总量 P（万吨标准煤）	Zscore：能源消费结构 S（%）
成分 1	0.995	0.970	0.896	−0.992

根据数理统计的相关知识，将主成分分析的因子载荷矩阵转换为主成分载荷矩阵如表 9 所示，进而可得出主成分得分表达式，如下：

$$F = 0.52ZU + 0.5ZI + 0.46ZP - 0.51ZS \tag{3}$$

其中 F 为主成分 1 得分，ZU、ZI、ZP 和 ZS 分别为 U、I、P 和 S 的标准化值。

表 9　　　　　　　　　　　　主成分载荷矩阵

成分	城市化水平 U（%）	居民人均可支配收入 I（元）	一次能源中非清洁能源生产总量 P（万吨标准煤）	能源消费结构 S（%）
主成分	0.52	0.50	0.46	−0.51

经过计算处理得出影响我国碳排放的主成分得分，如表 10 所示。总体来看，主成分的得分呈现逐年增长的趋势，即本文研究所得主成分对我国碳排放影响逐步增强，表明经济发展水平和非清洁能源使用情况对我国碳排放的影响越来越显著，且在主成分中贡献率较高的是城市化水平、能源消费结构，其次是居民人均可支配收入和一次能源中非清洁能源生产总量。

表 10　　　　　　　　　　　　　　　　主成分得分

t	1	2	3	4	5	6	7	8
F	-3.12	-2.6	-2.14	-1.88	-1.15	-0.93	-0.15	0.2
t	9	10	11	12	13	14	15	—
F	0.63	0.89	1.03	1.47	2.04	2.66	3.03	—

注：t 为年份，1~15 分别代表 2006~2020 年。

五、结论与建议

（一）结论

本文以我国碳排放为研究对象，通过建立经典线性回归模型，选取适合本文研究内容的我国 2006~2020 年的城市化水平、居民人均可支配收入、一次能源中非清洁能源生产总量和能源消费结构作为研究解释变量，在利用 SPSS 统计分析软件使用最小二乘法进行多元线性回归后，进一步使用岭回归消除模型多重共线性，得到测度我国碳排放的回归模型。随后再次利用 SPSS 统计分析软件对研究期间的原始数据进行主成分分析，得出本文选取的经济发展水平和非清洁能源使用情况这两大层面的指标对我国碳排放都有着显著的影响。

通过综合观察分析实证分析过程中所得出的回归方程系数和主成分分析结果，可知在本文选取的具体指标中，城市化水平和能源消费结构是影响我国碳排放的主要因素，居民人均可支配收入和一次能源中非清洁能源生产总量所产生的影响相比较弱，且四个指标与我国碳排放均呈现正相关关系，因此可得出以下结论。

（1）通过观察 2006~2020 年的相关数据可以看出，我国碳排放量逐年递增，但增速以 2012 年为分界线，呈现先快后慢的趋势，这与我国 2012 年首次提出绿色低碳发展的现实相契合。同时能源消费结构中非清洁能源占比也逐年下降，可见我国近些年推出的相关促进绿色经济的政策有所成效。

（2）在进行测度我国碳排放的研究时，可选取经济发展水平和非清洁能源使用情况两大层面的指标。本文从这两个层面进行指标体系的构建，所得出的回归模型拟合优度较高，且在对这两个层面的数据进行主成分分析时，其对我国碳排放量的贡献度均较高。

（3）城市化水平和能源消费结构是影响我国碳排放的主要因素。在回归模型中，城市化水平和能源消费结构的系数均远大于另两个指标，且随着城市化水平的提高和能源消费结构的恶化（非清洁能源占比增大），我国的碳排放量越来越大。

（4）居民人均可支配收入和一次能源中非清洁能源生产总量是次于城市化水平和能源消费结构的影响因素。在回归模型中这两个指标的系数均非常小，且居民可支配收入的 P 值不显著。这可能是因为当前居民消费是多元化的，但从收入这一角度来看，不足以判断其对碳排放的贡献。同理，非清洁能源在利用和消费过程中的技术会影响碳排放，单从生产端也难以判断其对碳排放的贡献。

（二）建议

1. 着力实现碳排放脱钩

碳排放脱钩即碳排放的经济增长弹性，该理论是由 OECD 提出的，主要用于形容阻断一国或地区的经济发展与资源消耗所带来的环境污染的情况。目前，稳步推进经济增长仍是我国发展的主题，城市化进程也是在不断推进，这是必然趋势，不能通过牺牲经济发展这一途径推进碳减排。

因此，在推进城市化进程、发展经济的过程中，应注重致力于推进经济发展与碳排放脱钩。首先，脱钩在实施过程中，要考虑具体的区域经济发展情况，做到因地制宜；其次，脱钩的实现主要在于生产过程中。具体实施时，在城市化水平较高的城市，国家和政府应给予地方企业政策支持，推进清洁技术的研发，进而提高地区的生产效率，实现整体由粗放式发展向集约式发展转变，进而带动周边城市化水平较低的城市，逐步实现全社会经济与碳排放脱钩。

2. 降低能源强度

能源强度是指能源的综合利用效率和经济效益，对非清洁能源的低效率利用会产生大量的二氧化碳排放，能够很好地降低能源强度、抑制碳排放。我国的基本国情就是煤炭的生产和消费在能源总体利用情况中一直占有较大比重，想要摆脱这个现状在短时间内是难以实现的。

因此，我国在推进能源消费结构优化的过程中，不仅要加大对清洁能源的开发利用，最重要的是要提高非清洁能源的利用效率。首先，企业是推进低碳经济发展的重要动力，降低能源强度一方面需要调整生产部门企业的能源消费结构、降低煤炭的使用量，另一方面寻求清洁可再生能源的利用途径；其次，需要提高生产部门企业的技术水平，增加相应的研发支出，用先进的低能耗设备替代高能耗低产出的老旧设备；最后，国家也可以对使用清洁能源的企业进行补贴，并适时调整非清洁能源的价格，提高其使用成本，进而引导企业走向清洁、绿色生产的道路。

3. 完善碳交易市场体系

碳排放交易是将企业二氧化碳排放的权利视作一种商品，在国家规定的碳排放总量之下，企业可以在碳排放交易市场上将多余的碳排放限额交易给其他需要增加碳排放额的对象。碳排放交易对碳减排的推动主要体现在通过对碳排放总额的限制，促进企业在生产过程中有意地将碳排放控制在合理范围内，逐步实现低碳绿色发展。目前在碳排放交易方面，欧盟走在了世界前列，而且成效十分显著。我国碳排放权交易试点已经进行了十年，并在 2021 年实现了全国碳排放交易全面上市，这将对减少我国的碳排放起着很大的积极作用。

碳排放交易在我国经济发达城市的试点效果目前来看是比较好的，但是在其他经济欠发达地区是否也会进展顺利还是未知的，同时，据观察，近几年在缺乏激励的情况下，我国的碳排放交易所的自愿减排交易生意逐渐走向了清淡。面对如此现状，首先，国家应积极推进并参与到各个地区的碳排放权交易市场的建设中去，与碳排放交易所合作，为企业进行总量限制建立配套的激励机制，激发企业的交易需求；其次，国家还应因地制宜地完善碳排放权交易体系，加强省际的碳排放交易及合作，实现碳排放权交易稳步发展，进而推进全国碳减排工作进程。

参 考 文 献

[1] 桂瑞娜. 城镇化对我国碳排放影响路径研究 [D]. 西安：西安电子科技大学，2020.

[2] 郭承龙，徐蔚蓝. 基于 STIRPAT 模型的江苏省碳排放影响因素研究 [J]. 中国林业经济，2022 (1)：89－93.

[3] 韩钰铃，刘益平. 基于 LMDI 的江苏省工业碳排放影响因素研究 [J]. 环境科学与技术，2018，41 (12)：278－284.

[4] 何艳秋. 行业完全碳排放的测算及应用 [J]. 统计研究，2018 (3)：67－72.

[5] 胡宗义，王天琦. 人口结构和经济增长对碳排放的影响分析 [J]. 经济数学，2018，35 (3)：1－7.

［6］李佳佳，罗能生．制度安排对中国环境库兹涅茨曲线的影响研究［J］．管理学报，2019，14（1）：100－110.

［7］刘元欣，邓欣蕊．我国碳排放影响因素的实证研究——基于固定效应面板分位数回归模型［J］．山西大学学报（哲学社会科学版），2021，44（6）：86－96.

［8］刘韵，师华定，曾贤刚．基于全生命周期评价的电力企业碳足迹评估——以山西省吕梁市某燃煤电厂为例［J］．资源科学，2021（4）：653－658.

［9］马颖，邵长秀．基于 LMDI 的北上津区域能源消费碳排放影响因素分析及脱钩效应研究［J］．甘肃科学学报，2022，34（1）：124－132.

［10］孙洁，王鹏飞．基于 STIRPAT 模型研究南京碳排放的影响因素［J］．物流科技，2022，45（2）：117－122.

［11］王丽萍，刘明浩．基于投入产出法的中国物流业碳排放测算及影响因素研究［J］．资源科学，2018，40（1）：195－206.

［12］魏一鸣等．中国能源报告（2008）：碳排放研究［M］．北京：科学出版社，2008.

［13］温志超，李继峰，祝宝良．中国消费中长期发展趋势及能源环境效应研究［J］．中国环境管理，2020，12（1）：43－50.

［14］吴雯，李玮．中部六省交通运输业碳排放影响因素分析［J］．管理现代化，2019（1）：62－65.

［15］于寄语，李梦敬．资源环境约束下城市化效率评测与路径优化研究——以湖北地区为例［J］．湖北经济学院学报，2021，19（4）：105－112.

［16］袁显平，朱玉洁．陕西能源消费与经济增长动态关系实证研究——基于 VAR 模型［J］．煤炭经济研究，2020，40（4）：63－68. DOI：10.13202/j. cnki. cer. 2020. 04. 008.

［17］张翠菊．中国碳排放强度影响因素、收敛性及溢出性研究［D］．重庆：重庆大学，2020.

［18］赵巧芝，闫庆友，赵海蕊．中国省域碳排放的空间特征及影响因素［J］．北京理工大学学报（社会科学版），2018，20（1）：9－16.

［19］郑伯铭，张宣，明庆忠．"一带一路"沿线省份旅游经济与碳排放脱钩态势及影响因素研究［J］．生态经济，2021，37（11）：136－143.

［20］中华人民共和国国民经济和社会发展第十四个五年规划和 2035 年远景目标纲要［N］．人民日报，2021－03－13（001）. DOI：10.28655/n. cnki. nrmrb. 2021.002455.

［21］Huang Y Bird R，Bell M. A Comparative Study of the Emissions by Road Maintenance Works and the Disrupted Traffic using Life Cycle Assessment and Micro-simulation［J］. Transportation Research Part D：Transport and Environment，2019，14（3）：197－204.

［22］Jonas Nässén，Holmberg J，Wadeskog A，et al. Direct and Indirect Energy use and Carbon Emissions in the Production Phase of Buildings：An Input—output Analysis［J］. Energy，2020，32（9）：1593－1602.

［23］Lawson L A，Martino R，Nguyen-van P. Environmental Convergence and Environmental

Kuznets Curve：A Unified Empirical Framework ［J］. Ecological Modelling, 2020, 437（10）：92 – 98.

［24］ Pan X, Md. Kamal Uddin, Ai B, Pan X, Influential Factors of Carbon Emissions Intensity in OECD Countries：Evidence from Symbolic Regression ［J］. Journal of Cleaner Production, 2019：1 – 20.

［25］ Song Y, Sun J, Zhang M, et al. Using the Tapio-Z Decoupling Model to Evaluate the Decoupling Status of China's CO_2 Emissions at Provincial Level and its Dynamic Trend ［J］. Structural Change and Economic Dynamics, 2020（52）：120 – 129.

后疫情时期我国能源价格上涨的原因与影响研究[*]

▶ 孙　超

【摘要】本文通过先阐述后疫情时期国内能源价格上涨的表现，包括我国国内在 2021 年发生的多地限电问题，限电的根源是发电成本上升，政府管控电价，发电企业不愿正常发电亏本经营，通过减少发电量以减少损失，进而造成多个省市大规模电力短缺的情况；国内煤炭价格 2021 年疯狂上涨，通过分析秦皇岛煤炭集散港口的煤炭价格，侧面体现国内煤炭价格的大幅上涨；我国 2021 年 21 次有变化的油价调整，以 "15 涨 6 跌" 的油价变化展现我国油价大幅度上涨；中国液化天然气价格在 2021 年达到了近些年的峰值。本文研究发现，造成国内能源价格上涨的主要原因有：（1）新能源应用增加了能源供应的不稳定性；（2）碳中和与碳达峰目标的影响；（3）新冠疫情对能源产业链的冲击；（4）受外贸驱动我国对能源需求增加；（5）国际上煤炭及石油价格普遍上涨；（6）俄乌冲突导致天然气能源供应紧张。能源价格上涨对我国经济产业产生的影响主要有：因减少高排放企业的能源生产导致能源生产市场上的份额缺口。

【关键词】能源价格；化石能源；新能源

一、引言

能源是人类社会发展至今的必需品与武器，上至燧人氏钻木取火的原始社会时代，人类就已经初步学会了利用火来烹饪和御敌。

在踏入工业社会之后，因为工业生产的需求更加凸显了能源的地位。

---

　　* 本文为辽宁省教育厅项目（LNYJG2022004）的阶段性研究成果。

工厂的生产机器不是凭空运转的，它消耗能量，需要能源。机器代替人类完成了农业社会不可能实现的体力劳动，其消耗的能源自然也比农业社会更多。因此，每个踏入现代化社会的工业国家都离不开能源的开发及消耗。能源是工业社会能够正常运转的支柱。但是在过去的工业化历史中，主流社会片面地关注能源的经济效益，选择性地忽略了能源带来的污染，尤其是二氧化碳的污染。伴随着人类工业文明的发展及生产力与生产方式的不断进步，人类大量地使用化石类能源，不断地排放温室气体——二氧化碳，使得地球上最重要的保护层，即大气层中的二氧化碳比例提升，形成了类似于一个大温室的环境，严重破坏了人类正常的生存环境。为应对这一现象，各国政府在 2015 年起草《巴黎协定》来保护地球的生态环境，并于 2016 年正式签署，2020 年我国响应国际号召也提出"碳达峰"和"碳中和"两大环保指标，限制化石能源的使用。

同时，2020 年暴发的新冠疫情如同洪水过境般席卷全球，阻碍了各地方能源产业的正常发展，切断了能源供应的上下游链条，为 2021 年我国能源价格上涨埋下了伏笔。

2021 年，我国多省份发生限电、断电等紧急情况及电力能源短缺现象，同时国内的煤炭、石油及天然气价格大幅上涨。本文旨在研究后疫情时期我国能源价格上涨的原因与影响，结合后疫情时期的国际大背景及我国提倡并主导的绿色能源改革的方针给出对策建议。

二、我国能源价格上涨的表现

（一）电力价格面临上涨压力

电力能源供应短缺或价格上涨对正常经济运行造成恶劣的影响，通常涉及石油、煤炭或其他自然资源的短缺。能源短缺通常会冲击经济，许多突然的经济衰退主要是由能源不足引起的。事实上，电力生产价格的上涨导致了生产成本的增加，降低了消费者的信心，增加了其支出，并抬高了市场经济中的能源价格。

2021 年我国出现全国能源上涨的情况，各地政府因为需要保障民生，对电价实行政策管控，不允许电价大幅度波动。发电企业无法应对能源市场的价格变化而调整电价。于是，面对发电能源价格上涨的局面，各地政府为保证社会的正常运转，强制发电企业以原价供应电力，不考虑发电成本大幅度上升导致的亏损，不容许电力企业大幅度提高电力价格，造成发电企业不愿亏本营运从而减少发电量，进而产生电力供应不足现象。所以我国电力价格上涨的表现为各地区的电力供给不足。

2021年我国内陆发生大规模停电限电事件，多个地区推行限电措施，或者在计划外大规模停电，使得市民的生活受到影响，其中以湖南省情况最为严峻，湖南省电网一度宣布全面进入"战时状态"。自2021年5月以来，中国广东省和其他一些省份也出现了电力短缺，一直持续到10月。在电力紧张的背景下，辽宁省、吉林省、江苏省、浙江省、广东省等16个省市先后下发命令控制居民及企业用电电量，江苏省、广东省、浙江省等提出"开电"通知、"开二停五"（一周之内通电开工两天，停电停产5天）、"限产90%"等措施。

煤炭价格持续走高，让下游的煤电企业亏损严重，对于涨电价的呼声越来越高。2021年8月30日，11家发电企业联名请示上调交易电价，重新签约北京地区电力直接交易2021年10～12月年度长协合同。8月31日，上海取消电力市场价格暂不上浮规定，打破了过去几年电价"只降不涨"的惯性。

2021年10月12日，国家发展改革委发布《关于进一步深化燃煤发电上网电价市场化改革的通知》，该通知明确，将有序放开全部燃煤发电电量上网电价，将燃煤发电市场交易价格浮动范围扩大为上下浮动原则上均不超过20%，高耗能企业市场交易电价不受上浮20%限制[1]。但此次改革，特别强调要保持居民、农业用电价格的稳定，对居民用电价格没有直接影响。

（二）煤炭价格达到历史新高[2]

煤是一种可燃的黑色或棕黑色沉积岩，是国内非常重要的能源，主要通过燃烧生产电力或热能。工业社会正常的生产生活，使用的直接能源是电力，而煤炭发电是中国主要的发电形式，占据国内发电的36%。

煤炭市场的情况是国内煤炭价格飞速上涨。受环保限产、澳洲煤炭进口缺失等多重因素影响，动力煤、双焦（焦煤、焦炭）等价格大幅上涨，持续刷新历史新高。

据中国煤炭工业协会《2021年上半年煤炭经济运行情况通报》所示，2021年上半年我国煤炭价格高位运行；1～7月，中长期合同价格均值601元/吨，同比上涨62元/吨。据商务部监测数据，2021年8月30日～9月5日，全国煤炭价格小幅上涨，其中动力煤、炼焦煤、二号无烟块煤价格分别为每吨765元、872元和1060元，

①　国家发改委：燃煤发电电量原则上全部进入电力市场！交易价格上浮范围上调为20%！［EB/OL］. 央视财经，2021 – 10 – 12.

②　"煤超疯"再现！供不应求致煤价飞涨，煤炭企业股价年内涨幅超78%［EB/OL］. 金融界，2021 – 09 – 09.

分别上涨 2.1%、1.8% 和 1%。进入秋季，煤炭价格随着寒潮影响及取暖需求逐渐上升。2021 年第三季度，国内焦煤期货主力合约再次启动向上攻势，突破 3000 元/吨，报 3049.5 元/吨，再创新高。动力煤期货主力合约涨势不改，报 990.4 元/吨，盘中一度突破千元大关。

2021 年国内煤炭需求增长速度已经超过供给增长速度。在煤炭库存下降、供需紧张的情况下，5500 大卡动力煤均报价 947 元/吨，接近千元大关。

以我国最大的煤炭运输港口城市秦皇岛市为例，分析图 1 数据可以得出，2021 年秦皇岛市 5500 大卡煤炭价格总体上呈现上升趋势，尤其 10 月价格出现全年峰值，这与北方大规模停电在时间上恰巧吻合，侧面印证了电力供应不足与煤炭价格上涨关系密切。

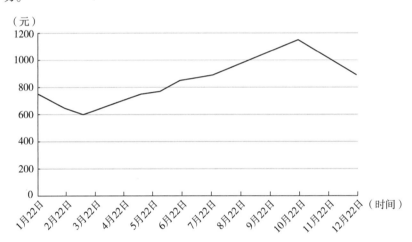

图 1　秦皇岛市 2021 年 5500 大卡煤炭价格

资料来源：中国煤炭网（2021 年数据）。

（三）汽油及石油价格上涨

汽油是从石油里分馏、裂解出来的具有挥发性、可燃性的烃类混合物液体，可用作燃料，是人们现代出行方式汽车的主要燃料。柴油是轻质石油产品，为柴油机燃料，广泛用于大型车辆、铁路机车、船舰。汽油及柴油都是中国工业能源的主要构成部分，同时柴油发电也是部分产业及地方的发电形式之一。

图 2 是我国 2021 年 21 次有变化的油价调整，经历了"15 涨 6 跌"，涨跌金额互抵之后，我国国内油价大幅度上涨。2020 年汽油共上涨 1280 元/吨，柴油上涨 1240 元/吨。其中分别在 2 月、6 月及 10 月迎来峰值，尤其是在 10 月底，全国油价达到最高峰，也正是国内全国性限电断电最为严重的时期，侧面印证了 10 月的能源短缺问题。

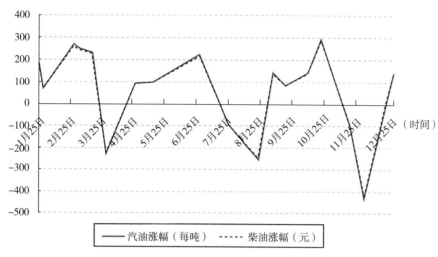

图 2　2021 年国内汽油及柴油价格涨幅

资料来源：《中国统计年鉴》（2021 年）。

（四）天然气价格迎来近 10 年来峰值

液化天然气也称为 LNG，被公认是地球上最干净的化石能源。2021 年，在生态环境污染日益严重的形势面前，为优化能源消费结构、改善大气环境，实现可持续发展的经济发展战略，人们选择了天然气这种清洁、高效的生态型优质能源和燃料。中国进口 LNG 达 8140 万吨，超过日本成为全球最大的液化天然气（LNG）进口国[①]。

依据图 3 我们可以看出，2021 年液化天然气价格相较 2020 年出现较大上涨，2021 年末的液化天然气价格为近些年来的最高值。

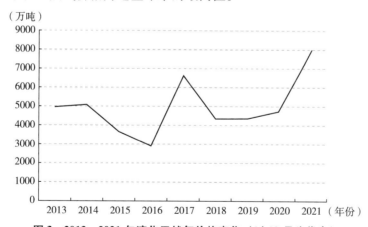

图 3　2013 ~ 2021 年液化天然气价格变化（以 12 月为代表）

资料来源：《世界能源统计年鉴》（2013 ~ 2021 年）。

---

① 2023 年液化天然气行业概况及现状：全球液化天然气市场规模达至 520 亿元左右［EB/OL］. 中国报告大厅，2023 – 07 – 11.

三、我国能源价格上涨的原因分析

（一）外贸增长引致我国对能源需求增加

前国家统计局局长宁吉喆在国务院新闻办公室举行的新闻发布会上表示，2021年，我国国内生产总值比上年增长8.4%，经济增速在全球主要经济体中名列前茅；经济总量达114.9万亿元，突破110万亿元，按年平均汇率折算，达17.8万亿美元，稳居世界第二，占全球经济的比重超过18%。人均国内生产总值8.14万元，按年平均汇率折算，达1.25万美元，超过当年世界人均水平。[①]

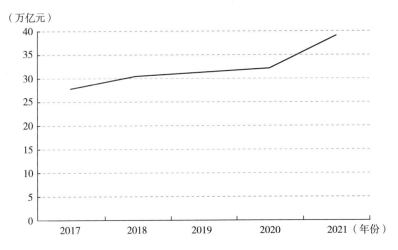

图4　近五年中国外贸总额

资料来源:《中国统计年鉴》(2017~2022年)。

2021年1月14日，我国海关总署公布了2021年全年进出口情况。数据显示，2021年，以人民币计，我国进出口总值接近40万亿元。海关总署新闻发言人、统计分析司司长李魁文表示，以美元计，我国进出口规模达6.05万亿美元，达到历史高点。相比新冠疫情暴发前一年，2019年中国的进出口总额为31.54万亿元，新冠疫情后的中国进出口数额出现了较大的涨幅。[②] 无疑，在当今逆全球化浪潮席卷世界及因为新冠疫情而产生的层层封锁的阻碍下，中国的GDP及进出口额度还能获得极大的增长，主要仰赖于中国合理及时的防疫策略，使得中国成为世界上率先复工

---

① 资料来源：中国政府网。
② 发电量、装机量连续七年世界第一！一文总览中国电力大数据！[EB/OL]. 搜狐新闻, 2020-06-19.

复产的工业国家。

但是中国率先复工复产意味着要承担全球消费品生产的重任，作为唯一的世界工厂，开足马力生产需要消耗的资源不计其数，相比新冠疫情之前来自海外的订单数量更加庞大，需要的能源自然也就水涨船高，进一步带动了国内能源市场上能源价格的上涨。

（二）新能源供给的不稳定性

近年来，尤其在我国提出碳中和及碳达峰目标后，随着节能政策的持续推进、减排及科技水平的进步，风能和光电发电的新能源部门表现出相对快速的发展趋势。到 2019 年底，我国新能源电力产量已超过全国总发电量的 1/5[①]。然而，随着功率的快速增长，新能源总是面临着诸如经常不完善安装、难以获得资金补贴、风力（光）自身的局限和某些地区电力限制等问题。特别是在 2020 年能源补贴政策全面下降的情况下，这是中国清洁能源向"平价"转变的关键一年，迫使新能源企业走上高度不平衡的发展道路。

并且，新能源尤其是水电、风电及太阳能发电，都存在着极大的不稳定性。水电因为河流的不同时期流量大小不同，每年汛期的流量多少不同，风电因为不同时段风力的大小不同，太阳能发电因为不同时段太阳光照的情况不同，都无法较好地人为控制发电规模，发电时间段无法与正常生活及生产时间段吻合，以新能源为发电形式的企业供应电力的能力不稳定。

（三）调整传统能源结构过程中的产生的波动

中共中央和国务院先后发布了新的能源发展策略和实施碳峰值和碳中和的行动计划。我国中期和长期的碳排放峰值和消除碳排放的道路与国际环保发展趋势相结合并且更加详细。该计划确定了能源转换和碳排放峰值中和的几个目标。新政策政治文件建议，到 2025 年，非化石燃料能源消耗占 20% 左右；到 2030 年，非化石能源占初级能源消耗的比例将达到大约 25% 的风能和太阳能发电达到 12 亿瓦特或更多；到 2060 年，完全建立生态清洁低碳经济循环系统和清洁、低碳、安全、高效的能源系统，提高能源效率。能源使用循环效率达到国际水平，非化石能源消费量占总消耗量达 80%[②]。

[①] 发电量、装机量连续七年世界第一！一文总览中国电力大数据！[EB/OL]. 搜狐新闻，2020 - 06 - 19.
[②] 到 2025 年非化石能源消费比重 20% 左右［EB/OL］. 人民资讯，2021 - 10 - 25.

伴随着针对传统高碳量排放能源，尤其是煤炭的限制，以及碳排放指标的提出，传统的煤炭能源使用及发电量受限，能源市场上因原本的高排放能源减少产生缺口，使得整个能源市场的能源价格大幅度上涨。

从宏观视角来看，碳中和目前还处于完成早期学术研究和基于国际协调与宏观目标的设定阶段。2020 年 9 月 22 日，中国宣布了 2030 年前实现碳达峰和 2060 年实现碳中和远景目标。由于中国是一个未完成全面工业化的发展中人口大国，工业化时间远低于发达国家，即便如此，中国也将碳达峰设定到了 2030 年。从实际碳达峰到碳中和时间来看，中国 30 年的时间远少于主要发达经济大国。国内外学者都普遍认为，这意味着中国能源体系乃至整体经济运行方式将发生深刻转型。碳达峰、碳中和的意义在于，它不仅是对提升能源效率、争取发展主动权、市场参与机会的自我要求，也是一张新的国际责任担当名片。我国要完成这一目标就必须调整传统的能源结构。

从能源结构来看，中国二氧化碳排放主要以化石能源为主，2019 年占比高达85% 左右，仅煤炭就占 57% 左右（煤电装机高达 10.4 亿千瓦，占全球煤电总装机的 50%，能源消耗的二氧化碳排放强度比世界平均水平高出 30% 以上）[1]，能源结构优化调整任务艰巨。而工业领域的高耗能企业也普遍存在。随着近两年动力煤价格的连续上涨，不仅推动了工业成本价格上涨，也在一定程度上导致产成品的恶性竞争。

为了避免上述局面的继续恶化，我国调整传统的能源结构势在必行。然而在调整传统能源结构的过程中，自然出现种种不稳定的波动，表现在能源市场即为能源价格不正常上涨。

（四）新冠疫情对能源产业链的冲击

能源生产一线操作面临着新冠疫情带来的短期压力。为了防止病毒的传播，我国采取了前所未有的措施，如封城、停工停产，这导致服务业在大片地区停滞或处于半衰期。从 2020 年 1 ~ 2 月，整个社会对电力的需求比去年大幅下降。在新冠疫情暴发后，国内大型发电企业的平均消耗处于历史最低水平，没有明显的增长趋势。随着电力需求的急剧下降和低能耗，新的能源发展企业也面临着收入减少和风力电力及水力发电无法顺利转移到企业生产的严重问题。与此同时，在新冠疫情暴发期间，市民增加了对卫生、消毒剂和设备的购买，对环境和关键地点进行了卫生处理

---

① 首席气候官 | 专访中国工程院院士、清华大学碳中和研究院院长贺克斌：能源结构调整是实现碳中和的根本发力点 [EB/OL]. 经济网，2023 – 07 – 05.

和消毒，并加强了预防和控制流行病及保养等措施的实施，从而增加了相关费用。电力收入下降和运营成本上升的双边影响也带动了新能源发展企业的运营水平不稳定，其中许多甚至出现了亏损。

生产链中的需求和供应更加紧张。根据国家能源补贴政策，光电补贴在2020年6月30日之后已完全取消，风能补贴在2021年后已完全取消。在2021年春节之前，风扇和光电模块生产链条上的所有环节的企业基本上都处于高位。尽管整个国家都在努力抵御病毒和流行病，一方面，积极而稳步地促进企业的工作和生产，另一方面，风扇和光电模块等企业恢复生产的速度仍远低于春节以前。再加上后勤和交通等不同因素的问题，很难有效地将能源行业的新链上游与下游连接起来，导致设备的生产和交付将远远低于预期，延迟交付的风险也会增加。此外，近年来，中国新的能源发展企业加速了出口，投资东南亚、非洲和其他地方的新能源项目。在将COVID-19列入"国际公共卫生紧急情况"名单后，越来越多的国家开始实施更严格的入境限制，这也限制了能源产业的正常运作。

（五）国际能源上涨的推动

1. 美联储的宽松财政政策导致国际上煤炭及石油价格普遍上涨

分析图5和表1的数据可以得知，2021年世界发生了煤炭及石油价格的大幅度上涨，原因之一为美国采取了大水漫灌的财政策略，导致全球性的通货膨胀，世界能源价格恶性上涨。

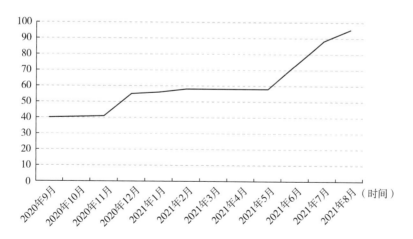

图5　澳大利亚纽卡斯尔港5500大卡动力煤现货均价

资料来源：国际煤炭网（2020～2021年数据）。

表1　　　　　　　　　　　　近5年国际原油WIT价格指数

时间	国际原油WIT价格指数
2017年10月17日	52.19
2018年12月31日	45.41
2019年9月6日	56.17
2020年2月24日	96.14
2022年4月29日	105.34

资料来源：原油价格网（2017～2022年数据）。

数据显示，2021年，全球有80多个国家和地区的通胀率创下近5年新高。2023年，全球整体的通胀率将达到4.3%，创10年来新高。其中，欧元区CPI在11月同比增长4.9%，为25年来最大涨幅①。美国10月的CPI同比上涨6.2%，创31年来最大涨幅（见图6和图7）。

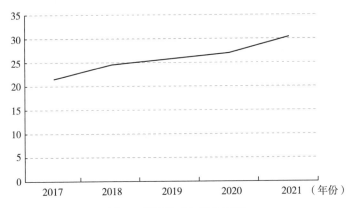

图6　美国近五年债务总额

资料来源：亚洲经济数据库（CEIC）（2017～2021年数据）。

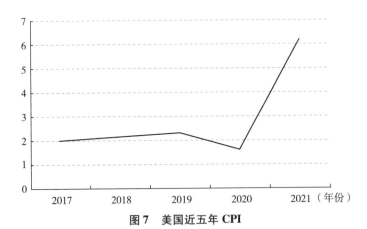

图7　美国近五年CPI

资料来源：亚洲经济数据库（CEIC）（2017～2021年数据）。

---

① 今年全球整体通胀率创10年新高［EB/OL］. 光明网，2021－12－09.

为刺激经济恢复，美国凭借美元的世界货币地位大规模释放货币流动性，从 2020 年 3 月开始，美国为了刺激经济采取了超强财政刺激计划和超宽松货币政策。美国超发的货币通过投资、贸易等形式转移到世界各地，从而导致了全球性的货币超发，进而使得国际能源价格上涨。

2. 俄乌冲突导致天然气能源供应紧张

俄罗斯与乌克兰是传统的能源出口大国。俄罗斯供应的天然气约占欧洲天然气消费量的 1/3，同时，欧盟有 1/4 以上的原油进口来自俄罗斯①。在俄罗斯宣布军事行动之前，俄乌局势升温就加剧了欧洲市场对于俄罗斯供应中断的担忧，天然气价格一度上扬。而随着俄乌冲突爆发，德国暂停"北溪－2"天然气管道项目认证程序，进一步凸显出欧洲在燃料流动中断时的脆弱性，加重了欧洲对未来天然气短缺的焦虑。2023 年 2 月 24 日，TTF 基准荷兰天然气期货价格盘中一度暴涨 60%，收盘时上涨 33.3%，报 118.5 欧元/兆瓦时（1.42 美元/立方米），反映了市场的担心。2 月 28 日，受欧盟加码制裁俄罗斯的强烈反应影响，伦敦 ICE 交易所欧洲 4 月交割的天然气期货价格开盘第一分钟就上涨 35.3%，涨至 1.45 美元/立方米。同日，布伦特原油和 WTI 原油再度双双冲破每桶 100 美元/桶，并创下七年半新高②。

随着俄乌局势及美欧对俄罗斯制裁的持续升级，能源价格将继续上扬，全球能源问题可能进一步恶化。虽然中国并未处在这轮能源危机的风眼，但在能源局势混乱、变数不断的形势下，我国国内的天然气能源市场也不免受到波及。

四、我国能源价格上涨的影响

（一）影响部分产业的生产

能源价格上升严重地影响了部分产业的生产运作，原本正常生产的企业在面临无电可用或者电价高昂的情况下，将减少部分生产订单，打乱之前的生产计划。这给新冠疫情下岌岌可危的中小微实体产业带来又一次冲击。也不利于我国目前扶持实体产业、支持中小微企发展调度等大策方针。并且由于生产限电，在原本支撑经济增长的出口拉动下的工业生产也面临着加速回落的风险。限电对高能耗产业影响最为严重，下列高能耗工业产业为代表的有：有色金属、钢铁、建材、化工等。这

---

① 林学军. 俄乌冲突对中国能源安全的影响和对策［EB/OL］. 中宏网，2022－05－27.
② 欧洲天然气大涨！俄乌冲突连锁反应正在显现丨京酿馆［EB/OL］. 新京报，2023－03－01.

些产业的产品不直接进入居民消费市场，但是对整个社会的工业生产都有重大影响，属于支柱型产业。高能耗行业相关的产品往往不是终端消费品，还需要作为中间品投入到下游生产中，因此其带来的减产影响还将沿着产业链进行扩散，最后的产能不足势必会传导到终端消费市场。

（二）倒逼高耗能低效益产业转型升级

从国家宏观调控角度来看，一方面，海外新冠疫情的增量订单带来的高需求并非长期存在，一旦海外订单需求减少，中小企业的产品无法卖出，资金回笼困难，容易导致资金链断裂，这将成为压垮中小企业的最后一根稻草。为避免中小企业出现产能过剩情况，能源价格上涨导致的限电从源头上虽简单暴力，但很有必要。

另一方面，节能减排是为顺应供给侧结构性改革，通过限制部分高耗能企业的产能，最终实现产业转型升级。我国现阶段存在一大批高能耗、低收益的相关企业，在国际分工市场上处于产业链的低端位置，其依靠国内低工人工资、低资源价格存活。国家为实现 2025 中国智造目标及 2035 基本现代化远景目标，也要求这批企业必须跟上国家及时代的步伐，转型升级。因此，短期内在煤炭和电力资源有限的情况下，停电限产是传统行业实现高效率、低能耗、低排放这一目标的必经之路。

中国制造业中，超过 95% 是中小制造企业，一方面，这类企业解决了 70% 以上的就业问题①，成了世界的工厂；另一方面，内卷内耗非常严重。很多地方的中小企业和作坊企业，产品同质化严重，低价竞争，造成了极大的浪费。当前，国家在大力推进产业集群建设的同时，要考虑到这不是简单的位置上的不断集聚，更多是企业和产业链上下游重新分工，加强协同和协作。

制造业是国之根本，尤其是高端制造业，在今后"双碳"政策的加持下，制造业能耗"双控"会越来越严格。传统制造业"低小散"、粗放式的发展模式一定会被摒弃掉，绿色、低碳、环保、可持续、生态化，将会是一个长期引领和鼓励制造业发展的方向。所以，制造企业在形势逼迫下转变认识，重新定位企业在产业链中的角色，主动调整产品和服务的结构与模式，应改变落后的生产和服务模式、只赚取产品加工费的生产模式，转为加大技术投资、提升服务品质、打造品牌形象的高端产业生产模式。

---

① 『从心出发』拉闸限电，产能受控，当前注塑企业还可以做点什么？［EB/OL］. 搜狐新闻，2021 - 09 - 29.

（三）促进全国的能源投资增长

依据目前中国能源市场的情况，价格上升的主要原因是国内能源供应存在供应不足。因此，国家层面为保障民生，势必加强对能源生产建设的投资。国家电网针对多地电力供应不足也回应称：要全力以赴打好电力保供攻坚战，保障基本民生用电需求，最大可能避免拉闸限电情况。社会层面，因电力价格上涨，存在着偏离经济学意义上价格均衡点的利润，企业加大了对能源生产行业的投资，以此获取超额利润。能源价格上涨从长期来看导致能源投资增加，依据国家统计年鉴的统计数据显示，我国 2019 年和 2020 年连续两年热力与电力固定投资增长率数值都为负，分别是 - 12.3% 和 - 0.2%。但是 2021 年热力与电力固定投资增值率由负转正，并且有较大的增长，为 17%[①]。现实的能源价格上涨会产生利润空间，吸引社会资本涌入，促进能源行业的投资增长。

（四）促进能源结构转换向低碳清洁方向转型

我国要在 2030 年前将国内年度二氧化碳排放量达到历史最高值，经历平台期之后二氧化碳排放持续下降，从而实现碳达峰，出现二氧化碳排放量由增转降的历史拐点，标志着碳排放与经济发展实现脱钩，我国国内的能源结构向清洁能源方向转变的目标初步实现；到 2060 年，针对国家、企业、产品、活动或个人在一定时间内直接或间接产生的二氧化碳或温室气体排放总量，通过植树造林、节能减排等形式，以抵消自身产生的二氧化碳或温室气体排放量，实现正负抵消，达到相对"零排放"的碳中和。

要想达到碳达峰及碳中和两大环保目标，能源价格上涨给能源市场带来的刺激毫无疑问是积极效应远远大于消极效应的，因为这会促进我国能源结构向更低碳清洁的方向发展。能源价格上涨可以极大地促进相关领域的能源投资力度加大，社会资金、技术、人力等资源向能源领域集中。由于碳排放权及碳排放税的影响，传统高排放的能源生产企业不具有行业内的发展优势；相反，因为政策扶持的新能源产业可以更好地聚拢社会的人才及资金，获得更好的发展，从根本上调节我国现阶段的能源结构。

各省份"能耗双控、限煤限电"等政策频频加码，本质上是在既定能耗总量框

---

① 资料来源：国家统计局网站。

架下，消耗过快导致剩余额度不足。其中沿海各省份也多次曝出煤炭库存不足、电厂拉闸限电等新闻，问题关键还是在于我国能源结构火电占比过高，尽管目前动煤价格高，但在限产约束下，上游企业未必能实现收益扩大化。

因而推动上游煤炭、油气等企业利用现有资源发展光伏、风力等清洁能源发电项目，实际上是未来能耗结构转型的前瞻性政策，未来赛道的热点或更多聚焦于技术迭代进步、发电成本下降、转换传统火电发电方式。加强绿色技术创新，推动绿色低碳技术实现重大突破。率先部署绿色低碳前沿技术研究，加快推广应用减污降碳技术，建立完善的绿色低碳技术评估、交易体系和科技创新服务平台，支持绿色低碳技术创新成果转化。加快光伏风力发电、生物质能源和核电等相关材料技术、氢燃料技术、储能技术、微电网技术等领域的研发突破和商业推广，提高转化效率。着手布局和推进关键零碳和负碳技术发展，重点关注发电、工业、交通等相关领域零碳和负碳技术的创新发展，争取从产业链和技术上走在世界前列。推动并加速碳汇规模化建设，增强碳吸收能力，为碳中和提供能力支撑。

五、应对我国能源价格上涨的政策建议

（一）制定新能源发展相关政策

应对能源市场的空缺份额，我国政府应出台相关产业政策，引导投资资金向新能源产业倾斜，加大新能源产业在整体能源市场的比例来弥补市场份额，促使能源结构向更合理更环保方向转换。大力支持水力、风力、太阳能等可再生清洁能源产业发展。具体政策为针对传统的煤炭火电发电企业给予转型补贴，利用经济政策的方式促进传统能源企业转型。同时，综合不同地方资源禀赋情况，合理安排不同地方的发电主要形式。下达碳排放指标，允许市场交易，利用市场规律平衡各地方及各行业的碳排放量。并且统筹规划，合理安排长短期能源投资的规模结构。争取按时保质完成能源结构的优化转型，实现中国对世界宣布的碳达峰、碳中和的环保承诺。

（二）降低化石能源占比

针对传统碳排放能源企业合理征收碳排放税，减少二氧化碳排放量，与促进新能源发展的政策相结合，鼓励企业减少使用化石能源。对依旧使用煤炭、柴油等高

排放能源的发电企业多加收环保税，利用成本逼迫其转型或者减少在能源市场的份额，从而达到降低化石能源在中国整个能源市场的占比。

（三）提高能源储备的效率

我国国内虽然能源丰富，但是面对 14 亿人口[①]对更加美好生活的向往依然捉襟见肘。此次能源价格上涨有部分原因就是国内能源储备量不足、储备技术不先进。针对以后可能存在的能源危机，国家应该竭力利用各种方式加大能源的进口量与储备量。国外，在国际能源价格平稳的局面下，尽量多进口储备能源，以免不时之需；增加能源进口的渠道，避免因国际局势变化带来的能源波动。国内，全面统一调配国内能源，做到以多补少、以缓补急，避免局部或者短期的能源缺口。

同时加强能源储备的效率。水电方面以三峡大坝为例，可以将电能储备为水的重力势能，在急需用电时，转化为电能，我国应该大力开发此类清洁环保的能源储存形式。风能以及光能方面，我国因幅员辽阔，可利用的资源丰富，如在新疆、内蒙古地区，日照充足、风力资源丰富，实际上是发展可再生能源或新能源的优良基础条件。但因为风能太阳能发电的技术局限性，这类能源资源没有得到充分合理的开发运用。我们要首先解决储能密度和储能速度问题；其次是提升电池制造的技术，解决原本电池成本过高，容量不足和寿命不够理想的问题；最后是解决我国个别地方的弃风弃光问题（个别地方因为风能光能发电的局限性放弃这种发电方式）需要得到解决。

（四）扩大天然气进口渠道

目前中国正处在能源结构转型期，天然气是替代煤炭进行发电及取暖的最佳选择。2010 年起我国不断增加天然气进口，但由于进口来源过于集中，在进口量和进口价格上较为被动，我国天然气进口正在承受着一定的供应风险。未来，随着国内天然气需求的不断增加，进口规模逐步加大，我们必须构筑更加多元化的进口格局，加快天然气接收、储运设施建设，积极推进价格改革和境外天然气的开发。

以前我国的天然气进口来源高度集中。我国液化天然气进口主要来自澳大利亚、卡塔尔、马来西亚和印度尼西亚，过去几年这四个国家的总占比基本保持在 80% 左右[②]。而管道天然气进口更加凸显出高度集中的特征。2010 ~ 2012 年中国管道天然

---

① 资料来源：国家统计局网站。
② 我国天然气须构建更多元进口格局 ［EB/OL］. 金融界，2018 - 05 - 21.

气进口几乎全部来自土库曼斯坦，2013 年以后陆续有乌兹别克斯坦、哈萨克斯坦的天然气进入中亚管线，来自缅甸的管道气也逐渐增加，但这些国家的占比始终相对较小，土库曼斯坦仍是中国管道天然气第一进口大国。我国近年来努力拓宽进口渠道，与俄罗斯在原有天然气进口协议的基础上又签署了扩大天然气进口协议。我国今后应该继续积极争取扩大天然气进口渠道，以清洁的化石能源逐步代替原本的煤炭，并且减少因短期国际形势引起的能源供应问题。

参 考 文 献

［1］侯梅芳，潘松圻，刘翰林．世界能源转型大势与中国油气可持续发展战略［J］．天然气工业，2021（12）：9 - 16.

［2］胡飞．货物贸易发展对能源强度的影响研究［J］．三峡大学学报（人文社会科学版），2022（2）：79 - 83.

［3］鲁宇，和颖婷，华婷，李文祥．碳中和目标下能源企业转型路径研究［J］．经济师，2021（12）：41 - 43.

［4］罗佐县．"双碳"视角下2021能源市场回顾［J］．能源，2022（1）：22 - 28.

［5］孟丹．碳达峰背景下能源的低碳转型发展［J］．能源与节能，2021（12）：22 - 25.

［6］Б. Г. 萨涅耶夫，刘涧南．俄能源东向战略的中国因素［J］．西伯利亚研究，2021（6）：37 - 44.

［7］孙方煜．广东省能源消费状况与节能减排对策研究［J］．科技风，2021（35）：96 - 98.

［8］汪啸，李楠，王震．中国能源转型形势与政策建议［J］．油气储运，2022.

［9］吴磊．G20能源议程与全球清洁能源转型［J］．当代世界，2021（12）：30 - 35.

［10］邢小军，孙利娟．能源税能够提升能源效率吗?［J］．北京经济管理职业学院学报，2021（4）：26 - 33，43.

［11］许淑婷，李丹阳．辽宁省制造业集聚对工业能源效率的门槛效应［J］．辽宁师范大学学报（自然科学版），2021（4）：520 - 529.

［12］杨力俊，王冠然，田文旭，谭忠富．发展可再生能源助力碳中和——复杂系统分析［J］．信息与管理研究，2021（6）：21 - 29.

［13］杨宇．中国与全球能源网络的互动逻辑与格局转变［J］．地理学报，2022（2）：295 - 314.

［14］张抗，苗淼，张立勤．"双碳"目标与中国能源转型思考（一）——能源转型与碳达峰、碳中和［J］．中外能源，2022（3）：1 - 6.

［15］周宏春，李长征，周春．我国能源领域科学低碳转型研究与思考［J］．中国煤炭，2022（1）：2 - 9.

东北振兴战略背景下东北三省优势产业动态变化研究[*]

▶ 张 茜

【摘要】本文以辽宁省、吉林省、黑龙江省的优势产业作为研究对象，选取 2021 年三个省份各行业的产值增加值与地区生产总值，粗略分析出当前各自的优势产业所在行业。分析发现，辽宁省、吉林省的优势产业主要在工业行业，黑龙江省的优势产业主要在农、林、牧、渔行业。本文运用区位熵分析法分别对辽宁省的工业产业、吉林省的工业产业及黑龙江省的农、林、牧、渔产业进行细致分析。按照实施东北振兴战略的关键节点，将 2003～2020 年划分为 2003～2013 年首轮东北振兴期、2014～2017 年新一轮东北振兴转型期、2018 年至今东北地区全面振兴期这三个阶段，基于此，本文研究三个省份优势产业的变动规律特征，进而分析总结现阶段适合三个省份发展的优势产业。最后，根据各个省份的实际情况提出了相应的优势产业发展建议。本文对东北三省进行优势产业动态变化研究，测算出当前适合三省份发展的优势产业，进而用优势产业发展带动经济社会发展，这对于振兴东北老工业基地具有重大意义。

【关键词】优势产业；区位熵；工业；农业

一、引言

一个区域的经济发展很大程度上取决于该区域的优势产业发展。因此在市场经济条件下，如何科学测度和发展优势产业，并将区域的发展和当地优势产业有机结合起来，走优势产业发展之路，充分发挥区域经济优势，

＊ 本文是辽宁省经济社会发展研究课题（2024lslybhzkt-06）的阶段性研究成果。

是当前区域经济领域的重要课题。在东北三省进行关于区域优势产业的研究，可以有效促进东北地区的发展，甚至推进东北振兴的进程。辽宁省是我国重要的工业与农业基地。矿产、林业、生物等资源十分丰富，具有深厚的制造业基础。吉林省位于东北亚地区的地理中心，具有自己的工业特区，工业增加值始终处于领先地位。黑龙江省生态环境优良，农业贡献突出，在维护国家粮食安全上起到了重要作用。东北地区这三个省份都有明显的比较优势，也有良好的发展空间，但从总体发展来看，它们的优势并没有得到有效发挥，东北三省的发展没有达到应有的高度。因此研究东北三省的优势产业变动，并据此提出东北三省优势产业发展的对策建议，具有重要意义。

为了有逻辑地研究东北地区优势产业的发展，本文根据东北振兴的进程，将2003～2020年划分为三个阶段，以这三个阶段为时间轴对东北三省优势产业变化进行研究。第一个阶段是2003～2013年，首轮东北振兴期，这个阶段被称为东北振兴的"黄金十年"。从2003年首次提出东北振兴战略一直到2013年，东北振兴的效果十分显著，三省份经济高速增长。第二个阶段是2014～2017年，这一阶段是新一轮东北振兴的转型期。东北地区经济增速先是呈现断崖式下降的状态，被称为"新东北"现象。随后2016年陆续出台了有关全面振兴东北地区的文件，标志着新一轮东北振兴吹响号角。第三个阶段是2018年至今，以习近平总书记主持召开东北振兴座谈会为标志，东北地区进入全面振兴阶段。东北振兴进程阶段划分如表1所示。

表1   **东北振兴进程阶段划分**

阶段划分	年份
第一阶段：首轮东北振兴期	2003～2013年
第二阶段：新一轮东北振兴转型期	2014～2017年
第三阶段：全面东北振兴期	2018年至今

从理论意义上看，本文通过定量与定性分析相结合的方法，基于区位熵指标对东北三省优势产业变动进行研究。目前学者对于优势产业的研究大部分都是"十一五"以前的数据，研究东北地区的更是少之又少。本文通过东北三省各个产业的翔实数据进行分析，有助于丰富该问题的理论研究内容，也对其他地区的优势产业选择研究有正向意义。从实际意义上看，找寻与自身优势相适应的发展规划、产业政策，着重发挥优势产业，可以提高经济增长效率。因此发展东北三省优势产业能够实现产业发展与资源之间的相互协调，是加快经济发展的必然选择，此外还能带动本地区其他经济活动，进而带动整个东北地区的发展，有助于推进东北地区产业结构转型，对实现东北振兴起到积极的推动作用。

目前，尚没有关于区域优势产业系统性的定义。陈长民（1998）最先关注到了优势产业的内涵，他将区域优势产业与主导产业、支柱产业三个概念区分开，认为优势产业与该区域其他产业具有高产业关联度，可以影响区域其他产业的发展。其着重从产业发展、优势形成过程、优势产业产品、优势产业演化四个角度把握优势产业中"优势"的内涵，为后来学者研究区域优势产业奠定了基础。目前，关于优势产业内涵的定义概括为以下三种角度：一是从市场竞争力角度来定义优势产业的内涵，如冯江华等（2000）认为优势产业是在一定区域内占有较高经济总量，处于产业寿命周期曲线成熟期至衰退期的产业。孔祥智（2003）以波特钻石模型为理论基础，认为优势产业是在市场竞争中具有较强竞争力的产业。二是从资源角度来定义优势产业的内涵，如孙畅等（2006）从资源禀赋角度入手，结论为区域优势产业是区域内那些借助资源优势，能够与其他地区相比以较低的成本进行生产活动的产业。三是同时考虑比较优势理论和竞争优势理论两者对优势产业内涵进行阐述，如宋德勇等（2006）认为区域优势产业包括两种优势层次，第一种是外生性比较优势，如一些产业有很高的资源优势及较低的比较成本；第二种是内生性比较优势，这种比较优势是通过自身进行专业化学习或者产业发展过程中进行经验积累而来的。徐仕政（2007）认为区域优势产业是指在市场和政府的作用下，充分整合区域内现存的或潜在的比较优势，形成竞争优势，在产业价值链中起到决定性作用的产业。

结合学者们对于区域优势产业内涵的研究，本文认为区域优势产业是指在一定区域内，充分发挥比较优势，进而形成的那些专业化程度高、产业关联度强的产业。它是一种动态概念，会受资源、技术、政策、发展等因素影响而改变，如图 1 所示。

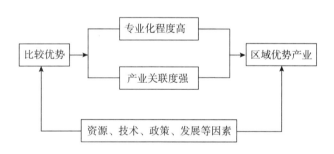

图 1 区域优势产业概念界定

本文采用了多种研究方法。有文献研究法，即通过查阅与优势产业内涵及优势产业测度相关的文献，梳理出学者对于各个区域优势产业测算采用的逻辑与分析方法，系统地了解优势产业的内涵，以及优势产业的测度与判定方法。趋势分析法，即对三个省份 2003～2020 年的优势产业区位熵数据进行趋势分析，以便研究优势产业的变动规律特征。图表分析法，即利用统计图表显示出黑龙江省农、林、牧、渔业的区位熵变动，反映四个产业的发展趋势，以便更加直观地对黑龙江省优势产业进行分析。

本文主要由三个部分组成。第一部分为文献综述，首先从指标体系建立与模型使用两个角度对优势产业测度的相关文献进行概述，其次梳理了学者们对于不同地区进行优势产业研究的文献、对于相同地区采用不同研究方法进行优势产业研究的文献及关于东北三省优势产业研究的文献。第二部分为基于区位熵的东北三省优势产业研究，首先运用行业增加值所占比重初步筛选出三个省份优势产业的所在行业，其次用区位熵分析法具体分析三省份基准年的优势产业及变化趋势，最后分别总结出现阶段适合发展的优势产业。第三部分为东北三省优势产业发展建议，根据实证分析部分对三个省份优势产业的研究，提出对应的优势产业发展建议。整体研究框架如图2所示。

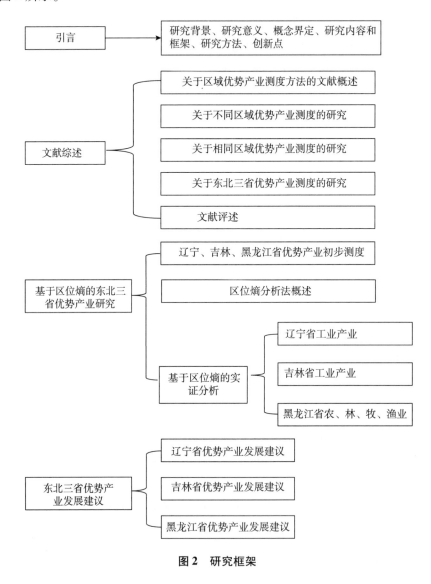

图2　研究框架

二、文献综述

（一）关于区域优势产业测度方法的文献概述

区域优势产业的测度是一个多因素、多准则影响的问题，随着学者对于区域优势产业研究的深入，越来越多的研究方法被引入其中，定性与定量分析方法结合使用使得我们对于区域优势产业的测度更加专业化、科学化。国外对于区域优势产业研究的起步时间较早，国内多位学者进行了有关优势产业测度的研究，阿尔伯特·奥托·赫希曼（Albert Otto Hirschman，1958）认为判定优势产业的关键在于能否产生强产业关联，带动其他产业。麦提（Mighty，2015）采用了层次分析法分析区域优势，以此来调整产业布局。国内的研究起步较晚，从指标体系的建立来看，学者往往从不同角度选取不同数量的指标建立指标体系。杨宗岳（1995）构建了两个指标来衡量产业优势综合指数，以此对陕西省进行产业优势动态评估。蔡翔（2007）从市场优势、环境优势、生产要素优势三个方面考虑，建立八大指标对广西壮族自治区工业优势产业进行选择判定。从使用模型来看，大部分学者采用线性加权模型。主成分分析法方面：高睿等（2010）采用主成分分析法对中部地区的工业部门进行分析，确定优势产业评价选择模型，以此计算产业综合得分，遴选优势产业。梅晓庆（2011）对新疆维吾尔自治区 32 个产业进行 16 个二级指标的主成分分析，选择出适合其发展的优势产业。层次分析法方面：魏立桥等（2008）以比较优势原则、技术密集原则、市场导向原则、富民富省原则为理论基础，构建四类七个指标的指标体系，建立 AHP 递阶层次结构模型，对甘肃省优势产业的选择进行了分析。因子分析法方面：何海等（2010）通过因子分析法对贵州省工业各行业进行综合得分计算，从而测算出工业优势产业。钱力等（2012）先基于竞争优势理论建立指标体系，再采用因子分析法对甘肃省民族地区农业优势产业进行研究。再有近年来被引入优势产业测度中的灰色关联度法：许晓莹等（2015）将灰色关联分析法与理想解法进行结合，对新疆维吾尔自治区 35 个工业优势产业进行测度，判定出其工业优势产业及潜在优势产业。数据包络分析法方面：石晶等（2013）运用 DEA 模型对 2011 年新疆生产建设兵团优势产业的投入产出效率进行分析。许娟等（2009）把高技术行业视作多输入输出系统，采用 DEA 方法对其进行效率评估，再基于此对区域的优势产业进行测度。

（二）关于不同区域优势产业测度的研究

目前，学者对全国多个区域都进行了优势产业的测度。如张朝晖等（2003）运用区位熵指标对河北省工业行业的优势产业进行分析。王育宝等（2008）基于偏离—份额分析法对陕西省高新技术行业的优势产业进行分析。张英辉（2009）运用产值和消费指标计算出京津冀地区的区位熵，再分别测算出北京市、天津市、河北省的优势产业。任方军（2012）运用主成分分析法对河南工业优势产业进行研究，最终测算出强优势产业及弱优势产业。张建清等（2014）建立区域优势产业选择指标体系，对包含重庆市、陕西省、四川省的西三角经济区域进行分析，再运用因子分析法进行合理性检验，测算出优势产业。韩宏稳（2014）采用区位熵研究法对新疆生产建设兵团农产品加工优势产业进行测算。刘丽琴等（2005）运用定量与定性分析相结合的方法测度珲春市的优势产业。张璞（2009）采用指标法与主成分分析法对包头市优势产业进行选择研究。翁梅（2011）对于盐城优势产业测度的研究、肖景峰等（2016）对于邵阳市优势产业测度的研究、黄启（2020）对于广西壮族自治区林下市优势产业的测算、李文生等（2021）对于广东省四个区域优势产业选择的定量分析等。

（三）关于相同区域优势产业测度的研究

针对相同区域诸位学者也有不同的研究方法。对于安徽省的优势产业测度：姚晓芳等（2006）采用因子分析、区位熵分析等方法相结合综合考量了产业间的关系，遴选出以不同子产业为主的加工业作为安徽省的优势产业。赵惠芳等（2009）从比较优势和竞争优势两方面入手，建立九个指标作为衡量区域优势产业的指标体系，对安徽省工业产业综合竞争力进行排序，计算出优势产业。张颖等（2014）采用偏离—份额分析法，使用2006年、2010年安徽省林业产业数据进行研究，计算得出四个林业优势产业。对于甘肃省的优势产业测度：王思文等（2007）从优势产业特征评价、区域经济背景及区域比较优势评价三个准则层构建了六个指标的甘肃省优势产业评价指标体系，从39个行业中筛选出优势产业与劣势产业，并据此进一步提出产业结构调整建议。王学军等（2010）首先采用产业关联基准对甘肃省各部门进行关联交叉分析，初步选择出11个工业优势产业，再选用因子分析与聚类分析相结合的方法对甘肃省工业优势产业进行评价。石福刚（2018）运用波士顿矩阵法，引入平均区位熵的概念，以此作为衡量市场竞争力的指标，再以相对平均产值增长速度作为衡量生产要素流入的指标测算出甘肃省的优势产业。

（四）关于东北三省优势产业测度的研究

关于东北三省优势产业测度的研究并不多。陈畅（2009）运用梯度分析法对辽宁省工业行业优势产业进行研究，其将辽宁省优势工业行业整合为四个产业链：石油化工产业链、钢铁产业链、装备制造业产业链、汽车产业链，并基于此提出对辽宁省发展优势产业的建议。丁蕾等（2010）运用区位熵法对沈阳市、抚顺市两地之间工业优势产业进行测度。李俊等（2012）运用区位熵及增加值区位熵对东北地区区域文化优势产业进行测度。吕洁华等（2018）运用偏离—份额分析法对黑龙江省林下市经济优势产业进行分析，并根据测度结果对林下市三次产业提出发展建议。李微等（2019）采用灰色预测方法及偏离—份额分析法对黑龙江省森工林区进行林业优势产业测度。李晨等（2019）先建立辽宁省工业优势产业评价指标体系，再构建熵值法、主成分分析法、层次分析法相结合的评价方法，最后引入区位熵及相对产业增长速度为参数的波士顿矩阵模型，对辽宁省工业优势产业进行测度。

（五）文献述评

目前关于优势产业测度的研究较少，且研究年份主要集中在 2010 年前后，数据比较陈旧，但是也有一定研究成果，已初步建立起研究体系。在对有关区域优势产业测度的文献进行归纳分析后，可以发现目前对于区域优势产业判定的研究方法主要有区位熵分析法、层次分析法、偏离—份额分析法、数据包络分析法、主成分分析法、定权聚类分析法等。并且佩里（Pelli，2017）认为比较优势会随着时间的推移而演变，优势产业也是随之动态变化的。因此，本文选择采用区位熵分析法对 2003～2020 年东北三省的优势产业进行动态变化研究。

三、基于区位熵的东北三省优势产业研究

（一）辽宁、吉林、黑龙江省优势产业初步测度

区域行业增加值与地区生产总值的比重可以作为判定优势产业所在行业的指标，所占比重高的行业即为优势产业所在行业。根据《中国统计年鉴》（2021 年）中三

省份的分行业增加值（亿元）占地区生产总值（亿元）比重初步对优势产业进行测度，比重如表2所示。

表2 2020年东北三省分行业增加值所占比重

		辽宁省	增加值所占比重	吉林省	增加值所占比重	黑龙江省	增加值所占比重
	地区生产总值	25114.96	1	12311.32	1	13698.50	1
分行业增加值	农、林、牧、渔业	2370.08	9.44%	1600.55	13.00%	3526.49	25.74%
	工业	7938.10	31.61%	3501.19	28.44%	3143.98	22.95%
	建筑业	1539.74	6.13%	843.59	6.85%	412.78	3.01%
	批发和零售业	2002.83	7.97%	733.49	5.96%	984.03	7.18%
	交通运输、仓储和邮政业	1239.01	4.93%	582.11	4.73%	501.71	3.66%
	住宿和餐饮业	275.23	1.10%	159.98	1.30%	186.90	1.36%
	金融业	2103.11	8.37%	901.24	7.32%	1052.94	7.69%
	房地产业	1583.61	6.31%	809.37	6.57%	757.03	5.53%
	其他	6063.25	24.14%	3179.79	25.83%	3132.64	22.87%

资料来源：《中国统计年鉴》（2021年）。

从表2中可以看到2020年辽宁省、吉林省分行业增加值所占比重最多的是工业，黑龙江省分行业增加值所占比重最多的是农、林、牧、渔业。因此对辽宁省、吉林省优势产业的分析集中在工业行业，对黑龙江省优势产业的分析集中在农、林、牧、渔行业。

（二）区位熵分析法概述

本文之后在具体确定各区域优势产业时，会选择区位熵指标进行分析。区位熵是一种适用于判断某产业在一定区域内是否具有比较优势的重要指标，而优势产业正是集合了一定区域内比较优势的产业。因此本文选择这种遴选一定区域优势产业的常用方法——区位熵分析法，来对东北三省的优势产业进行研究。区位熵这一指标对应着某区域内某产业产值在该区域总产值中所占比重与所有区域该产业产值在所有区域总产值中所占比重的比率。同时，区位熵也可以表示一个产业在区域内的规模水平和专业化程度，因此它又被称作区域规模优势指数或区域专门化率，除了产值以外，还可以根据产业销售收入、企业数量或者企业从业人数来计算。

区位熵的表达式为：

$$LQ_{ij} = \frac{e_{ij}/\sum_j e_{ij}}{\sum_i e_{ij}/\sum_i \sum_j e_{ij}} \tag{1}$$

其中 i 表示第 i 个地区，j 表示第 j 个产业，LQ_{ij} 则表示 i 地区 j 产业的区位熵，e_{ij} 表示 i 地区 j 产业的产值（或企业总数、企业人数等经济相关指标）。一般来说，区位熵的值越大，说明该区域该产业的比较优势越明显，即专业化程度越高，越适合作为该区域的优势产业发展。本文按照区位熵大小将产业进行划分，区位熵值≥1.5 的产业列为"显著优势产业"，这意味着在一定区域内这些产业的专业化水平较高，与全国其他地区相比具有很强的竞争能力，非常适合作为该区域的优势产业重点发展，后文对于优势产业的研究全部集中于此；区位熵值在 1 ~ 1.5 的产业列为"比较优势产业"，这些产业虽然专业化水平高，但是一个地区发展的土地、劳动力等资源有限，不能将所有专业化水平高的产业都作为优势产业重点发展，因此这些产业不作为本文的主要研究对象；区位熵值 <1 的产业列为"比较劣势产业"，意味着这些产业在全国范围内处于落后水平，不适合作为优势产业发展，整体划分如表 3 所示。

表 3　　　　　　　　　　　　　　优势产业划分标准

优势产业划分	区位熵值范围
显著优势产业	$LQ_{ij} \geqslant 1.5$
比较优势产业	$1.5 > LQ_{ij} \geqslant 1$
比较劣势产业	$LQ_{ij} < 1$

（三）辽宁省优势产业测度

1. 数据选取

以区位熵为指标对辽宁省工业产业进行定量分析，本文选择运用企业数量来计算区位熵。选取 2003 ~ 2020 年辽宁省工业企业数量总数、辽宁省工业各细分行业企业数量、全国工业企业数量总数、全国工业各细分行业企业数量的数据作为样本，选择工业行业大类作为评价选择对象。数据均来自《中国统计年鉴》（2004 ~ 2021 年）、《辽宁统计年鉴》（2004 ~ 2021 年）。

2. 东北振兴战略之初辽宁省工业优势产业测度

首先将 2003 年的数据代入区位熵公式，并根据求得的区位熵值按照大小排序。筛选出区位熵值≥1.5 的产业。根据数据可以得到结论，2003 年辽宁省共有 6 个显著优势产业，占 39 个行业大类中的 15%。12 个比较优势产业，占行业总数的 31%。总体来看，2003 年辽宁省的工业产业发展在全国已经失去了"工业长子"的优势地位，具有优势的产业只占工业总行业的 46%。将 2003 年辽宁省的显著优势产业及区位熵值列在表 4 中。

表 4　　　　　　　　　　　2003 年辽宁省工业优势产业区位熵

产业	区位熵
黑色金属矿采选业	4.30
石油加工、炼焦及核燃料加工业	2.38
其他采矿业	2.20
黑色金属冶炼及压延加工业	2.09
燃气生产和供应业	1.63
通用设备制造业	1.56

资料来源：《辽宁统计年鉴》（2004 年）。

这些产业带动着 2003 年辽宁省经济的发展，是当时辽宁省最具有优势的工业产业。从总体来看，具有显著优势的多为资源依赖型产业。

3. 2003～2020 年辽宁省工业优势产业区位熵变动趋势

为了从动态视角研究辽宁省优势产业的变化，进一步计算这 6 个产业 2003～2020 年的区位熵值，以便研究其变动趋势，如表 5 所示。

表 5　　　　　　　　　　2003～2020 年辽宁省工业优势产业区位熵

年份	黑色金属矿采选业	石油加工、炼焦及核燃料加工业	其他采矿业	黑色金属冶炼及压延加工业	燃气生产和供应业	通用设备制造业
2003	4.30	2.38	2.20	2.09	1.63	1.56
2004	6.49	3.11	4.00	2.55	1.63	2.24
2005	4.75	2.27	3.37	1.64	1.12	1.65
2006	4.02	2.25	1.28	1.54	0.97	1.76
2007	4.28	2.49	1.70	1.55	0.93	1.78
2008	3.14	2.18	1.50	1.38	0.61	1.31
2009	4.63	2.73	0.69	1.47	0.80	1.79
2010	4.51	2.75	1.46	1.47	0.88	1.77
2011	4.38	2.61	2.03	2.74	0.75	1.45
2012	4.51	2.58	0.94	1.72	0.66	1.84
2013	4.84	2.74	2.25	1.73	0.74	1.80
2014	5.22	2.86	2.53	1.87	0.72	1.76
2015	4.05	3.29	1.56	2.01	0.84	1.77
2016	2.26	3.87	1.81	2.04	1.10	1.47

续表

年份	黑色金属矿采选业	石油加工、炼焦及核燃料加工业	其他采矿业	黑色金属冶炼及压延加工业	燃气生产和供应业	通用设备制造业
2017	3.77	3.83	0.00	1.17	1.42	1.32
2018	4.45	3.78	9.44	1.91	1.27	1.28
2019	5.21	3.10	4.96	1.87	1.26	1.31
2020	5.99	2.94	0	1.90	1.28	1.34

资料来源：《中国统计年鉴》（2004～2021年）、《辽宁统计年鉴》（2004～2021年）。

　　同时为了更加直观地展现出辽宁省显著优势产业在东北振兴战略背景下的变化，按照东北振兴战略之初年份、每个阶段末期年份作为时间节点形成时间轴，列出初始年份区位熵值，剩余时间节点区位熵值与东北振兴战略之初相比，上升的标记为上升箭头，下降的标记为下降箭头，如图3所示。

	2003年	2013年	2017年	2020年
		●　　　●　　　●　　　● → 时间（年）
黑色金属矿采选业	4.30	↑	↓	↑
石油加工、炼焦及核燃料加工业	2.38	↑	↑	↑
其他采矿业	2.20	↑	↓	↓
黑色金属冶炼及压延加工业	2.09	↓	↓	↓
燃气生产和供应业	1.63	↓	↓	↓
通用设备制造业	1.56	↑	↓	↓

图3　辽宁省优势产业关键时间节点变动

资料来源：《中国统计年鉴》（2004年、2014年、2018年、2021年）、《辽宁统计年鉴》（2004年、2014年、2018年、2021年）。

　　结合图3、表5一起分析。黑色金属矿采选业从区位熵的整体变化来看，呈现上升、下降后再上升的趋势。该产业在2004年区位熵达到了最高，值为6.49，在2016年降到了最低，值为2.26。其在第一阶段实现了区位熵值的增长，增长率为13%。在第二阶段却由5.22的高值下降到了3.77，下降率为28%。在第三阶段区位熵一直处于直线上升状态，预测在2020年后会继续呈现上升态势。石油加工、炼焦及核燃料加工业三个阶段分别呈现平缓、上升、下降的趋势。虽然与2003年相比增长率达到了24%，但是第三阶段的区位熵值一直在下降，因此要找准问题、及时落实政策才能实现持续发展。其他采矿业是指除了煤矿和有色金属矿以外的采矿业，区位熵最高值高达9.44，最低为0。全国其他采矿业规模以上企业比较少，所以导致区位熵值的波动很大。目前2020年的其他采矿业区位熵为0，与早期相比属于没落产业。黑色金属冶炼及压延加工业除2008～2010年及2017年外，长期以来都属于具有显著优势的产业，在首轮东北振兴期间达到过最高值2.74。第三阶段全面东北振兴成效较为显著，区位熵值一直处于上升趋势。燃气生产和供应业在过去18年间区位熵的整体趋势呈现为先下降后上升的倒"U"型曲线。2006～2016年这十年期间区位熵值都低于1，这说明在这期间该产业不具备高的专业化水平，落后于全国其他地区，显著优势产业在此期间没落。但在新一轮东北振兴的转型时期有所缓解，区位熵逐步上升。第三阶段下降后趋于平缓，与2003年区位熵值相比下降了21%，已经不再具备显著优势的水平，但依然具有比较优势。通用设备制造业作为辽宁省曾经的金字招牌，在第一阶段、第二阶段前期表现优异，区位熵值始终领先，但是从第二阶段后期开始，至今都处于不温不火的状态，失去了显著优势，重振该产业需要提高加强企业的创新能力，将产业布局由分散改成集聚，提升该产业整体竞争力。

4. 现阶段辽宁省工业优势产业测度

为了结合当前辽宁省发展的实际情况，以便提出对未来优势产业发展的具体建议，在分析优势产业变化趋势后，结合最新数据继续分析2020年辽宁省的优势产业，研究优势产业的没落与崛起。计算2020年辽宁省工业产业的区位熵后，筛选出显著优势产业列出，如表6所示。

表6　　　　　　　　　**2020年辽宁省工业优势产业区位熵**

产业	区位熵
黑色金属矿采选业	5.99
有色金属矿采选业	4.77
石油加工、炼焦及核燃料加工业	2.94
开采辅助活动	2.25
金属制品、机械和设备修理业	2.09
电力、热力生产和供应业	2.07
黑色金属冶炼和压延加工业	1.90
农副食品加工业	1.68

资料来源：《辽宁统计年鉴》（2021年）。

与2003年相比，2020年辽宁省的显著优势产业由六个增加到了八个。依旧具备显著优势的产业有三个，分别是黑色金属矿采选业、黑色金属冶炼及压延加工业，以及石油加工、炼焦及核燃料加工业。其他采矿业已经完全不具备优势，通用设备制造业、燃气生产和供应业由显著优势转为比较优势。但可以看到2020年不乏有新崛起的优势产业。有色金属矿采选业在2003年区位熵值为1.45，到2020年增长了2.3倍。开采辅助活动在2011年《国民经济行业分类》中被修订成为工业行业大类，该产业主要是对矿物开采提供服务活动，受石油、天然气开采相关产业的影响较大，不考虑作为显著优势产业重点发展。金属制品、机械和设备修理业也是2011年《国民经济行业分类》修订后添加的行业大类，区位熵值达到了2.09，同样属于装备制造业部门，可以与通用设备制造业联系，作为优势产业发展。电力、热力的生产和供应业的区位熵值与 2003 年相比增加了 78%，区位熵值在三个阶段的东北振兴之后显著提高。值得注意的是农副食品加工业，从过去的比较优势产业跃为显著优势产业，区位熵值增加了 32%。并且 2020 年辽宁省围绕"一圈一带两区"发展战略，深化农业供给侧结构性改革，新增农产品加工集聚区 10 个，同时聚焦国家重点龙头企业招商，有效提高了关于农副产品加工项目的投资，在这种政策环境下，该产业发展前景一片向好。

（四）吉林省优势产业测度

1. 数据选取

对吉林省工业产业进行定量分析，运用企业数量来计算区位熵。选取 2003～2020 年吉林省工业企业数量总数、吉林省工业各细分行业企业数量、全国工业企业数量总数、全国工业各细分行业企业数量的数据作为样本，选择工业行业大类作为评价选择对象。数据均来自《中国统计年鉴》（2004～2021 年）、《吉林统计年鉴》（2004～2021 年）。

2. 东北振兴战略之初吉林省工业优势产业测度

与辽宁省的分析流程相同，将吉林省 2003 年的数据代入区位熵公式，并根据求得的区位熵大小排序，筛选出区位熵值≥1.5 的产业。按照本文的优势判定标准，2003 年吉林省共有 9 个显著优势产业，与同年辽宁省的显著优势产业相比，多了 3 个产业；有 10 个比较优势产业，与同年辽宁省相比少了 2 个产业；有 20 个比较劣势产业。将 2003 年吉林省工业优势产业及区位熵值列在表 7 中。

表 7　　　　　　　　　　　　2003 年吉林省工业优势产业区位熵

产业	区位熵
石油和天然气开采业	17.62
医药制造业	3.70
燃气生产和供应业	2.68
交通运输设备制造业	2.66
饮料制造业	2.61
木材加工及木、竹、藤、棕、草制品业	2.60
烟草制品业	2.36
电力、热力的生产和供应业	2.16
水的生产和供应业	1.89

资料来源：《吉林统计年鉴》（2004 年）。

这些产业是当时吉林省最具有优势及竞争力的工业产业。其中石油和天然气开采业区位熵高达 17.62，在全国范围内具有极强的竞争力，其他显著优势产业的区位熵值也很高，说明吉林省的优势产业发展十分突出。

3. 2003～2020 年吉林省工业优势产业区位熵变动趋势

为动态分析吉林省优势产业区位熵的变化规律，计算这 9 个产业 2003～2020 年的区位熵值，如表 8 所示。

表 8　　　　　　　　　　2003～2020 年吉林省工业优势产业区位熵

年份	石油和天然气开采业	医药制造业	燃气生产和供应业	交通运输设备制造业	饮料制造业	木材加工及木、竹、藤、棕、草制品业	烟草制品业	电力、热力的生产和供应业	水的生产和供应业
2003	17.62	3.70	2.68	2.66	2.61	2.60	2.36	2.16	1.89
2004	22.25	3.58	2.65	1.91	2.41	2.74	2.27	2.29	1.88
2005	21.40	3.98	2.63	2.56	3.12	3.05	3.61	2.43	2.04
2006	23.37	4.10	2.30	2.33	3.16	3.11	3.12	2.42	1.76
2007	21.13	3.76	1.72	2.12	2.91	2.84	2.82	2.38	1.56
2008	13.01	3.27	1.14	1.59	2.61	2.46	2.60	2.09	1.26
2009	15.63	3.43	1.69	1.90	2.88	2.67	2.32	2.45	1.35
2010	17.96	3.30	1.81	1.84	2.78	2.62	2.91	2.54	1.32
2011	10.95	3.07	1.23	1.75	2.62	2.75	2.56	2.42	1.15
2012	21.84	3.13	1.38	1.80	2.56	2.59	2.41	2.47	1.08
2013	21.50	3.18	1.46	1.83	2.43	2.56	2.65	2.47	1.10
2014	23.05	3.21	1.47	1.86	2.30	2.46	2.78	2.47	0.95
2015	19.61	2.96	1.43	1.86	2.21	2.22	2.54	2.33	0.83
2016	16.23	2.94	1.51	1.88	2.11	2.07	2.46	2.22	0.68
2017	14.60	2.76	1.36	1.91	2.16	1.99	2.56	2.19	0.65
2018	16.14	2.83	1.22	1.89	2.30	1.95	2.94	2.12	0.62
2019	18.79	4.23	1.61	2.89	1.66	1.06	5.80	3.56	0.97
2020	17.43	4.05	1.70	2.49	1.52	0.94	5.00	3.58	1.05

资料来源：《中国统计年鉴》（2004～2021 年）、《吉林统计年鉴》（2004～2021 年）。

与辽宁省分析流程相同，为了更加直观地展现出吉林省显著优势产业在东北振兴战略背景下的变化，形成优势产业关键时间节点的变动图，如图 4 所示。

	2003	2013	2017	2020
				时间（年）
石油和天然气开采业	17.62	↑	↓	↓
医药制造业	3.70	↓	↓	↑
燃气生产和供应业	2.68	↓	↓	↓
交通运输设备制造业	2.66	↓	↓	↓
饮料制造业	2.61	↓	↓	↓
木材加工及木、竹、藤、棕、草制品业	2.60	↓		
烟草制品业	2.36	↑	↑	↑
电力、热力的生产和供应业	2.16	↑	↑	↑
水的生产和供应业	1.89	↓	↓	↓

图 4　吉林省优势产业关键时间节点变动

资料来源：《中国统计年鉴》（2004 年、2014 年、2018 年、2021 年）、《吉林统计年鉴》（2004 年、2014 年、2018 年、2021 年）。

结合图 4、表 7 一起分析。到 2020 年只有医药制造业、烟草制造业、电力、热力的生产和供应业呈现扩张态势，其余 6 个产业 2020 年的区位熵值均低于 2003 年区位熵值，大部分的显著优势产业呈现收缩趋势。需要注意的是，在 2011 年《国民经济行业分类》修订中，饮料制造业更名为酒、饮料和精制茶制造业。同时取消交通运输设备制造业并以汽车制造业、铁路、船舶、航空航天和其他运输设备制造业进行代替。为了使数据连贯，便于分析，从 2011 年开始将这两个产业企业数做和后再代入区位熵计算公式，以此作为交通运输设备制造业的区位熵值。石油和天然气开采业的区位熵值一直处于波动中，但是始终大于 10，在全国范围内具有很强的比较优势。虽然 2020 年的比较优势相较于 2003 年有所下降，但仍然适合作为强优势产业发展。医药制造业区位熵值虽然在第一阶段后期及第二阶段呈现下降趋势，但在第三阶段呈现上升趋势，最后与开始年份相比仍有所增加。燃气生产和供应业在首轮东北振兴期间区位熵值下降明显，下降率高达 54%，从显著优势产业变为比较优势产业。第二阶段区位熵值保持平缓，第三阶段呈现上升趋势，恢复显著优势产业的地位。交通运输设备制造业在三个阶段一直属于显著优势产业，分裂出的汽车制造业在 2020 年区位熵为 3.74，专业化水平极高。然而分裂出的铁路、传播、航空航天和其他运输设备制造业区位熵值仅为 0.96，属于劣势产业。因此，后续对现阶段吉林省优势产业进行分析时应将两个产业区分开。从整体来看，饮料制造业区位熵值始终处于下降趋势，但是区位熵值依旧大于 1.5，如果继续作为显著优势产业发展，应当找出使专业化水平不断下降的因素，重振该产业。木材加工及木、竹、藤、棕、草制品业区位熵值不断下滑，2020 年已经跌出优势产业行列，区位熵下降率达到了 64%，从整体趋势来看仍有可能继续下滑，已经不再适合作为优势产业发展。烟草制品业在第一阶段呈现先上升后下降的趋势，第二阶段趋于平缓，第三阶段区位熵值增加十分显著。2019 年区位熵增速最快，增长率达到了 97% 之高，同时也是该产业区位熵值最高的一年。2020 年虽然区位熵值下降了 14%，但依旧在显著优势产业中处于领先地位。电力、热力的生产和供应业从 2003~2018 年区位熵值始终保持平稳状态，区位熵上下浮动不超过 0.5，但在 2019 年急速上升至 3.56，2020 年稳步发展，与 2003 年区位熵值相比增长了 66%。水的生产和供应业在前两个阶段中的区位熵值一直在下降，直到第二阶段末下降到了 0.62，成为劣势产业。第三阶段区位熵值虽然在稳步上涨，但是目前也只恢复到了 1.05，具有很弱的比较优势。

4. 现阶段吉林省工业优势产业测度

分析变化趋势后，计算 2020 年吉林省工业产业区位熵，筛选出区位熵值 ≥1.5 的产业，如表 9 所示。

表 9   **2020 年吉林省工业优势产业区位熵**

产业	区位熵
石油和天然气开采业	17.43
烟草制品业	5.00
开采专业及辅助性活动	4.30
医药制造业	4.05
汽车制造业	3.74
电力、热力生产和供应业	3.58
农副食品加工业	2.92
有色金属矿采选业	2.39
黑色金属矿采选业	2.14
燃气生产和供应业	1.70
酒、饮料和精制茶制造业	1.52

资料来源：《吉林统计年鉴》（2021 年）。

2020 年吉林省的显著优势产业共 11 个，与 2003 年相比增加了两个。具有比较优势的产业仅剩四个。虽然具有优势的产业在减少，但是从表 8 中的数据可以看出，具有显著优势的产业区位熵值很高，说明吉林省集中资源将部分产业发展成了在全国范围内领先的产业。因此吉林省的优势产业具有专业化水平高、领先全国的特点。2020 年与 2003 年相比，新崛起的显著优势产业有农副食品加工业、有色金属矿采选业、黑色金属矿采选业。除此以外的显著优势产业都是 2003 年至今延续的传统优势产业。农副食品加工业在早期已经具有比较优势，在三个阶段的发展过后，区位熵值增加了一倍多，跃为显著优势产业，区位熵排名前进 5 名，之后可以着重培育，有可能成为新的经济增长点。有色金属矿采选业与黑色金属矿采选业在2003年的区位熵值分别为1.48和1.22，到2020年区位熵分别增长了61%与75%，因此应大力发展这两个产业，积极发挥市场作用，有助于带动上下游企业的发展。两个产业都属于资源密集型产业，发展时要注意向绿色转型，实现资源效益、经济效益、社会效益、生态效益的统一。烟草制造业区位熵高达5，虽然不能与上海市、湖南省、云南省的烟草行业比肩，但是与其他地区相比也首屈一指。且该产业具有特色优势，如吉林烟草工业公司的"长白山"品牌打造，非常适合作为吉林省的优势产业发展。此外，吉林省作为我国生物医药的发源地，发展极具特色，多项指标在全国名列前茅，是我国医药制造业的佼佼者，其区位熵值达到了4.05，无疑是吉林省的主要优势产业。汽车制造业作为交通运输设备制造业分裂出的产业，区位熵值高达3.74。它作为吉林省工业产业的核心，在经济社会发展中起到了举足轻重的作用，以一汽为龙头，建设长春国际汽车城，推动了吉林汽车业的发展，更带动了吉林省的经济运行。

（五）黑龙江省优势产业测度

1. 数据选取

选取2003～2020年黑龙江省生产总值、黑龙江省农、林、牧、渔业产值、全国生产总值、全国农、林、牧、渔业产值的数据作为样本，农业、林业、畜牧业、渔业作为评价选择对象研究黑龙江省的优势产业发展。数据均来自《中国统计年鉴》（2004～2021年）、《黑龙江统计年鉴》（2004～2021年）。

2. 2003～2020年黑龙江省农、林、牧、渔业区位熵变动趋势

将数据代入区位熵公式，得到2003～2020年四个产业的区位熵值（见表10）。为了更直观地看到产业区位熵变化趋势，我们将表10绘制成折线图，如图5所示。

表10　　　　　　2003～2020年黑龙江省农、林、牧、渔业区位熵

年份	农业	林业	畜牧业	渔业
2003	1.15	1.61	1.04	0.25
2004	1.16	1.69	1.12	0.24
2005	1.24	1.60	1.18	0.23
2006	1.34	1.49	1.31	0.19
2007	1.36	1.54	1.37	0.21
2008	1.46	1.49	1.49	0.24

续表

年份	农业	林业	畜牧业	渔业
2009	1.54	1.36	1.77	0.30
2010	1.46	1.31	1.78	0.30
2011	1.71	1.19	1.72	0.26
2012	2.05	1.30	1.85	0.30
2013	2.48	1.57	1.94	0.29
2014	2.64	1.58	2.05	0.34
2015	2.66	1.64	2.42	0.38
2016	2.78	1.71	2.59	0.41
2017	3.13	1.84	3.03	0.44
2018	3.32	1.93	3.02	0.49
2019	4.14	2.43	3.66	0.71
2020	4.18	2.39	3.52	0.67

资料来源:《中国统计年鉴》(2004~2021年)、《黑龙江统计年鉴》(2004~2021年)。

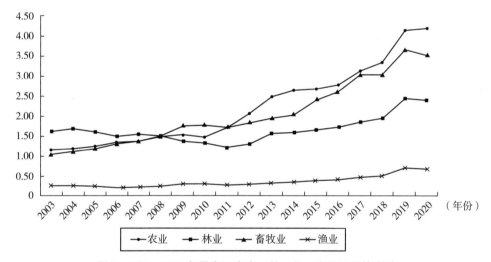

图5　2003~2020年黑龙江省农、林、牧、渔业区位熵变动

资料来源:《中国统计年鉴》(2004~2021年)、《黑龙江统计年鉴》(2004~2021年)。

根据表10中数据可以看出2003年黑龙江省的林业区位熵值为1.61,与同年其他三个产业相比,处于领先地位,具有显著优势;农业排名第2位,区位熵值为1.15,是比较优势产业;畜牧业排名第3位,区位熵值为1.04,具有很弱的比较优势;渔业排名第4位,区位熵值为0.25,是劣势产业。到2020年黑龙江省的林业区位熵值增加了48%,区位熵排名却下降到了第3位,但依旧是显著优势产业;农业区位熵值增加了2.6倍,区位熵排名上升至第1位,从比较优势产业升至显著优势产业;畜牧业区位熵值增加了2.4倍,区位熵排名上升至第2位,从微弱比较优势产业跃为显著比较优势产业；渔业区位熵值增加了 1.7 倍，区位熵排名不变，依旧是劣势产业。结合图 5 和表 10 一起分析可以发现黑龙江省这四个产业有以下规律：第一，除了林业在第一阶段区位熵值下降以外，所有产业的区位熵值分别在三个阶段中都呈现上升趋势，说明三个阶段的东北振兴对黑龙江省的第一产业整体都产生了正面影响。第二，与 2003 年相比，2020 年这些产业按照区位熵增长率从大到小的排列依次为农业、畜牧业、渔业、林业。农业区位熵增长迅猛，成为黑龙江省第一产业中最有优势的产业，林业虽然早期具有领先性的优势，但是增长速率相比其他产业来说较为缓慢，应当加以重视，重新振兴该产业。第三，渔业区位熵值始终低于其他三个产业，2019 年区位熵达到最高值 0.71，但仍然为劣势产业。第四，农业、林业、畜牧业在 2008 年区位熵值趋于相等，这说明在 2008 年这三个产业发展水平几乎一致，对黑龙江省的经济起到较为平均的带动作用。综上所述，当前最适合黑龙江省发展的优势产业为农业，其次为畜牧业和林业。

3. 黑龙江省农业产业的具体分析

为进一步分析黑龙江省的优势产业，本文继续细化现阶段区位熵值最高的农业产业进行研究。由于农业行业各细分产业的产值部分并未公开，无法通过区位熵探究优势产业，因此本文以农产品产量（万吨）及产量增速两项指标进行分析，如表 11 所示。

表 11　　　　　　　　　　黑龙江省农产品产量与增速

农产品		2016 年	2017 年	2018 年	2019 年	2020 年
粮食	总产量	7416.13	7410.34	7506.80	7503.01	7540.78
	增速	-2.62%	-0.08%	1.30%	-0.05%	0.50%
油料	总产量	20.75	14.26	11.22	11.54	12.34
	增速	13.15%	-31.28%	-21.31%	2.83%	6.96%
麻类	总产量	6.83	11.79	10.47	12.35	11.64
	增速	245.25%	72.48%	-11.14%	17.95%	-5.82%
甜菜	总产量	11.39	37.37	52.95	41.64	14.07
	增速	56.15%	228.17%	41.69%	-21.36%	-66.20%
烟叶	总产量	5.25	4.65	3.37	2.59	2.87
	增速	-23.37%	-11.38%	-27.55%	-23.16%	10.86%
蔬菜、食用菌	总产量	687.27	798.59	634.40	655.40	674.32
	增速	-14.88%	16.20%	-20.56%	3.31%	2.89%
瓜果类	总产量	191.66	185.83	141.35	131.79	132.64
	增速	18.59%	-3.04%	-23.94%	-6.76%	0.64%

资料来源：《黑龙江统计年鉴》（2017～2021 年）。

从表 11 中 2016～2020 年的数据可以看出，在农业产业中 2020 年产量增速为正的产业有粮食、油料、烟叶、蔬菜、食用菌、瓜果类。其中粮食的产量非常高，且在这五年间一直保持平稳，可见该产品在黑龙江省农业生产中占有一定优势，同时其产量与产值息息相关，这意味着其经济效益也较高。油料单从产量上来看，呈现下降后再上升的趋势，同时从产量增速来看，发展劲头向好，从 2018 年开始，其产量增速一直在增加，适合作为优势产品培养。甜菜的产量与增速都在下跌，说明其为劣势产品，不适合作为优势产业中的优势产品发展。烟叶从 2019 年开始，增速出现上升态势，但前四年的增速均为负数，是否适合作为优势产品发展有待观察。蔬菜、食用菌和瓜果类的产量高，但增速不稳定，暂时不适合作为优势产品发展。综上所述，根据黑龙江省农、林、牧、渔产业的区位熵值，可以得出农业、林业、畜牧业这三个产业在黑龙江省的专业化程度较高、适合作为优势产业发展的结论。再结合农产品产量及农产品产量增速进行细致分析，发现在农业中，粮食、油料这两种农产品相较其他农产品更具备产业优势，适合重点培养。

四、东北三省优势产业发展建议

（一）辽宁省优势产业发展建议

结合实证部分的分析，可以得到结论：当前适合辽宁省发展的优势产业有早期即具备显著优势的黑色金属矿采选业、黑色金属冶炼和压延加工业、石油加工、炼焦及核燃料加工业，以及后崛起的有色金属矿采选业、电力、热力生产和供应业、农副食品加工业、金属制品、机械和设备修理业。从中可以看出辽宁省的优势产业结构有两个特点：第一，主要依赖于当地资源，第二，始终秉持老工业基地的传统。由此提出以下三点优势产业发展建议。

1. 构建绿色产业发展格局

这些产业大部分是资源依赖型产业，对环境污染程度高，可持续发展能力差。因此发展时应当注意提高科技含量、降低资源消耗、减少环境污染，建立新的绿色工业体系。发展资源型产业，最重要的就是要把绿色发展放到头等重要的地位。矿产资源业对地质、大气的破坏比较严重，过度资源开采会使得生态环境受到不良影响。因此要打造绿色开采模式，首先坚持可持续发展的经营理念，加快部署实施绿色资源产业规划，并在重点企业发展一批示范性项目，以此来带动其他企业的积极性。其次要对辽宁省内矿产、石油等资源的现状与特点有科学认知，加强资源勘探，摸清"家底"，根据资源情况动态调整产业结构，有助于制定长、短期规划，从而实现资源的合理开发与利用。

2. 推进工业产品提档升级

辽宁省作为我国的工业大省，目前存在的最大问题就是大多数工业产品仍处于产业链中低端。当工业产品以初级产品、粗加工产品为主走向消费市场的时候，利润并不高。要想增加产品利润率，必须要提高产品等级，不仅要做大，更要做强。一是要加强技术创新，鼓励企业进行技术改造，加速产品的更新升级，实现企业间的协同创新发展，从而达到工业产品质量和效益的双提升。二是要支持开发精深加工项目，由政府政策支持和引导，提高对于核心技术研发的资本投入，加大对企业的金融支持力度。从政府政策本身而言，可以采取对该类企业税收减免、政策优惠等方式。从政府引导其他主体而言，可以鼓励金融机构为企业提供资金支持、加大信贷投放，为项目的开展做好资金保障，以解决企业在创新发展过程中遇到的经费不足等问题。

3. 优化工业产业结构

辽宁省长期以来的主导优势产业都延续着传统，始终与资源型产业、重工业产业相关，其他工业产业发展却较为落后，产业结构相对单一，对外依存度很高，难以应对市场经济的发展变化。调整产业结构，由单一转向全面发展，有助于提高抗风险能力，促进经济增长方式的转变。例如，当前辽宁省农副食品加工业拥有较强的竞争优势，再结合辽宁省的第一产业资源禀赋优势，该产业可以作为今后工业产业转型发展的新生力量。

（二）吉林省优势产业发展建议

结合实证部分的分析，当前适合吉林省发展的优势产业有早期即具备显著优势的石油和天然气开采业、医药制造业、燃气生产和供应业、汽车制造业、酒、饮料和精制茶制造业、烟草制品业、电力、热力的生产和供应业，以及后崛起的农副食品加工业、有色金属矿采选业、黑色金属矿采选业。总体来说，吉林省大部分优势产业特征性、领先性极强，应当发挥已经形成的优势继续提升特色竞争力。同时还要优化以石油和天然气开采等为主的传统产业的发展，在一定时期内，其仍是吉林省发展的一支重要经济力量。吉林省优势产业最大的特点就在于优势产业专业化程度极高，具有特色。对吉林省优势产业发展提出以下三点建议。

1. 坚持以科技服务生产

推进对石油和天然气开采等工业产业的新材料研发及科研成果的转化，可以有效发挥传统产业的基础优势，充分利用现有资源，以科技力量有效推动工业产业的高质量发展。一是要保障信息资源的获取。可以通过建立产业研学平台，整合科技数据资源、产业发展最新动向等情报，为科研创新主体提供无障碍的产业配套信息，使科研者可以全方面了解到产业当前形势，有助于提升科技创新效率。二是要加强产学研融合，高校、企业、研究所之间共享科技成果，充分发挥各个主体的优势，高校主要培育科技创新人才，研究所主要吸纳人才进行前沿科技研发，企业主要落实最新科技成果，以此来共同提高创新效率，加快形成工业创新科技发展体系。

2. 培育壮大特色产业

吉林省的汽车制造业与医药制造业都是极具特色的产业，目前已经在国内市场形成了较大规模。应当继续加大力度发挥特色优势，打造品牌效应，提升市场影响力。重点发展汽车工业产业集群，以一汽集团为生产骨干，建设世界一流的汽车制造基地。同时汽车制造业具有极强的产业关联度，可以很好地带动上下游产业的发展，如石油化工产业、装备制造业等。通过产业间的深度融合，可以实现共赢局面，达到工业全产业链共同发展的目的。医药制造业应当充分利用吉林省特有的林下资源优势，做大经济总量。一是要形成医药原材料到医药高端产品的完整产业链条。二是要引导产业集群化发展，加强企业间的联系，以减少固定生产成本的投入，提高医药制药业的利润率。

3. 倡导发展轻工业型产业

轻工业型产业具有低能耗、有效解决就业等优点。虽然当前已经是吉林省的优势产业，但发展远远没有其他优势产业突出，是吉林产业结构升级的要点。要想推进轻工业型产业的发展，一是要鼓励企业打开市场，提升产业竞争力，像吉林省其他优势产业一样，利用品牌效应，占领市场。二是要重点发展一批食品工业产业集聚区，发挥产业集群优势，减少信息成本。企业在合作与竞争关系中协同进步，实现强大的集聚效应。

（三）黑龙江省优势产业发展建议

黑龙江省的主要优势产业为农业、林业、畜牧业。黑龙江省作为我国粮食安全的保障，粮食产量连续多年保持全国领先地位，是我国公认的农业发达大省。这得益于得天独厚的资源禀赋优势，从数量上来看，其总耕地面积和可开发的土地后备资源超过全国总量的1/10，从质量上来看，其具有优良的生态环境及丰富的农业资源，如黑土资源、湿地条件等。种养结合的方式，使得黑龙江的畜牧业比较优势也十分明显，如黄金奶牛养殖带便是黑龙江的一大特色。又由于黑龙江的森林覆盖率高，其林业优势也不言而喻。针对黑龙江省提出以下三点优势产业发展建议。

1. 加强资源的保护与利用

延续农业大省的地位对黑龙江省来说具有重要意义，因此要切实保护并利用好相关资源。一是要出台相关土地资源的保护法。当前黑龙江的种植土地面临着资源使用效率不高、部分土地有机质含量变低等问题。其原因在于农业资源的不合理使用，出台保护法可以有效解决这些问题，实现农业的可持续发展。二是要明确政府职责，从全局角度出发，优化农业、林业、畜牧业资源的开发和使用效益。针对现有资源实施严格监管，并优化整体产业布局。三是要调整农业供给侧结构。对黑龙江省农产品产量、增速进行分析后可以发现，农业产业结构比较单薄，而农作物又容易受到不可抗力因素的影响。因此要优化种养结构，以达到全面协调，稳步发展的目的。

2. 提高生产技术投入

产业的高质量发展离不开技术进步，因此促进优势产业的发展应关注生产技术的投入。一是要加大扶持力度。可以由政府牵头成立农业研发中心，提高研发水平，并将新技术大力推广，鼓励企业、农户学习新的生产技术，实现规模化生产，从整体上提升农业生产水平。二是要运用生产技术发展精深加工产品，通过产品升级，增加产品附加值，提升利润空间。

3. 深化数字产业发展

互联网时代背景下，推动信息技术与黑龙江省农业深度融合，加强农业信息化建设，有助于黑龙江省农业向智慧化转型，打造数字化农业示范省。可以将互联网技术应用于生产指导、监控种植环境参数、流转加工等环节，有效提高生产效率，实现农业高质量发展。此外，产业智慧化同样适用于林业及畜牧业。黑龙江省内有重点国有林区，享受得天独厚的发展条件。然而其经济竞争优势却不强，为实现林业的高质量发展，要加大互联网宣传，打造新的数字流通产业模式。对于畜牧业而言，应当转变传统的养殖方式，建立起数字化的科学养殖体系，全面实现降本增效，以提高产业的整体竞争优势。

参 考 文 献

［1］陈长民．论"优势"的内涵及优势产业的选择［J］．统计与信息论坛，1998（2）：41－44.

［2］陈畅．辽宁省优势产业定位及发展战略研究［J］．社会科学辑刊，2009（3）：109－112.

［3］冯江华，王峰．主导产业、优势产业和支柱产业辨析［J］．生产力研究，2000（3）：72－73，92.

［4］龚新蜀，许晓莹．丝绸之路经济带背景下新疆优势产业选择研究［J］．科技进步与对策，2015，32（20）：50－56.

［5］韩宏稳．后发地区农产品加工优势产业的选择与发展对策研究［J］．农村经济与科技，2014，25（9）：58－60.

［6］何海，苏洁．区域优势产业选择及其持续发展分析［J］．商业时代，2010（21）：131－132.

［7］黄启．基于偏离—份额分析法的广西林下经济优势产业选择分析［J］．西部林业科学，2020，49（6）：166－170.

［8］孔祥智．西部地区优势产业发展的思路和对策研究［J］．产业经济研究，2003（5）：58－69.

［9］李俊，兰传海．基于区位商的区域优势文化产业选择研究——以东北地区为例［J］．经济问题探索，2012（5）：41－44，167.

［10］李微，石昀灵．黑龙江森工林区林业产业结构演变趋势及优势产业选择［J］．林业经济问题，2019，39（6）：615－620.

［11］李文生，柳彦君．广东省产业梯度转移实证研究［J］．特区经济，2021（3）：98－102.

［12］刘丽琴，李秀敏．论边境县域经济优势产业的选择——以珲春市为例［J］．经济问题探索，2005（8）：91－94.

［13］刘玫，高睿，黄蕙萍．基于主成分分析的中部地区优势产业的评价与选择［J］．武汉理工大学学报，2010，32（14）：192－196.

［14］吕洁华，刘艳迪，付思琦，王惠．黑龙江省林下经济优势产业的选择分析——基于偏离－份额分析法［J］．林业经济问题，2018，38（4）：72－77，109.

［15］梅晓庆．新疆优势产业的选择［J］．市场论坛，2011（3）：54－56.

［16］钱力，陈欣怡，王思文，曹菁轶．甘肃省优势产业的选择与产业结构调整［J］．发展，2007（1）：31－32.

［17］钱力，管新帅．农业优势产业选择与少数民族地区发展——以甘肃省民族地区为例［J］．农业技术经济，2012（3）：103－108.

［18］任方军．基于主成分分析下的河南工业优势产业研究［J］．科技管理研究，2012，32（18）：59－63.

［19］石福刚．基于波士顿矩阵法的甘肃省工业优势产业选择［J］．兰州文理学院学报（社会科学版），2018，34（6）：48－56.

［20］石晶，李林．西部区域优势产业的选择及经济效率评价——以新疆生产建设兵团为例［J］．商业时代，2013（9）：139－140.

［21］宋德勇，李金滟．论区域优势产业的作用机制与培育途径［J］．理论月刊，2006（3）：73－76.

［22］孙畅，吴立力．"区位墒"分析法在地方优势产业选择中的运用［J］．经济论坛，2006（21）：12－13.

［23］王丹，丁蕾．沈抚城市间优势产业互补性发展的实证研究——以第二产业为例［J］．改革与战略，2010，26（9）：137－139，161.

［24］王学军，胡炜童．甘肃省工业特色优势产业的定量选择［J］．科学经济社会，2010，28（1）：5－7，12.

［25］王育宝，吴狄．陕西省高新技术优势产业选择与竞争力分析——基于偏离—份额分析法［J］．科技管理研究，2008，28（12）：218－221.

［26］魏立桥，郑博文．甘肃省特色优势产业定量选取研究［J］．开发研究，2008（1）：22－25.

［27］翁梅．基于比较优势的盐城优势产业选择研究［J］．科技广场，2011（10）：107－109.

［28］肖景峰，向平安，姚瑶，张祎蓉，江雪，刘白杨．限制开发区域产业选择发展研究——以湖南省邵阳市为例［J］．农业现代化研究，2016，37（3）：468－475.

［29］徐仕政．基于比较优势的区域优势产业内涵探究［J］．工业技术经济，2007（2）：12－15.

［30］许娟，孙林岩，何哲．基于DEA的我国省际高技术产业发展模式及相对优势产业选择［J］．科技进步与对策，2009，26（2）：30－33.

［31］杨宗岳．关于区域产业优势的动态评估——兼论陕西优势产业的选择［J］．当代经济科学，1995（2）：34－37.

［32］姚晓芳，赵恒志．区域优势产业选择的方法及实证研究［J］．科学学研究，2006（S2）：463－466.

［33］张朝辉，赵冬云，李岩，李延军．河北省区域优势工业行业的实证分析［J］．河北工业大学学报，2003（6）：65－69.

［34］张建清，张燕华．不同空间尺度下优势产业选择研究——以西三角经济区为例［J］．科技进步与对策，2014，31（10）：19－23.

［35］张璞．基于指标法和主成分分析法的地区优势产业选择与评价［J］．天津商业大学学报，2009，29（4）：21－27.

［36］张英辉．京津冀区域优势产业的比较分析与河北的选择［J］．科技管理研究，2009，29（6）：221－222，232.

［37］张颖，丁贺，张锐．基于偏离—份额分析法的安徽省林业优势产业的选择研究［J］．中南林业科技大学学报，2014，34（7）：115－120.

［38］赵惠芳，赵静，徐晟．优势产业的测度及其实证［J］．统计与决策，2009（6）：106－108.

［39］赵君，蔡翔．基于比较优势的区域优势产业选择研究——以广西制造业为例［J］．安徽农业科学，2007（18）：5626－5628.

［40］赵维良，李晨. 辽宁工业优势产业选择研究［J］. 中国集体经济，2019（11）：34－36.

［41］Albert Otto Hirschman. The Strategy of Economic Development［M］. Yale University Press，1958：58－98.

［42］Mighty M A. Site Suitability and the Analytic Hierarchy Process：How GIS Analysis can Improve the Competitive Advantage of the Jamaican Coffee Industry［J］. Applied Geography，2015，58：84－93.

［43］Pelli M，Tschopp J. Comparative Advantage，Capital Destruction and Hurricanes［J］. Journal of International Economics，2017，108：315－337.

辽宁省人口结构与产业结构的互动关系分析[*]

▶ 刘　悦

【摘要】 人口和产业是经济增长的两大支撑系统。如何促进人口结构与产业结构协调互动、良性发展是当前学术界极为关注的问题。本文阐述了人口结构和产业结构两大系统的组成要素和各指标体系。依次分析辽宁省人口结构和产业结构的现状和发展历程及变化趋势。本文采用辽宁省 2011～2020 年的人口和产业相关数据构建关联度模型，并计算其耦合度探究辽宁省人口结构和产业发展的协调性。结论表明：年龄结构上，65 岁以上人口与第三产业产值比重关联性最大，与第三产业就业人口比重关联性最小。文化结构上，初中文化人口与第三产业就业人口比重关联性最高；文化结构中，大专以上文化人口与第一产业和第三产业的就业人口比重关联性均是最低。性别比与第三产业就业比重关联性最高。城乡人口比重与第一产业和第三产业均有较高的关联性。产业结构上，第一产业产值与人口结构关联性较大。三大产业就业人口比重与人口结构均有较高关联。辽宁省人口结构与产业结构耦合度呈现先增加后降低的变化趋势。

【关键词】 人口结构；产业结构；关联度

一、引言

产业结构的状况关系着一个地区的经济发展方式和前景。而人口是对产业结构优化调整的重要因素。在现阶段，人口结构逐步变动，辽宁省老龄化人口比重逐渐上升，引起了人口年龄结构的变化。另外，如人口的文

---

* 本文是辽宁省经济社会发展研究课题（2024lslybhzkt–06）的阶段性研究成果。

化水平及城乡结构等，这些都对一个地区的经济发展和产业发展产生了实质性的影响。因此，从研究背景上看，在一个地区的经济发展中，人口是重要的资源，不仅是劳动力的供给，也意味着对产品的消费。人口的规模和结构对产业结构的发展同样有很大作用。产业结构的优化一直是振兴东北的重要途径。保证第一产业，稳固第二产业，推动第三产业。在市场经济中，第三产业有附加值高，利润率高等特点，能有效地促进省份的经济发展，而各个产业的发展离不开人，离不开劳动力的供给。现阶段，即 2021 年的统计数据显示，辽宁省的人口自然增长率为负，而且还有大量的年轻人口外流，人口老龄化严重，人口规模缩小，较之于中国其他地区是更为严重的。而辽宁省的产业结构第三产业比率不高，二者之间的关系是值得研究的。

研究辽宁省产业结构与人口变动的关系，对辽宁省的人口结构调整和产业转型升级有着重要意义。

第一，辽宁省的人口变动与产业结构之间的关系为后续的研究提供了有益的参考和借鉴。第二，可以通过人口变化影响产业结构的作用大小和作用模式，找出辽宁省面临的机遇与挑战，并进行产业发展的调整，提出相应的对策与建议。第三，研究人口变动与产业结构之间的相互影响关系，不仅有利于辽宁省的产业升级，而且有利于振兴东北老工业基地。辽宁省是东北地区典型的老工业基地，其发展模式可供全国各地参考。

二、文献综述

（一）国内文献综述

国内研究人口变动与产业结构，很多是集中在老龄化的角度上分析的。彭海旭（2016）认为人口老龄化带来劳动力成本的提升，能够促进产业结构优化升级，并为第三产业的发展带来动力，但老龄化不利于产业结构高级化。冯馨（2020）认为，中国人口年龄结构的变动促使产业转型升级，向集约型、创新型发展，着重于服务主导。还认为产业结构的合理化与青年抚养比和少儿抚养比具有正相关关系。应该加大人力资本的投资，提高科技创新水平。以上两种观点体现出年龄结构对产业结构转型的作用方式，人口老龄化对产业结构的发展带来了动力。程鹏（2014）使用面板数据进行实证分析，探究产业结构的变化与劳动力流动之间的联系，认为农村劳动力进入城市，有效提高了第二、第三产业的产值。本文在探讨年龄结构对产业的影响时，注重人口结构各要素共同的作用，尤其是人口的城乡结构和文化结构。

尹希文（2019）提出产业结构的升级存在两种途径：一是产业结构从传统的制造业为主向服务业为主过渡，发展第三产业，借此实现产业结构的升级；二是产业结构由劳动密集型产业向资本和技术密集型产业发展的高技术化过程。一个地区的服务业和高新技术产业的份额反映出该地区产业结构转型升级情况和趋势。这说明产业升级的方向随着经济进入新常态需要寻找新的增长点，这样理论和技术上的创新才能更好地促进产业发展。

范洪敏和穆怀中（2015）分析研究中国人口结构和产业结构的耦合关系，认为1990～2012年，二者每年的耦合度呈倒"U"型分布，从较低的协调水平逐步走向协调型，并且这两个系统的各个要素间的关联度是有所不同的，其中14～64岁人口比重与第二产业65岁以上人口比重、城镇人口和高学历人口比重与第三产业均有较高程度的关联。本文采用2011～2020年数据，在新的背景下，根据地方特征，研究辽宁省人口结构和产业结构的耦合关系。

（二）国外文献综述

产业结构理论方面有配第一克拉克定理，该定理认为，随着经济社会的发展，第二产业的收入水平和就业人口会逐渐超过第一产业；随着更进一步的发展，第三产业同样会比第二产业有更高的国民收入，投入更多的劳动力。这一定理说明了三大产业的比重和就业，随着经济水平提高而逐步发生的转变。

人口结构方面，英国学者布莱克（C. P. Blacker）人口五阶段理论比较有代表性。布莱克将人口发展转变过程划分为五个阶段：第一是高位静止阶段，即HS阶段（high stationary），出生率和死亡率都高，两相均衡，人口规模处于总体稳定的状态；第二是早期扩张阶段，即EE阶段（early expanding），死亡率开始降低，出生率较高，人口开始增长；第三是后期扩张阶段，即LE阶段（late expanding），两个比率趋向一致，出生率较高，人口增长速度缓慢；第四是低位静止阶段，即LS阶段（low stationary），两个比率都降到低水平，再一次达到均衡，人口增长偏于静止；第五是减退阶段，即D阶段（diminish-ng），出生率持续下降并低于死亡率，人口开始负增长。该理论阐明了人口发展的各个阶段自然增长率特征及发展阶段的顺序，对判断一个地区的人口情况有着重要的意义。

人口变动对产业结构的影响作用理论，常见的是劳动力要素变化对产业结构的影响。亚当·斯密（Adam Smith）通过对国际分工的分析研究，发现产业结构调整与劳动力要素流动之间的联系，他认为，绝对成本的高低使得生产要素从低效率产业转移到高效率产业，这样的要素转移能够让资源合理配置、产业结构优化调整。

三、辽宁省人口现状及变动趋势分析

本文根据历年的辽宁省统计年鉴，从人口的年龄结构、性别结构、文化结构、城乡结构角度分析辽宁省的人口发展历程和特点，以及现阶段辽宁省人口结构的特点。

（一）人口现状及变动趋势

首先，从人口规模上看，根据第七次人口普查数据，2020年辽宁省全省人口为42591407人，与2010年第六次全国人口普查的43746323人相比，10年间共减少了1154916人，降低了2.64%。每年平均增长率为 - 0.26%，人口呈现负增长趋势，人口规模不断降低，数量减少。①

在人口年龄结构上，通常将人口年龄分为14周岁以下、15~64周岁及65周岁以上三个部分（见图1）。这三个部分的生活习惯、劳动能力、消费方式都有很大区别，对经济产生不同的影响。辽宁省65岁以上的人口比重从2011年的10.65%上升到2020年17.42%，一直处于全国较高水平，并逐年增长。② 国际上通用说法是一个国家或地区65岁以上人口占比7%或60岁以上人口占比10%即可认定为老龄化

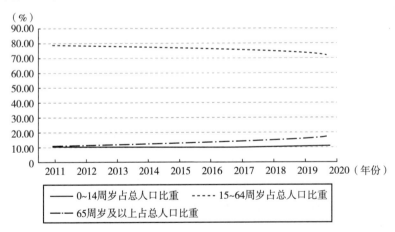

图1　辽宁省2011~2020年人口年龄结构变动

资料来源：《辽宁省统计年鉴》（2012~2021年）。

---

① 辽宁省第七次全国人口普查公报［1］（第一号）［R］. 辽宁省统计局，2021 - 05 - 30.
② 辽宁省第七次全国人口普查公报［1］（第四号）［R］. 辽宁省统计局，2021 - 05 - 30.

人口结构[1]，即该国家或地区已经进入了老龄化社会。按照这一标准，辽宁省已经远远超出国际标准，也比全国平均比例更为严重。伴随着新生人口比例的缓慢降低，14～64 岁人口逐渐下降，人口年龄结构老龄化。

人口文化结构，辽宁省的人口受教育程度高，2020 年大专以上学历占比为 18.22%，高于全国平均水平。并且人口初中以上文化水平达到了 75.48%，整体水平高，影响着产业的高度。[2] 智力型、高新技术等行业需要得到高文化水平的人才支撑。

性别结构一直以来对比全国来说，比较均衡协调，总体低于全国水平。2019 年开始呈现出女多男少的局面，男女比例达到 49.9∶50.1[3]。

城乡结构上，城镇人口比重由 2011 年的 64.06% 上升到 2020 年的 72.14%，高于 2020 年全国平均水平 63.89%[4]，是高度城镇化的。城镇化是产业发展不可缺少的一环，城市人口的增加不仅提供了大量的适龄劳动人口，而且也在改变当地的消费结构，影响一些产业的发展。

（二）人口结构变动的特征分析

从以上的辽宁省人口情况与全国的对比中，可以看出几个特点：一方面，辽宁省是一个工业化发展比较成熟的地区，从历史上看，其属于东北老工业基地的重要部分，发展起步早，工业基础成熟，因此城市化率高，教育得到普及，平均受教育程度高，劳动力素质好。

另一方面，辽宁省城镇人口比例高，淡化了传统观念，加上计划生育政策的执行，独生子女比例高。因此，如今的辽宁省生育率降低，人口年龄结构和性别比例与其他地区有很大差异。

辽宁省老龄化另一个重要原因是中青年人口的大量流出。随着近年来其他高新产业的兴起，以及地区间经济发展的不平衡，其他地区发展带来的优质就业岗位和工资水平引起年轻劳动力外流。

根据"推—拉理论"，东北地区的经济发展缓慢，多数为重工业，工作方式不受年轻人青睐，而且盈利水平较低。而其他地区具有良好的营商环境、市场化氛围及更好的职业前景，是吸引人才的。辽宁省高端人才外流，一般劳动力也流向外地

---

① 人口老龄化及其衡量标准是什么［EB/OL］．国家统计局，2023 - 01 - 01.
② 辽宁省第七次全国人口普查公报［1］（第五号）［R］．辽宁省统计局，2021 - 05 - 30.
③ 辽宁省第七次全国人口普查公报［1］（第三号）［R］．辽宁省统计局，2021 - 05 - 30.
④ 辽宁省第七次全国人口普查公报［1］（第六号）［R］．辽宁省统计局，2021 - 05 - 30.

谋发展的现象，不利于当地产业的转型发展。

因此，2011～2020 年，辽宁省呈现为人口老龄化比例逐年上升，儿童和青年人口逐年减少。根据布莱克的人口五阶段理论，辽宁省处在减退阶段，出生率不断走低，人口规模缩减。第七次人口普查显示，2010～2020 年辽宁省年平均人口增长率已经达到负数，为 - 0.27%①，加之人口外流严重，辽宁省的人口结构问题应该受到重视。

四、辽宁省的产业结构的发展现状和趋势分析

产业结构是指一个国家或地区的各个产业构成及产业之间的联系和比例，反映出其经济发展水平，可以把产业结构分为产值结构和就业结构两个方面，体现出产业结构的发展质量和协调程度。本文根据辽宁省统计年鉴，分析辽宁省产业结构。

（一）辽宁省产值结构的现状和趋势分析

2020 年，辽宁省的三大产业产值比重：第一产业占比 9.10%，第二产业占比 37.43%，第三产业占比 53.47%。同期的全国比重分别为 7.7%、37.8%、54.5%，总体比较协调。但从产值总量的增长速度来说是比较缓慢的。2020 年第一、第二产业分别增长 2.3% 和 0.8%，第三产业出现负增长原因是多方面的，包括许多新冠疫情给实体经济带来的影响（2019 年底突然暴发的新冠疫情对服务业冲击是最直接、最显著的）②。并且，由图 2 可以看出，时间角度上，辽宁省的 GDP 增长率是低于全国的 GDP 增长率的。

从图 3 来看，对比 2011 年第一产业增加值占比 8.70%，第二产业占比 55.17%，第三产业占比 36.14%。第一产业增加 0.4%，第二产业减少 17.74%，第三产业增加 17.33%。可见，在这期间，辽宁省第三产业不断发展，对产值增长的贡献率一直在上升。

（二）辽宁省就业结构的现状和趋势分析

配第一克拉克定理认为，随着经济的发展，人均国民收入水平提高，第一产

① 辽宁省第七次全国人口普查公报 ［1］（第一号）［R］. 辽宁省统计局，2021 - 05 - 30.
② 资料来源：《中华人民共和国 2020 年国民经济和社会发展统计公报》。

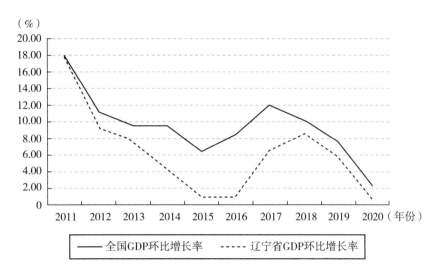

图2　2011～2020年辽宁省与全国的GDP增长率对比

资料来源：《辽宁省统计年鉴》（2012～2021年）、《中国统计年鉴》（2012～2021年）。

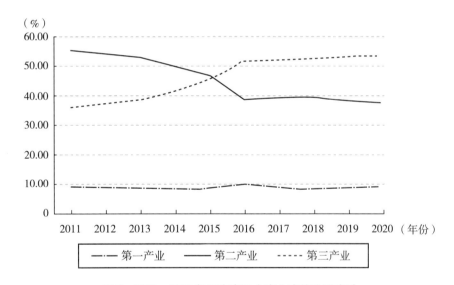

图3　2011～2020年辽宁省三大产业产值比重变动

资料来源：《辽宁省统计年鉴》（2012～2021年）。

业的收入和劳动力投入的相对比重逐渐下降；第二产业收入和劳动力投入的相对比重上升，随着第二产业的成熟，第三产业收入和劳动力投入的相对比重开始上升。

按照辽宁省的经济发展结合表1发现，第三产业的产值比重呈上升趋势，在逐渐超越第二产业的同时，就业人员总体持续增多，2020年达到1104.00万人。

表1　　　　　　　　　2011～2020年辽宁省产业结构数据

年份	产业增加值（亿元）			产业就业人员（万人）		
	第一产业	第二产业	第三产业	第一产业	第二产业	第三产业
2011	1915.6	12150.7	7959.6	699.9	645.10	1019.90
2012	2155.8	13338.7	9306.8	694.7	651.10	1078.00
2013	2321.6	14269.5	10486.6	683.8	724.20	1110.90
2014	2285.8	14384.6	11956.2	687.9	710.50	1163.90
2015	2384.0	13382.6	12976.8	689.4	635.20	1085.30
2016	2173.0	8504.8	11360.0	705.4	572.60	1023.10
2017	2182.1	9397.8	12362.1	714.8	560.10	1009.80
2018	2033.3	10025.1	13257.0	711.8	534.00	1014.80
2019	2177.8	9531.2	13200.4	713.3	528.22	1034.57
2020	2284.6	9400.9	13429.4	631.0	496.00	1104.00

资料来源：《辽宁省统计年鉴》（2012～2021年）。

综合辽宁省统计年鉴的产业数据来看，辽宁省工业化起步早，发展成熟，第三产业的产值与就业人口占比逐渐提升，保持在较高水平上。而辽宁省的产业结构是不够高级化的，在市场化的今天，原有的重工业基础的产出难以满足日益市场化和多样的需求，并且缺乏高新产业和高利润附加值的产业，加上人口外流，人员多从事第三产业，产业结构需要转型。

根据图4，2011～2020年第二产业就业人员比重略有下降，第三产业就业人员则持续处于高位。但从表1实际数值来看，第一产业就业人员自2011年一直上升，从2017年起又逐渐下降，由714.8万人到631万人；第二产业就业人员也是先升后降，由2013年的724.2万人降到2020年的496万人；第三产业就业人员波动不大，2020年略有降低。可见在新冠疫情的影响下，三大产业的就业人口均受到冲击，第一产业和第二产业影响较大，第三产业就业人口基数大，在历年中所占的比重高，是吸纳就业的重要部分。

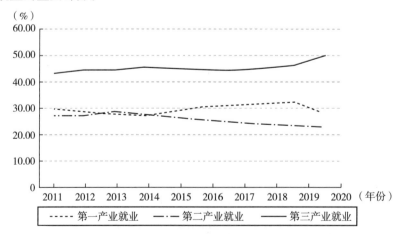

图4　2011～2020年辽宁省各产业就业人口比重变动

资料来源：《辽宁省统计年鉴》（2012～2021年）。

五、辽宁省人口结构与产业结构互动的实证分析

（一）耦合度分析方法

耦合度是一个物理学概念，主要是指两个系统的诸多要素之间及系统间的相互作用影响的程度和关联关系。本文从人口结构和产业结构内部划分出若干指标，用于反映辽宁省的人口和经济情况。采用灰色关联模型进行测量，是因为灰色关联模型在适用于有限样本的情况下，可以对两个系统关联关系进行判断，人口结构和产业结构两个系统关联关系和耦合度对认识辽宁省两个结构的相互作用影响及经济发展的协调性有着重要意义。

（二）确定系统指标和分析数列

将各个指标分为人口结构序列组和产业结构序列组，其中将人口结构序列组设为比较数列（X_i），产业结构序列组设为参考数列（Y_j）（见表2）。

表2　　　　　　　　　　　　　　各系统指标体系

结构	一级指标	二级指标
人口结构	年龄结构	0～14岁人口比重（x_1）
		15～64岁人口比重（x_2）
		65岁以上人口比重（x_3）
	文化结构	小学文化人口比重（x_4）
		初中文化人口比重（x_5）
		高中文化人口比重（x_6）
		大专及以上人口文化比重（x_7）
	性别结构	性别比例（x_8）
产业结构	城乡结构	城镇人口比重（x_9）
	产值结构	第一产业产值比重（y_1）
		第二产业产值比重（y_2）
		第三产业产值比重（y_3）
	就业结构	第一产业就业人口比重（y_4）
		第二产业就业人口比重（y_5）
		第三产业就业人口比重（y_6）

人口结构与产业结构的指标选取，反映出一个地区的人口与产业结构的综合水平。人口的性别结构和年龄结构是人口自然结构，是一种客观自然状态，以年龄段划分人口，体现出劳动力供给和消费市场的区分。劳动力供给方面，青壮年劳动力影响各个产业的就业情况，从消费上，老龄人口和儿童人口影响不同类型产业的产值。文化结构是将人口按照其文化程度划分，影响各产业的就业水平。各个指标的数据均来自 2012~2021 年的辽宁省统计年鉴。

（三）将数据进行无量纲化处理

因为各个指标的数据量纲不同，含义上有较大差异。因此需要将各个种类的原始数据无量纲化处理，保证一致，能够进行计算。本文采用均值法进行无量纲化。得到 $X_i'(t)$ 和 $Y_j'(t)$ 公式如下：

$$X_i'(t) = \frac{X_i(t)}{\bar{X}_i} \quad t = (1,2,3\cdots,n) \quad i = (1,2,3\cdots,m) \tag{1}$$

其中，$\bar{X}_i$ 表示人口结构中第 i 个指标的均值，$X_i'(t)$ 表示人口结构第 i 个指标中 t 年的无量纲化后的数据。$Y_j'(t)$ 计算方法同理。

（四）以灰色关联分析方法计算关联系数矩阵

$$P_{ij}(t) = \frac{\min_i \min_j |x_i'(t) - y_j'(t)| + \rho\max_i \max_j |x_i'(t) - y_j'(t)|}{|x_i'(t) - y_j'(t)| + \rho\max_i \max_j |x_i'(t) - y_j'(t)|} \tag{2}$$

$P_{ij}(t)$ 表示在 t 年中，辽宁省人口结构指标 X_i 与产业结构指标 Y_j 的关联系数。P 为分辨系数，取值为 0~1。理论上值越小分辨率越大，一般取值为 0.5。

上述公式将参考序列与比较序列做差，并取差的绝对值，然后选取其中的最小值和最大值，通过公式计算出关联系数。

计算出关联系数矩阵后，用算术平均值计算人口结构和产业结构的关联度 M_{ij}，计算公式如下：

$$M_{ij} = \frac{1}{k} \sum_{i=1}^{k} P_{ij}(t) \tag{3}$$

其中，M_{ij} 的取值在 [0，1]，k 为样本数量。M_{ij} 的值越大，表示两者的关联程度越高。

根据通常的标准，将关联度划分以下几个层级，0~0.25 为低关联，0.25~0.5

为较低关联，0.5~0.75 为中关联，0.75~0.9 为较高关联，0.9~1 为高关联。根据公式计算得到的关联度矩阵，继续按行或按列求算术平均值，可以得到两个系统的平均关联度，形成关联系数矩阵。

（五）计算耦合度

根据前面计算得到的关联系数矩阵，构建辽宁省人口结构与产业结构的耦合度模型，计算公式如下：

$$C(t) = \frac{1}{m \times n} \sum_{i=1}^{m} \sum_{j=1}^{n} P_{ij}(t) \tag{4}$$

其中，$C(t)$ 表示人口结构与产业结构 t 年的耦合度，m、n 则分别表示人口结构与产业结构所选取的各个指标数量。

（六）平均关联系数分析

由表3的平均关联系数矩阵可以看出，人口结构与产业结构各项指标之间的关联程度。

表3　　　　　　　　　　　　平均关联系数矩阵

平均关联系数矩阵	y_1	y_2	y_3	y_4	y_5	y_6	结构均值
x_1	0.7435	0.6824	0.5776	0.7132	0.8206	0.8096	0.7245
x_2	0.6919	0.7048	0.5489	0.7339	0.8401	0.7604	0.7133
x_3	0.5772	0.5148	0.8334	0.6974	0.5560	0.5215	0.6167
x_4	0.6898	0.7140	0.5516	0.7302	0.8234	0.7368	0.7076
x_5	0.7410	0.6811	0.5710	0.7728	0.8088	0.8343	0.7348
x_6	0.6963	0.6274	0.6735	0.8217	0.7088	0.7034	0.7052
x_7	0.6839	0.6766	0.6238	0.6669	0.7535	0.6937	0.6831
x_8	0.7517	0.6760	0.5745	0.7685	0.7937	0.8299	0.7324
x_9	0.7431	0.6240	0.6424	0.7880	0.7073	0.8436	0.7247
结构均值	0.7021	0.6557	0.6219	0.7436	0.7569	0.7481	0.7047

资料来源：作者测算整理。

在人口结构对产业结构的影响方面，0~14岁人口比重对第一产业比重以及各个产业的就业人口比重有较大关联性。前者达到了0.7435，后者则分别是0.7132，0.8206 和0.8096，均达到中高关联水平，说明青少年人口对辽宁省产业的发展影响是明显的。0~14岁的少儿这一部分群体创造大量的市场需求，并潜在地影响着未来的就业人口，以及在当地的养育少儿的成年人对产业发展的影响。

15~64岁人口与第二产业产值比重关联程度较高，达到了0.7048，因为工业发展离不开青壮年劳动力、青壮年人口的素质和数量影响工业发展。另外，15~64岁人口比重与各个产业的就业均有很大的关联性，分别达到0.7339、0.8401、0.7604。不难看出，该年龄段人口是就业的主力军，在日益人口老龄化的辽宁省，优化各个年龄段人口的比重，重点是提高15~64岁人口比重，以保证产业发展有适龄劳动力的支撑。

65岁以上的人口与第三产业的比重的关联度相比其他产业明显较高。理论认为，老龄化人口推动第三产业发展，催生出大量的与老年人口相关的服务业，如养老、护理等。老龄人口与三大产业就业人口比重关联度均很低，只有0.5215。原因是老龄化比重过大则会影响市场劳动力供给，而辽宁省的就业结构还不适应老龄化所带来的就业人口变化，已有的工业基础所需劳动力与人口变化不同步。

从文化结构上看，其中初高中文化人口比重与三大产业就业人口关联全都较高，说明产业就业人口文化水平仍处在中低端层次。大专以上文化水平则与第二产业关联明显，而与第一产业和第三产业就业人口关联程度不高。辽宁省产业结构整体受文化水平影响较大，随着人口素质的提高，智力型劳动力的增多，对各个产业都会有积极的影响。

从性别比例上看，与第一产业比重及就业人口比重均有较大的关联。

城乡结构的角度上看，城乡结构对三大产业就业人口比重均有较高关联度，分别达到0.7880、0.7073、0.8436，这说明辽宁省的城乡结构对产业结构影响显著，辽宁省城乡结构的变化历程也是人口城镇化的历程，辽宁省城市化率高，且一直处于增长趋势，这意味着农村劳动力不断地迁移到城市，为城市的产业发展提供劳动力和新的消费需求。

产业结构对人口结构的影响分析，从关联系数矩阵中可以看出，整体比较平均，第一产业比重与性别比例和城镇人口比重关联度较高，分别达到0.7517和0.7431。第一产业的不断发展，生产效率的提高及对劳动力数量要求的降低，会推动农民进城，从事其他产业。第二产业的比重主要会影响15~64岁人口比重，其关联度达到0.7048。工业发展吸纳更多的适龄人口就业。第三产业比重则与65岁以上人口比重关联明显。

第一产业就业人口比重主要是与小学和初高中文化人口关联，分别达到0.7302、0.7728、0.8217，反映了该产业对从业人员的文化要求在初高中，从事该产业人员所需文化程度要求不高。

第二产业就业人口比重与15~64岁人口比重关联度最高，吸纳人口就业多，与小学、初中文化和大专以上文化人口比重关联度较高，达到 0.8234、0.8088 及 0.7375。和城镇人口关联度很高，反映出第二产业的发展，促进了城市化，提升了居民的文化水平。

第三产业就业人口比重与初中文化比重、性别比及城镇人口比重关联度高，可以看出农村劳动力流入到城市这一现象。在辽宁省从事第三产业的人员文化程度不高，说明辽宁省第三产业的发展技术水平不高，多是中低端服务行业，缺少高新型技术行业。

如图 5 所示，辽宁省人口结构和产业结构 2011～2020 年的耦合度趋势呈现倒"U"型分布，2011～2015 年逐步走向最高，耦合度由低水平协调趋向高水平，2015～2020 年这段时间较为平稳地趋于下降。这说明，2011～2015 年这一时间段，随着产业发展，人口从农村流入城镇，从事城镇产业，同时促进城镇第三产业的发展，人口结构与产业结构变动是相适应的。2015～2020 年耦合度呈现下降趋势，说明两个结构的变动适应性下降，这一时期东北地区全面振兴，产业结构优化调整，产值增长放缓，而同时人口流失较为严重，尤其是高素质、具有高技术的劳动力，老龄化程度加深等，因此人口结构和产业结构的发展步调不一致。辽宁省当前的产业结构和人口结构需要相协调，适应这一时期的变动，促进经济全面振兴发展。

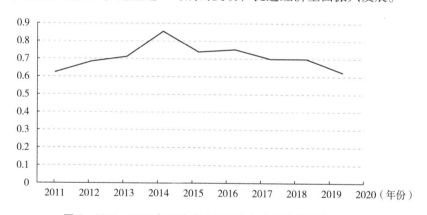

图 5　2011～2020 年辽宁省人口结构与产业结构耦合度变动
资料来源：作者测算整理。

人口各结构与产业结构的时序分析。通过人口结构各要素与产业结构的关联度的逐年对比，由图 6 可以看出，城镇人口比重一直起到很大的作用，2011～2020 年一直处于 0.7 以上，在 2015 年达到最高，属于较高关联的范畴。还可以看到文化结构的日益增长，从 2011 年的最低处 0.59 逐步走高，到现阶段人口文化结构成为推动产业发展升级的重要动力，和城镇人口比重这一要素不相上下，文化结构影响产业结构的高度。因此，辽宁省需要提高产业技术水平以适应高水平文化结构，协调城乡发展，促进城镇吸纳就业，适应城镇人口的变动。年龄结构与产业结构的耦合

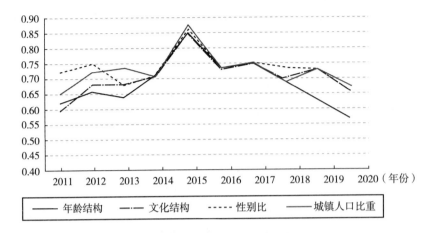

图6 人口结构各要素与产业结构的关联度趋势

资料来源：作者测算整理。

度相对偏低，原因是两者的发展还未良好适应，辽宁省的老龄产业还不够成熟，对老龄化的应对措施需要完善，辽宁省产业发展方向和就业应适应近年来人口结构所带来的变化。

六、结论与建议

（一）结论

由上述的实证分析，可以得到以下结论。

辽宁省人口结构的特征：人口文化程度较高，性别比例协调，城镇人口比重大。人口结构存在的劣势则是老龄化严重，老年人口比重大，出生率低，新生人口不足，存在人口外流，人口开始负增长。

辽宁省产业结构特征：辽宁省GDP增长率变化趋势与全国变化一致，但低于全国平均水平；三次产业产值所占比重大小由"二三一"转变为"三二一"产业结构，就业结构变化与之相对应。但整体而言，第三产业以传统服务业为主。

人口结构与产业结构的关系上，在年龄结构上，15～64岁人口与第二产业产值比重关联程度较高，达到了0.7048，因为工业发展中青壮年劳动力是主要支撑，青壮年人口的素质和数量影响工业产值。另外，15～64岁人口比重与三次产业的就业均有很大的关联性，因为该年龄段人口是辽宁省就业的主力军。其中，与第二产业的关联程度最高，主要是工业发展受青壮年人口数量和质量的影响较为显著。65岁以上人口对第三产业产值比重具有突出的影响，达到0.8以上，是第三产业发展的重要驱动力。老龄化人口的增多，催生出大量的与老年人口相关的服务业，如养老、护理等。

就业结构角度，15~64岁人口与产业就业人口较高关联，因为该年龄段是就业的主要力量，而老龄化人口与产业就业人口关联度低。

文化结构与产业就业人口比重均有较高的关联度，且随着时间的推移，这种关系越来越显著，其中，小学、初中、高中文化与产业就业结构均在0.7、0.8左右，高于大专以上。这从某种程度上表明，辽宁省就业人口的文化程度以初高中为主，也反映出省内整体的产业仍在中低端水平。性别结构比较协调，对产业就业影响很大。

产业结构对人口结构的影响：显然，就业结构与人口结构的关联度明显高于产值结构。第二产业和第三产业的就业人口比重与人口结构均值分别达到0.7569和0.7481。说明辽宁省人口从事第二产业的居多、第三产业次之。

从三次产业产值来看，第一产业比重与性别比例和城镇人口比重关联度较高，其中，随着第一产业的不断发展，生产效率的提高会解放部分农村劳动力，促使他们流向城镇就业。第二产业的比重与15~64岁人口比重关联度最高，工业发展必然吸纳更多的适龄人口就业。而第三产业比重则与64岁以上人口比重关联明显。

从三次产业就业来看，第一产业就业人口比重与高中文化人口比重关联度最高，第二产业就业人口比重与性别比例以及小学、初中和大专以上文化人口比重关联度较高，达到0.8234、0.8088及0.7375，与城镇人口比重的关联度较高。反映出第二产业的发展促进城市化发展，对居民文化程度也提出较高要求。

第三产业就业人口比重与初中文化比重、性别比及城镇人口比重关联度高，表明辽宁省第三产业以中低端服务业为主，对从业人员的文化程度要求不高。此外，也可以看出，农村劳动力流入到城市，从事中低端服务业的人口居多。

从辽宁省人口结构与产业结构耦合度的时序变化来看：2011~2015年耦合度提升，人口和产业结构发展趋于协调。耦合度从2015年起逐渐降低，说明辽宁省的人口结构变动和产业结构出现矛盾，中低端产业与老龄化、城镇化、人口文化提升的趋势不相适应，产业结构需要进一步转型调整。

（二）对策建议

为促进辽宁省经济的持续健康发展，改善人口结构，优化产业结构，本文提出以下几点建议。

1. 发展老龄产业对第三产业有重要的驱动作用

辽宁省第三产业发展要关注老龄人口的需求，做到为老年人提供便利。因此，要大力发展老龄化产业，集中服务业，为老龄化人口提供相适应的服务，提高供给质量，为辽宁省产业发展增加一个新的着力点。

辽宁省独生子女比重大，加上人口流出比较多，劳动人口赡养老人压力比较大，辽宁省的负担老年系数从 2011 年的 13.61% 到 2020 年的 24.37%，这意味着由原来的七八个劳动人口共同扶养一位老人到现在只四五个人扶养，养老的压力增加近一倍。因此，第三产业的发展应当顺应老龄人口增多、扶养压力增大的趋势，满足社会对于养老产业和医疗护理等的需求，要利用好这一趋势，发展新产业。一般认为，老龄化在消费层面促进了第三产业的发展，增加了服务品需求，带来了新的消费市场，拉动生产。

积极应对老龄化，正视其带来的实际需求。保障民生的同时也要抓住机会促进产业转型。注重城乡养老体系的建设，完善基础设施和社会保障。同时还要引导养老产业的发展，提供政策支持。

2. 优化产业结构，发展高新技术行业

用资本、技术密集型产业替代劳动密集型产业，以适应人口增长下降和人口老龄化，劳动力人口逐渐缺少，人力成本上升的情况。

一方面，优化产业结构需要打造良好平台，营造有活力的营商环境，吸引投资，并降低企业发展的制度性成本。另一方面，保护知识产权，鼓励技术创新，发展起高新型产业，吸引相关人才。因此，促进产业转型升级，同时也要避免人口外流，吸引人才留在当地。利用好人口老龄化带来的转型机会，扩大适龄劳动人口比重，提高劳动者素质，使人口年龄结构与产业结构相协调。

3. 推动城镇化发展和教育发展，为产业转型提供人才基础

城镇人口的增多可以扩大就业人口和消费市场，辽宁省的城镇人口比重在全国位居前列，2020 年达到了 72.14%。因此，为了适应高城镇化率所带来的变化，一方面，需要推动城乡融合发展，推动农村制度性的改革，以提高第一产业的发展质量；另一方面，需要更好地实现就业，促进农业转移的人口落户和培训技能，利用好城镇人口增多带来的优势。

文化结构的发展有利于产业结构升级。因此要扩充初高中学历人口，提高人口的整体文化水平，为产业结构升级提供社会和人力基础。具体措施是在当地发展文

化产业，提高基础教育水平；制定人才引进政策，完善人才补贴制度，鼓励技术入股等，能够把人才留在当地，发展好人口结构，促进辽宁省的产业结构升级，实现人口结构和产业结构协调发展。

参考文献

［1］程丽琳．山西产业结构与人口结构耦合关联研究［D］．太原：山西大学，2013．

［2］邓沛能．人口老龄化、创新与产业结构升级［D］．北京：中南财经政法大学，2019．

［3］段宝娜．甘肃省人口结构与经济发展的耦合协调性研究［D］．兰州：兰州财经大学，2021．

［4］范洪敏，穆怀中．中国人口结构与产业结构耦合分析［J］．经济地理，2015，35（12）：11－17．

［5］方冰轲，李旭东，程东亚．长江流域贵州段人口分布特征及其经济影响因素［J］．湖南师范大学自然科学学报，2022：1－11．

［6］冯馨．中国人口年龄结构变动对产业结构变动影响的实证研究［D］．沈阳：辽宁大学，2020．

［7］高莹．广西人口变动对经济增长的影响研究［D］．桂林：广西师范大学，2020．

［8］黄旭．东北地区人口变动特征及其对经济增长的影响［D］．北京：首都经济贸易大学，2018．

［9］李东阳．人口结构变动对区域产业结构升级差异的影响研究［D］．沈阳：辽宁大学，2021．

［10］李腾飞．人口老龄化对产业结构升级影响的区域异质性研究［D］．包头：内蒙古科技大学，2020．

［11］刘苛欣，潘香宇，齐红明．人口结构对辽宁省服务业发展的影响研究［J］．中国集体经济，2019（20）：25－27．

［12］刘新荣．东北地区人口变动及对经济发展的影响［D］．长春：吉林大学，2011．

［13］孙国均，王亮．贵州省人口结构与产业结构的耦合特征分析［J］．河南财政税务高等专科学校学报，2021，35（5）：40－49．

［14］田甜．新疆人口变动对经济增长的影响分析［D］．乌鲁木齐：新疆财经大学，2019．

［15］王茜．浙江省产业结构与人口结构的耦合研究［D］．金华：浙江师范大学，2018．

［16］王运祺．辽宁省应对人口老龄化挑战的对策研究［D］．大连：大连海事大学，2014．

［17］吴倩．人口老龄化对辽宁省产业结构影响研究［D］．昆明：云南大学，2017．

［18］徐妍．辽宁省人口老龄化对消费水平和结构的影响［D］．沈阳：辽宁大学，2013．

［19］闫红．辽宁省人口年龄结构变化对经济增长的影响［D］．沈阳：辽宁大学，2018．

［20］杨艳飞．辽宁省人口老龄化特征及其影响研究［J］．合作经济与科技，2021（18）：36－37．

［21］姚文学．吉林市人口发展及其对经济增长的影响研究［D］．长春：吉林大学，2019．

［22］尹希文．中国区域创新环境对产业结构升级的影响研究［D］．长春：吉林大学，2019．

［23］张凡．我国人口结构与产业结构的耦合研究［D］．马鞍山：安徽工业大学，2017．

［24］张耀军，齐婧含．"十四五"时期中国人口发展的重大问题［J］．哈尔滨工业大学学报（社会科学版），2022（2）：144－153．

［25］Industrial Policies and International Division of Labor［J］．Revista de Economia Política，2019，39（1）．

沈阳建设国家中心城市
评价及对策研究*

▶ 顾子懿

【摘要】本文围绕沈阳建设国家中心城市开展研究，采用熵值法，利用 2019 年北京、天津、上海、广州、重庆、郑州、成都、武汉、西安和沈阳十个城市的 19 项指标数值，对国家中心城市的经济功能、社会服务功能、文化科技创新功能、对外交流功能及辐射带动功能进行测算和评分，探讨沈阳建设国家中心城市的现状、存在的问题及对策建议。研究发现：（1）国家中心城市能力综合评分排名顺序为北京、上海、广州、重庆、成都、武汉、天津、郑州、西安、沈阳；（2）沈阳经济水平低，表现为经济总量不足，内部结构和动力存在问题；（3）沈阳社会保障服务能力较好，但生态环境有待改善；（4）沈阳科研投入和产出较低，出现人才流失现象，一定程度上阻碍了沈阳建设国家中心城市；（5）沈阳国际贸易较少，整体国际化水平较低；（6）沈阳辐射带动能力较差，未能充分发挥交通等区位优势。因此，本文借鉴国内外城市建设经验，结合沈阳区域特点，从五个方面对沈阳未来建设国家中心城市提出切实可行的对策建议。

【关键词】沈阳；国家中心城市；熵值法

一、引言

改革开放 40 多年来，我国经济快速发展，但地区发展不平衡问题越来越突出。为了进一步促进我国城乡经济的可持续健康发展，住房和城乡建设部在提交国务院的《全国城镇体系规划（2006 – 2020 年）》中首次提出

---

* 本文是辽宁省教育科学"十四五"规划课题（JG21EB150）的阶段性成果。

了国家中心城市的概念，为进一步解决我国经济发展中不平衡不充分的矛盾指引了方向。自该概念提出以来，我国多个城市先后踏入建设国家中心城市的行列当中，2010 年出版的《全国城镇体系规划（2010 - 2020 年）》中明确提出，北京、天津、上海、广州、重庆已经成为我国的国家中心城市。在随后的几年中，国家在"十三五"规划及一系列区域城市群发展规划中提出支持郑州、成都、武汉和西安以国家中心城市为建设目标，发挥这些城市区域中心城市的辐射功能，带动周边城市群协同发展，从而达成建设国家中心化城市的目标。截至 2018 年，北京、天津、上海、广州、重庆、郑州、成都、武汉和西安九座城市已经成为经过国务院批复的国家中心城市。在"十四五"规划的指导之下，山东、江苏、浙江、辽宁等省份尽管对本省份核心城市的定位和功能要求不尽相同，但均在不同程度上提出支持济南、南京、杭州、宁波及沈阳为积极建设成为国家中心城市而努力。

通过研究我国对国家中心城市的一系列政策的发展历程，不难看出，我国十分注重区域经济的发展。20 世纪 90 年代，我国的长三角地区、珠三角地区和京津冀城市群发展迅速，成为国民经济发展的中流砥柱，带动这三个城市群发展的核心城市：北京、天津、上海、广州也随着辐射带动能力的加强率先迈入国家中心城市的行列之中。从国家中心城市和城市群的相互关系来看，每个国家中心城市都位于某个国家级城市群当中，国家中心城市建设全国版图逐渐扩大，而东北地区则缺少能够引领和带动城市群发展的国家中心城市。沈阳是我国东北地区最主要的经济增长极之一，从东北地区经济发展的历史来看，沈阳作为一个拥有工业和历史文化底蕴双重优势的城市，在振兴东北老工业基地的实践历程中一直担任着重要的角色。因此 2020 年 12 月，中共沈阳市委审议通过《中共沈阳市委关于制定沈阳市国民经济和社会发展第十四个五年规划和二○三五年远景目标的建议》，该文件中明确提出支持推动沈阳建设国家中心城市的总目标。

从理论意义的视角来看，相比于一些发达国家对于与国家中心城市定义相似的世界城市的研究，我国首次提出国家中心城市这个概念仅过去了十多年，因此对于我国国家中心城市相关的研究仍在开端阶段。在中国特色城镇体系的指引下，本文对沈阳建设国家中心城市的能力进行评价的方法是从多方面构建一个具有中国特色的指标体系，从而全面系统地了解沈阳作为我国东北的一个核心城市的竞争能力。数据方面，本文选取五个层面的十九项数据，将沈阳与其他九大国家中心城市进行横向全面的比较。通过结合发达国家建设国家中心城市的理论经验，结合中心地理论、增长极理论和核心—边缘理论，该问题的探讨会更加全面和系统，使沈阳建设国家中心城市方面的观点和理论更加具体充分。从实践意义来看，沈阳作为东北目前经济政治文化综合能力最有竞争力的城市之一，理应肩负着回应如何完成建设国家中心城市的战略目标，带动东北地区其他城市协同发展的重要责任。本文也通过调查和研究其他国家中心城市建设的实际案例，将沈阳与其他城市做横向对比，结合沈阳历史发展的特点和现实条件等现状，更有效地推动沈阳尽快跻身于国家中心城市的行列之中，缩小东北与我国经济发达地区的差距。

内容和结构方面，本文选取全国 10 个城市的数据评价了城市的综合实力，一共包含 6 个部分，具体框架如图 1 所示。第 1 部分为引言。第 2 部分为国内外研究综述。针对国家中心城市、世界城市定义及其功能和评价体系，对国内国外各阶段文献进行梳理，并进行研究述评。第 3 部分为相关概念及理论。对国家中心城市和国家中心城市辐射力定义，以及中心地理论、增长极理论和核心—边缘理论进行阐释。

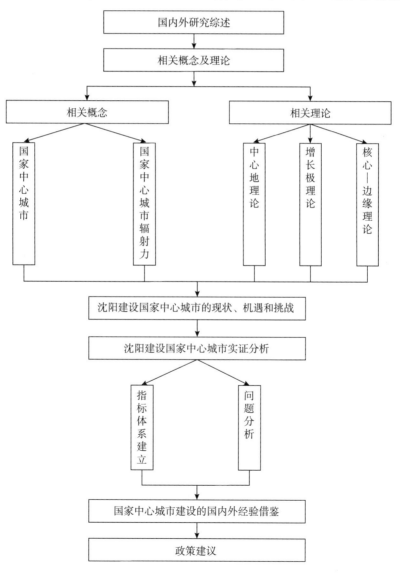

图 1　研究框架

第 4 部分为沈阳建设国家中心城市的现状、机遇与挑战分析。首先对沈阳市 2015 ~ 2019 年经济、社会服务、文化科技创新、对外交流及辐射带动现状进行分析，评估沈阳建设国家中心城市的可行性，其次对沈阳目前面临的机遇和挑战进行分析和讨论。第 5 部分为沈阳建设国家中心城市实证分析。首先通过参考已有研究构建一个评价城市能力的指标体系；其次介绍了评价城市综合能力得分的方法：熵值法；最后用熵值法得出各项指标权重和十个城市的综合能力得分，对沈阳建设国家中心城市面临的问题进行分析。第 6 部分为国家中心城市建设的国内外经验借鉴。选取郑州、武汉、伦敦和东京作为借鉴对象，通过分析四个城市建设的实际举措，探究其与沈阳城市建设的相似之处，为沈阳建设国家中心城市提供经验。第 7 部分为政策建议，通过结合沈阳城市建设现状、实证分析得出的一系列问题及国内外城市建设经验，提出相应的政策建议。

本文的创新之处在于：第一，构建了一个多层次指标体系。在文献梳理的过程中发现，对于国家中心城市的实力评价大多数聚焦于一个或某几个特定功能进行分析和探讨。本文则从经济能力、社会服务能力、文化科技创新能力、对外交流能力和辐射带动能力五个方面构建出全面系统的评价指标体系，进而能够作为全面评价的基础。第二，本文选取九个国家中心城市作为横向对比对象，样本具有全面性和全国视角。第三，目前针对沈阳的研究较少，本文对沈阳建设国家中心城市的理论基础进行了补充。本文的不足之处在于，由于数据获取困难，选取的数据为 2019 年的各城市统计年鉴的数据，时效性较差，未能充分考虑新冠疫情影响之下城市各项能力发生的变化及暴露出的相关问题。同时，由于研究时间和现实的局限性，未能进行充分的实践调查，还需进一步改进完善。

二、国内外研究综述

（一）国外研究综述

关于国家中心城市的概念界定，纵观国家中心城市相关理论的研究历史，国外对国家中心城市的研究时间远远早于国内，最早可追溯至 20 世纪初期，发展至今已经基本形成以世界城市和全球城市为中心的成熟理论体系。英国城市规划师格迪斯（Geddes，1915）于 1915 年首次提出"国际化大都市"这个概念，他从商务活动的发生方面界定了其含义，认为国际化大都市就是多次发生重大商务活动的城市。在 1966 年，英国学者霍尔（Hall，1966）将世界城市的功能划分为经济、政治、文化三种，满足具有以上三个方面重大影响的大都市即是世界城市。斯蒂芬·海默（Stephen Hymer，1972）对世界城市提出了另一种观点，其研究表明世界城市拥有的跨国公司数量是决定其重要性和地位的关键所在。弗里德曼（Friedman，1986）的世界城市假说从新的角度定义了世界城市，即在研究国际劳动分工和全球经济一体化背景之下，世界城市是具有整合全球资源并且成为世界经济中枢的能力的城市。

随着经济全球化的加速发展，国外学者对于世界城市的功能定位和发展方向的研究发展到了新的阶段。萨森（Sassen，1991）通过对生产性企业的服务能力研究，明确关于世界城市微观层面的研究方向，他认为世界城市的基础设施和服务建设能够使其获得更多世界贸易和投资聚集能力，并最终成长为以纽约、伦敦、东京为代表的世界城市。卡斯特尔（Castells，1996）首次提出了"流的空间"这个概念，在全球信息化的框架之下，世界城市是在整合全球的信息资源和生产服务的动态过程中形成的。

（二）国内研究综述

国内对于国家中心城市的概念界定和功能研究起步较晚，基本上是与改革开放的前进步伐相一致的，即起步于20世纪90年代前后。与国外不同的是，国内对国家中心城市定位的研究成果基本上围绕着城市功能，其中包括：姚华松（2009）选择以城市职能和城市定位为主要研究对象，他认为国家中心城市应满足具有高度的辐射功能的要求，也即在经济、政治、文化及国际商贸等方面发挥中心地位的优势，成为信息、交通等流动要素的经济枢纽。朱小丹（2009）将国家中心城市的功能划分为文化实力、科技创新、要素聚集及其他综合服务功能四个方面，想要实现建设国家中心城市的目标，必须在以上几个方面能力十分突出，即能够代表全国城市顶尖综合能力参与国际竞争。周阳（2012）对国家中心城市的定义是在全国重点城市群中引领其他城市资源双向流动的核心城市。宋姣姣（2018）在其他学者对国家中心城市功能界定的基础上进行延伸和综合，并发展出更为完整的理论定义，她认为国家中心城市是在国内和国际两个舞台上均有较强影响力的大城市。

在国家中心城市功能评价方面，国内学者的研究时间较长，研究内容也比较丰富。田美玲（2013）的研究内容为四个时间截面里杭州、青岛等六个城市的城市服务职能、管理集聚职能、综合枢纽职能、引领辐射职能总体情况，结合层次分析法来完成对国家中心城市的功能评价，研究结果从时间和空间两个维度全方面地分析了国家中心城市功能的竞争力动态变化规律。宋思曼对国家中心城市功能体系的是从社会、文化、枢纽、政治、经济、五大功能构建的，以"1+3+1"为标志的国家中心城市功能体系进一步丰富了相关理论。和军和任晓聪等学者（2017）选择沈阳作为研究样本，结合国外"世界城市"的研究经验中的经典指标评价沈阳建设国家中心城市的能力，并且通过指标体系的分析与全国现存的 13 个国家中心城市现状进行横向比较，研究结果显示沈阳的综合能力排名为第十，其原因主要是沈阳在六个指标当中仅有两个指标排名为中上游，而在经济、商贸、对外开放、科技等综合实力方面均处于落后地位，且与其他城市差距较大，他们通过运用 SWOT 模型的方法，以此来综合分析沈阳未来发展的机遇和挑战，帮助沈阳进一步提高城市的核心竞争力，实现建设国家中心城市的战略目标。马亦心（2022）选择西安作为研究样本，采用熵权—TOPSIS 法，从经济水平、对外开放、文化创新、社会服务四个方面对西安综合实力进行评估。

（三）研究述评

国内外对于世界城市和国家中心城市的研究文献十分丰富，相关的研究思路、方法和结论也为本文的研究提供了许多经验和意义上的借鉴，但已有研究结果具有时间和空间等方面的局限性，具体评述如下。

第一，我国对于国家中心城市的研究起步较晚，发展时间较短，因此研究所覆盖的区域呈现出了分散性的特点。现阶段而言，国内对国家中心城市的研究区域主要集中在我国的长三角地区、珠三角地区和京津冀城市群，这些城市群的中心城市发展情况较好，竞争力较强，对他们的研究也比较丰富和全面。但我国东北地区发展较为落后，经济发展动力不足，因此本文选择东北地区的沈阳作为研究对象，对该区域的相关研究进行丰富。

第二，现有的研究多将一个国家中心城市放在相邻几个省域，如将我国中部、中西部地区进行比较，本文则将沈阳与现存的全部国家中心城市进行比较，有助于完善全国建设国家中心城市的战略版图。

三、相关概念及理论

（一）相关概念

1. 国家中心城市

国家中心城市的首次定义起源于 2005 年原住建部出台的《全国城镇体系规划

（2006－2020 年）》，文件初步描述了国家中心城市的内涵。该文件将其概念界定为全国城镇体系中的核心城市，它发挥枢纽作用的方面可归结为金融、文化、管理、交通，同时对推动国际经济、文化交流和经济发展的门户作用也十分显著。通过对大量政府文件和相关文献的研究，本文认为国家中心城市的定义分为三个层面：一是国家政策。国家政策是国家中心城市形成的重要基础和依据，迄今为止，我国现存九个国家中心城市均有国家发展改革委印发的政策文件作为依据。除首批国家发展改革委在规划中提出的五个中心城市外，其余四个国家中心城市随着经济发展的需要也被明确确定和支持。若想使得国家中心城市的建设成为现实，就离不开国家的总体战略规划。二是综合实力。国家中心城市需要同时具有两个方面的能力：一方面是城市自身的竞争实力，另一方面是带动周边城市的辐射能力。三是区位优势。国家中心城市的辐射力建立在其地理、交通、文化中心地位的基础之上，并通过城市群的依托，发挥国家中心城市的辐射带动作用。

2. 国家中心城市辐射力

国家中心城市对其他城市的辐射力是指国家中心城市对其所在城市群中周边城市的各种影响，包括经济、社会、文化、政治等多个方面。国家中心城市的辐射力是建立在城市自身能力基础之上的。由于国家中心城市的经济实力、政治地位、文化科技水平、对外交流程度、公共服务水平具有优势，通过地理位置、交通枢纽能力、技术扩散等要素作用，共同对周边城市的资源优化配置和发展进步产生乘数效应，形成国家中心城市的辐射力。

（二）相关理论基础

1. 中心地理论

20 世纪 30 年代初，德国地理学家克里斯泰勒在研究欧洲城市化和工业化的过程中提出了中心地理论，成为研究城市腹地关系、区位职能及一国内城市等级体系划分的基础理论。该理论将城市地域划分为六边形，泰勒通过研究调查某些区域内城镇的空间分布，探讨影响此种空间分布状态的影响因素，即市场、行政及交通。在这三个因素的影响之下，中心城镇提供货物服务的能力、数量、范围成为测度他们中心性的重要指标，通过测度的规律将中心地分为不同的等级，探讨中心地之间的高低覆盖关系，为城市规划的动态平衡提供了十分重要的理论基础。因此，本文运用该理论的区位模型分析研究在国家中心城市建设的动态过程当中，各国家中心城市在所处的城市群当中发挥的职能及所拥有的地位，进而研究地域单元的影响关系。

2. 增长极理论

法国经济学家弗郎索瓦·佩鲁于 1955 年提出增长极理论，该理论认为一些区域可以凭借其较好的要素禀赋，使优势产业部门及其要素资源集中在本区域内，即形成产业集聚的地理空间，进而促进区域经济的发展，形成增长极。增长极围绕着优势产业和主导部门扩散技术创新，引导资本的输入输出，推进新的产业部门形成规模效益，发挥辐射带动作用促进其他区域的协调发展。增长极理论从非均衡区域发展的角度说明了设立国家中心城市能够在本区域获得较好发展，发展成为各城市群的增长极，发挥影响其他区域和产业的乘数效应，实现要素流动和资源配置的最优化。因此，增长极理论在我国制定城镇体系规划的战略当中发挥着重要的作用，特别是在与其他区域差距较大的东北地区，更应处理好增长极所形成的地区差距，处理好极化效应，探究国家中心城市如何在集聚极化和辐射带动之间找到平衡。

3. 核心—边缘理论

核心—边缘理论最初是由美国学者弗里德曼提出的，该理论解释了一个区域内城市之间联系和平衡的发展历程，具体包括从孤立不联系的发展、联系却缺少平衡的发展，以及进一步发展成为联系与平衡兼顾的区域关系。该理论中空间系统的基本要素是核心和边缘，核心是能够集中资本、拥有先进技术、工业基础良好、创新能力较强、经济发展较快的城市聚集区；与之相对应的边缘城市，则是经济发展水平和速度较为稍稍落后的地区。在这样不平等的地区关系当中，边缘城市依赖于核心城市，核心城市则对边缘城市的资源配置起着支配作用。因此国家中心城市作为该理论中的核心城市，应对自身的城市功能和发展方向作出更为清晰的界定，协同带动边缘城市的整体体系升级，实现加强城市间的联系，并合理地处理好核心城市与边缘城市之间的平衡，形成高质量协作的区域经济发展。

四、沈阳建设国家中心城市的现状、机遇与挑战分析

（一）沈阳建设国家中心城市的现状分析

1. 经济能力现状

表 1 显示，从经济总量来看，2019 年沈阳地区生产总值为 6470.3 亿元，人均 GDP 为 7.8 万元，超过全国平均水平。沈阳的财政收入、人均可支配收入和社会消

费品零售总额均稳步增长，但速度较慢。沈阳 2015～2019 年地区生产总值总体上呈现着逐年增长的趋势，但增速忽高忽低。2018～2019 年沈阳 GDP 的增速仅为4.2%，相比于 2017～2018 年下降了 1%，由此可以看出沈阳整体经济水平仍需进一步提高，经济发展速度仍需进一步提升。

表 1   2015～2019 年沈阳经济能力指标情况

指标	单位	2015 年	2016 年	2017 年	2018 年	2019 年
GDP	亿元	5242.9	5288.9	5549.2	6102.9	6470.3
财政收入	亿元	492.4	511.6	536.7	578.1	586.5
人均可支配收入	元	36643	38995	41359	44054	46786
社会消费品零售总额	亿元	3883.2	3985.9	3989.8	4051.2	4479.6
GDP 增速	%	3.4	0.4	3.5	5.3	4.2

资料来源：《沈阳市统计年鉴》（2016～2020 年）。

2. 文化科技创新现状

表 2 为 2015～2019 年沈阳市高等院校在校学生数、R&D 经费支出、R&D 人员数和接待旅游人数。首先，沈阳近五年 R&D 经费支出总体呈现上升趋势，但近四年增长速度极其缓慢，增速在 1%～2% 之间浮动，呈现出较不稳定的态势，R&D 人员数减少，科技创新水平的进步速度较为落后。其次，2015 年沈阳市高等教育院校在校学生数为 47.49 万人，2019 年则为 42.42 万人，减少了 5.1 万人。因此，沈阳目前人才吸引和培养方面仍有欠缺和不足，需进一步思考如何培养数量多质量高的高校人才。最后，旅游方面，沈阳接待旅游人数经历了先下降后上升的变化过程，旅游业发展出现了短期利益增加但缺乏长期规划的现象。

表 2   2015～2019 年沈阳文化科技创新能力指标情况

指标	单位	2015 年	2016 年	2017 年	2018 年	2019 年
高等教育院校在校学生数	万人	47.49	46.73	45.92	45.45	42.42
R&D 经费支出	亿元	125.1	139.0	140.1	168.8	170.7
R&D 人员数	万人	2.27	2.29	—	2.29	1.93
接待旅游人数	万人	9219	6402	7234	8257	9510

资料来源：《沈阳市统计年鉴》（2016～2020 年）。

3. 社会服务能力现状

表 3 显示，在社会保障方面，沈阳参与城镇职工基本医疗保险人数先下降后增长，说明沈阳市社会保障工作近年来进行了相关调整；社会保障和就业支出逐年上升且增速较快，根据《沈阳市统计年鉴》数据显示：2019 年沈阳城镇登记失业率为

2.94%，低于全国 3.62% 的水平，失业率水平较低同时逐年下降的结果说明沈阳市社会保障的力度和收益效果较好，社会保障的总体规模和水平保持在良好的发展态势；在生态环境方面，沈阳人均公园绿地面积保持在 13.0 平方米左右，而 2019 年全国人均公园绿地面积则为 14.9 平方米，因此沈阳的生态环境建设仍需进一步加强。

表 3　　　　　　　　　　**2015～2019 年沈阳社会服务能力水平**

指标	单位	2015 年	2016 年	2017 年	2018 年	2019 年
社会保障和就业支出	亿元	169.3	187.7	219.1	239.4	269.4
参与城镇职工基本医疗保险人数	万人	351.4	338.5	329.1	337.1	345.9
人均公园绿地面积	平方米	—	—	13.23	12.81	13.0

资料来源：《沈阳市统计年鉴》（2016～2020 年）。

4. 对外交流能力现状

根据表 4 的数据显示，随着我国对外开放的不断加深，沈阳与域外城市交流的规模和程度也出现了一系列变化和波动。2015～2019 年沈阳的实际利用外商直接投资额及进出口总额呈现先下降后增长的趋势，总体水平较低，仍需进一步开拓国际贸易，加大国际交往。

表 4　　　　　　　　　　**2015～2019 年沈阳对外交流现状**

指标	单位	2015 年	2016 年	2017 年	2018 年	2019 年
实际利用外商直接投资	亿美元	10.61	8.16	10.13	14.31	16.51
进出口总额	亿美元	140.81	113.31	128.46	149.50	155.62

资料来源：《沈阳市统计年鉴》（2016～2020 年）。

5. 辐射带动能力现状

根据表 5 的数据，首先，沈阳年末常住人口变化较为稳定，五年间仅出现了小幅度的增长，说明沈阳在人口流失和吸引外地人口居住较少的双重影响下，人口总量规模较小，劳动力数量和各行各界人才不足，需进一步加强和推进城市基础设施建设和相关政策的优化与完善；其次，货运和客运总量均有下降，邮电业务总量逐年上升且增速较快，说明沈阳作为传统交通枢纽的影响力有所下降；最后，第三产业产值稳步增长，但增速稍低于地区生产总值的整体增速，说明沈阳的产业结构仍然存在着较为传统和落后的问题，需要进一步推进产业结构的优化和升级，加快第三产业成为城市经济重要产业的进程。

表5 2015～2019年沈阳辐射带动能力现状

指标	单位	2015 年	2016 年	2017 年	2018 年	2019 年
年末常住人口	万人	829.1	829.2	829.4	831.6	832.2
货运总量	万吨	21362	22069	22889	23491	19388
客运总量	万人次	20643	20636	20320	20141	19848
邮电业务总量	亿元	196.5	302.7	274.9	498.0	766.2
第三产业产值	亿元	2841.7	3141.6	3380.7	3756.3	4007.6

资料来源：《沈阳市统计年鉴》（2016～2020 年）。

（二）沈阳建设国家中心城市的机遇和挑战分析

《沈阳市城市总体设计规划（2020）》中提出，目前，沈阳城市规划的主要任务就是建设成为立足东北、服务全国、面向东北亚的国家中心城市。沈阳作为辽宁省的省会城市、东北地区经济规模最大的城市之一，承担着区域交通枢纽、东北老工业基地振兴龙头及东北亚国际贸易和交往窗口的重要责任。在辽宁省积极推动沈阳建设成为国家中心城市的进程中，沈阳凭借自身的各种优势拥有多种未来发展机遇，但从上述分析的结果来看，沈阳与目前存在的国家中心城市的能力仍存在一些差距，因此在抓住机遇的同时必须更加积极主动地面对各种挑战。

1. 沈阳建设国家中心城市的机遇

在产业优势方面，沈阳拥有基础雄厚的装备制造业。近年来，沈阳市充分发挥发达的装备制造业优势，促进装备制造业向新能源、航空航天、机器人制造等新领域转型，不断追求产业结构的转型升级，现代制造业不断涌现，为沈阳市的产业持续升级注入活力。

在人才培养和文化科技领域，沈阳目前拥有两所"双一流"建设高校，分别为东北大学和辽宁大学，可以为沈阳科技创新的发展提供人才支撑。同时，不断增长的科技和人才培养的投入带动着高新技术产业的发展，有利于沈阳提高科技和产业创新的综合水平，激发更多的创新创业活力。

交通基础设施方面，沈阳作为东北地区交通结构的重要一环，始终为沈阳发挥集聚和辐射效应提供良好条件。沈阳是沈大铁路、京哈铁路、沈哈铁路等多条铁路干线的交汇处，拥有三座大型客运站及23座货运和客运站，以及全国八大区域性枢纽机场之一的桃仙机场，承载着规模庞大的客货运输量，有利于进一步完善东北地区乃至东北亚地区的交通网络，充分实现区域要素流动和国际交流。

政策支持方面，沈阳市政府近年来发布一系列战略规划和政策方案，从宏观角度规划沈阳建设国家中心的整体思路和未来发展方向。在《沈阳市加快国家中心城市行动纲要》中，沈阳市政府明确提出使装备制造业发展到世界先进水平，建立一批具有国际竞争力和影响力的大型企业，使经济结构转向以服务经济为主的形态，达成于 2030 年前建设成为基本的国家中心城市的目标。具体措施包括：全面改革国有企业的产权制度、鼓励外贸经济和个体私营经济等非公有制经济的发展、加大教育创新投入、鼓励完善旅游文化产业及从政策领域消除各类主体企业的不平等现象，为沈阳提高城市综合实力和竞争力提供了良好的制度环境和政策基础。

2. 沈阳建设国家中心城市的挑战

经济动力不足是沈阳目前面对的重要挑战之一。一方面，经济发展速度、一般公共预算收入、房地产和制造业投资难以保持持续增长的态势，从数据上来看有趋缓的形势，因此沈阳经济面临着较大的下行压力；另一方面，沈阳近五年的社会消费品零售总额并未出现大幅度的提升，状态较为平稳，说明内需不足，需求动力不足成为制约沈阳经济发展的内在因素。

科技投入较低、创新观念较为落后也是亟待解决的重要问题。与现存的国家中心城市相比，沈阳 R&D 经费低于全国平均水平，创新创业环境活力不足，已经进行的国有企业混改和产业产品结构调整并不足以使产业结构在根本上发生优化升级，因此沈阳需要面对如何解放思想，科学合理、因地制宜地提高东北全面振兴战略水平的新挑战。

受中美贸易摩擦和新冠疫情的影响，沈阳的外贸进出口和对外交流会面临较大压力。因此，在下一步的规划和发展中，如何利用大数据获取更多国际贸易信息，搭建更为广阔的贸易平台，提高应对突发危机的能力，是沈阳提高对外交流能力的重要挑战。

五、沈阳建设国家中心城市实证分析

（一）评价体系

1. 指标体系

结合上文国家中心城市的定义、特征、功能及现状的分析，可以将评价国家中心城市的指标划分为以下几个方面：经济功能、社会服务功能、文化创新功能、国际竞争能力及辐射带动能力（见表6）。

表 6　　　　　　　　　　国家中心城市综合能力指标体系

一级指标	二级指标	三级指标
国家中心城市综合能力	经济能力	地区生产总值（亿元）X_1
		社会消费品零售总额（亿元）X_2
		城镇人均可支配收入（元）X_3
		税收收入（亿元）X_4
		GDP 增长率（%）X_5
	社会服务能力	社会保障和就业支出（亿元）X_6
		参加城镇职工基本医疗保险人数（万人）X_7
		人均公园绿地面积（平方米）X_8
	文化科技创新能力	高等教育院校在校学生数（万人）X_9
		R&D 人员数（万人）X_{10}
		R&D 经费支出（亿元）X_{11}
		接待旅游人数（万人）X_{12}
	对外交流能力	实际利用外资总额（亿美元）X_{13}
		进出口总额（亿元）X_{14}
	辐射带动能力	年末常住人口（万人）X_{15}
		货运总量（万吨）X_{16}
		客运总量（亿人次）X_{17}
		邮电业务总量（亿元）X_{18}
		第三产业产值（亿元）X_{19}

第一，一个可以发展成为国家中心城市的城市经济应当十分发达，本身应具有较强的经济实力。经济实力可归结为一个地区经济发展的总量规模和发展速度，因此本文选用该城市的地区生产总值、社会消费品零售总额、城镇人均可支配收入及税收收入作为衡量指标，涉及经济发展速度的相关讨论则注重于 GDP 增长率的大小。其中，地区生产总值为 X_1，反映城市总体的经济发展状况；社会消费品零售总额为 X_2，反映社会购买力和市场综合情况；城镇人均可支配收入为 X_3，反映该城市城镇居民的生活水平和富裕状况；税收收入为 X_4，反映该城市经济运行及资源配置的健康状况；GDP 增长率为 X_5，反映城市经济发展速度。

第二，本文选取了该城市社会保障和就业支出、参加城镇职工基本医疗保险人数及人均公园绿地面积作为衡量社会公共服务能力的指标。就国家中心城市的社会公共服务功能而言，本文倾向于城市实现居民基本生活保障和个人发展方面。具体的指标内容为：社会保障和就业支出为 X_6，参加城镇职工基本医疗保险人数为 X_7，人均公园绿地面积为 X_8。

第三，文化和科技的进步能够引领国家中心城市的建设，是反映市民素质、塑造城市形象、创造发展新动能的重要动力，因此文化创新能力是反映国家中心城市能力的重要组成部分，它由一个城市的科技创新力和文化影响力组成。本文选用高等教育院校在校学生数、接待旅游人数作为衡量城市的文化影响力指标，同时选用该城市本年的 R&D 人员数和经费支出作为衡量科技创新水平的指标。其中，高等教育院校在校学生数为 X_9，反映该城市的文化吸引力和凝聚力；R&D 人员数为 X_{10}、R&D 经费支出为 X_{11}，反映该城市本年对于科技创新项目的投入程度；接待旅游人数为 X_{12}，反映该城市文化基础设施及文化氛围的水平高低。

第四，上文在对于国家中心城市的定位中提到，国家中心城市是能够推进国际经济交流的大城市。不同于一般意义的区域中心城市，国家中心城市的对外开放水平应当领先国内其他城市，起到承接国外经济资源流动和聚集的重要作用。因此，本文选取了当年实际利用外资总额和进出口总额反映该城市的国际经贸能力，定义为 X_{13} 和 X_{14}。

第五，国家中心城市的辐射能力是其核心功能。作为不同地区经济、文化、政治和生活交流的中心枢纽，本文选取以下几个指标对城市的辐射能力进行衡量：年末常住人口、货运总量、客运总量、邮电业务总量、第三产业产值。其中，年末常住人口为 X_{15}，反映该地区吸引周边城市人口定居的集聚能力；货运总量为 X_{16}、客运总量为 X_{17}，反映城市的传统交通区位功能；邮电业务总量为 X_{18}、反映城市的现代通信能力；第三产业产值为 X_{19}，反映该地区的经济辐射能力。

2. 评价方法

在评价城市综合能力的方法中，根据主观赋权和客观赋权的角度主要分为层次分析法（AHP）、熵值法和主成分分析法。层次分析法主要应用于层次较多目标系统的评价，将与决策相关的元素分解为以下几个层次：目标、准则、方案等，通过指标间两两对比分析指标的相对重要性，适用于指标数量较少的定性决策分析。熵权法可以测度各指标的离散程度，是一种用于衡量各指标对于综合评价影响大小的数学方法，具有客观性；主成分分析法通过降维的思想，将多个变量转换成为几个具有较强代表性的综合指标，新的综合变量是原始变量的线性组合，能够简化问题结构，有达到聚焦问题的本质的目的。

其中，层次分析法要求对各项因子主观赋权，因此带有一定的主观性。为了避免主观性的缺陷，保证分析结果的客观性，本文采用客观赋权分析方法中的熵值法对九个中心城市及沈阳的城市综合能力进行比较。

具体计算步骤如下所示。

（1）无量纲化处理各项数据。

正向指标:

$$x'_{ij} = (x_{ij} - x_{j\max})/(x_{j\max} - x_{j\min}) \tag{1}$$

其中，x_{ij} 指各个城市在第 i 年的第 j 个指标的具体数值，而 $x_{j\max}$ $x_{j\min}$ 分别指第 j 个指标的最大值和最小值。

（2）计算第 j 个指标第 i 年所占的指标比重（$i=1;j=1,2,3\cdots m$）：

$$p_{ij} = x'_{ij} \Big/ \sum_{i=1}^{n} x'_{ij} \tag{2}$$

（3）计算熵值，第 j 项指标熵值为：

$$e_j = -k \sum_{i=1}^{n} p_{ij} ln(p_{ij}) \tag{3}$$

（4）计算各项指标差异系数：

$$g_j = 1 - e_j \tag{4}$$

（5）求出各项指标权重：

$$w_j = \frac{g_j}{\sum_{i=1}^{n} g_j} \tag{5}$$

（6）求出综合得分：

$$\sum_{i=1}^{n} w_j \times x_{ij} \tag{6}$$

3. 确定指标权重与综合得分

本文选择现存的九个国家中心城市和沈阳作为研究样本，所建立的评价体系中的各项数据均来源于各城市 2019 年的统计年鉴和国民经济统计公报，根据上述步骤计算可以得到十个城市 19 项指标的权重和城市能力的综合得分，结果如表 7 所示。

表 7　　　　　　　　　　熵值法确定影响因素权重结果

一级指标	二级指标	三级指标	指标权重（%）
国家中心城市综合能力	经济能力	地区生产总值（亿元）X_1	3.94
		社会消费品零售总额（亿元）X_2	5.46
		城镇人均可支配收入（元）X_3	4.76
		税收收入（亿元）X_4	6.94
		GDP 增长率（%）X_5	2.20

续表

一级指标	二级指标	三级指标	指标权重（%）
国家中心城市综合能力	社会服务能力	社会保障和就业支出（亿元）X_6	5.64
		参加城镇职工基本医疗保险人数（万人）X_7	5.13
		人均公园绿地面积（平方米）X_8	5.28
	文化科技创新能力	高等教育院校在校学生数（万人）X_9	3.70
		R&D 人员数（万人）X_{10}	6.40
		R&D 经费支出（亿元）X_{11}	10.42
		接待旅游人数（万人）X_{12}	4.20
	对外交流能力	实际利用外资总额（亿美元）X_{13}	3.20
		进出口总额（亿元）X_{14}	8.29
	辐射带动能力	年末常住人口（万人）X_{15}	4.61
		货运总量（万吨）X_{16}	6.70
		客运总量（亿人次）X_{17}	4.94
		邮电业务总量（亿元）X_{18}	3.33
		第三产业产值（亿元）X_{19}	4.89

资料来源：笔者测算整理。

根据权重结果可以得出，在五个维度中，经济能力（23.3%）、文化科技创新能力（24.72%）和辐射带动能力（24.47%）占有较高权重。具体来看，经济能力层面，社会消费品零售总额（5.46%）和税收收入（6.94%）占比较高，说明经济发展的总量和速度更多依靠内需的增长和财政的支持；社会服务能力方面，三项指标的比重均在5%左右，说明城市的社会服务能力的总体评分需要综合社会保障和生态环境两方面的具体情况；文化科技创新能力方面，沈阳市科技投入占比较高，但旅游业仍有发展空间；对外交流能力方面进出口总额占比较高为8.29%，说明城市的对外交流能力更多依赖于进出口贸易的规模；辐射带动能力方面，货运总量客运总量和第三产业产值及年末常住人口比重均在4.5%以上，分别代表城市的交通枢纽能力、经济辐射能力和城市吸引力。

（二）沈阳建设国家中心城市所存问题分析

1. 沈阳建设国家中心城市的综合评价

在熵值法综合得分的基础之上，对沈阳建设国家中心城市的能力进行了全方面的分析，得出了以下结论。根据图2的评分结果可以得出，国家中心城市综合能力由高到低的排名为北京、上海、广州、重庆、成都、武汉、天津、郑州、西安、沈阳。在上述实证分析中，九个国家中心城市的平均得分为 0.3749，沈阳的综合得分为 0.0636，与平均得分相差 0.3113。从绝对数值来看，沈阳在整个国家中心城市的层级体系当中处于落后的位置，也意味着沈阳在各个方面均有较大的发展空间。由于沈阳的基础较为薄弱，发展起步较晚，本部分将从沈阳的经济能力、社会服务能力、文化科技创新能力、对外交流能力及辐射带动能力五个角度分析沈阳发展的现状与存在的问题。

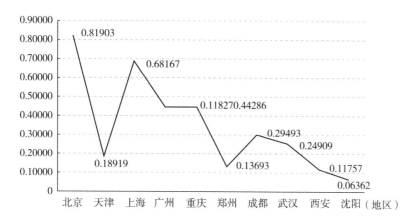

图 2　国家中心城市综合能力得分

资料来源：笔者测算整理。

2. 沈阳建设国家中心城市的经济能力评价

由图 3 可知，将沈阳与九大国家中心城市的经济能力得分进行对比，可以得出沈阳的经济能力十分落后。如图 3 所示，沈阳经济能力得分为 0.01182，排名最末，与北京和上海的经济能力得分相差 0.2 左右，与九大国家中心城市的平均得分相差 0.09 左右，因此沈阳的经济能力与高水平和平均水平均相差甚远，但相比于西安和郑州，评分差距不大，说明沈阳的经济能力较为落后，但追赶成为国家中心城市仍有较大的可行性。沈阳 2019 年的地区生产总值为 6470 亿元，税收收入为 586 亿元，经济基础较弱。尽管 2019 年沈阳人均 GDP 超过了全国平均水平的 70892 元，但在国家中心城市经济总量的横向比较当中，北京和上海地区的生产总值甚至超出沈阳五至六倍①，但从城镇人均可支配收入和 GDP 增长率来看，沈阳并没有落后于其他城市太多。首先，经济能力低下究其原因是经济总量不足，经济的内部结构存在一系列问题，经济发展的驱动力也较为匮乏。沈阳虽然在近几年的经济转型中取得了一定的成果和进步，并且也有一定的经济基础用于发力建设成为国家中心

---

① 资料来源：《国家统计年鉴 2020》。

城市，但距离国家中心城市的平均水平差距较大。历史上，沈阳作为东北老工业基地的发展重点，在新中国成立初期经济规模大，形成了符合时代发展需要的以工业为主的产业结构。其次，随着经济发展动力和经济内部要素的演变，沈阳需要进一步将工业基础转化为经济发展的新动能，在优势产业的基础上有的放矢，加快促进产业结构的转型和升级，更好地发挥城市区位优势。

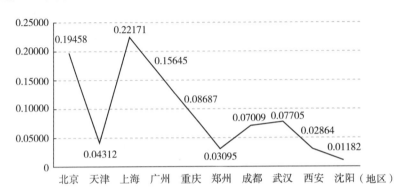

图 3 各城市经济能力得分

资料来源：笔者测算整理。

3. 沈阳建设国家中心城市的社会服务能力评价

根据图 4 可得，北京和重庆的社会服务能力领先于其他城市，沈阳的社会服务得分为 0.04133，排名第七，超过郑州、武汉和西安，基本达到国家中心城市社会服务能力得分的平均水平，说明沈阳居民的社会保障水平和生活质量的情况较为乐观。

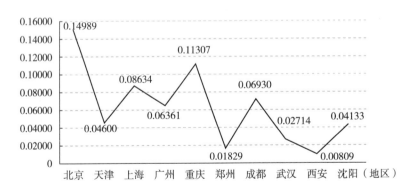

图 4 各城市社会服务能力得分

资料来源：笔者测算整理。

其中，2019 年沈阳的社会保障和就业支出为 268.37 亿元，在十个城市中排名第七①，与前几名的发达城市有一定的差距。究其原因，一方面沈阳市社会保障政策不够完善，另一方面沈阳的财政收入和居民工资水平较低，难以给社会保障能力提供足够支撑，导致沈阳市的社会服务能力排名较低。在生态环境方面，2019 年沈阳环境空气质量优良天数相比于 2015 年增长 37.2%，生活垃圾无害化处理率近五年均为 100%。尽管空气质量指数有所提高，但 2019 年沈阳市空气质量优良天数比例为 77.8%，较 2019 年全国城市平均空气质量优良天数比例低 4% 左右。而同年大连的空气质量优良天数为 302 天，比例为 82.7%。② 2019 年沈阳的生态情况较差，根源在于产业结构的不合理和治理能力的低下，受到传统制造业为代表的工业污染的影响较大，节约能源和提高能源利用效率的能力有待改善。因此，沈阳应当继续保持好社会服务水平的优势，加强生态环境建设，进一步提高居民生活的满足感，从而能够进一步的提高吸引外来人口定居的带动能力。

4. 沈阳建设国家中心城市的文化科技创新能力评价

根据图 5 的数据，在文化科技创新能力方面，沈阳在十个城市中排名第十，得分为 0.00375。通过图 5 的具体数据，各城市文化创新能力水平可以分为四个层级：第一层级包括北京和上海，其得分在 0.1 以上；第二层级包括重庆、成都和武汉，其得分在 0.05～0.1；第三层级包括天津、广州、郑州、西安，其得分在 0.03～0.05；第四层级为沈阳，其得分在 0.01 以下。证明了沈阳的文化科技创新发展严重滞后，甚至成为建设国家中心城市最大的阻碍之一。

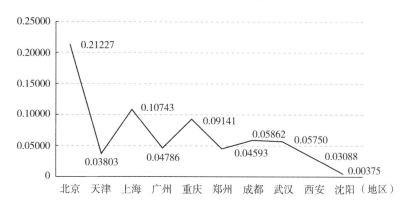

图 5 各城市文化科技创新能力得分

资料来源：笔者测算整理。

沈阳的文化科技创新能力分为科技能力和文化动力两部分。科学研究项目的支出很大程度上影响着城市科技创新的能力，2019 年沈阳的 R&D 经费支出为 170.6

①② 资料来源：《沈阳市统计年鉴》。

亿元，占当年 GDP 比重的2%，同期北京 R&D 经费支出占 GDP 比重为6%，上海为3%，其余城市均在 2% 左右及以下，因此沈阳科技投入占比情况较为乐观，但由于经济总量不足，导致沈阳的科研支出不足，科技创新水平较低。沈阳近年来致力于跳出制约区位优势行业创新发展的瓶颈束缚，加大对航天、汽车制造、材料装备等重工业技术转型的投入，取得了一定的成就。沈阳目前拥有两所"双一流"建设高校：东北大学和辽宁大学，高等教育院校在校学生数为 42.42 万人，居于十个城市中的靠后位置，因此如何加强高校建设，进一步扩大人才引进是沈阳未来建设所必须考虑的一部分内容。

5. 沈阳建设国家中心城市的对外交流能力评价

根据图 6 数据分析，各城市对外交流能力得分排名为上海、北京、广州、重庆、成都、武汉、西安、郑州、天津和沈阳。在对外交流能力方面，沈阳在十个城市中仍旧排名最末。通过图 6 的具体数据，各城市对外交流能力水平可以分为三个层级：第一层级包括上海和北京，其得分在 0.09 以上，较多地领先于其他八个城市，超过第二层级中第三名 0.04 左右；第二层级包括广州、重庆、成都、武汉、西安和郑州，其得分在 0.04～0.01；第三层级包括天津和沈阳，其得分在 0.01 以下，其中沈阳落后于天津 0.08。尽管各个国家中心城市的对外交流能力水平差距较大，发展情况参差不齐，但沈阳与平均水平差距悬殊，说明沈阳的对外开放能力较弱，国际化水平较低。

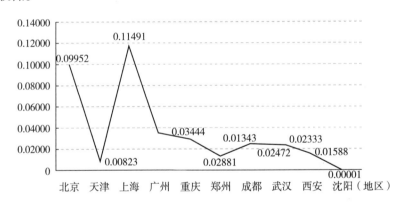

图 6　各城市对外交流能力得分

资料来源：笔者测算整理。

根据上述数据显示，北京和上海的进出口总额和利用外资大大超过了其余九个城市，沈阳的进出口总额与第一名的上海相差 30 倍左右，说明沈阳的国际交流能力十分薄弱，有非常大的进步空间。在东北亚地区一系列发展战略的指引之下，沈阳具有国际交流的区位优势，只有加大力度发挥区域特色，补齐短板，才能在成为我国东北地区的国家中心城市的基础之上，加大国际交流，建设成为东北亚国际中心城市。

6. 沈阳建设国家中心城市的辐射带动能力评价

根据图 7 辐射带动能力得分情况，十个城市的排名依次为北京、上海、广州、重庆、成都、武汉、天津、西安、郑州、沈阳。其中，沈阳排名仍居末位，与最大值相差 0.15，与最小值相差 0.02，与平均值相差 0.08。因此，辐射带动能力也是沈阳建设国家中心城市的重要阻碍之一，整体情况较弱。由于沈阳的社会服务功能较好，因此沈阳的年末常住人口与其他城市差距较小。沈阳地处东北地区的交通枢纽位置，承载着东北地区大部分货物的中转和装卸任务，但由于沈阳位于内陆，缺乏海路运输，交通枢纽优势并未完全发挥。第三产业的产值居于末位，也说明经济辐射能力与其他地区存在着较大差距。

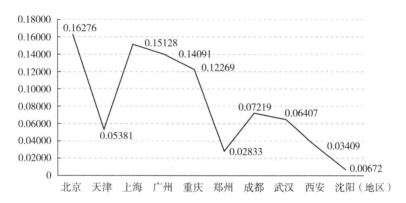

图 7   各城市辐射带动能力得分

资料来源：笔者测算整理。

尽管沈阳的排名最低，但是作为东北地区最重要的政治、经济、文化中心，其辐射带动能力的发展潜力仍然较大。沈阳可以从城市吸引力、交通枢纽能力、经济辐射能力和信息枢纽能力四个方面提高区域的辐射能力。相比于九大国家中心城市沈阳市的货运和客运数量规模较小，究其原因是沈阳交通网络大多分布于东北和华北地区，与我国和国际上其他重要城市的衔接不通畅，辐射范围较小。因此，沈阳应进一步扩大铁路网络的建设，完善陆地和航空运输结构，进行科学合理的规划。同时，坚持人才引进政策方针的同时做好住房、落户等相关方面的配套工作。此外，沈阳应加强政府宏观调控的能力，积极推进产业结构的优化，大力推进服务业的发展，提高第三产业的比重，从而有效地提高城市的经济辐射能力。

六、国家中心城市建设的国内外经验借鉴

（一）国内经验借鉴

1. 郑州建设国家中心城市经验

郑州是我国于 2018 年批复的国家中心城市之一，作为我国中原城市圈中的核心城市，郑州的许多区位特点与沈阳较为相似，因此可以通过研究分析郑州建设国家中心城市的方向和路径给沈阳以经验启示。在中部崛起战略指引之下，郑州充分发挥自身的经济、交通及文化方面的优势。

首先，不断完善连接中原地区纵横交流的交错枢纽功能，是郑州建设国家中心城市的重要方向之一。从地图上看，陇海线和京哈京广铁路交会于郑州，同时郑州与新乡、焦作、开封、许昌、邯郸、邢台城市相邻，形成了十分紧密的城市群格局，更有利于郑州发挥其辐射带动作用。因此，近年来，郑州不断完善高速公路、高铁及航空港的路线，开展国家综合交通枢纽示范工程，并建设成为中国首个国家级的航空港经济综合实验区，使其交通枢纽优势进一步凸显。

其次，郑州作为"一带一路"倡议中的重点城市环节，在对外开放方面与沈阳情况较为相似，它的实践经验为内陆地区如何更好地对外开放提供了新方向。2016 年，中国（河南）自由贸易实验区建成，进一步提高了郑州的交通运输效率，提高了跨境电子商务能力，通过坚持以负面准入清单为原则，减少审批等环节带来的交易成本，缩小贸易壁垒，最终成功入选全国供应链创新与应用试点城市。2018 年 4 月 13 日，外交部提出"新时代的中国：与世界携手让河南出彩"的命题，为郑州走向世界提供了战略窗口和指引[①]。

在文化创新方面，郑州与沈阳也有着较多的相似之处。作为中华文明的发源地，郑州历史底蕴浓厚，文化资源丰富灿烂，因此郑州接待旅游人数和景点数目领先全国大部分城市，其文化功能也为其发展第三产业提供了有力的支撑。与此同时，沈阳享有"两朝发祥地，一代帝王都"的美名，坐拥沈阳故宫、北陵公园、皇寺庙等优秀历史文化景点，但其文化创新能力却落后于大部分城市，因此需要借鉴郑州的经验打造优势文化产业，创造经济发展的新动能。

---

① 新时代的中国：与世界携手 让河南出彩 [EB/OL]. 外交部，2018 - 04 - 13.

2. 武汉建设国家中心城市经验

武汉是我国第二批批复的国家中心城市之一，是长江经济带的重要枢纽和核心城市。长江流域贯穿三个国家中心城市，武汉、上海和重庆分别在长江中游城市群、长三角城市群及成渝城市群中发挥着重要的支撑作用。相比于上海和重庆，武汉的区位特点和发展基础与沈阳更为相似，因此可以通过分析武汉建设国家中心城市的战略和政策得出相关经验。

首先，武汉从区域中心城市跨越到国家中心城市的重要战略就是提高自身的核心经济实力，长江流域城市众多，若想发挥最高级的辐射带动作用，武汉的综合实力必须超过其他城市。因此，武汉积极向北京和上海看齐，力争将经济实力提升至全球发展的高度，通过多方面的政策提高经济总量。武汉自 2007 年起便开始布局新兴产业中心，包括电商物流中心、高科技电子生产研发中心、大型商业广场和游乐场所以及先进制造业的产业基地。经过几年的时间，武汉拥有了苏宁易购、京东、亚马逊、当当网、阿里巴巴等多个电商平台的物流中心，引进了富士康武汉科技园、腾讯研发总部等多个高科技产业，建设光谷步行街和华侨城欢乐谷等大型商业项目，大大提高了武汉产业的丰富程度，为经济增长提供了更多的支撑点和新动力。

其次，武汉抓住中部崛起的战略机遇，充分发挥其作为全国版图地理中心的区位优势。武汉虽然地处内陆，却是我国最重要的内河港口，凭借此优势武汉建立起集航空、水运、铁路公路于一体的复合型交通体系。在扩大自身辐射作用和联动范围的同时，武汉吸收长三角超一线城市的资源，与成渝城市群和中三角城市群形成空间联合，进一步提升辐射带动能力，扩大辐射范围。

最后，武汉的文化科技创新方面建设经验丰富。武汉拥有数量众多的高校和研究院所，科技创新基础完善，拥有领先全国大部分地区的科技创新资源优势。在此基础之上，武汉市积极促进高等院校、研究院所与高新技术企业的产学研深度融合，使文化创新的优势转化成为全面提高城市综合能力的重要动力。在文化旅游方面，武汉将文化旅游资源和对外开放通道进行融合，深化国际合作和对外开放水平。武汉多次举办武汉国际杂技节、武汉国际赛马节等一系列国际影响力较大的赛事活动，打造自身的文化品牌，提升国际地位，实现全方位的对外开放。

（二）国外经验借鉴

国外建设国际中心城市的历程较长，经验丰富，其规划安排和发展经验可以为沈阳未来建设国家中心城市提供启示，在国外城市建设中找到沈阳挖掘自身优势、创造发展新动力的新方向。

1. 伦敦建设经验

经历两次工业革命的伦敦经历了多个发展阶段。伦敦工业基础优越，其建设国家中心城市的过程能够为沈阳目前的产业转型升级、带动区域发展提供优秀的经验借鉴。

首先，伦敦凭借其第一次工业革命创造的工业基础，加大推进工业化进程，扩大伦敦的经济总量和人口规模，不断巩固伦敦作为中心城市的核心地位，为发挥其辐射带动和功能外溢作用奠定了坚实基础。在此基础之上，伦敦的城市建设开始面临一系列问题，包括交通拥挤、租金上涨、生态破坏等工业弊病。因此，伦敦不再扩大城市规模，而是开始建造卫星城市，将溢出的资源和功能转移到周边城市，本城区则加快产业结构的转型升级，发展服务业。在这个阶段当中，周边城市在接收伦敦制造业的同时，也得到了伦敦发展现代服务业的辐射带动作用。最后，伦敦的发展理念转向融合，完善交通网络，加强生态环境和资源的保护，促进可持续发展的实现。这一进程中产生过的城市问题也警示沈阳应在大力发展经济和保证发展的可持续性之间找到平衡，少走弯路。

2. 东京建设经验

东京城市圈发展历史较长，经验较为丰富，其地理位置与东北地区较近，具有较为相似的文化背景，辽宁省和沈阳市政府可以从其丰富的政策举措中学习，提高政策方针的针对性。自1946年起，日本政府开始对东京都市圈实施规划并进行多次调整，通过制定相关法律使东京的城市建设有法律保障，最终形成特色鲜明的东京都市圈空间结构。

一方面，东京各方面的综合能力均达到世界高端水平，在实现其均衡发展的前提下开发具有金融特色的产业支撑点。继伦敦、纽约之后，东京成为世界上第三个国际金融中心，发达的金融业使其经济发展更多依赖第三产业，实现了产业结构的迅速升级，并积极融入经济全球化的浪潮，充分发挥其金融中心功能。

另一方面，东京的交通、科技和文化方面均极富特色。东京陆地面积较小，内陆客货运输受到较大限制，城市规划面对人口拥挤和交通密度大等城市化问题。在该情况之下，东京将城区划分为多中心的网络结构，实现中心和副中心紧密联系又分工协作的城市形态。

七、政策建议

（一）经济能力提高

推动经济改革，促进经济高速发展。沈阳是东北老工业基地的核心城市，拥有一大批体量大地位重要的大型企业。在东北地区经济发展的过程当中，沈阳形成了门类齐全的现代工业体系，其工业体系主要以成熟的装备制造业为主。尽管沈阳的装备制造业在我国制造强国的战略中起着举足轻重的作用，然而随着经济的高速发展，国有企业僵化、产业结构失调、经济驱动力不足等问题逐渐显现出来，因此沈阳应当依据自身的优势和特色，尽可能消除传统工业体系带来的桎梏，推进整个经济体的更新升级。

在前文的分析中可以看到，沈阳的经济总量和规模仍然较为落后，因此应先从增强经济实力、扩大产业规模的角度实现经济的有效发展。在城市竞争日益激烈的背景之下，沈阳需要顺应新一轮全球制造业的发展趋势，将自身雄厚的装备制造业实力与前沿技术相结合，运用大数据、人工智能、物联网等技术手段推进传统制造业的转型升级，进而带动整个工业体系的优化革新，保证支柱产业科学稳定的发展。

产业结构失调是沈阳经济活力较低的重要原因之一。相关调查显示，沈阳的第一产业加第二产业比重明显高于第三产业，粗放的经济发展方式导致城市发展阶段较为低级，难以跟随世界经济发展的潮流。因此，沈阳应在充分考虑自身优势和问题的前提下，推进产业结构向高端方向发展。本文从升级、引进和转移三方面对沈阳产业结构调整提出对策建议：首先，产业结构的高端发展并不意味着完全舍弃制造业，而应当提高传统制造业的附加值，减少能耗，大力发展技术密集型制造业，例如，新能源、生物制药等高技术制造业；其次，通过推动基础设施不断完善、贯彻落实政府优惠政策等手段，吸引国内外发达地区将高端服务业在沈阳发展，提高沈阳运用国内外资源的能力，增加第三产业在经济结构中的比重；最后，沈阳可根据其他城市的优劣分析，将和经济发展速度不匹配的传统制造业转移到周边地区，发布一系列扶持政策，与周边城市形成协调互补的协作形态，建设成各大小城市均能发挥优势特色的可持续发展的东北城市圈。

（二）社会服务能力提高

提升社会服务功能，充分发挥政府市场双重作用。在国家中心城市的综合功能中，社会服务功能的高低体现着整个社会发展的协调性，也体现着一个城市在追求经济效益的同时，倾向于贯彻落实以人为本的理念程度。在上述实证分析中，沈阳的社会服务功能评分较高，其衡量指标为社会保障、就业支出和参与城镇职工基本医疗保险人数，这在一定程度上反映了沈阳的社会保障体系建设水平较高。在此基础上，政府应进一步增强提供公共物品的能力，贯通公共服务职能的实施和评价路径，将更高质量的公共产品和服务提供给沈阳的居民，进一步巩固社会保障体制，保障人民群众的根本利益，提高居民生活的幸福感和满意度。

除了社会保障保险及就业方面，社会服务功能还涉及医疗、教育和生态等方面。沈阳在未来建设国家中心城市的政策中，应当完善多方面的公共供给，促进社会的公平、协调、绿色发展。在制度层面上，沈阳政府的行政模式较为传统，尽管简政放权和反腐工作的进行取得了一定的成果，但沈阳部分官员和机构仍然存在着追求政绩、不作为乱作为的现象。因此，在下一步的建设当中，沈阳政府应进一步推进反腐工作的实施，推动政府职能转变，发挥政府的服务型功能，避免形象工程等落后且错误的观念阻碍政府与民众之间的紧密关系，尽可能协调政府在经济发展和社会事业之间的平衡，切实保障人民的利益。

（三）文化科技创新能力提高

文化创新功能体现着一个城市的发展动力是否充足，树立的形象是否良好，是建设国家中心城市必不可少的一项功能。

首先，从科技创新的角度来看，沈阳近年来 R&D 经费支出占比较高，说明政府对于科技创新项目较为重视，政策方面支持力度较大。然而纵观沈阳经济发展的历史进程和现状，创新环境并不理想，因此应进一步完善科技创新的优惠政策，加强科技创新的基础设施建设，将更多的高技术人才和高精尖企业集聚到沈阳。除了政府对于科技创新的投入和政策的支持，还应从更微观的角度探究推进创新改革。建设科技孵化中心，结合沈阳区位优势发展高精尖企业，不仅要促进大型企业的创新型发展，更应培育小而精的中小企业的创新能力，营造浓厚的创新氛围。

其次，从引进和利用人才角度来看，沈阳拥有较为丰厚的科教资源，因此沈阳更应在拥有人才的基础上充分利用人才。加大沈阳市高等院校的财政支持力度，促进东北大学和辽宁大学各自发挥理工学科和人文学科的优势，推动高校人才辅助企业和科研机构进行创新项目的开发，实现"产学研"深度融合，实现理论到成果的有效转化，充分利用科技和人才资源。

最后，文旅资源的充分利用是带动第三产业发展，树立良好城市品牌的有效途径。纵观沈阳发展的历史，清代文化、红色文化、工业文化等文化资源丰富，非物质文化遗产和文物古迹众多，但却没有形成具有特色的城市标签，旅游业发展情况较差。通过研究相关资料可以得出，沈阳在工业化和城镇化发展的进程当中，没有很好地保持传统街区的完整性，破坏了老建筑群，阻碍城市特色的形成和彰显。因此，沈阳应加强对现有文物和历史建筑的保护，完善配套交通和服务设施，提高景区品质和吸引力，实现文旅产业化的创新型转化，使沈阳成为具备多元文化的高品质魅力城市。

（四）对外交流能力提高

构建对外开放新格局，提高国际交流能力。对外开放的程度是国家中心城市区别于其他城市的重要特征，是衡量国家中心城市能力的重要指标，因此，沈阳需要从多方面提升国际影响力，加大对外交流，促进国际贸易，深度参与国际分工，从而提升自身在国际竞争中的地位。

一方面，沈阳对外交流的硬件环境较差，需要从宏观政策角度加强硬件建设。上节提到，沈阳与郑州相似，可以在优化对外交通渠道的同时与"一带一路"建设充分融合。在交通方面，沈阳首先应完善优化目前拥有的国际航线，在此基础上建设国际航空港，与合作频繁的国际城市开设专属航线；同时，沈阳应发挥内陆地区的区位特点，承接周边地区货物和客流量的转运，建设物流集散平台，积极打造成东北地区对外开放门户。

另一方面，沈阳在未来要加强推进与国际重要城市的经贸合作，扩大进出口，优化沈阳跨境贸易功能。2018 年博鳌亚洲论坛上习近平总书记提出，大幅度放宽市场准入、保护知识产权、营造更有吸引力的创新投资环境，是中国扩大对外开放的基本途径①。因此，沈阳应当在国家战略的指引之下，发挥其国内环渤海经济圈及国际东北亚经济中心的优势，进一步加强对外开放的力度。沈阳靠近俄罗斯、蒙古国、韩国、日本，未来利用沈阳免税区、开发区、中韩、中日产业园推进沈阳自贸区建设，加强外向型经济的发展。

（五）辐射带动能力提高

加强集聚和辐射能力，促进区域协同发展。上述四个方面在很大程度上体现着

---

① 习近平在博鳌亚洲论坛 2018 年年会开幕式上的主旨演讲［EB/OL］．央广网，2018 - 04 - 10.

国家中心城市自身综合能力的水平，而促进城市群的协同发展则是国家中心城市建设更为重要的战略目标。

一方面，交通是促进城市群联系和交流的核心支撑。沈阳周边拥有十个地级市，组成了沈阳城市群，沈阳则处于该城市群的中间位置，十分适合形成公路、铁路与航空体系的网络化建设，形成以沈阳为核心的"高铁交通圈"。

另一方面，沈阳城市群经济总量虽然较小，但内部差距仍然悬殊，除了大连经济实力较强，其余城市与沈阳经济水平相差悬殊，因此，沈阳应加快形成与周边城市的利益协调机制，结合各城市实际情况建立科学合理的发展布局。根据国际中心城市的发展经验，沈阳可将周边的铁岭、抚顺、辽阳、鞍山等城市培育成卫星城市，将沈阳难以承载的制造业和其他工业转移到卫星城市当中，使溢出的要素资源合理有序地流动到周边城市的经济体系中，最终形成沈阳以高端服务业为主，卫星城市以新兴制造业、工业为主的发展布局。在这种布局之下，沈阳与周边城市形成了协同互补的产业分工格局，将先进技术扩散到欠发达地区，缩小城市间的差距；周边城市为沈阳建设国家中心城市提供了更多的要素资源和腹地支撑，进一步巩固了沈阳的发展成果，为其成为国家中心城市贡献力量，实现城市群内部的协调共赢。

参 考 文 献

［1］陈江生，郑智星．国家中心城市的发展瓶颈及解决思路——以东京、伦敦等国际中心城市为例［J］．城市观察，2009（2）：14-20．

［2］顾朝林，李玠．基于多源数据的国家中心城市评价研究［J］．北京规划建设，2017（1）：40-47．

［3］和军，靳永辉，任晓聪．我国国家中心城市建设能力评价与对策研究——以沈阳市为例［J］．技术经济与管理研究，2017（4）：102-106．

［4］和军，杨雪婷．沈阳国家中心城市建设能力评价与提升路径［J］．改革与战略，2020，36（4）：103-109．

［5］李玲玲．郑州与其他八大国家中心城市综合实力比较研究［D］．郑州：郑州大学，2019．

［6］廉珂．成都建设国家中心城市的综合评价及对策研究［D］．成都：西南交通大学，2019．

［7］罗春婵，汪丹．沈阳建设国家中心城市分析与对策探究［C］．中共沈阳市委、沈阳市人民政府．第十八届沈阳科学学术年会论文集．中共沈阳市委、沈阳市人民政府：沈阳市科学技术协会，2021：775-780．

［8］宋思曼．国家中心城市功能理论与重庆构建国家中心城市研究［D］．重庆：重庆大学，2013．

［9］汪伟明，吴宇军．国家中心城市综合竞争力的评价指标体系研究［J］．中国经贸导刊（中），2021（7）：73－74．

［10］吴宏军．郑州建设国家中心城市的实现路径研究［J］．中共郑州市委党校学报，2018（6）：81－85．

［11］张占仓．建设国家中心城市的战略意义与推进对策［J］．中州学刊，2017（4）：22－28．

［12］Braden R. Allenby. The Rise of the Network Society, by Manuel Castells［J］. Journal of Industrial Ecology, 2002, 6（2）.

［13］Derudder B. & Taylor P. J. Change in the World City Network［J］. The Professional Geographer, 2016, 68（4）: 624－637.

［14］Friedman J. R. Regional Development Policy: A Case Study of Venezuela［M］. Cambridge: MIT Press, 1966: 102－106.

［15］Friedman John. The World City Hypothesis［J］. Development and Change, 1986, 17（1）: 69－83.

［16］Hall, Peter. The World Cities［M］. London: Weidenfeld & Nicolson, 1966.

［17］Henderson, houng Gun Wang. Urbanization and City Growth: The Role of Institutions［J］. Regional Science and Urban Economics, 2007, 37（3）: 283－313.

［18］Richard G. Smith. World City Actor－networks［M］. Progress in Human Geography, 2003.

［19］Sassen S. The Global City: New York, London, Tokyo［M］. Princeton University Press, 1991.

［20］Taylor P. J. Regionality in the World City Network［M］. International Social Science Journal, 2004.

［21］Peter J. Taylor, D R F Walker. World Cities: A First Multivariate Analysis of their Service Complexes. Urban Studies, 2001.